häe

e-fellows.net
wissen

inkl. E-Book

„Perspektive Jura 2022" kostenlos als E-Book herunterladen:
www.e-fellows.net/perspektivenfuerjuristen

Das E-Book steht kostenlos auf unserer Webseite zum Download bereit – auch für deine Freunde. Gib ihnen gerne den Link weiter, damit auch sie von unseren Informationen zu Studium und Berufseinstieg profitieren können.

Auf welchen Geräten kann man das E-Book lesen?

- iPad/iPhone: EPUB-Datei mit iBooks öffnen und lesen
- Laptop/Notebook/PC/Tablet: EPUB z. B. mit Adobe Digital Editions lesen, kostenloser Download unter: www.adobe.com/products/digital-editions/download.html
- E-Reader (außer Kindle): EPUB-Datei öffnen und lesen
- Kindle: MOBI-Datei öffnen und lesen. Auch EPUBs kann man z. B. mit dem Freeware-Tool Calibre in eine MOBI-Datei umwandeln.

Perspektive Jura 2022

Berufsbilder, Bewerbung, Karrierewege und Expertentipps zum Einstieg

e-fellows.net
wissen

Stand: August 2021

Verlag: e-fellows.net GmbH & Co. KG

Reihenherausgeber: Dr. Michael Hies

Bandherausgeber: Bernhard Güntner
bernhard.guentner@e-fellows.net

Layout: Punkt 8 | Braunwald + Walter GbR,
www.punkt8-berlin.de

Satz und Illustration: Lesotre® / Conceptual Brand Creation, www.lesotre.de

Druck und Bindung: Neografia, 03655 Martin, Slowakei

Printed in Slovakia
September 2021

Bildnachweis: Titelbild: itchaznong – Adobe Stock; S. 19: PixMedia – Fotolia.com; S. 133: Markus Schieder – Fotolia.com; S. 142: e-fellows.net; S. 143: juris, Verlag C.H.BECK (oben), e-fellows.net (unten); S. 167: e-fellows.net; S. 169: Helder Ameida – Fotolia.com; S. 211: Gina Sanders – Fotolia.com; S. 245: pressmaster – Fotolia.com. Die Fotos auf S. 11–17 und auf S. 212–242 stammen von den jeweiligen Autor:innen, außer S. 226: FMA Liechtenstein. Fotos und Anzeigen ab S. 246 stammen von den entsprechenden Kanzleien und Unternehmen; sämtliche Grafiken und Illustrationen wurden umgesetzt von Yvonne Hagenbach (Lesotre® / Conceptual Brand Creation).

ISBN-13: 978-3-946706-78-6

Franziskanerstraße 14 2, 81669 München
Telefon: +49 89 23232-300, Fax: +49 89 23232-222
www.e-fellows.net, presse@e-fellows.net

Inhalt

e-fellows.net
Das Online-Stipendium und Karrierenetzwerk

Seit 20 Jahren unterstützt e-fellows.net Studierende und Doktorand:innen mit einem Stipendium und bringt sie ihrem Traumjob näher. Mentorenprogramme, Karriereveranstaltungen sowie Angebote für Praktika und Einstiegsjobs bieten einen direkten Draht in die Wirtschaft und garantieren den mühelosen Karrierestart. Zudem sind e-fellows.net-Stipendiat:innen dank kostenfreier Abos von Zeitungen und Zeitschriften, Zugriff auf fachspezifische Datenbanken und Fachbücher frei Haus immer einen Schritt voraus. In der exklusiven Online-Community und bei regelmäßigen Treffen in zahlreichen Unistädten tauschen sich Studierende untereinander aus. Jetzt informieren: www.e-fellows.net/Stipendiat-werden

e-fellows.net wissen
Die Buchreihe von e-fellows.net

Mit dieser Buchreihe informiert e-fellows.net über attraktive Berufsbilder und interessante Weiterbildungen, darunter das LL.M.-Studium, Berufsperspektiven für Jurist:innen, MINT-Frauen und Informatiker:innen sowie die Tätigkeit in einer Unternehmensberatung, im Investment Banking oder im Asset Management. Die Bücher bieten wertvolle Expertentipps und einen fundierten Überblick über die jeweilige Branche. Persönliche Erfahrungsberichte und ausführliche Unternehmensporträts potenzieller Arbeitgeber helfen bei der eigenen Entscheidungsfindung. Weitere Informationen zu den einzelnen Titeln der Reihe **e-fellows.net** wissen finden Sie auf den Seiten 330–331.

Vorwort

Das Jurastudium ist nicht gerade einfach – viele verschiedene Rechtsgebiete und jede Menge an rechtlichen Fragestellungen wollen betrachtet werden. Wer schließlich beide Examina erfolgreich abgeschlossen hat, kann stolz auf sich sein. Danach steht man vor der wichtigen Frage: Wohin soll der Karriereweg führen? Die Auswahl an Möglichkeiten ist groß: von der Karriere in der Wirtschaftskanzlei über die Beamtenlaufbahn oder eine Tätigkeit in Lehre und Forschung bis hin zur Selbstständigkeit.

Um den richtigen Weg für sich zu finden, sollte man bereits während des Studiums über die eigenen Wünsche und Fähigkeiten nachdenken: In welchen Fachgebieten liegen meine Stärken und Interessen? Will ich später eher beratend oder selbst entscheidend tätig sein? Wie viel will ich verdienen? Sind mir Prestige und Ansehen wichtig? Und wie sieht es mit der Work-Life-Balance aus?

Perspektive Jura gibt Studierenden der Rechtswissenschaften einen umfassenden Branchenüberblick und stellt Berufsbilder im Öffentlichen Dienst, in Wirtschaftskanzleien, Verbänden und Unternehmen vor. Dazu geben wir wertvolle Hinweise zu Studienplanung, Referendariat und Weiterbildungsmöglichkeiten sowie zur Bewerbung und zum Karriereverlauf.

Einen Einblick in den beruflichen Werdegang und Arbeitsalltag erfolgreicher Juristinnen und Juristen geben zahlreiche Erfahrungsberichte und Fallstudien. Abschließend stellen Kanzleien und Unternehmen ihre Einstiegsmöglichkeiten vor.

Wer zusätzlich persönliche Kontakte zu renommierten Sozietäten knüpfen möchte, kann das bei der Veranstaltung e-fellows.net Perspektive Wirtschaftskanzlei tun. Weitere Informationen erhalten Sie online unter www.e-fellows.net/law.

Sehr gute Studierende, Referendare und Doktorand:innen der Rechtswissenschaften können sich zudem für das e-fellows.net-Stipendium bewerben, das zahlreiche Extras für Juristen bereithält. Mehr Informationen finden Sie auf Seite 143 sowie online unter www.e-fellows.net/Stipendiat-werden.

Viel Spaß beim Lesen wünscht

Bernhard Güntner
e-fellows.net

Die Autor:innen

Nicole Beyersdorfer, LL.M., Jahrgang 1981, ist Legal Counsel bei Allianz Automotive in München. Nach dem Studium in München und Würzburg arbeitete sie als wissenschaftliche Mitarbeiterin bei Freshfields Bruckhaus Deringer und absolvierte einen LL.M. am King's College. Insgesamt sieben Jahre war sie als Rechtsanwältin im Bereich Banking/Finance bei Latham & Watkins LLP und Gütt Olk Feldhaus tätig.

Matthias Miguel Braun, LL.M., ist stellvertretender Referatsleiter im Referat für Allgemeine Personalangelegenheiten im Auswärtigen Amt. Davor in der Politischen Abteilung, der Zentralabteilung, an der Botschaft Bogotá und der deutschen NATO-Vertretung in Brüssel. Er studierte Jura, Politikwissenschaft, Osteuropastudien und Baltistik in Greifswald, Riga und Berlin. Referendariat u. a. in Luxemburg und Taschkent.

Melanie Budassis, Jahrgang 1975, ist Rechtsanwältin und Steuerberaterin bei der Vierhaus Rechtsanwaltsgesellschaft mbH. Sie absolvierte eine Ausbildung zur Steuerfachangestellten sowie ein Studium der Rechtswissenschaften an der Freien Universität Berlin. Von 2006 bis Juni 2016 war sie im Bereich Tax der KPMG AG Wirtschaftsprüfungsgesellschaft tätig.

Melanie Buhtz, Licence en Droit, Jahrgang 1976, ist Juristin bei der Allianz Lebensversicherungs-AG. Nach dem Studium in Potsdam, Paris, Freiburg und Montreal folgte im März 2003 der Eintritt in die Allianz Versicherungs-AG im Bereich Vertrieb mit anschließendem Wechsel zur Allianz Lebensversicherungs-AG in den Bereich Lebensversicherungen.

Philipp Dawirs, Dr. iur., LL.M., Jahrgang 1984, ist Rechtsanwalt bei GSK Stockmann in München im Immobilienwirtschaftsrecht mit dem Schwerpunkt Hospitality. Nach dem Studium in Münster, Bielefeld und Rom promovierte er und erwarb einen LL.M. im Real Estate Law in Münster. Seine Referendariatsstationen führten ihn nach Düsseldorf, Guangzhou und New York City.

Marc Engelhart, Dr. iur., Jahrgang 1976, ist Forschungsgruppenleiter und Leiter des Bereichs Wirtschaftsstrafrecht am Max-Planck-Institut für ausländisches und internationales Strafrecht in Freiburg. Zuvor war er bis Ende 2011 als Rechtsanwalt bei Gleiss Lutz in Stuttgart tätig. Das Studium der Rechtswissenschaften absolvierte er in Freiburg und Edinburgh.

Jana Fischer, LL.M., Rechtsanwältin und Steuerberaterin, ist als Partnerin bei Baker McKenzie Rechtsanwaltsgesellschaft mbH von Rechtsanwälten und Steuerberatern tätig. Ihre Tätigkeitsschwerpunkte sind Steuerstreitverfahren und Steuergestaltungsberatung, auch grenzüberschreitend.

Klaus Foitzick, Jahrgang 1965, ist Rechtsanwalt, Prüfstellenleiter des Unabhängigen Landeszentrums für Datenschutz Schleswig-Holstein (ULD), zertifizierter Datenschutzauditor (DSZ) und Gründer der Consultingfirma activeMind AG sowie der Kanzlei activeMind.legal. Seit 1999 berät, schult und prüft er Unternehmen und Behörden aus aller Welt zum Datenschutzrecht und zur Informationssicherheit.

Christiane Freytag, Dr. iur., Maître en Droit, Counsel der Sozietät Gleiss Lutz, ist im Bereich des öffentlichen Wirtschaftsrechts im Stuttgarter Büro tätig. Ihre Beratungsschwerpunkte liegen im Vergaberecht, einschließlich der Beratung zu Public Private Partnerships und zur Privatisierung öffentlicher Unternehmen, sowie im Umwelt- und Gesundheitsrecht.

Robert Germund, Dr. iur., war Partner einer auf Wirtschafts- und Baumediation sowie Nachfolgeberatung ausgerichteten Gesellschaft in Düsseldorf und ist nun Managing Partner der Konfliktmanagementkanzlei DR. GERMUND sowie Geschäftsführer einer Kammer. Seine Tätigkeitsschwerpunkte sind außergerichtliche Konfliktlösung, Wirtschafts- und Baumediation, Coaching und Unternehmensberatung.

Veris-Pascal Heintz, LL.M., Jahrgang 1987, ist selbstständiger Rechtsanwalt und als wissenschaftlicher Mitarbeiter am Lehrstuhl für Bürgerliches Recht, Immaterialgüterrecht, Deutsche und Europäische Rechtsgeschichte der Universität des Saarlandes beschäftigt. Nach dem Referendariat mit Wahlstation beim Bundesverfassungsgericht absolvierte er einen LL.M. am Europa-Institut der Universität des Saarlandes.

Thomas Hollenhorst, Jahrgang 1969, ist Rechtsanwalt und Gründungspartner von Watson Farley & Williams LLP, Hamburg. Er leitet seit über zehn Jahren die Project & Structured Finance Group in Deutschland und berät Banken und Investoren bei Finanztransaktionen und allen sonstigen Fragen des Bank- und Kapitalmarktrechts.

Kathrin Huber, M.Jur. (Oxford), Richterin am Oberlandesgericht und hauptamtliche Ausbildungsleiterin für Rechtsreferendare. Nach dem Studium in Regensburg, Aberdeen und Oxford war sie mehrere Jahre lang als Staatsanwältin und Richterin am Landgericht in München tätig.

Oliver Michael Hübner, Dr. iur., LL.M. (Edinburgh), ist Rechtsanwalt und Gründungspartner bei Disput Hübner Partnerschaft von Rechtsanwälten mbB. Daneben ist er Lehrbeauftragter an der Freien Universität Berlin und der Julius-Maximilians-Universität Würzburg. Außerdem veröffentlicht er regelmäßig in Fachzeitschriften Beiträge zu Themen des Immobilienwirtschaftsrechts und des öffentlichen Baurechts.

Ulrich Hüttenbach, Jahrgang 1954, Volljurist, ist Geschäftsführer der Bundesvereinigung der Deutschen Arbeitgeberverbände und Leiter der Abteilung Verwaltung und Verbandsorganisation. Der Berufseinstieg in die Verbandswelt erfolgte 1983 über das Geschäftsführungsnachwuchs-Programm der BDA.

Markus Kaulartz, Dr. iur., Jahrgang 1985, ist Rechtsanwalt im Münchener Büro der Sozietät CMS Hasche Sigle. Er berät deutsche und internationale Unternehmen bei der Umsetzung innovativer Geschäftsmodelle sowie in Fragen des IT-, Datenschutz- und Medienrechts. Daneben ist er Herausgeber der Handbücher *Smart Contracts* und *Artificial Intelligence* im Beck-Verlag.

Lutz Kniprath, Dr. iur., M.A., Jahrgang 1967, ist Gründungspartner von Kniprath Lopez Attorneys for Complex Disputes, Berlin und Barcelona. Nach dem Jura- und Sinologiestudium war er von 2000 bis 2006 Rechtsanwalt bei Freshfields Bruckhaus Deringer LLP. Von 2006 bis 2010 arbeitete er in der Zentralabteilung Recht der Robert Bosch GmbH und seither wieder als Anwalt.

Ditmar Königsfeld, Jahrgang 1956, leitet das Büro Führungskräfte zu Internationalen Organisationen (BFIO).

Ina M. Küchler, Jahrgang 1975, Diplom-Kauffrau, Steuerberaterin, Wirtschaftsprüferin und Certified Public Accountant, ist Geschäftsführerin der Dr. Hilmar Noack GmbH Wirtschaftsprüfungsgesellschaft.

Nico Kuhlmann ist Associate bei Hogan Lovells in Hamburg in der IPMT-Praxisgruppe und berät vor allem führende Unternehmen aus dem Technologiebereich.

Philipe Kutschke, Dr. iur., ist Rechtsanwalt und Partner bei Bardehle Pagenberg. Beratung, Prozessführung, Vertragsgestaltung in Marken-, Urheber- sowie Design- und Wettbewerbssachen. Er ist Fachanwalt für gewerblichen Rechtsschutz, Wirtschaftsmediator (MuCDR), Lehrbeauftragter an der TU München und Autor von Fachbeiträgen.

Marius Mann, Dr. iur., MBA, M.Jur. (Oxford), ist Rechtsanwalt und Partner bei LUTZ | ABEL. Er leitet die Praxisgruppe Commercial und vertritt Mandanten aus dem In- und Ausland vor staatlichen Gerichten und Schiedsgerichten. Seine Schwerpunkte liegen im Vertrags-, Vertriebs-, Handels-, Logistik- und Transport sowie Produkthaftungsrecht.

Simon C. Manner, Dr. iur., Jahrgang 1976, ist ein auf Konfliktlösung und Prozessführung vor staatlichen Gerichten und Schiedsgerichten spezialisierter Rechtsanwalt und Gründungspartner von MANNER SPANGENBERG. Er berät und vertritt Mandanten in wirtschaftsrechtlichen Streitigkeiten sowie in komplexen Vertragsverhandlungen. Zudem ist er regelmäßig als Schiedsrichter tätig.

Arnd Meier, Jahrgang 1965, Rechtsanwalt, ist nach Stationen in der Rechtsabteilung und in der Unternehmensstrategie Leiter des Vertragsmanagements Einkauf bei BMW. Vor seinem Wechsel in die Wirtschaft hat Arnd Meier in einer großen Anwaltskanzlei gearbeitet.

Lars Mohnke, Dr. iur., Jahrgang 1976, Rechtsanwalt und Fachanwalt für Arbeitsrecht, ist Partner bei Hogan Lovells in München. Er begleitet Akquisitionen und Restrukturierungen von Unternehmen, berät und vertritt seine Mandanten in arbeitsgerichtlichen Streitigkeiten und unterstützt sie bei der Gestaltung von Individual- und Kollektivvereinbarungen.

Christina Motejl ist seit 2013 für das Bundesministerium der Justiz und für Verbraucherschutz in verschiedenen Referaten tätig. Nach dem Jura- und Politikwissenschaftsstudium in Bonn und Lund und dem Referendariat in Köln mit Stationen in Indien und Tansania war sie Anwältin in einer internationalen Wirtschaftskanzlei in Berlin.

Gundula Müller-Frank, Jahrgang 1978, ist Leiterin des Programmbereichs Gesellschaftsrecht beim Verlag Dr. Otto Schmidt in Köln. Sie studierte Rechtswissenschaften in Augsburg und arbeitete zunächst als Rechtsanwältin. Seit 2009 ist sie im Verlagswesen tätig.

Tilman Müller-Stoy, Prof., Dr. iur., ist Rechtsanwalt und Partner bei Bardehle Pagenberg. Beratung, Prozessführung, Vertragsgestaltung in Patent- und Wettbewerbssachen mit technischem Bezug. Er ist Fachanwalt für gewerblichen Rechtsschutz, Wirtschaftsmediator (MuCDR), Dozent für die Referendarausbildung am OLG München sowie Lehrbeauftragter an der TU München.

Damian Wolfgang Najdecki, Dr. iur., Jahrgang 1978, ist Notar in München. Er studierte und promovierte an der juristischen Fakultät der Universität Regensburg. Neben dem Notaramt ist er als Dozent im Fachanwaltslehrgang Handels- und Gesellschaftsrecht sowie als Autor im Bereich Erbrecht tätig.

Julius Neuberger, Dr., LL.M., Jahrgang 1977, ist Managing Director bei einem Single Family Office. Nach dem Studium folgten eine Promotion am MPI und ein LL.M. am Institute for Law and Finance. Nach dem Referendariat mit Auslandsstation in New York war er drei Jahre als Rechtsanwalt bei Latham & Watkins LLP in den Bereichen Finance und Private Equity tätig.

Sabine Otte-Gräbener, Prof. Dr. iur., LL.M. (Bristol), Jahrgang 1979, ist seit 2015 Professorin für Zivil-, Handels- und Gesellschaftsrecht an der Hochschule Düsseldorf. Zuvor war sie über sieben Jahre Rechtsanwältin in international tätigen großen Wirtschaftskanzleien. Seit 2020 ist sie Of Counsel in der Sozietät Berner Fleck Wettich, Düsseldorf.

Christoph Poweleit, Jahrgang 1978, ist Rechtsanwalt und Syndikus bei der Commerzbank AG, Group Legal in Frankfurt am Main. Nach einer Ausbildung zum Bankkaufmann studierte er Rechtswissenschaften und Europäisches Recht an der Universität Würzburg. Das Referendariat absolvierte er in Limburg, Darmstadt, Frankfurt am Main und New York.

Christian Reichel, Dr. iur., Jahrgang 1965, Fachanwalt für Arbeitsrecht, ist als Partner bei Baker McKenzie Rechtsanwaltsgesellschaft mbH von Rechtsanwälten und Steuerberatern, Wirtschaftsprüfern und Steuerberatern mbB tätig. Daneben ist er Lehrbeauftragter an der Georg-August-Universität Göttingen sowie der Bucerius Law School Hamburg.

Stefan Reitemeyer, MLE, Jahrgang 1982, ist Associate in Frankfurt am Main.

Yves Rieger, LL.M., ist Project Manager bei Roland Berger. Er ist Fulbright Alumni und studierte Wirtschaftsrecht in Mannheim, New York, Pforzheim und Karlstad. Er ist Mitglied des Expert Team „Organization, People & Transformation" innerhalb des Competence Center „Restructuring, Performance, Transformation & Transaction".

Jörg Risse, Dr. iur., LL.M. (Berkeley), Jahrgang 1967, ist Partner bei Baker McKenzie, wo er Streitigkeiten aus großen Infrastrukturprojekten und Unternehmenskäufen betreut. Daneben ist er oft als Schiedsrichter und Mediator tätig. Er ist Professor an der Universität Mannheim, Lehrbeauftragter an der Humboldt-Universität zu Berlin und schriftleitender Herausgeber der *SchiedsVZ – German Arbitration Journal*.

Matthias Scheifele, Dr. iur., Jahrgang 1974, ist Partner im Bereich Steuerrecht bei Hengeler Mueller in München. Er berät vor allem in M&A-Transaktionen, Umstrukturierungen von Unternehmen sowie Finanzierungstransaktionen.

Thomas Schürrle, Dr. iur., Jahrgang 1956, ist Managing Partner bei Debevoise & Plimpton LLP in Frankfurt am Main. Als Mitglied der International Corporate and Defense Practice verfügt er über umfangreiche Erfahrungen bei unternehmensinternen Untersuchungen. Zudem ist er auf den Gebieten M&A, Private Equity und International Dispute Resolution tätig.

Jan Erik Spangenberg ist ein auf Konfliktlösung und Prozessführung vor staatlichen Gerichten und Schiedsgerichten spezialisierter Rechtsanwalt und Gründungspartner von MANNER SPANGENBERG. Er berät und vertritt Unternehmen, Personen und Staaten bei Streitigkeiten sowie bei Auslandsinvestitionen und völkerrechtlichen Fragen. Er ist als Parteivertreter sowie Schiedsrichter in internationalen Verfahren tätig.

Florian Stork, Dr. iur., LL.M. oec., Syndikusrechtsanwalt, Head of Legal REW bei der Linde Group sowie Lehrbeauftragter an der Hochschule Fresenius (München). Er leitet die Rechtsabteilung der Linde Gases Division in Deutschland, der Schweiz, Frankreich, Benelux, Spanien und Portugal. Bis 2011 arbeitete er bei Linklaters LLP als Rechtsanwalt im Fachbereich Competition/Antitrust.

Britta Süßmann, Jahrgang 1982, war Rechtsanwältin bei Hengeler Mueller in Frankfurt am Main im Bereich Steuerrecht. Ihre Tätigkeitsschwerpunkte umfassen die steuerrechtliche Begleitung von Kapitalmarkttransaktionen sowie die Beratung im Unternehmens- und Investmentsteuerrecht. Seit Juni 2021 ist sie Family Officer bei der FERI Gruppe.

Stefan Tüngler, Dr. iur., Jahrgang 1972, ist Rechtsanwalt bei Freshfields Bruckhaus Deringer LLP. Er gehört der Sozietät seit 2001 an (seit 2007 als Counsel) und arbeitet vom Standort Düsseldorf aus in den Bereichen Konfliktlösung und Kartellrecht. Sein Praxisfokus liegt im Energierecht und hier vor allem im Vertrags- und Regulierungsrecht.

Vivien Vacha, Jahrgang 1985, ist Rechtsanwältin im Bereich des Energierechts. Nach beruflichen Stationen bei Linklaters und bei Watson Farley & Williams arbeitet sie bei Baker McKenzie im Bereich Energy & Infrastructure. Sie ist Mit-Autorin eines Buches zur Einführung in das Energierecht.

Christian Vogel, Dr. iur., LL.M., Jahrgang 1977, ist Partner bei Clifford Chance in Düsseldorf. Er berät deutsche und ausländische Mandanten im Übernahmerecht, bei Unternehmenskäufen, Joint Ventures und Umstrukturierungen. Daneben ist er Lehrbeauftragter an der LMU München sowie der Universität Münster zum Thema Joint Ventures und Hauptversammlungen.

Daniel Voigt, Dr. iur., MBA (Durham), Jahrgang 1977, ist Rechtsanwalt und Partner bei CMS Hasche Sigle in Frankfurt am Main. Er studierte in Berlin, Düsseldorf und Durham. Er war Stipendiat des Evangelischen Studienwerks Villigst und ist Autor verschiedener Fachbeiträge.

Olaf Weber, Dr. iur., LL.M. (Edinburgh), ist Vorsitzender Richter am Landgericht Saarbrücken. Zuvor war er Mitarbeiter an den Universitäten Heidelberg und Edinburgh, Anwalt bei Gleiss Lutz und nationaler Experte im juristischen Dienst der EU-Kommission.

Kay Weidner, Jahrgang 1971, Volljurist, ist Pressesprecher im Bundeskartellamt. Er absolvierte sein Studium in Freiburg und Toulouse und ist nach einigen Jahren Anwaltstätigkeit in Frankfurt am Main und Athen seit 2003 im Bundeskartellamt tätig.

Christoph Wittekindt, Dr. iur., Jahrgang 1966, ist Rechtsanwalt und war langjähriger Leiter von Legal People, einer juristischen Unternehmensberatung mit Büros im In- und Ausland. Nach seinem Studium in Augsburg, Genf, München und Berlin war er u. a. beim Verlag C. H. Beck mit dem Auf- und Ausbau des Online-Dienstes beck-online betraut.

Joachim Ziegler, Dr. iur., LL.M., Licence en Droit, Jahrgang 1974, ist im Bereich Marktmanagement der AZ Deutschland tätig. Nach Studium und Promotion begann er 2005 als Assistent des Holding-Vorstands für Growth Markets und bekleidete von 2007 bis 2016 verschiedene Führungs- und Managementfunktionen im operativen Vertrieb der Allianz Beratungs- und Vertriebs-AG sowie in der Allianz SE.

1. Branchenüberblick – Perspektiven für Jurist:innen

Entscheidungsfindung – Welcher Berufsweg passt zu mir?

von Dr. Lutz Knipráth

Die Entscheidung für einen Berufsweg ist hochpersönlich. Ratschläge helfen hier allenfalls zufällig. Denkanstöße können jedoch einen sinnvollen Beitrag zur Entscheidungsfindung vor der Berufswahl leisten. Daher sollen hier Fragen gestellt und erläutert werden, mit denen sich jede Juristin und jeder Jurist im Laufe der Karriere auseinandersetzen wird. Früh gestellt, vorläufig beantwortet und danach immer wieder durchdacht, können sie helfen, überraschende Unzufriedenheit zu vermeiden.

„Welcher Berufsweg passt zu mir?" fragt nach den eigenen Vorlieben und Grenzen, nicht nach den Anforderungen der Arbeitgeber. Das ist so gewollt. Schließlich muss jeder selbst mit seinem Beruf zufrieden sein und einen langen Zeitabschnitt über mit ihm leben. Die Beschränkungen des Arbeitsmarkts und der eigenen Qualifikationen sollten erst in einem zweiten Schritt herausfiltern, was derzeit nicht geht. Denn vielleicht ist es ja doch oder zu einem späteren Zeitpunkt möglich, etwa nach einem Anlauf über eine andere Stelle.

Wer bin ich?

Die Mehrzahl der Stellen zum Berufseinstieg fordern heute einen hohen Einsatz. Sie werden zu einem wesentlichen Teil des Lebens. Kann eine Stelle die individuellen Grundbedürfnisse von Berufstätigen nicht befriedigen oder gehen ihnen wesentliche Bedingungen der Stelle gegen den Strich, dann ist ihre Lebensqualität ernsthaft beeinträchtigt. Daher vorweg die Frage nach dem eigenen Wesen. Dies betrifft zum einen den Stellenwert des Berufs im Verhältnis zum privaten Leben. Manche Stellen fordern einen Zeitaufwand und eine Hingabe, die das Privatleben zum Randereignis degradieren. Familie, Freunde, Sport oder Theaterbesuche finden häufig nur sporadisch und kurzfristig auf Zuruf statt. Die Frage bezieht sich des Weiteren auf Einkommen und Prestige. Die Verdienstmöglichkeiten unterscheiden sich schon bei Einsteiger:innen drastisch. Freilich hat das Geld seinen Preis. Bedeutende Arbeitgeber auf der Visitenkarte verhelfen schon am Berufsanfang zu Ansehen. Dem entspricht eine Erwartungshaltung, die den Berufstätigen besonderen Druck im Alltag beschert. Und schließlich betrifft dies die Bereitschaft zu Ortswechseln, im Land und über Grenzen hinweg. Das ist in frühen Jahren zumeist leichter als später, wenn Haushalt und Kinder immer wieder umgepflanzt werden müssten. „Wer bin ich?" – Wer kann das zuverlässig beantworten? Der Mensch ändert sich und lernt sich erst mit den Jahren und Jahrzehnten selbst kennen. Doch die eigenen Grenzen zu erforschen und zu respektieren und sich selbst problembewusst zu beobachten, mag die Einschätzung einzelner Stellenanforderungen erleichtern.

Möchte ich juristisch arbeiten?

Die juristische Ausbildung qualifiziert zu einer bunten Palette juristischer Tätigkeiten, aber sie lehrt auch Fähigkeiten wie strukturiertes Denken und legt damit ein solides Fundament für allerlei andere Berufsfelder. Manche Stellen außerhalb der juristischen Sphäre setzen eine Zusatzausbildung, etwa in BWL, voraus. Bei anderen sorgt der Arbeitgeber für die erforderliche Weiterbildung – und sei es durch Training-on-the-Job. Beispiele sind einige Unternehmensberatungen, die Absolvent:innen aus einem breiten Spektrum von Fachrichtungen einstellen oder Abteilungen von Unternehmen, z. B. für Personal oder Controlling.

Deutschland, Ausland, international?

Das Recht ist grundsätzlich national; jeder Staat hat seine eigene Rechtsordnung. Daher ziehen Juristinnen und Juristen weniger leicht über die Grenze als Ärzt:innen oder Kaufleute. Dennoch kann die Kenntnis ausländischer Rechtsordnungen oder transnationaler Rechtsnormen und Usancen die juristische Arbeit außerhalb Deutschlands ermöglichen. Hierzu zählen etwa das Völkerrecht, das EU-Recht und Bereiche des internationalen Wirtschaftsrechts, einschließlich der Schiedsgerichtsbarkeit. Zudem können auch Lehrtätigkeiten, etwa zum deutschen Recht, Gelegenheit zu langfristigen Auslandsaufenthalten bieten.

Wie international die Berufstätigkeit werden kann, hängt zum einen von den entsprechenden Qualifikationen ab, die man zum Einstieg mitbringt, und zum anderen vom individuellen Lebensentwurf. Eine grenzüberschreitende Berufstätigkeit bedeutet zugleich einen gesteigerten Zeitaufwand unterwegs und gegebenenfalls gesundheitliche Belastung, etwa durch häufige Wechsel von Zeit- und Klimazonen.

Wirtschaftsrecht oder ein anderer Fachbereich?

Dieses Buch legt einen Schwerpunkt auf Tätigkeitsfelder im klassischen Wirtschaftsrecht. In diesem Bereich arbeiten nicht nur Anwält:innen, sondern auch manche Richter:innen, Staatsanwält:innen und Verwaltungsbeamt:innen. Die Optionen an juristischen Tätigkeiten sind damit aber bei Weitem noch nicht erschöpft. Die Spanne reicht vom Familien- und Erbrecht bis hinüber zur Rechtsphilosophie. Auch Rechtsgebiete, die einen hohen Grad an Spezialisierung fordern, haben ihren besonderen Reiz, etwa das Kunst- oder das Tierrecht. Die Spezialisierung von Jurist:innen ist häufig genug das Ergebnis von sonderbaren Zufällen und Gelegenheiten, wenn auch eine persönliche Prädisposition die Zufälle wahrscheinlicher machen kann. Und manche Spezialgebiete erfordern ein Mindestmaß an Leidenschaft für ihre Materie.

Große Organisation oder „freier Beruf"?

Mit der Größe der Organisation nehmen gewöhnlich die Hierarchien und die Regelungsdichte zu. Dies gilt für Unternehmen wie Kanzleien ebenso wie für Verbände. Behörden sind üblicherweise hierarchisch strukturiert und strengen Regeln unterworfen. Eine feste Struktur bietet im Grundsatz Sicherheit und Vorhersehbarkeit. Doch nicht jeder wird darin dauerhaft glücklich. Denn die Sicherheit kann zulasten der Freiheit gehen. Und die Vorhersehbarkeit mag Flexibilität und Spontaneität einschränken. Auch die Zunft der Wirtschaftsanwält:innen lebt in Teilen längst nicht mehr nach dem Ideal des freien Berufs, sondern arbeitet in Law Firms nach angloamerikanischem Muster entweder angestellt oder als Partner:in. Und selbst die Partnerschaft bietet nicht die Freiheit der Einzelanwält:innen alter Schule, sondern bedeutet nicht selten die Unterwerfung unter Mehrheitsentscheidungen und den Zwang zu hoher Profitabilität.

Berater:in, Entscheider:in oder Streiter:in?

Jurist:innen müssen beraten, entscheiden und streiten können. Doch jede Tätigkeit setzt andere Akzente. Während M&A-Anwält:innen schwerpunktmäßig strukturieren, entwerfen, beraten und verhandeln und Richter:innen vor allem analysieren, ausgeglichen vermitteln und entscheiden, sind Prozessanwält:innen am meisten gefordert im Analysieren, Entwerfen von Strategien und im streitigen Auseinandersetzen, aber auch bei der Förderung einer günstigen Einigung. Richter:innen nehmen einen neutralen Standpunkt ein, während Rechtsanwält:innen die Interessen des eigenen Mandanten besonders nahe sind. Diese Aspekte erscheinen vor dem Berufseinstieg als eher zweitrangig. Im Alltag jedoch kann es belastend werden, wenn die eigene Persönlichkeit anders gestrickt ist.

Was will ich?

Manche der oben angesprochenen Überlegungen können schon früh - bereits im Studium - zu wichtigen Weichenstellungen führen, etwa die zur Internationalität. Denn dann ist noch hinreichend Zeit zum Erlernen von weiteren Fremdsprachen oder zum Verbessern der vorhandenen Kenntnisse. Auch ein Auslandsjahr, gegebenenfalls mit Abschluss, kann dann noch untergebracht werden. Und es lassen sich noch die Voraussetzungen für eine möglichst gute Examensnote schaffen. Dafür müssen häufig genug andere Interessen hintangestellt werden. Ihnen kann hingegen mehr Raum gewährt werden, wenn die angestrebte Richtung keinen herausragenden Abschluss erfordert. Einige Aspekte der Frage „Was will ich?" können erst zu einem späteren Zeitpunkt gewinnbringend beantwortet werden, etwa im Referendariat oder sogar erst in einer frühen Berufsphase. Andere Einsichten werden im Laufe vertiefter Erfahrungen allmählich herankeimen, sich ganz individuell zu Wort melden oder von Zufällen abhängen. Glücklicherweise lassen sich manche Entscheidungen im Laufe des Berufslebens noch korrigieren. Schließlich aber kann sich der Mensch - in einem gewissen Rahmen - auch seinem Beruf anpassen.

Fazit

Wichtig erscheint eine beständige Beobachtung der eigenen Fähigkeiten und Grenzen, sowohl bezogen auf einzelne juristische Tätigkeitsfelder als auch auf Arbeitsstile und Lebensentwürfe.

Aktuelle Entwicklungen auf dem Arbeitsmarkt für Jurist:innen

von Dr. Christoph Wittekindt

Die Auswirkungen der Corona-Krise auf den juristischen Arbeitsmarkt, der zunehmende Einsatz von Legal-Tech-Instrumenten, virtuelle Konferenzen und das Arbeiten vom Homeoffice aus - das sind die Themen, die Jurist:innen dieses Jahr umtreiben. Wie also entwickelt sich der Markt, und wo stehe ich?

Überblick über den Gesamtmarkt

Der juristische Arbeitsmarkt in Deutschland ist dieses Jahr kräftig durcheinandergewirbelt worden. Die Nachfrage nach Jurist:innen, sei es für Kanzleien, aber auch für Unternehmen, Verbände oder den Öffentlichen Dienst, ist infolge der Corona-Krise zwischenzeitlich stark zurückgegangen, was sich auch in der reduzierten Zahl der Stellenangebote zeigte. Auch wenn der Motor jetzt wieder brummt, ist es noch zu früh, die mittel- und langfristigen Folgen für den juristischen Arbeitsmarkt abzuschätzen. Daher rücken dieses Jahr unabhängig von der weiteren konjunkturellen Entwicklung einige grundsätzliche Trends ins Blickfeld: Zum einen der allgemeine Trend, Stellen verstärkt befristet auszuschreiben, sogenannte Projekt- oder Interimsjurist:innen – also auf Zeit mit speziellen Aufgaben in Kanzlei, Rechts- oder Personalabteilung zu betreuen und durch den Einsatz von Legal Technology juristische Arbeitsabläufe zu unterstützen und letztlich zu beschleunigen. Das eröffnet gerade für Diplomjurist:innen vielfältige neue Arbeitsfelder. Es müssen also nicht immer Volljurist:innen sein. Zum anderen gilt aber nach wie vor auch: Die jährliche Anzahl der frischgebackenen Volljurist:innen liegt seit Jahren konstant bei ca 7.500 (bundesweit), von denen wiederum nur ein kleiner Teil das Zweiten Staatsexamens mit der begehrten Note „vollbefriedigend“ oder besser abschließt. Das Dilemma: Kanzleien jeglichen Zuschnitts und jeglicher Größe, die dabei zunehmend in Konkurrenz zu Justiz und öffentlicher Verwaltung, aber auch zu den Rechtsabteilungen der großen, internationalen Unternehmen stehen, brauchen jedes Jahr eine gewisse Anzahl dieser hoch Qualifizierten, finden sie aber oft nicht. Daher jagt Kanzlei A gerne Kanzlei B nicht nur einzelne Anwältinnen und Anwälte, sondern gleich ganze Teams ab: Teamleiter:innen bringen den Umsatz mit, die Associates sind die willigen Helfer:innen, die man sich gerne mit einkauft. Boutiquen und kleinere Kanzleien fischen verstärkt im Becken der Großkanzleien und können so manche interessante Kandidat:innen für sich gewinnen. In der Regel sind in den Boutiquen oder kleineren Kanzleien die Anforderungen an die Kandidat:innen, insbesondere bezüglich der Examensnoten, geringer. Aber auch hier sind derzeit vor allem Anwält:innen mit erster Berufserfahrung und gewisser Expertise gefragt. Gesucht wird nach wie vor querbeet über alle Rechtsgebiete hinweg. Querschnittsbereiche wie z. B. Litigation, aber auch Compliance- und Datenschutz-Themen, spielen eine immer größere Rolle, vorausgesetzt, man hat die nötige Manpower. Neben Kanzleien und Unternehmen suchen derzeit verstärkt Justiz, öffentlicher Verwaltung, aber auch Verbände; hier macht sich bereits die Pensionierungswelle der Babyboomer bemerkbar. Dieser Trend wird sich in den nächsten Jahren noch weiter verstärken. Die Justiz hat dabei allen Unkenrufen zum Trotz noch die geringsten Probleme, da derzeit insbesondere der weibliche Nachwuchs auf die offenen Stellen drängt. Und ein weiterer Trend macht sich verstärkt bemerkbar: Im Zeitalter von Internet und Social Media gelangen viele offene Positionen gar nicht mehr auf den

Markt. Unternehmen wie Kanzleien versuchen verstärkt, potenzielle Kandidat:innen über diverse Karriereportale direkt anzusprechen, oder veranstalten aufwändige Recruitungwochenenenden, um bereits Studierende und Referendar:innen frühzeitig für sich zu interessieren. Der persönliche Kontakt, das individuelle Gespräch, das Praktikum oder die Wahlstation im Referendariat sind nach wie vor Trumpf und oft Eintrittskarte für den erfolgreichen Start.

Einstiegsgehälter

Die hier skizzierten Entwicklungen spiegeln sich auch in den Gehältern wider. Betrachtet man zunächst die Kanzleien, so sind die Gehaltsunterschiede riesig: Steigen frischgebackene Anwält:innen heute bei kleineren Kanzleien oft mit einem Jahres-Bruttogehalt von 40.000 bis 60.000 Euro ein, so sind es in den Top-50-Kanzleien in der Regel 75.000 bis 140.000 Euro fix, ggf. zuzüglich Kanzleibonus. In diesen Kanzleien sind 16 Punkte in der Summe beider Examina, ein Doktortitel und/oder ein im Ausland erworbener LL.M. samt entsprechender Fremdsprachenkenntnisse nach wie vor Conditio sine qua non. Generell gilt: je besser die Noten, desto höher das (Einstiegs-) Gehalt. Und: Die angloamerikanischen Kanzleien stehen bei den Gehältern nach wie vor an der Spitze. Bei den Boutiquen liegen die Einstiegsgehälter in der Regel zwischen 60.000 und 75.000 Euro, meist ohne irgendwelche Boni, wobei es hier je nach Stadt und Region große Unterschiede gibt. Die Gehaltsspreizung ist in den letzten Jahren größer geworden, ein Ende dieses Trends ist derzeit nicht absehbar. Allerdings sind die Ansprüche auf beiden Seiten gewachsen. In Unternehmen hängt das Einstiegsgehalt entscheidend von der Größe und von der Branche ab: DAX-Unternehmen mit größeren Rechtsabteilungen wie Siemens oder BMW zahlen derzeit je nach Zusatzqualifikation 85.000 bis 102.000 Euro - zweimal „vb“, Dr. iur. oder LL.M. sind auch hier fast immer obligatorisch. Bei Mittelständlern, wo die Rechtsabteilung nur aus ein bis drei Jurist:innen besteht, muss man sich oft mit 50.000 bis 60.000 Euro zufriedengeben. Im Bereich Banken und Versicherungen, Technologie, Pharma und Chemie sind die Einstiegsgehälter höher als in den Bereichen IT, Telekommunikation oder im Medienbereich. Man darf dabei aber nicht vergessen, dass Unternehmen ihren Mitarbeitenden oft zusätzliche (Sozial-)Leistungen offerieren, welche neben einer Regelarbeitszeit von 40 Wochenstunden für manche den Ausschlag geben. Aber auch Unternehmen können sich dem „War for Talents“ nicht entziehen, was dazu geführt hat, dass die Einstiegsgehälter in den letzten Jahren deutlich angehoben wurden.

Gehaltsentwicklungen

Noch viel spannender ist aber die Frage, wie sich die Gehälter im Laufe der Jahre entwickeln. Bei Kanzleien hat sich nicht viel geändert: Während die Gehälter in den Top-20-Kanzleien im zweiten bis sechsten Berufsjahr in der Regel stufenweise steigen, gibt es in Boutiquen oder kleineren Kanzleien solche Entwicklungen meist nicht. Gleiches gilt übrigens auch für die Rechtsabteilungen von Unternehmen, bei denen im Laufe der Jahre neben einem „Inflationsausgleich“ eine Bonuskomponente zum Gehalt hinzukommt. Dafür ist die Chance in den Boutiquen und kleineren Einheiten, einmal (Junior-)Partner:in zu werden, viel höher. Spätestens nach sechs oder sieben Jahren stellt sich aber auch in den größeren Kanzleien die Frage nach dem Schritt Richtung Partnerschaft. Die Gehälter dieser Senior, Principal oder Managing Associates liegen dann oft schon bei stolzen 150.000 bis 200.000 Euro, was in der Regel einen Bonus oder eine Umsatzbeteiligung beinhaltet. Danach gilt: Ob Junior, Salary bzw. Lockstep oder Equity Partner - es zählt allein der Umsatz. Und wer die Umsatzvorgaben verfehlt, fliegt eben auch mal wieder raus, wird sogar „de-equitised“. Leiter:innen von

Rechtsabteilungen erreichen dagegen irgendwann eine Gehaltsobergrenze, die sie nur noch dann durchstoßen können, wenn sie zusätzliche Aufgaben übernehmen oder in den Vorstand wechseln. Der variable Gehaltsbestandteil liegt dann oft bei über 50 Prozent; Aktienoptionen und sogenannte Long Term Incentives stellen bei börsennotierten Unternehmen eine zusätzliche Gehaltskomponente dar.

Wechsel- und Aufstiegsmöglichkeiten

Seit 2016 sind die Unternehmensjurist:innen („Syndici") mit den Kanzleijurist:innen formal gleichgestellt. Es kam dadurch bisher nicht wieder zu einem stärkeren Wechsel aus den Kanzleien hinein in die Unternehmen, wie es früher einmal zu beobachten war. Zwar werden Unternehmen von Jurist:innen nach wie vor als attraktive Arbeitgeber wahrgenommen; allerdings erfolgen derzeit die Wechsel eher innerhalb der Unternehmen und Kanzleien. Dies hat mehrere Gründe: Ein Quereinstieg in eine Kanzlei aus einem Unternehmen heraus ist oft schwierig, hier wird in der Regel von Wechselwilligen ein sogenannter transportabler Umsatz erwartet, den er mitbringen soll, aber oft nicht kann. Umgekehrt legen die Unternehmen immer öfter Wert auf Kandidat:innen, die bei einem Wechsel über „Inhouse"- oder Branchenerfahrung verfügen. Und: Nach wie vor ist die Arbeitsbelastung bei den Kanzleien sehr hoch, die meisten halten nach wie vor am Up-or-Out-Prinzip fest, und der Weg zur Partnerschaft ist oftmals wenig transparent – zumal wenn „Committees" darüber entscheiden, die in London oder New York angesiedelt sind und in denen der deutsche Partner oder die Partnerin nur eine Stimme hat. Die Kanzleien haben auf diesen Trend zum Teil bereits reagiert und bieten verstärkt den Counsel-Status oder die Salary-Partnerschaft als Endstufe der beruflichen Entwicklung in der Kanzlei an. So versuchen sie, gute Anwält:innen, die nicht Vollpartner:innen werden wollen oder können, dauerhaft an sich zu binden. Man darf sich aber nicht zu der Annahme versteigen, die Arbeitsbelastung in einem Unternehmen sei stets erheblich geringer; 40-Stunden-Wochen sind auch hier *de facto* mittlerweile eher die Ausnahme. Dennoch sehen viele die Chance einer ausgeglichenen Work-Life-Balance, gepaart mit ein bis zwei Arbeitstagen pro Woche im Homeoffice, bei Unternehmen höher als in einer Kanzlei. Zudem fördern viele Unternehmen mittlerweile außerbetriebliche Aktivitäten ihrer Mitarbeitenden, z. B. mittels einer Jahreskarte für das Fitnessstudio. Kanzleien versuchen zunehmend durch „Social Activities" wie das gemeinsame Skiwochenende in Kitzbühel nicht nur den Zusammenhalt der Truppe, sondern auch die sportlichen Ambitionen zu befriedigen. Viel wichtiger sind aber ein eigener Betriebshort oder -kindergarten, wo berufstätige Eltern ihre Kinder in Obhut geben können. Flexible Arbeitszeitmodelle, z. B. Teilzeit- und Heimarbeitstätigkeiten, sind seit der Corona-Krise gefragter als je zuvor, in der Praxis allerdings nicht immer umsetzbar. Für manche Berufseinsteiger:innen zählen solche Parameter bei der Arbeitsplatzwahl mittlerweile mehr als das Gehalt.

Alternativer Berufseinstieg

Vielen Absolvent:innen ohne vollbefriedigende Examina oder sonstige Zusatzqualifikationen stellt sich die Frage nach Alternativen zum Berufseinstieg bei Staat, Großkanzlei oder Rechtsabteilung eines Unternehmens. Diese kann man beruhigen: Zunächst gibt es sowohl beim Staat (Justiz wie Verwaltung) als auch bei Kanzleien (z. B. Boutiquen) und in Unternehmen (z. B. Mittelstand) durchaus Möglichkeiten, spannende und verantwortungsvolle Positionen zu besetzen. Einen großen Bedarf haben nach wie vor die „Big Four" der Wirtschaftsprüfungs- und Steuerberatungsgesellschaften, die alle auch einen immer gewichtigeren Legal-Bereich unterhalten. Man darf sich hier nur nicht zu sehr auf eine bestimmte Position oder Stadt fixieren, sondern muss eventuell Umwege gehen und Berufserfahrung sammeln, um dann nach einigen Jahren dort anzukommen, wo man vielleicht von vornherein hinwollte. Aber auch Verbände (z. B. BDI/BDA, VCI oder der berufseigene DAV), Kammern, die Verwaltung des Deutschen Bundestags, das Auswärtige Amt, die BaFin, die GIZ oder das Bundeskartellamt, europäische oder internationale Organisationen haben einen konstanten Bedarf und können ein exzellentes Karrieresprungbrett sein.

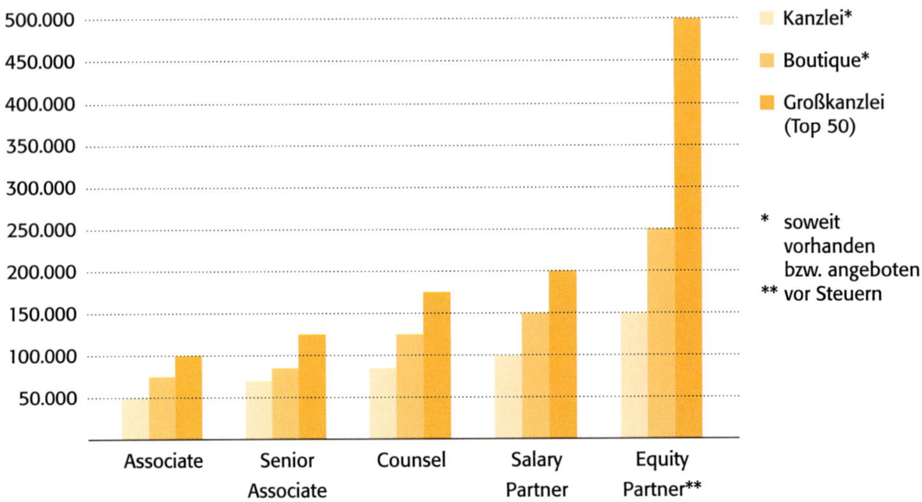

Durchschnittliches Brutto-Jahresgehalt von Rechtsanwälten (in Euro)[1]

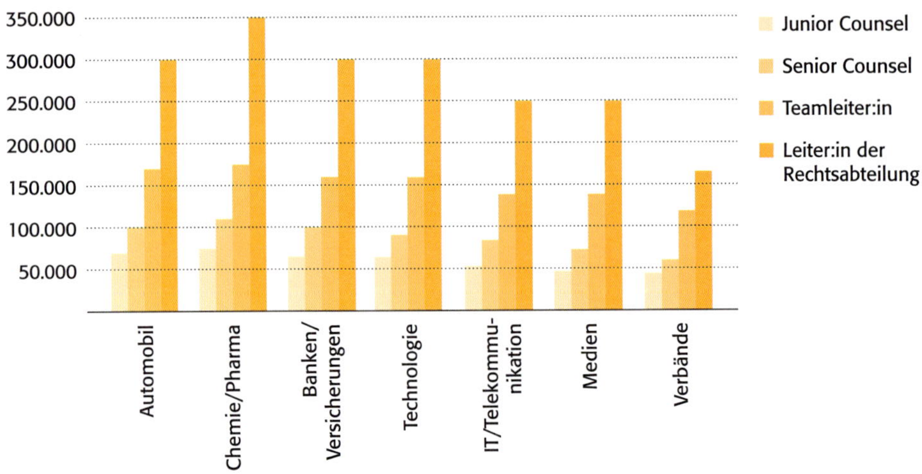

Durchschnittliches Brutto-Jahresgehalt von Unternehmensjurist:innen (in Euro), Quelle: Legal People; Stand: Sommer 2020

1 Es wurde eine durchschnittliche Kostenquote von 40 % (Kanzleien), 50 % (Boutiquen), 60 % (Großkanzleien) zugrunde gelegt (gesamt, inklusive Boni u. Ä., ohne Umsatzbeteiligung und/oder Akquisitionsprämie, Deutschland gesamt).

Juristische Berufe im Öffentlichen Dienst

Verbeamtung auf Lebenszeit, eine relativ krisensichere Anstellung ohne betriebsbedingte Kündigungen, flexible Arbeitszeiten neben der Kernzeit und die Möglichkeit des Freizeitausgleichs von Überstunden... Eine Anstellung im Öffentlichen Dienst bietet meist viele Vorzüge, die bei einer Tätigkeit in einer Kanzlei oder einem Unternehmen in dieser Konstellation nicht gegeben sind. Teilzeitmodelle, Homeoffice und Jobsharing erleichtern zudem die Vereinbarkeit von Beruf und Familie, was von vielen Juristinnen und zunehmend auch von ihren männlichen Kollegen sehr geschätzt wird. Im Gegenzug können Gehälter und Ausstattung des Arbeitsplatzes dem Vergleich mit Kanzleien und Unternehmen in der Regel nicht standhalten.

Was im Einzelnen den Reiz der Tätigkeit als Jurist:in im Öffentlichen Dienst ausmacht, zeigen die Beiträge auf den folgenden Seiten. Das Kapitel gibt einen Überblick von klassischen Berufen in der Justiz über Tätigkeiten in Politik, Behörden und internationalen Organisationen bis hin zu solchen in Lehre und Forschung.

Berufsbilder in der Justiz

Das Berufsbild Richter:in ist für viele nach wie vor eine interessante Option. Das eigenverantwortliche Arbeiten und die Vorzüge der Verbeamtung machen die Justiz zu einem beliebten Arbeitgeber.

Die Entscheidung für eine Tätigkeit als Richter:in muss indes nicht unmittelbar nach dem Studium gefällt werden. Auch der Wechsel nach mehrjähriger Tätigkeit in einer Kanzlei ist gut möglich, da die anwaltliche Berufserfahrung eine wertvolle Qualifikation darstellt.

Mehr Informationen zu den Besonderheiten einer Karriere in der Justiz sowie wichtige Hinweise zum Wechsel zwischen Staatsdienst und Wirtschaft finden sich im Kapitel „Einstieg und Karriere" ab Seite 169.

Richter:in

von Dr. Olaf Weber

Formale Voraussetzungen: Befähigung zum Richteramt (§ 5 DRiG); deutsche Staatsangehörigkeit; Bewerber:innen mit zwei vollbefriedigenden Examina haben beste Aussichten; wer knapp darunterliegt, hat auch noch Chancen. In der Fachgerichtsbarkeit sind die Anforderungen höher.

Persönliche Qualifikation: Pragmatismus, soziale, kommunikative und psychologische Fähigkeiten, Stresstoleranz, Eigenständigkeit. Erfahrungen der Anwaltschaft helfen. Nicht unbedingt notwendig, aber auch nicht schädlich, sind eine Promotion oder Auslandserfahrung.

Einstiegsgehalt: abhängig vom Bundesland, dem (Dienst-)Alter und der Familiensituation

Aufstiegsmöglichkeiten: Es gibt nur eine begrenzte Anzahl von Beförderungsstellen, die, wenn überhaupt, meist erst nach Jahren im Dienst und einer Erprobung an einem Obergericht erreichbar werden. Verwaltungserfahrung oder Abordnungen an ein Obergericht helfen.

Besonderheiten: persönliche und sachliche Unabhängigkeit; Jobsicherheit (Lebenszeitrichter:innen können in der Regel nicht gegen ihren Willen versetzt oder entlassen werden); Vereinbarkeit von Beruf und Familie (flexible Arbeitszeiten, Elternzeit kein Problem)

Rechtliche Grundlagen der richterlichen Tätigkeit

Die rechtsprechende Gewalt ist gemäß Art. 92 GG den Richterinnen und Richtern anvertraut. Diese sind nach Art. 97 Abs. 1 GG und § 25 DRiG unabhängig und nur dem Gesetz unterworfen. Diese infolge des Gewaltenteilungs- und Rechtsstaatsprinzips stark abgesicherte richterliche Unabhängigkeit verbietet jede Art von Einflussnahme auf richterliche Entscheidungen durch Behörden – etwa durch Gerichtsvorstände, Justizministerien oder die Dienstaufsicht. Auch persönlich sind sie unabhängig, also grundsätzlich unkündbar und nur Assessor:innen vor der Lebenszeitverbeamtung gegen ihren Willen versetzbar. Eine Suspendierung ist nur in absoluten Ausnahmefällen und nur durch das Richterdienstgericht möglich.

Richterinnen und Richter stehen in einem öffentlich-rechtlichen Dienstverhältnis eigener Art, das sich aus Normen des Grundgesetzes, des DRiG und den Landesrichtergesetzen definiert; es ist oft an Beamtenrecht angelehnt. Sie sind aber anders als Beamt:innen im Bereich richterlicher Tätigkeit an keinerlei Weisungen, sondern nur an das Gesetz gebunden. Das führt zu einer äußerst begrenzten Dienstaufsicht. Bei spruchrichterlicher Tätigkeit sind sie haftungsprivilegiert. Ansonsten, etwa in der freiwilligen Gerichtsbarkeit, sind Haftungsfälle selten, aber möglich.

Richter:innen sind weder an Arbeitszeiten gebunden, noch besteht Präsenzpflicht am Gericht. Sie können sich ihre Zeit einteilen und Urteile etwa sonntags zu Hause schreiben. Höhere Anforderungen an schnelle richterliche Eilentscheidungen, der verstärkte Einsatz von EDV, der notwendige Kontakt zur Geschäftsstelle und die telefonische Erreichbarkeit für Anwält:innen führen aber praktisch zu höheren Präsenszeiten. Nebentätigkeiten sind wegen der besonderen Neutralitätspflicht nur eingeschränkt möglich. Das jährliche Arbeitspensum wird durch das Präsidium im Geschäftsverteilungsplan ex ante festgelegt; praktisch verteilen die Präsidien die Dezernate oft nach einem Bewertungssystem (Pebb§y), um alle gleich zu behandeln.

Einstellungsverfahren und Probezeit

Das Einstellungsverfahren ist je nach Bundesland teils bei den Oberlandesgerichten, teils bei den Justizministerien, teils bei besonderen Ausschüssen angesiedelt. Auch die Einstellungsverfahren sind unterschiedlich geregelt. Geeignete Kandidat:innen werden in den meisten Ländern ganzjährig und nicht nur nach Ausschreibungen in eine Liste aufgenommen und bei Bedarf zu Vorstellungsgesprächen geladen, an denen das jeweilige Obergericht, das Justizministerium und die Personalvertretung (des Hauptrichterrats) teilnehmen.

Der Ernennung zur Richterin oder zum Richter auf Probe durch das Justizministerium oder das Landeskabinett geht teilweise eine Wahl durch einen Richterwahlausschuss voraus, dem Vertreter:innen der Landesregierung, des Landesparlaments sowie der Richter- und Anwaltschaft angehören können. Die Ernennung zum Richter auf Lebenszeit erfolgt in der Regel nach drei oder vier Jahren. Eine vorangegangene Tätigkeit, etwa als Rechtsanwalt, kann nach § 10 Abs. 2 DRiG auf die Probezeit angerechnet werden. Während der Probezeit werden die Richter:innen auf Probe regelmäßig in verschiedenen Gerichtsbarkeiten und oft auch bei der Staatsanwaltschaft eingesetzt. Neben dem direkten Einstieg in die Justiz gibt es auch den indirekten Weg über die Verwaltung. Vor allem Finanzrichter:innen werden oft aus den Reihen der Finanzverwaltung rekrutiert.

Arbeitsbelastung

Junge Richter:innen erwartet in den ersten Monaten erfahrungsgemäß eine hohe bis sehr hohe Arbeitsbelastung. Das zu übernehmende Dezernat war oft eine Zeit lang vakant, und Einsteiger:innen erhalten genauso viele neue Akten im Monat wie eingearbeitete Richter:innen. 60 bis 70 Stunden pro Woche sind gleichwohl nicht die Regel. Sobald sich die Richter:innen mit der Arbeitsweise, den maßgeblichen Rechtsgebieten sowie ihrem Aktenbestand vertraut gemacht haben, tritt meist eine spürbare Normalisierung ein.

Die schiere Zahl der Akten erfordert immer eine Priorisierung: Aus Zeitgründen ist es etwa unmöglich, im Strafbereich viel Arbeitszeit in Standardfälle wie einen einfachen Diebstahl zu stecken; gleichwohl müssen die Fälle angemessen gelöst werden, denn es geht immer um die Menschen dahinter. Und das Opfer des Diebstahls wird es nicht goutieren, wenn sein Fall „einfach so" eingestellt wird. Im Zivilrecht nützt ein feingeschliffenes 60-Seiten-Urteil den Parteien nichts, wenn es den akuten Nachbarschaftsstreit erst nach Jahren entscheidet; aber es nützt auch ein inhaltsloses, schlecht begründetes Urteil nach wenigen Wochen nichts, denn es vermag den Streit nicht halbwegs befriedigend zu lösen. Diese Abwägung ist wohl der größte Spagat im Beruf; sie halbwegs zu meistern, tägliche Aufgabe.

Aufgrund auch praktisch gut umsetzbarer Ansprüche auf Elternzeit, Teilzeittätigkeit oder mehrjährige Beurlaubung zur Kinderbetreuung erlaubt es die Tätigkeit dennoch, Beruf und Familie oder Freizeit in Einklang zu bringen. Von Vorteil ist hier die flexible Arbeitszeitgestaltung.

Arbeitsalltag

Die tägliche Arbeit besteht zunächst darin, die von der Geschäftsstelle täglich vorgelegten Akten zu bearbeiten. Diese „Dekretur" umfasst es, eingegangene Schriftsätze zu lesen, weiterzuleiten, Anträge zuzustellen oder Fristen zu bestimmen. Nach einer Einarbeitung in die Akten sind dann Termine zu bestimmen, zu denen Beteiligte geladen werden. Meist ein- oder zweimal die Woche sind dann die so terminierten Sitzungen zu leiten. Im Nachgang sind dann oft lange Entscheidungen, also Urteile oder Beschlüsse zu schreiben. Die täglichen prozessualen und materiellen Rechtsfragen werden mithilfe juristischer Kommentare und Datenbanken geklärt. Wichtig dabei ist ein praktisches Vorgehen, das - anders als an der Universität - vom Ende her denkt und nur die gerade relevanten Fragen beantwortet. Die Schwierigkeit ist es, die Zahl der gelösten Fälle und das rechtliche Niveau vertretbar auszubalancieren. Viele Richter:innen sind zudem im Bereich der Juristenausbildung engagiert, etwa indem sie Referendar:innen ausbilden oder Arbeitsgemeinschaften leiten.

Reiz der richterlichen Tätigkeit

Die Arbeit als Richter:in ist nicht nur anspruchs-, sondern auch verantwortungsvoll. Häufig geht es nicht nur um komplizierte Sachverhalte und Rechtsfragen, sondern um Auswirkungen auf das Leben echter Menschen. Die Tätigkeit ist abwechslungsreich und vielfältig. Als Richter:in arbeitet man mit einem hohen Maß an Unabhängigkeit und Selbstständigkeit. Man ist in keinerlei Hierarchien eingebunden - auch in der Kammer sind alle Stimmen gleich -, wohl aber in eine Organisation. Nach der Ernennung auf Lebenszeit kommen die Unkündbarkeit und Unversetzbarkeit dazu. Mögliche Nebentätigkeiten sind wissenschaftliche Veröffentlichungen, Lehraufträge an der Universität oder eine Prüfertätigkeit im Juristischen Staatsexamen; lukrative Tätigkeiten wie Gutachten oder Rechtsberatung scheiden dagegen aus.

Zu sozialromantisch sollte man die Arbeit indes nicht sehen, wie auch eine aktuelle Debatte zeigt: Denn Qualität und Quantität der Arbeit sind immer gegeneinander abzuwägen. Die wahrscheinlich wichtigste Eigenschaft ist es daher, wesentliche und unwesentliche Fragen voneinander zu scheiden und entsprechend unterschiedlich zu behandeln, um sowohl den Rechtsuchenden gerecht zu werden als auch das Dezernat zu beherrschen. Es geht darum, die Idee des Rechtsstaats umzusetzen, und zwar nicht abstrakt am grünen Tisch der Universität oder des Verfassungsgerichts, sondern im echten Leben unter den Widrigkeiten der Praxis mit ihrer Arbeitsbelastung, den eingeschränkten Möglichkeiten zum Erkenntnisgewinn und den Realitäten der Ökonomie.

Einsteiger:in im ersten Jahr, Besoldungsgruppe R1 (z. B. Staatsanwalt/-anwältin, Richter:in am Amtsgericht, Richter:in am Landgericht), ledig	4.623,91 Euro
Berufsträger:in im 10. Jahr, Besoldungsgruppe R1 (z. B. Staatsanwalt/-anwältin, Richter:in am Amtsgericht, Richter:in am Landgericht), verh., 2 Ki.	5.959,88 Euro
Berufsträger:in nach Beförderung im 20. Jahr, Besoldungsgruppe R2 (z. B. Oberstaatsanwalt/-anwältin, Vorsitzende:r Richter:in am Landgericht), verh., 2 Ki.	7.961,82 Euro
Berufsträger:in in Endstufe, Besoldungsgruppe R1 (z. B. Staatsanwalt/-anwältin, Richter:in am Amtsgericht, Richter:in am Landgericht), verh., 2 Ki.	7.584,46 Euro
Berufsträger:in nach Beförderung in Endstufe, Besoldungsgruppe R2 (z. B. Oberstaatsanwalt/-anwältin, Vorsitzende:r Richter:in am Landgericht), verh., 2 Ki.	8.232,57 Euro

Musterfälle R-Besoldung, exemplarisch: Baden-Württemberg,
Quelle: Deutscher Richterbund, www.richterbesoldung.de

Notar:in

von Dr. Damian Wolfgang Najdecki

Formale Voraussetzungen: im Hauptberuf dreijähriger Vorbereitungsdienst als Notarassessor:in; im Nebenberuf (Anwaltsnotar:in) neben einer allgemeinen und örtlichen Wartezeit das Bestehen einer notariellen Fachprüfung

Persönliche Qualifikation: Unabhängigkeit, Unparteilichkeit, Verschwiegenheit, Freude am Umgang mit Menschen, Organisationsgeschick und herausragende Noten im Zweiten Staatsexamen; bei Anwaltsnotaren zusätzlich sehr gute Ergebnisse in der notariellen Fachprüfung

Einstiegsgehalt: Das Notarassessorengehalt entspricht einer Richterbesoldung der Stufe R 1. Notar:innen fließen die nach dem GNotKG vorgeschriebenen Gebühren zu.

Aufstiegsmöglichkeiten: keine Aufstiegsmöglichkeiten im klassischen Sinne; sofortige Ausstattung mit voller Amtsgewalt und Personalverantwortung

Besonderheiten: gute Vereinbarkeit mit Familie und wissenschaftlicher Lehr- sowie Publikationstätigkeit

Weitere Informationen: www.bnotk.de sowie Websites der Landesnotarkammern

Aufgaben von Notar:innen

Notar:innen sind als Träger:innen eines öffentlichen Amts in der staatlichen vorsorgenden Rechtspflege tätig. In der Funktion als kompetente, unparteiische und unabhängige Betreuer:innen aller Beteiligten erforschen sie den Sachverhalt sowie die Interessen und Wünsche der Vertragsparteien. Anders als Richter:innen, die tätig werden, wenn Streit entstanden ist, wirken Notar:innen im Vorfeld und streitvermeidend. Ihre Urkunden haben eine hohe Beweiskraft und sind häufig Vollstreckungstitel.

Zu den Hauptaufgaben zählen die Beratung, Vertragsgestaltung und Beurkundung auf dem Gebiet des Gesellschafts-, Familien-, Erb- und natürlich des Sachenrechts. Neben der Mitwirkung bei Immobilientransaktionen oder dem Abschluss von Eheverträgen und Scheidungsvereinbarungen sind sie Ansprechpartner:innen bei der Gestaltung von Testamenten, Erbverträgen und Vorsorgevollmachten. Notar:innen sind Hoheitsträger:innen und Garanten einer funktionierenden vorsorgenden Rechtspflege, was gerade die COVID-19-Pandemie unter Beweis gestellt hat.

Sie leisten aufgrund ihrer neutralen und sachkundigen Beratung beim Erwerb von Grundstücken, bei der Gründung und Umwandlung von Gesellschaften aller Art sowie bei der Übertragung von Gesellschaftsbeteiligungen einen wichtigen Beitrag für das Funktionieren des Gemeinwesens. So können sich die für das Grundbuch- und Handelsregister zuständigen Stellen bei den Amtsgerichten auf die Richtigkeit der notariellen Urkunden verlassen. Gerade deren elektronische Übermittlung an das Handelsregister, verbunden mit der vorherigen Verarbeitung der für das Register relevanten Daten, beschleunigt die Eintragung deutlich. Unterstützt werden alle deutschen Notar:innen durch das in Würzburg ansässige Deutsche Notarinstitut.

Hauptberufliche Notar:innen und Anwaltsnotar:innen

In Deutschland gibt es neben hauptberuflichen Notar:innen auch Anwaltsnotar:innen, die neben ihrer Tätigkeit als Rechtsanwält:innen zugleich das Notaramt ausüben. Zum Teil aufgrund historischer Entwicklungen sind hauptberufliche Notar:innen in ca. zwei Dritteln der Bundesländer tätig (siehe Grafik auf Seite 34).

Um zum oder zur hauptberuflichen Notar:in ernannt zu werden, muss man einen dreijährigen Anwärterdienst als Notarassessor ableisten, der auf das Amt des Notars oder der Notarin umfassend vorbereitet. Nähere Informationen zum Bewerbungsverfahren sind auf den Internetauftritten der Landesjustizministerien zu finden. Voraussetzung für die Übernahme in den Anwärterdienst ist ein herausragendes Examensergebnis. In Bayern wird z. B. lediglich jeweils den besten fünf bis zehn Absolvent:innen der Zweiten Juristischen Staatsprüfung die Einstellung in den Notardienst angeboten. Notarassessor:innen stehen in einem öffentlich-rechtlichen Dienstverhältnis zum Staat. Sie werden erfahrenen Notar:innen zugeteilt, bei denen sie sich die komplexen, für den Notarberuf nötigen Fachkenntnisse aneignen können. Zudem erhalten Notarassessor:innen Gelegenheit zur Teilnahme an zahlreichen Fortbildungsveranstaltungen. Bereits nach einer kurzen Einarbeitungszeit werden durch die Übernahme von Notarvertretungen wertvolle Erfahrungen gesammelt.

Um sich für das Amt als Anwaltsnotar:in zu bewerben, müssen Rechtsanwält:innen mindestens fünf Jahre zugelassen und seit drei Jahren an dem Ort, wo sie als Anwaltsnotar:innen amtieren möchten, hauptberuflich als Rechtsanwält:innen tätig sein. Neben einer Wartezeit ist das Bestehen einer bundeseinheitlichen notariellen Fachprüfung Voraussetzung für die Ernennung zum Anwaltsnotar oder zur Anwaltsnotarin. Die Prüfung besteht aus vier fünfstündigen Klausuren und einer mündlichen Prüfung. Für die Bestenauslese sind die Note in der notariellen Fachprüfung zu 60 Prozent und die Note in der Zweiten Juristischen Staatsprüfung zu 40 Prozent ausschlaggebend. Eine Statistik über die letzten Prüfungsergebnisse ist beim Prüfungsamt für die notarielle Fachprüfung zu finden (www.pruefungsamt-bnotk.de).

Zusatzqualifikationen

Zwar sind Fremdsprachen keine notwendige Voraussetzung für den Notarberuf. Sprachkenntnisse sind jedoch von erheblichem Vorteil, da man vielfach mit der Beurkundung in englischer oder einer anderen Sprache konfrontiert ist. Aufgrund des zunehmenden elektronischen Rechtsverkehrs sollte grundsätzlich keine Abneigung gegen den technischen Fortschritt und gegen den Umgang mit Computern bestehen. Notar:innen leisten einen wichtigen Beitrag bei der Digitalisierung der Justiz.

Reiz der Tätigkeit als Notar:in

Entgegen der teilweise anzutreffenden Ansicht ist der Notarberuf spannend und abwechslungsreich. Die Tätigkeit zeichnet sich durch den Kontakt mit zahlreichen unterschiedlichen Menschen aus. Dabei befasst man sich täglich nicht nur mit verschiedenen juristischen Fragestellungen und Problemen, sondern hat zugleich die Möglichkeit, durch interessante Vertragsgestaltungen, insbesondere im Familien- und Erbrecht sowie Handels- und Gesellschaftsrecht, Mandanten zu helfen. Als unparteiische Träger:innen hoheitlicher Gewalt haben der Notar:innen ferner Gelegenheit, unerfahrene oder juristisch schlecht beratene Vertragsbeteiligte vor nachteiligen oder gar sittenwidrigen Vereinbarungen zu schützen. Das Vorlesen der Urkunde ist ein wichtiger Bestandteil der notariellen Tätigkeit. Während der Beurkundung ergeben sich immer zahlreiche Fragestellungen und interessante Diskussionen, was die Qualität der geschlossenen Vereinbarungen sichert und Gelegenheit zu der gesetzlich vorgeschriebenen Aufklärung und Beratung gibt. Wem die Vorstellung unangenehm ist, vorzulesen und dabei komplexe juristische Zusammenhänge im Auge zu behalten und zu lösen, der sollte sich besser nicht für den Notarberuf entscheiden. Den täglichen Kontakt mit Menschen sollten künftige Notar:innen nicht scheuen, da dieser ein Charakteristikum der Tätigkeit darstellt.

Der größte Reiz des Notarberufs liegt in der Unabhängigkeit. Bei der Gestaltung seiner Urkunden unterliegt man keinen Weisungen von Aufsichtsbehörden, sondern allein der Bindung an Recht und Gesetz. Notar:innen üben zwar ein öffentliches Amt aus, jedoch außerhalb der Organisation des Staates. Die notarielle Tätigkeit wird auch attraktiv durch die unternehmerisch-organisatorische Herausforderung, die eigene Geschäftsstelle zu unterhalten, einschließlich der Verantwortlichkeit für das eigene Personal. Wer die fachlichen Voraussetzungen erfüllt, sollte sich auf jeden Fall eingehend mit dem Gedanken auseinandersetzen, die Notarlaufbahn einzuschlagen.

Formen des Notariats in Deutschland,
Quelle: www.bnotk.de/Notar/Notariatsverfassungen/index.php

Berufsbilder in Politik, Behörden und internationalen Organisationen

Ob in Ämtern, Ministerien oder auf internationalem Parkett in einer europäischen Institution - der Öffentliche Dienst hält eine Vielzahl interessanter Betätigungsfelder bereit.

Wer sich für eine Stelle im Bereich der öffentlichen Verwaltung oder in internationalen Organisationen interessiert, sollte jedoch bedenken, dass hier regelmäßig Versetzungen anstehen, was große Mobilität und Flexibilität erfordert. Der Lohn ist eine anspruchsvolle und abwechslungsreiche Tätigkeit in immer wieder neuen Fachgebieten.

Aufgrund der Fülle an Einsatzmöglichkeiten für Jurist:innen auf internationaler, aber auch auf Bundes-, Landes- und Kommunalebene können in diesem Kapitel nur einige exemplarische Berufsbilder überblicksartig dargestellt werden: Die folgenden Beiträge bieten Informationen zu juristischen Stellen in der Politik, im Bundeskartellamt, beim Bundesnachrichtendienst, im Bundesministerium der Justiz sowie in internationalen Organisationen.

Ergänzend bieten die Erfahrungsberichte ab Seite 211 detaillierte Einblicke in einzelne Berufsbilder. Ausführliche Informationen zum Bewerbungsprozess bei internationalen Organisationen finden sich ab Seite 204.

Bundesministerium der Justiz und für Verbraucherschutz

von Christina Motejl

Formale Voraussetzungen: Befähigung zum Richteramt mit erheblich über dem Durchschnitt liegenden Examensergebnissen (für den höheren Dienst)

Einstiegsgehalt: in der Regel Grundgehalt der Besoldungsgruppe A 13 zzgl. Ministerialzulage

Besonderheiten: mehrstufiges Auswahlverfahren bei Neueinstellungen; Einstellung zunächst als Beamter/Beamtin auf Probe; Probezeit von einem Jahr bis zu drei Jahren; nach erfolgreichem Abschluss der Probezeit Ernennung auf Lebenszeit möglich; Möglichkeit vorübergehender Tätigkeit in anderen nationalen und internationalen Institutionen

Weitere Informationen: www.bmjv.de, Referat Z A 1 (Personal höherer Dienst)

Tätigkeitsbereiche des Bundesministeriums der Justiz und für Verbraucherschutz

Das Bundesministerium der Justiz und für Verbraucherschutz (BMJV) ist in erster Linie Gesetzgebungs- und Beratungsministerium. Es erarbeitet Gesetzes- und Verordnungsentwürfe im Bereich seiner Federführung, also im Wesentlichen für das bürgerliche Recht, das Handels- und Gesellschaftsrecht, den gewerblichen Rechtsschutz und das Urheberrecht, das Strafrecht, die Prozessrechte und den Verbraucherschutz. Es wirkt außerdem bei Gesetzes- und Verordnungsentwürfen anderer Ressorts mit und achtet auf die Vereinbarkeit der Entwürfe mit der Verfassung und der Rechtsordnung insgesamt sowie auf eine einheitliche formale Gestaltung und eine möglichst klare Rechtssprache. Sowohl für die federführenden als auch über die in der Federführung anderer Ressorts „mitzuprüfenden" Bereiche wirken die Fachreferate an der Rechtsetzung auf EU-Ebene mit und vertreten in den jeweiligen Arbeitsgremien die Position der Bundesregierung. Schließlich ist das BMJV auch in Verfahren vor dem Bundesverfassungsgericht beteiligt.

Einsatzmöglichkeiten für Jurist:innen

Der Anteil juristisch ausgebildeter Mitarbeiter:innen im BMJV ist hoch. Von den 939 Beschäftigten sind 385 Volljurist:innen. Davon sind etwa 33 Prozent nicht dauerhaft im BMJV beschäftigt, sondern für zwei bis drei Jahre aus der Justiz oder der Verwaltung der Länder an das BMJV abgeordnet. Sie sollen den Austausch der Regierungsarbeit mit der Praxis gewährleisten und nehmen während dieser Zeit die Aufgaben von Referent:innen in einem Ministerium wahr. Regelmäßig findet ein internes Auswahlverfahren für diejenigen abgeordneten Referent:innen statt, die dauerhaft an das BMJV versetzt werden möchten. Zusätzlich findet etwa alle zwei Jahre ein externes Auswahlverfahren statt. Teilweise arbeiten – allerdings zeitlich befristet – auch Jurist:innen mit Erstem Juristischen Staatsexamen im BMJV. Stellenangebote werden auf der Internetseite des BMJV veröffentlicht.

Überdurchschnittlich qualifizierten Rechtsreferendar:innen bietet das BMJV die Möglichkeit, im Rahmen des juristischen Vorbereitungsdienstes eine mindestens dreimonatige Ausbildungsstation abzuleisten. Bewerbungen hierfür sollten spätestens sechs Monate vor Beginn der Ausbildungsstation eingereicht werden.

Das BMJV ist wie jedes Bundesministerium hierarchisch gegliedert. An der Spitze steht die Bundesministerin der Justiz und für Verbraucherschutz. Sie wirkt als Mitglied des Kabinetts an den Entscheidungen der Bundesregierung mit und trägt die politische Verantwortung für das Ressort. Zur Unterstützung stehen der Ministerin zwei Parlamentarische Staatssekretär:innen und zwei beamtete Staatssekretär:innen zur Seite. Die Parlamentarischen Staatssekretär:innen pflegen die Verbindung zum Bundestag, zum Bundesrat und zu den politischen Parteien. Die beamteten Staatssekretär:innen vertreten die Ministerin als Leitung des Ministeriums nach innen und außen. Die Ministerin und die Staatssekretär:innen bilden die Hausleitung des Ministeriums.

Das Ministerium selbst gliedert sich in sieben Abteilungen, diese wiederum in Unterabteilungen und Referate. In einer Abteilung werden jeweils sachlich zusammengehörige Aufgaben wahrgenommen. So gibt es zum Beispiel eine Abteilung für Rechtspflege, die sich unter anderem mit Prozessrecht, Richterrecht und Rechtsanwaltsrecht befasst, sowie eine Abteilung für Strafrecht, in der unter anderem materielles Strafrecht, Jugendstrafrecht und internationales Strafrecht bearbeitet werden. Die Leitung der Abteilung obliegt in der Regel einem politischen Beamten oder einer politischen Beamtin. Die Abteilungsleitung überwacht und koordiniert die Arbeiten innerhalb der Abteilung und sichert die wechselseitige Information zwischen Hausleitung und Abteilung. Die Referate sind als organisatorische Grundeinheit des Ministeriums die Träger der Sacharbeit und werden fast immer von Jurist:innen geleitet. Neben dem Einsatz in den Fachabteilungen unterstützen Jurist:innen auch die Verwaltungsaufgaben des Ministeriums wie die interne Organisation, Haushalt, Personal und Justiziariat.

Der Reiz der Tätigkeit

Die Arbeit im BMJV ist außerordentlich spannend für Jurist:innen mit breit gefächertem rechtlichem und politischem Interesse. Ihnen bietet sich die reizvolle Möglichkeit, die Rechtslage nicht – wie in den juristischen Tätigkeiten sonst üblich – nur anzuwenden und auszulegen, sondern an ihrer Fortentwicklung mitzuwirken und auch die politische Dimension von Rechtssetzungsvorhaben zu erleben – oft auch im Spannungsfeld verschiedener Interessen. Dabei können Referent:innen Themen ihrer Arbeitsbereiche häufig in den Nachrichten wiederfinden.

Referent:innen wechseln regelmäßig innerhalb der verschiedenen Referate und Abteilungen und haben so nicht nur die Gelegenheit, in unterschiedlichen Rechtsgebieten tätig zu werden, sondern auch, das Ministerium aus verschiedenen Blickwinkeln zu sehen. Hinzu kommen vielseitige Tätigkeiten: Referent:innen erarbeiten Entwürfe von Gesetzen und Verordnungen, prüfen die Entwürfe anderer Ministerien und verhandeln europäische oder internationale Rechtsakte. Daneben beantworten sie Rechtsfragen der Hausleitung, anderer Ressorts, von Mitgliedern des Deutschen Bundestags und von Bürger:innen zu den inhaltlichen Themen. Sie schreiben Informationspapiere, interne Vermerke und Reden, sie bereiten Gespräche mit den verschiedensten Interessengruppen und mit an Gesetzgebungsverfahren Beteiligten vor oder führen diese Gespräche im Rahmen der Vorbereitung von Gesetzgebungsakten selbst. Die Betreuung der Gesetzgebungsverfahren des Hauses bedeutet, dass Referent:innen neben der Erarbeitung der Entwürfe auch für diese gegenüber den anderen Ministerien und weiteren Beteiligten werben und streiten müssen, damit sie vom politischen Willen der gesamten Bundesregierung getragen und schließlich vom Deutschen Bundestag und unter Mitwirkung des Bundesrats beschlossen werden, um tatsächlich als Gesetz oder Verordnung in Kraft zu treten.

In vielen Referaten kommt neben der Unterstützung der nationalen Gesetzgebungstätigkeit heute auch die Verhandlung europäischer Rechtsakte hinzu. Referent:innen haben hier nicht nur die Position der Bundesregierung zum jeweiligen Thema in Abstimmung mit den anderen Ministerien zu erarbeiten, sondern diese auch aktiv in den EU-Gremien zu vertreten. Dementsprechend sind aktive Englischkenntnisse und mindestens passive Französischkenntnisse unverzichtbar; dasselbe gilt für die Fähigkeit, Botschaften klar zu transportieren und die eigenen Zuständigkeiten und Positionen darzustellen. Schließlich führt das BMJV auch die Fachaufsicht über die Gerichte und Behörden in seinem Geschäftsbereich. Die Tätigkeit im BMJV eröffnet daher nicht nur große Gestaltungsmöglichkeiten, sondern ist auch sehr kommunikativ. Referent:innen im BMJV sind im permanenten Gespräch mit ihren „Spiegel"-Kolleg:innen aus anderen Bundesministerien, aus den Landesjustizverwaltungen, den EU-Kommissionsdienststellen, aus anderen EU-Mitgliedstaaten und mit Vertretern von Verbänden und Unternehmen. Sie vertreten das BMJV in Ausschuss-Sitzungen im Bundesrat, im Bundestag, bei der EU-Kommission und im Rat der Europäischen Union. Innerhalb des BMJV arbeiten Referent:innen in einem aufgeschlossenen und kollegialen Arbeitsumfeld, größtenteils in Referaten mit ein bis vier Referent:innen.

Personalstruktur im Bundesministerium der Justiz und für Verbraucherschutz

Im BMJV arbeiten derzeit 385 Volljurist:innen (199 Frauen und 186 Männer). Davon sind 138 Richter:innen, Staatsanwält:innen sowie andere Beamt:innen der Bundesländer oder der Behörden des Geschäftsbereichs, die für eine begrenzte Zeit an das BMJV abgeordnet sind. Umgekehrt ordnet das BMJV regelmäßig Mitarbeiter:innen an andere Ressorts oder Institutionen ab. So sind einige Mitarbeiter:innen beispielsweise auf Zeit bei der Europäischen Kommission oder dem Europäischen Gerichtshof, beim Auswärtigen Amt in den Ständigen Vertretungen Deutschlands (bei der EU in Brüssel, den Vereinten Nationen in Genf oder dem Europarat in Straßburg), am Bundesgerichtshof, Bundesverfassungsgericht oder für den Generalbundesanwalt tätig.

Gleit- und Teilzeitmöglichkeiten erleichtern die Vereinbarkeit von Familie und Beruf. Die Interessen der Mitarbeiter:innen werden durch einen Personalrat, die Gleichstellungsbeauftragte und die Vertrauensperson für schwerbehinderte Menschen vertreten. Seit dem Umzug der Bundesregierung von Bonn nach Berlin im Jahr 1999 sind die meisten Bediensteten am Hauptsitz des Ministeriums in der Nähe des Berliner Gendarmenmarkts tätig.

Bundeskartellamt

von Kay Weidner

Formale Voraussetzungen: Die Voraussetzungen für eine Verbeamtung nach dem Bundesbeamtengesetz müssen gegeben sein (www.gesetze-im-internet.de/bbg_2009/__7.html).

Persönliche Qualifikationen: überdurchschnittliche Examina, Interesse und Engagement für wettbewerbspolitische Aufgaben, Leistungsbereitschaft, Flexibilität und Belastbarkeit, Kooperations- und Kommunikationsfähigkeiten, Team- und Konfliktfähigkeit, überzeugendes Auftreten, selbstständiges Handeln, EDV-Kenntnisse, gutes Ausdrucksvermögen, Englischkenntnisse; Kenntnisse im Kartellrecht, Wirtschaftsstraf- und Wirtschaftsverwaltungsrecht, Strafverfahrensrecht o. ä. sind von Vorteil.

Einstiegsgehalt: Tarifbeschäftigte:r nach Entgeltgruppe 13 TVöD. Eine Übernahme in das Beamtenverhältnis ist vorgesehen.

Aufstiegsmöglichkeiten: Beförderungsmöglichkeiten im Rahmen der Beamtenlaufbahn in einer Bundesoberbehörde

Besonderheiten: interessante, interdisziplinäre Aufgaben, hohes Maß an Selbstständigkeit und entscheidungsorientierter Arbeit, internationaler Bezug

Weitere Informationen: www.bundeskartellamt.de

Tätigkeit und Aufgaben

Volljurist:innen erwartet im Bundeskartellamt eine Vielzahl von interessanten Aufgaben. Die neuen Mitarbeiter:innen erfahren vom ersten Tag an ein hohes Maß an selbstständigem und entscheidungsorientiertem Arbeiten. Die Tätigkeiten haben fast immer einen ausgeprägten internationalen Bezug. Gesprächspartner:innen sind Führungskräfte der Wirtschaft, Rechtsanwälte, Behördenvertreter aus dem In- und Ausland sowie Persönlichkeiten aus Wissenschaft und Politik. Das Bundeskartellamt ist eine selbstständige Bundesbehörde im Geschäftsbereich des Bundesministeriums für Wirtschaft und Energie. Die Behörde beschäftigt ca. 400 Mitarbeiter:innen am Dienstort Bonn, davon rund die Hälfte mit rechts- bzw. wirtschaftswissenschaftlicher Ausbildung. Aufgabe des Bundeskartellamts ist die Sicherung des Wettbewerbs in Anwendung und Durchsetzung des Gesetzes gegen Wettbewerbsbeschränkungen (GWB). Zu den Instrumenten gehören im Einzelnen die Durchsetzung des Kartellverbots, die Fusionskontrolle, die Missbrauchsaufsicht über marktbeherrschende Unternehmen, der Verbraucherschutz und die Überprüfung der Vergabe öffentlicher Aufträge. Entscheidungen treffen in diesen Fällen die insgesamt 13 Beschlussabteilungen des Bundeskartellamts (in Vergabesachen die zwei Vergabekammern des Bundes). Im Frühjahr 2021 hat das Amt außerdem mit dem Betrieb eines Wettbewerbsregisters begonnen. Damit sollen ab 2020 Unternehmen, die schwerwiegende Wirtschaftsdelikte begehen, von öffentlichen Vergabeverfahren ausgeschlossen werden. Eine Grundsatzabteilung berät die Beschlussabteilungen in speziellen kartellrechtlichen und ökonomischen Fragen, vertritt das Bundeskartellamt in den Entscheidungsgremien der Europäischen Union, begleitet wettbewerbsrelevante Gesetzesreformen auf nationaler und europäischer Ebene und koordiniert die Zusammenarbeit des Amts mit ausländischen Wettbewerbsbehörden sowie internationalen Organisationen. Sie betreibt die Presse- und Öffentlichkeitsarbeit und unterstützt den Präsidenten des Bundeskartellamts. Die Sonderkommission Kartellbekämpfung unterstützt die Beschlussabteilungen bei der Vorbereitung, Durchführung und Auswertung von Durchsuchungsaktionen im Rahmen von Kartellverfahren. Sie ist zudem Ansprechpartnerin für Unternehmen, die im Rahmen der Kartellverfolgung einen Kronzeugenantrag stellen wollen. Daneben berät die Prozessabteilung das Amt in juristischen Fragen, begleitet gerichtliche Beschwerdeverfahren vor dem OLG Düsseldorf und vertritt das Bundeskartellamt vor dem BGH in Karlsruhe.

Bewerbung und Ausbildung

Freie Stellen für Referent:innen werden regelmäßig ausgeschrieben. Die Auswahl erfolgt üblicherweise im Rahmen eines eintägigen Assessment-Centers; dabei gilt es, zu ordnungspolitischen und anderen Themen Aufsätze zu schreiben sowie verschiedene Gespräche und Diskussionen zu führen. Die Tätigkeit im Bundeskartellamt wird danach in der Regel in einer der 13 Beschlussabteilungen als Referent:in begonnen. Sie bekommen nach ihrer Anstellung für eine sechsmonatige Probezeit zunächst Einführungsberichterstatter:innen zur Seite gestellt, die oft einen wirtschaftswissenschaftlichen Hintergrund haben. Die neuen Mitarbeiter:innen werden schnell mit der selbstständigen Bearbeitung von Fällen aus den verschiedenen Aufgabenbereichen des Amts - Kartellbekämpfung, Missbrauchsaufsicht, Fusionskontrolle, Verbraucherschutz und Vergaberecht - betraut. Marktermittlungen, Schriftsätze, juristische und ökonomische Bewertungen, Termine mit hochrangigen Wirtschaftsvertreter:innen und Rechtsanwält:innen sowie die Entscheidungsfindung erfolgen in Zusammenarbeit mit den Einführungsberichterstatter:innen sowie anderen Kolleg:innen. Nach sechsmonatiger Probezeit wird man bei Vorliegen der entsprechenden Voraussetzungen in das Beamtenverhältnis übernommen.

Weiterer Karriereverlauf

Üblicherweise verbleiben die Mitarbeiter:innen dann noch weitere Monate in der Beschlussabteilung. Nach eineinhalb bis zweieinhalb Jahren besteht die Möglichkeit, die Karriere als Referent:in in der Grundsatzabteilung, der Prozessabteilung (einschließlich der Sonderkommission Kartellbekämpfung), dem Wettbewerbsregister oder der Zentralabteilung des Hauses fortzusetzen. Üblicherweise folgt danach wieder die Tätigkeit in einer der Beschlussabteilungen oder einer der Vergabekammern des Bundes. Den Mitarbeiter:innen wird bei entsprechender Eignung die Funktion als Berichterstatter:in übertragen. Damit einher geht dann die Verantwortlichkeit für einen bestimmten, nach Wirtschaftsbereichen ausgerichteten Zuständigkeitsbereich sowie die Möglichkeit, nun auch formell als Teil der Beschlussabteilung, im Verbund mit seinem/seiner Vorsitzenden und einem weiteren Berichterstatter oder einer weiteren Berichterstatterin, Entscheidungen zu treffen. Auch die weitere Karriere gewährt Einblick in die unterschiedlichsten Wirtschaftsbereiche, da nach gewissen Zeiträumen weitere Wechsel zwischen den Abteilungen des Hauses erfolgen. Es besteht auch die Möglichkeit, ein Referat in der Grundsatz- bzw. der Prozessabteilung oder der Verwaltung zu leiten und damit Personalverantwortung zu übernehmen. Inklusive der Vergabekammern, des Wettbewerbsregisters, der Grundsatzabteilung und der Prozessabteilung gibt es im Bundeskartellamt insgesamt 19 Abteilungsleiter:innen/Vorsitzende.

Bundesnachrichtendienst

Formale Voraussetzungen: abgeschlossenes Hochschulstudium und Referendariat (beide Examina sollten mit mindestens 6,5 Punkten abgelegt sein), deutsche Staatsangehörigkeit

Weitere Qualifikationen: gute Fremdsprachenkenntnisse in Englisch und nach Möglichkeit einer weiteren Fremdsprache, berufsbezogene Auslandserfahrung z. B. im Rahmen eines Praktikums oder einer Wahlstation, herausragende Kommunikationsfähigkeit und interkulturelle Kompetenz, ausgeprägtes Interesse an globalen politischen und wirtschaftlichen Entwicklungen

Einstieg/Karrieremöglichkeiten: Der Einstieg erfolgt in das Einstiegsamt der Laufbahn des höheren Dienstes; das Rotationsprinzip eröffnet die Möglichkeit, alle vier Jahre einen Verwendungswechsel anzustreben und u. a. auch abteilungsübergreifend eingesetzt zu werden. Auslandsverwendungen sind nach einer mehrjährigen Mitarbeit möglich.

Weitere Informationen: www.bundesnachrichtendienst.de

Details zur Bewerbung: www.karriere.bnd.de

Kontakt: per Mail unter jobs@bundesnachrichtendienst.de

Auftrag und Tätigkeitsbereiche

Der Bundesnachrichtendienst (BND) ist der Auslandsnachrichtendienst der Bundesrepublik Deutschland. Er bündelt auf Basis einer weltweiten Präsenz und der Einbindung in internationale Kooperationsstrukturen die politische, wirtschaftliche und militärische Auslandsaufklärung und stellt der Bundesregierung Informationen für ihre außen- und sicherheitspolitischen Entscheidungen zur Verfügung. Die größten Standorte des BND befinden sich in Berlin und Pullach bei München. Die neue Zentrale in Berlin Mitte wurde kürzlich bezogen.

Wer sich für den BND als Arbeitgeber interessiert, verlässt vertrautes berufliches Terrain. Gerade hierin liegen Reiz und Herausforderung einer Tätigkeit beim deutschen Auslandsnachrichtendienst, der bevorzugt auch Jurist:innen einstellt und ihnen neben der klassischen juristischen Tätigkeit berufliche Perspektiven außerhalb dieser Aufgabenfelder bietet.

Einstieg und Karrieremöglichkeiten

Üblicherweise beginnen Jurist:innen ihre Tätigkeit beim BND in einem für sie fachspezifischen, also überwiegend juristisch geprägten Bereich. Das kann das Justiziariat oder der Datenschutz sein; weitere typische Einstiegsbereiche finden sich beispielsweise in den Fachreferaten für Personalmanagement, Dienst- und Arbeitsrecht, sicherheitsrechtliche Fragen oder spezielle nachrichtendienstliche Rechtsthemen (z. B. die Anwendung des BND-Gesetzes).

Da der BND mit einer relativ flachen Hierarchie ausgestattet ist, die bewusst versucht, Entscheidungen dort vorzubereiten, wo größtmögliche Sachnähe besteht, sind Nachwuchskräfte zudem in zahlreichen Abteilungsstäben eingesetzt und beraten ihre Abteilungsleiter:innen in allen anfallenden Rechtsfragen. Gemeinsam ist diesen Aufgaben ein hohes Maß an fachlicher Selbstständigkeit sowie die Möglichkeit, Vorgänge und Projekte von Anfang bis Ende juristisch eigenverantwortlich zu betreuen.

Die personalwirtschaftliche Zielsetzung des BND erschöpft sich nicht nur darin, Jurist:innen in ihrer fachlichen Spezialisierung zu belassen. Vielmehr bietet der BND seinen Nachwuchskräften die Perspektive, sich für spezifisch nachrichtendienstliche Aufgaben und Herausforderungen zu interessieren und – nach juristisch geprägten Erstverwendungen – eingesetzt zu werden. Das kann zum Beispiel eine Tätigkeit im Bereich der Quellenwerbung und -führung sein. Auf diese in konventionellen Berufsbildern naturgemäß wenig vertretene Tätigkeit werden die Mitarbeiter:innen in eigenen Ausbildungsmodulen vorbereitet und geschult. Handeln im Team, Belastbarkeit, hohe Flexibilität, interkulturelle Kompetenz und Fremdsprachenkenntnisse sind hier in besonderem Maße gefragt.

Neben der Beschaffung von Informationen mittels Quellen (HUMINT) gibt es auch die Möglichkeit eines Einsatzes in der Auswertung, wo tagtäglich zu vielen internationalen Krisengebieten und aktuellen Schwerpunktthemen Analysen und Berichte erstellt und an die politischen Entscheidungsträger:innen weitergegeben werden. Da nichts so schnell veraltet wie die aktuelle Information, wird hier mit hoher Schlagzahl, aber auch in großer Nähe zu den Bedarfsträger:innen in den verschiedenen Ressorts der Bundesregierung gearbeitet.

In Einzelfällen finden auch zeitweise Abordnungen zum Bundeskanzleramt oder anderen Bundesressorts statt, um Erfahrungs- und Wissenstransfer zu fördern. In späteren Verwendungen können auch mehrjährige Auslandseinsätze an den zahlreichen Auslandsvertretungen des BND folgen.

Prägendes Merkmal einer Mitarbeit im BND ist die Vielseitigkeit. Es gibt nicht den Karriereweg im BND – so wie es in der internationalen Politik auch nicht den verlässlich prognostizierten Krisenverlauf gibt. Wer an Unwägbarkeiten und den damit verbundenen Abwechslungen im Berufsleben Freude hat, kommt an einer Bewerbung beim BND eigentlich gar nicht vorbei.

Internationale Tätigkeitsfelder für Jurist:innen[1]

von Matthias Miguel Braun

Die Globalisierung und die damit einhergehende Internationalisierung der Arbeitsmärkte gehen auch an den juristischen Berufen nicht spurlos vorüber. Die Welt ruft, und so zieht es auch aus Deutschland angehende Jurist:innen ins Ausland, um dort ihr berufliches Glück zu suchen. Sie gehen in eine Welt, in der in rotes Plastik gebundene Loseblatt-Gesetzessammlungen vielleicht ebenso unbekannt sind wie etwa das Abstraktions- und Trennungsprinzip. Dennoch sind sie nicht verloren und kommen nicht mit leeren Händen. Das juristische Handwerkszeug, wie es in Deutschland in Studium und Referendariat vermittelt wird, ist ein solides. Sachverhalte schnell erfassen, juristische Probleme erkennen, Problemkomplexe zergliedern und Unwichtiges von Wichtigem trennen zu können sowie die Fähigkeit zum selbstständigen Arbeiten und die Befähigung, unbekannte Themengebiete strukturiert und rasch zu durchdringen – deutschen Jura-Absolvent:innen eilt oft der Ruf voraus, all diese Fähigkeiten zu besitzen.

Dies muss allerdings gleich wieder eingeschränkt werden: Eine Tätigkeit außerhalb Deutschlands bedeutet in der Regel, dass man nicht auf Deutsch arbeiten wird und somit auf das zentrale juristische „Arbeitsmittel" verzichten muss, denn Recht ist Sprache. Daher ist das frühzeitige und gründliche Erlernen von mehreren Fremdsprachen unerlässlich, wenn man im Ausland arbeiten möchte. Und das geht am besten im betreffenden Land. Eigentlich eine Binsenweisheit, aber wer während des Auslandsjahres im Erasmus-Rudel abtaucht oder seinen Studienort nur nach Freizeitwert aussucht, vergibt die Chance, eine Fremdsprache (und die entsprechende juristische Fachsprache) gründlich zu erlernen. Sehr gutes Englisch ist mittlerweile überall Grundvoraussetzung; Pluspunkte kann man nur mit weiteren, vielleicht auch exotischeren Sprachen sammeln, doch das ist abhängig von der jeweiligen Tätigkeit.

Einen Königsweg zum Traumjob gibt es angesichts der Vielzahl der möglichen Einsatzgebiete nicht. Überdurchschnittliche Noten spielen oft nicht die ausschlaggebende Rolle, sondern vielmehr der Nachweis, dass man einschlägige praktische Fähigkeiten erworben hat und neben einem guten Allgemeinwissen auch „Common Sense" mitbringt. Neben den schon erwähnten Fremdsprachenkenntnissen ist ein weiteres Element wichtig: Interessent:innen sollten versuchen, einen roten „internationalen" Faden in ihren Lebenslauf hineinzuweben. Wer seine Heimatstadt nach dem Abitur auch für Studium und Referendariat nicht verlässt, wird es sehr schwer haben, nach dem Assessorexamen eine Stelle bei den Vereinten Nationen zu bekommen. Wer hingegen frühzeitig damit beginnt, sich neben fachlichen Kompetenzen auch internationale Erfahrungen anzueignen, hat es viel leichter. Das können Summer Schools sein oder Model United Nations, Praktika im Ausland bei NGOs, Internationalen Organisationen oder deutschen Auslandsvertretungen. Auch Aufbaustudiengänge können hier von Nutzen sein, ebenso wie Auslandssemester oder die Spezialisierung in einem international-rechtlichen Gebiet wie Völkerrecht, Europarecht, Rechtsvergleichung oder Internationales Privatrecht.

---

1 Die Beiträge von Seite 43 bis 54 stellen eine persönliche Meinungsäußerung des Verfassers dar.

Supranationale Institutionen

von Matthias Miguel Braun

Formale Voraussetzungen: abgeschlossenes Hochschulstudium, ausgezeichnete Fremdsprachenkenntnisse (Englisch fließend; i.d.R. sehr gute Französischkenntnisse, im Einzelfall auch andere Sprachen)

Persönliche Qualifikation: vor allem Fähigkeit zur interkulturellen Kommunikation, Teamfähigkeit, Einsatzbereitschaft, selbstständiges Arbeiten, internationale Mobilität, u. U. die Bereitschaft, in Krisengebieten zu arbeiten

Einstiegsgehalt: Berufsanfänger:in, unverheiratet, keine Kinder: bei den VN (Vereinten Nationen) Stufe P 2, ca. 6.440 US-Dollar in New York; bei der EU Stufe AD 5, ca. 5.500 Euro[1]

Aufstiegsmöglichkeiten: unterschiedlich – viele Stellen werden nur noch mit Zeitverträgen besetzt. Bei den VN werden auch Leitungsposten öffentlich ausgeschrieben.

Besonderheiten: Praktische Erfahrungen im internationalen Bereich sind oft ein entscheidender Vorteil. Berufserfahrung ist selbst für Einstiegspositionen häufig Voraussetzung; die Dauer wird in der Stellenausschreibung spezifiziert.

Weitere Informationen: www.auswaertiges-amt.de, www.jobs-io.de, Internetseiten der jeweiligen Organisationen

VN, EU, NATO und mehr – Einteilung internationaler Organisationen

Drei internationale Organisationen seien hier zuvorderst genannt: die Vereinten Nationen, die Europäische Union und die NATO – und mit ihnen ihre zahlreichen nachgeordneten Einrichtungen. Sie fallen auch Absolvent:innen, die weder EU- noch Völkerrecht als Schwerpunkt hatte, sofort bei diesem Stichwort ein. Und dies zu Recht: Schon aufgrund ihrer beachtlichen Größe bieten alle drei Institutionen zahlreiche Karrierechancen für Jurist:innen. Hier all diese Möglichkeiten aufzuzählen, würde den Rahmen sprengen, zudem ließe sich Vollständigkeit wohl nie erreichen. Aber auch neben den anderen großen internationalen Organisationen wie OSZE, OECD, Weltbank, Währungsfonds oder Europarat gibt es abseits der ausgetretenen Pfade Nischen, die – sofern die nötige Qualifizierung vorliegt – eine Berufsperspektive bieten können. So mögen Absolvent:innen aus Deutschland vielleicht noch an die Donaukommission in Budapest denken oder an den Ostseerat in Stockholm, aber was ist mit dem World Vegetable Centre in Taiwan? Auch wenn das letztgenannte Weltgemüsezentrum sich schwerpunktmäßig der Forschung widmet und daher nur wenige Berufschancen für Jurist:innen bietet, zeigt dieses Beispiel doch die Fülle der existierenden Organisati-

1 Da sich die Zahlen durch Anpassungen etc. ändern können, sei hier auf folgende Links verwiesen: www.un.org/depts/OHRM/salaries_allowances/salary.htm und https://eutraining.eu/epso-glossary/salary-of-eu-officials-and-civil-servants#

onen. Ein Überblick über die wichtigsten öffentlichen zwischen- oder überstaatlichen Organisationen und Einrichtungen ist auf der Internetseite des Auswärtigen Amts zu finden. Konkrete Stellenangebote stellt das Auswärtige Amt täglich in seinen Stellen- und Personalpool ein (www.jobs-io.de).

Im Folgenden sollen daher statt einer ohnehin unmöglichen Gesamtdarstellung die Berufsmöglichkeiten unter verschiedenen Aspekten beleuchtet und systematisch vorgestellt werden: nach Art der Organisation, nach Art der Tätigkeit und der Vertragsausgestaltung. Abschließend sollen kurz Hilfestellungen für den Berufseinstieg aufgezeigt werden.

Die eingangs erwähnten internationalen Organisationen lassen sich, was das Dienstrecht (und damit die Zugangsmöglichkeiten) angeht, in vier große Gruppen einteilen: Zunächst sind die Vereinten Nationen mit ihren Unter- und Sonderorganisationen zu nennen, die dienstrechtlich im sogenannten Common System zusammengeschlossen sind. Daneben gibt es Organisationen, die dieses System autonom anwenden (z. B. die OSZE). Die internationalen Finanzinstitutionen, die ihre eigenen Beschäftigungsbedingungen entwickelt haben, kann man in einer zweiten Gruppe zusammenfassen. Die EU-Institutionen bilden eine dritte Gruppe, und schließlich existieren als vierte Gruppe noch die sogenannten koordinierten Organisationen, die sich in einem gemeinsamen Koordinierungsausschuss zur Regelung ihres Dienstrechts zusammengeschlossen haben. Zu ihnen zählen unter anderem OECD, Europarat und NATO. Jede dieser vier Gruppen hat ein eigenes Besoldungssystem, eigene Amts- und Funktionsbezeichnungen und sieht damit auch recht unterschiedliche Karrieremöglichkeiten vor.

Tätigkeitsfelder für Jurist:innen in internationalen Organisationen

Untersucht man internationale Organisationen im Hinblick auf die juristischen Jobmöglichkeiten, so lassen sich drei große Betätigungsfelder ausmachen: Verwaltung, sonstige juristische Tätigkeiten und Referententätigkeiten an den Schnittstellen zu anderen Bereichen wie Menschenrechte oder Politikanalyse.

Auch wenn viele bei UNO und EU zuerst an nächtelanges Feilen an Resolutionen denken oder an einen Verhandlungsmarathon, um eine Einigung bei Agrarsubventionen zu erzielen – diese beiden politischen Organisationen sind zunächst einmal auch Verwaltungen, denn nur so kann das Funktionieren der Organisation als Ganzes sichergestellt werden. Verwaltungen haben jedenfalls immer Bedarf an Spezialist:innen, sodass sich hier eine nicht unbedeutende Karrieremöglichkeit für deutsche Jura-Absolvent:innen ergibt. Denn neben dem theoretischen Wissen im Verwaltungsrecht haben Jurist:innen mit Zweitem Staatsexamen immer auch praktische Verwaltungserfahrung. Personalabteilungen, Arbeitseinheiten für Liegenschaften und der weiterhin an Bedeutung gewinnende Bereich interne Aufsicht, Inspektion, Rechenschaft sind neben den Rechtsabteilungen wichtige Einsatzgebiete für Jurist:innen.

Die zweite Gruppe möglicher Tätigkeiten umfasst die klassischen juristischen Aufgaben, oft auf einem besonderen Rechtsgebiet. Viele Organisationen suchen regelmäßig Legal Officers, die allgemein für juristische Fragen zuständig sind. Anders dagegen bei Organisationen oder Gerichten, die ein bestimmtes Rechtsgebiet zum Gegenstand haben, z. B. für internationales Strafrecht der Internationale Strafgerichtshof, für Völkerrecht der International Court of Justice oder für Europarecht der Europäische

Gerichtshof (EuGH), um nur einige zu nennen. Interessante Einstiegspositionen – die entsprechende Qualifizierung vorausgesetzt – sind Stellen für Referent:innen und wissenschaftliche Mitarbeiter:innen, die den Richter:innen zuarbeiten. Ebenfalls interessant sind am EuGH die Stellen der Lawyer-Linguists, die EuGH-Entscheidungen in die EU-Amtssprachen übertragen.

Im dritten Bereich treten Jurist:innen in Konkurrenz zu Absolvent:innen anderer Disziplinen, insbesondere der Politikwissenschaft und der Internationalen Beziehungen (IB): Wer hier entsprechende Praktika, Zusatzqualifikationen wie einen Master in IB oder auch Engagement bei einem UN-Planspiel wie den National Model United Nations (NMUN) vorweisen kann, hat eher Chancen, sich gegen die Konkurrenz durchzusetzen.

Feste vs. Entsandte vs. Vertragsbedienstete

Eine weitere Kategorisierung der Arbeitsmöglichkeiten kann über die Art der Anstellung vorgenommen werden. Feste, unbefristete Anstellungen sind eher selten, das gilt für fast alle großen internationalen Organisationen, wie die VN und die NATO, wo häufiger mit befristeten als mit festen Verträgen gearbeitet wird. Auch die Europäische Union kennt die Unterscheidung zwischen EU-Beamt:innen und Vertragsbediensteten, für die auch zwei verschiedene Auswahlverfahren (Concours) von der europäischen Personalbehörde EPSO durchgeführt werden. Aber auch wenn man sich für den nationalen Öffentlichen Dienst entscheidet, gibt es später die Möglichkeit, sich an eine internationale Organisation entsenden zu lassen.

Wer keinen „roten Faden" in seinem Lebenslauf hat, der eine frühe internationale Ausrichtung von Studium und Interessen belegt, wird es schwer haben, nach dem Abschluss in einer internationalen Organisation Fuß zu fassen. Interessent:innen sollten möglichst früh praktische internationale Erfahrungen sammeln. Das kann in erster Linie über Praktika oder auch Stationen im Referendariat geschehen. Die Internetseiten der jeweiligen Organisationen liefern dazu Informationen. Der Förderung von Praktika in internationalen Organisationen hat sich das Carlo-Schmid-Programm verschrieben, aber auch das Mercator Kolleg für internationale Aufgaben fördert Praktika im Ausland allgemein. Daneben ist das in Bonn angesiedelte Regionale Informationszentrum der Vereinten Nationen für Westeuropa (UNRIC) Ansprechpartner für Praktika im gesamten VN-System. Sinnvoll ist auch die Stipendiendatenbank des DAAD. Aber auch Studentenorganisationen wie EL§A oder die Jungen Europäischen Föderalisten bieten die Möglichkeit, sich ehrenamtlich international-europäisch zu engagieren und so Erfahrungen zu sammeln. Wer sich eher für die NATO und transatlantische Sicherheitspolitik interessiert, der sollte Kontakt mit der Youth Atlantic Treaty Association Germany (YATA) aufnehmen, dem Nachwuchsforum der Deutschen Atlantischen Gesellschaft.

Liegen bereits erste Berufserfahrungen vor, so kann man sich beim Programm der Bundesregierung für Beigeordnete Sachverständige bewerben. Beigeordnete Sachverständige sind international bekannt als Junior Professional Officers (JPOs), Associate Experts (AEs) oder Associate Professional Officers (APOs). Die Einsätze schließen Tätigkeiten in den VN-Zentralen und in Regional- und Feldbüros ein. Die Bundesregierung hat mit vielen internationalen Organisationen Abkommen zur Förderung von deutschen Nachwuchskräften als Beigeordnete Sachverständige geschlossen. Informationen zu aktuellen Ausschreibungen, die in der Regel zweimal im Jahr stattfinden, finden sich auf den Seiten des Büros Führungskräfte zu Internationalen Organisationen (BFIO).

Eine nicht zu vernachlässigende Jobmöglichkeit bieten auch internationale Friedenseinsätze, arbeiten derzeit weltweit doch zahlreiche deutsche zivile Fach- und Führungskräfte in über 40 Friedenseinsätzen; dazu kommen die wesensverwandten Wahlbeobachtermissionen. Hier sind erste, oft sogar langjährige Berufserfahrungen allerdings regelmäßig Bewerbungsvoraussetzung. Das Auswärtige Amt hat das Berliner Zentrum für Internationale Friedenseinsätze (ZIF) mit Suche, Vermittlung, Vorbereitung, Betreuung und Qualifizierung von deutschen Fach- und Führungskräften für Friedensmissionen beauftragt. Die Eigenwerbung der ZIF stellt den Servicegedanken in den Mittelpunkt: „Your Gateway to Peace Operations". Ein Einstieg kann auch über Wahlbeobachtungsmissionen erfolgen; das ZIF unterhält für Friedens- und Wahlbeobachtermissionen zwei Expertenpools, in denen sich geeignete Interessenten registrieren lassen können.

Die Erfahrung zeigt: Schwierig ist vor allem der Einstieg. Wenn man als Absolvent:in erst einmal Arbeitserfahrungen sammeln konnte, schließen sich oft an die erste Anstellung weitere Arbeitsmöglichkeiten an. Deswegen kommt Praktika und Wahlstationen eine wichtige Funktion zu. Hier kann man als Absolvent:in (oder auch schon als Student:in oder Referendar:in) zeigen, was man kann. Im besten Fall ergibt sich dann aus dem Gastspiel eine Festanstellung.

Diplomatischer Dienst

von Matthias Miguel Braun

Formale Voraussetzungen: abgeschlossenes Hochschulstudium (mindestens Master oder vergleichbarer Abschluss wie Erstes Staatsexamen), deutsche Staatsangehörigkeit, sehr gute Kenntnisse in Englisch (vergleichbar Niveau C1) und einer Zweitsprache (Französisch, Arabisch, Bosnisch, Chinesisch, Farsi, Japanisch, Koreanisch, Kroatisch, Polnisch, Russisch, Serbisch, Spanisch oder Türkisch auf Niveau B2/C1), gesundheitliche Eignung. Bis zur Einstellung müssen gute Grundlagenkenntnisse in Französisch nachgewiesen werden (Niveau A2+/B1).

Persönliche Qualifikation: weltweite Versetzungsbereitschaft, Teamfähigkeit, Belastbarkeit, Interesse an Politik, Wirtschaft, fremden Kulturen, gute Kommunikations- und Kontaktfähigkeit

Einstiegsgehalt: Berufsanfänger:innen im höheren Auswärtigen Dienst werden nach A 13 besoldet; im Inland wird eine Ministerialzulage gezahlt; im Ausland kommen Auslandszuschläge hinzu.

Aufstiegsmöglichkeiten: im Ausland Leitung einer Auslandsvertretung, im Inland Leitungsfunktionen in der Ministerialbürokratie, z.B. Referatsleitung. Auch Spitzenpositionen von Abteilungsleiter:in bis zu Staatssekretär:in werden mit Karrierediplomat:innen besetzt.

Besonderheiten: Das Auswahlverfahren findet einmal im Jahr statt.

Weitere Informationen: www.auswaertiges-amt.de/hoehererdienst

Diplomat – noch immer ein Beruf mit viel Prestige

Die Zeiten, in denen das Auswärtige Amt (und damit die Diplomatie) le domaine réservé der Jurist:innen war, sind vorbei – das Juristenprivileg, das an einen Eintritt in den Auswärtigen Dienst als Bedingung ein Juristisches Staatsexamen knüpfte, fiel bereits Anfang des 20. Jahrhunderts. Heute müssen sich Jurist:innen der direkten Konkurrenz mit anderen hoch qualifizierten Bewerbern z.B. aus den Geistes- oder Sozialwissenschaften stellen. Da es nur den einheitlichen Auswärtigen Dienst gibt, steht Jurist:innen wie allen Bewerber:innen das allgemeine Auswahlverfahren für die Sonderlaufbahn des höheren Auswärtigen Dienst offen, das einmal jährlich durchgeführt wird. Die Konkurrenz ist sehr groß – von ca. 1.400 Bewerber:innen werden jedes Jahr am Ende nur zwischen 50 und 70 in den Attaché-Lehrgang aufgenommen, um als neue Crew zwölf Monate auf die künftigen Aufgaben vorbereitet zu werden. Die hohen Bewerberzahlen zeigen, dass Renommee und Prestige des Diplomatischen Dienstes ungebrochen sind. Jura-Absolvent:innen, nach ihrem beliebtesten zukünftigen Arbeitgeber befragt, befördern das Auswärtige Amt jedes Jahr aufs Neue auf Platz eins der Rangliste, noch vor Großkanzleien oder DAX-notierten Industrieunternehmen. Diese Attraktivität ist erfreulich, gleichzeitig machen solche Vorschusslorbeeren auch etwas misstrauisch. Der Verdacht liegt nahe, dass hier viele Befragte eher an das besagte Prestige denken als an den Diplomatenberuf an sich.

Weltweite Versetzungsbereitschaft

Die Entscheidung, Diplomat:in werden zu wollen, ist eine Entscheidung für ein Leben, das auch manche Entbehrung und Belastung mit sich bringt und mit dem leider immer noch verbreiteten Klischee des Champagnerglas schwenkenden Lebemanns wenig zu tun hat. Die von vielen potenziellen Bewerber:innen zu Recht als spannend empfundenen weltweiten Arbeitsmöglichkeiten an den fast 230 deutschen Auslandsvertretungen gehen einher mit der Verpflichtung zur weltweiten uneingeschränkten Versetzungsbereitschaft, auch in Krisengebiete. Eine zentrale Rechtsvorschrift, die dies wunderbar knapp auf den Punkt bringt, ist § 14 des Gesetzes über den Auswärtigen Dienst (GAD). Dort heißt es lapidar: „Der Beamte des Auswärtigen Dienstes hat sich für Verwendungen an allen Dienstorten bereitzuhalten." Diese weltweite Versetzungsbereitschaft ist die Grundlage für eine ständige weltweite Rotation der Angehörigen des Auswärtigen Diensts. So soll eine faire Lastenverteilung unter allen Bediensteten erreicht werden. Die Rotation macht zweifellos den Reiz des Auswärtigen Dienstes aus, verhindert sie doch ein Erstarren in Routine. Doch sollte man sich vor einer Bewerbung beim Auswärtigen Amt darüber klar werden, ob dieses Nomadenleben wirklich das ist, was man für sich (und seine Familie) will. Alle drei bis vier Jahre gilt es, einen Neuanfang zu wagen, mal in Berlin in der Zentrale, mal irgendwo in der Fremde, auch an ferngelegenen oder schwierigen Dienstorten. Denn nicht nur die Vertretungen in Paris, New York und Rom sind zu besetzen, sondern auch die in Kabul, Bagdad und Abuja. Für die Partnerin oder den Partner bedeutet dies oft die Aufgabe oder Einschränkung der eigenen Karriere, denn an vielen Dienstorten erlaubt der Diplomatenstatus keine Erwerbstätigkeit der Partner:innen. Für die Kinder bringt es häufige Schulwechsel mit sich, mitunter auch den Wechsel der Unterrichtssprache.

Stetiger Bedarf an qualifizierten Jurist:innen für weit mehr als nur juristische Aufgaben

Belohnt wird man für das unstete Leben mit einer lebenslangen Anstellung als Beamter oder Beamtin und einem sehr abwechslungsreichen Beruf. Eine besondere Laufbahn nur für Jurist:innen gibt es im Auswärtigen Amt nicht. Neben der erwähnten Rotation prägt nämlich ein weiteres Personalprinzip die Tätigkeit beim Auswärtigen Amt – das Generalistenprinzip. Denn mit dem Wechsel des Dienstortes geht in aller Regel auch eine neue Aufgabe einher, sodass jede Juristin und jeder Jurist im Auswärtigen Amt im Laufe seines Berufslebens auch auf Stellen eingesetzt werden wird, die keinen juristischen Bezug haben. Aus der Fülle der vielfältigen Aufgaben im Auswärtigen Amt ist beispielsweise an einen Posten als Kulturreferent:in an einer Botschaft oder einen Posten im Protokoll zu denken, an eine Verwendung in der Wirtschaftsabteilung oder an die klassische Tätigkeit als Länderreferent:in in der Politischen Abteilung, wo die bilateralen politischen Beziehungen zu anderen Staaten im Mittelpunkt stehen. Trotz all dieser nicht juristischen Aufgaben sind hoch qualifizierte Jurist:innen für das Auswärtige Amt unverzichtbar. Wie andere Bundesministerien hat auch das Auswärtige Amt einen stetigen Bedarf an Jurist:innen im höheren Verwaltungsdienst. Darüber hinaus ergibt sich für das Auswärtige Amt aus seinen spezifischen Aufgaben ein besonderer Bedarf an juristischem Fachwissen. Dazu zählen in erster Linie die Pflege der auswärtigen Beziehungen zu internationalen Organisationen und anderen Staaten sowie das Gewähren von Schutz und Hilfe für Deutsche im Ausland, wie es im GAD festgelegt ist. Daher gibt es Arbeitseinheiten, die für besondere Gebiete des Rechts verantwortlich sind, z. B. für Europa- oder Völkerrecht oder für Verwaltungsstreitverfahren in Visumsachen. Dort wird Recht auf hohem Niveau, mit großem Praxisbezug und sehr spezialisiert angewendet, in der Regel mit internationalem Bezug (z. B. sind Verfahren vor internationalen und deutschen Gerichten vorzubereiten und zu führen). Eine weitere Besonderheit im Vergleich zu anderen Bundesministerien: Neben den diplomatischen hat das Auswärtige Amt auch konsularische Aufgaben zu erfüllen, die den Auslandsvertretungen durch das Konsulargesetz übertragen sind, z. B. Hilfestellung in Personenstandssachen, Vornahme von Beurkundungen oder auch juristische Schmankerl wie die Verklarung (das ist die Aufnahme eines Seeunfalls). Zu bedenken ist auch, dass ein Drittel aller Mitarbeiter:innen im neu geschaffenen Europäischen Auswärtigen Dienst (EAD) der Europäischen Union von den Mitgliedstaaten als Zeitbeamte abgeordnet werden sollen. Dadurch werden sich künftig weitere spannende Einsatzmöglichkeiten auftun, sowohl in der EAD-Zentrale in Brüssel als auch in den rund 140 Delegationen der Europäischen Union, die ähnliche Aufgaben haben wie eine Botschaft.

Das Auswahlverfahren

Um Diplomat:in zu werden, muss man sich zunächst dem Bewerbungsverfahren für die Sonderlaufbahn des höheren Auswärtigen Diensts stellen. Ein Seiteneinstieg aus einem anderen Ministerium ist wegen der Sonderlaufbahn nicht möglich. Das Auswahlverfahren gilt zu Recht als sehr anspruchsvoll; daher ist eine gründliche Vorbereitung in den Bereichen Geschichte, Politik, Internationale Beziehungen, Wirtschaft und Recht unverzichtbar. Wer nach politischer Analyse, Multiple-Choice-Wissenstest, Multiple-Choice-Sprachprüfungen und psychologischem Eignungstest zu den ca. 250 Besten zählt, wird zur mündlichen Vorstellung eingeladen, aus der ca. 60 bis 80 neue Attachés hervorgehen. Auf sie wartet ein spannender Mix aus anspruchsvoller Rechtsanwendung, politischer Analyse, Projektmanagement im Bereich der Kultur oder Entwicklungszusammenarbeit und repräsentativen Aufgaben.

Einstiege: Referendariat; Praktika; Arbeiten im Auswärtigen Amt als Zeitvertragskraft (ZVK)

Einen ersten Eindruck vom Auswärtigen Dienst kann man durch Referendariatsstationen in der Zentrale im Auswärtigen Amt oder an Auslandsvertretungen bekommen, ebenso durch studienbegleitende Praktika an Auslandsvertretungen. Neben dem Auswahlverfahren für die Sonderlaufbahn schreibt das Auswärtige Amt gelegentlich befristete Referentenstellen (v. a. in der Zentrale in Berlin) aus, v. a. im Zusammenhang mit erhöhtem Personalbedarf für zeitlich begrenzten Aufgaben wie z. B. Übernahme der EU-Ratspräsidentschaft oder der Mitgliedschaft im Sicherheitsrat der Vereinten Nationen. Die Anstellung erfolgt dann befristet als Zeitvertragskraft im vergleichbaren höheren Dienst nach dem Tarifvertrag für den öffentlichen Dienst (TVöD), in der Regel in der Eingruppierung E13. Diese Ausschreibungen stehen regelmäßig den Absolvent:innen verschiedener Fachrichtungen offen und richten sich nicht ausschließlich an Jurist:innen. Es lohnt sich also, die Internetseite des Auswärtigen Amts regelmäßig nach solchen Ausschreibungen zu durchstöbern. Die Erfahrung zeigt, dass diese befristeten Anstellungen die Chancen im Auswahlverfahren für die Beamtenlaufbahn durchaus erhöhen können, hat man doch ein bis zwei Jahre Zeit, die Tätigkeitsfelder des Auswärtigen Amts im Arbeitsalltag und die „AA-spezifische“ Hauskultur kennenzulernen – und sei es nur, um die Tätigkeit als Diplomat:in realistisch einschätzen zu können.

1 – Zentralabteilung: Organisationsberatung, Personalverwaltung, Aus- und Fortbildung, int. Diplomatenausbildung, Haushalt, Informationstechnik, Gesundheits- und Sprachendienst, politisches Archiv, Bibliothek

2 – Politische Abteilung: gemeinsame Außen- und Sicherheitspolitik der EU (GASP), europäische Sicherheits- und Verteidigungspolitik (ESVP), Beteiligung Deutschlands an Streitkräfteeinsätzen, NATO und OSZE, Beziehungen zu den USA, Kanada, Russland, Mittel-, Ost- und Südosteuropa, zur Türkei, den EFTA-Staaten und zum Europarat

E – Europaabteilung: Konzeption und Gestaltung der Europapolitik der Bundesregierung in Abstimmung mit den anderen Bundesministerien, Fragen der Erweiterung und Vertiefung, der Außenbeziehungen der EU, bilaterale Beziehungen zu allen EU-Mitgliedstaaten

AP – Abteilung für Asien und Pazifik: Beziehungen zu Asien und den Staaten des pazifischen Raums

3 – Politische Abteilung: Beziehungen zum Mittleren und Nahen Osten, zu Afrika und Lateinamerika

S – Abteilung für Krisenprävention, Stabilisierung, Konfliktnachsorge und Humanitäre Hilfe: Planung von Stabilisierungsmaßnahmen, Frühwarnung und Szenarienplanung, Katastrophenvorsorge, Konfliktnachsorge, humanitäre Hilfe

OR – Abteilung für internationale Ordnung, Vereinte Nationen und Rüstungskontrolle: internationale Zusammenarbeit gegen Terrorismus, Drogenhandel und organisierte Kriminalität, Menschenrechte, Friedensmissionen, Rüstungskontrolle, Cybersicherheit, nukleare Sicherheit

4 – Abteilung für Wirtschaft und nachhaltige Entwicklung: internationale Aspekte im Rahmen der Forschungs- und Energiepolitik, der Luft- und Raumfahrt, des Umweltschutzes, der Kommunikationstechnologie, der Verkehrs- und Tourismuspolitik

5 – Rechtsabteilung: Hilfe für im Ausland in Not geratene Deutsche, Koordinierung der konsularischen Arbeit der dt. Botschaften und Generalkonsulate, int. Gerichtsbarkeit, Ausländer-, Asylrechts- und Völkerrechtsfragen

6 – Abteilung für Kultur und Kommunikation: Planung, Koordination und Steuerung der deutschen Auswärtigen Kultur- und Bildungspolitik, der Kommunikations- und Medienpolitik sowie der politischen Öffentlichkeitsarbeit

7 – Protokoll: Atmosphäre und Rahmen für Politik – bei Besuchen ausländischer Gäste, bei Auslandsreisen des Bundespräsidenten, Bundeskanzlers und des Außenministers sowie bei internationalen Konferenzen

Die elf Abteilungen des Auswärtigen Amts
(basierend auf dem Organigramm des Auswärtigen Amts)

Nichtregierungsorganisationen

von Matthias Miguel Braun

Formale Voraussetzungen: in der Regel ein abgeschlossenes Hochschulstudium

Persönliche Qualifikation: Teamfähigkeit, interkulturelle Kompetenzen, internationale Mobilität, Sprachkenntnisse

Einstiegsgehalt: sehr unterschiedlich, abhängig von der jeweiligen Nichtregierungsorganisation (NGO), den Aufgaben und dem Einsatzgebiet

Aufstiegsmöglichkeiten: ebenfalls sehr unterschiedlich, abhängig von der Personalpolitik der jeweiligen NGO

Besonderheiten: viele Nischen – besondere Qualifikationen können den Ausschlag geben

Weitere Informationen: erhältlich bei der jeweiligen Nichtregierungsorganisation (ein Überblick findet sich bei www.venro.org)

Ohne dass hier auf verschiedene Definitionen eingegangen werden soll: NGOs bzw. zu Deutsch Nichtregierungsorganisationen (NROs) sind - anders als internationale Organisationen - keine Völkerrechtssubjekte. Unter den Begriff NGO fallen zunächst alle Einrichtungen und Organisationen, die weder dem Staat noch der Wirtschaft zugerechnet werden können. Sie sind Träger bürgerschaftlichen Engagements und Ausdruck der Zivilgesellschaft. Hier sollen nur die NGOs interessieren, die international tätig sind. Wie viele es genau sind, kann nur vermutet werden - einige Schätzungen gehen von 40.000 NGOs aus, die international aktiv sind; konservativere Studien sprechen von ca. 8.000 bis 9.000 NGOs, die in mehreren Ländern tätig sind. Nicht nur die bloße Anzahl, auch ihre Bedeutung hat in den letzten beiden Jahrzehnten seit Ende der Blockkonfrontation und der damit einhergehenden Neugestaltung der internationalen Politik stark zugenommen. Ihre gewachsene Bedeutung verdanken die NGOs ihrer Mitarbeit, Expertise und Lobbytätigkeit in fast allen Politikbereichen, sodass NGOs heute ein fester Bestandteil aller Global-Governance-Ansätze sind. Sie können v. a. auf drei Wegen ihre Wirkung entfalten: Neben klassischer Lobbyarbeit ist es vor allem die Teilnahme an Verhandlungen, bei denen globale Normen bzw. Standards geschaffen werden sollen, mit denen NGOs Dinge bewegen können. Schließlich ist noch das Monitoring zu nennen, bei denen NGOs ihre Expertise der Öffentlichkeit zur Verfügung stellen, z. B. Menschenrechts-NGOs durch ihre Jahresberichte.

Parallelen und Unterschiede zu internationalen Organisationen

Vieles von dem, was zu einer Tätigkeit bei einer internationalen Organisation gesagt wurde, trifft auf NGOs ebenso zu. Oft werden dieselben oder sehr ähnliche Themengebiete bearbeitet, die auch von einer internationalen Organisation behandelt werden, so z. B. bei den Menschenrechten. Es gibt aber auch Unterschiede: Die Größe einer NGO und damit die Spezialisierung der Mitarbeiter:innen kann sehr unterschiedlich sein. Es gibt viele NGOs, die nur ein oder zwei bezahlte Mitarbeiter:innen haben, die als Allround-Kraft schalten und walten, ehrenamtliche Mitarbeiter:innen oder Aktivist:innen koordinieren und Sekretariatsaufgaben übernehmen. In einem solchen Fall ist oft wenig Raum für festangestellte Jurist:innen. Es gibt allerdings NGOs, die einen beachtlichen Mitarbeiterstamm haben. Dort ist eine Tätigkeit von Jurist:innen im Verwaltungsbereich vorstellbar. Daneben ist auch hier eine rein juristische Tätigkeit sowie eine Tätigkeit in den Grenzbereichen zu anderen Gebieten denkbar, oft gepaart mit Aufgaben im Projektmanagement. Ein weiterer Unterschied: Während Diplomat:innen und Angehörige internationaler Organisationen sich bei ihrer Tätigkeit letztlich immer auf ein demokratisch legitimiertes öffentliches Mandat stützen können, sind NGOs in ihrer Natur rein private Zusammenschlüsse von Bürger:innen. Daraus können sich in der praktischen Arbeit Vor- und Nachteile ergeben. NGOs können sich mit Verve und Idealismus ganz einem Anliegen widmen und müssen nicht ein etwaiges übergeordnetes staatliches oder Allgemeininteresse beachten. Andererseits genießen z. B. Mitarbeiter:innen einer Hilfsorganisation in einem Konfliktgebiet keinen diplomatischen Schutz und können daher leichter Opfer von Übergriffen einer Konfliktpartei werden. Die Bezahlung kann ebenfalls sehr unterschiedlich sein, abhängig von Ort und Art der ausgeübten Tätigkeit; in den besten Fällen orientiert sie sich am Öffentlichen Dienst, z. B. am TVöD. Die Karriereperspektiven sind oft begrenzt, weil viele Stellen befristet oder an Projekte geknüpft sind, die für eine gewisse Zeit durch öffentliche Zuwendungen gefördert werden. Nur wenige NGOs verfügen über einen solchen Spendenzufluss, dass sie sich einen ständigen umfangreichen Mitarbeiterstamm leisten können.

Beispiel 1: Als Juristin im Projektmanagement

Eine Auflistung von für Juristen relevanten NGOs würde den Rahmen des Beitrags sprengen. Stattdessen sei an den beiden folgenden der Praxis entlehnten Beispielen gezeigt, welche mitunter verschlungenen Wege ein Karriereeinstieg bei einer NGO nehmen kann: Im ersten Beispiel geht es um eine Jurastudentin, die schon vor ihrem Studium während ihres freiwilligen sozialen Jahrs in einem westafrikanischen Staat eine deutsche NGO kennenlernt, die erfahrene Ingenieur:innen und deren Expertise einsetzt, um in Entwicklungsländern im Sinne einer nachhaltigen technischen Entwicklungszusammenarbeit elementare Grundbedürfnisse wie Zugang zu Wasser und Sanitäranlagen zu verbessern. Der Kontakt reißt nie ab, während ihres Studiums ist sie in einer Regionalgruppe als Freiwillige beim Fundraising aktiv. Dieses gesellschaftliche Engagement ist ihr Steckenpferd und noch kann sie sich nicht vorstellen, dass sich daraus eine berufliche Perspektive entwickeln könnte. Im Studium belegt sie die Wahlfachgruppe „Gesellschaftsrecht, Grundzüge des Steuerrechts und des Bilanzrechts“ und jobbt nebenbei in einer Steuerkanzlei. Dazu kommt ein Praktikum bei einem Personaldienstleister. Nach dem Ersten Staatsexamen denkt sie zunächst an eine Promotion, doch dann wird sie auf ein Stellenangebot der besagten NGO aufmerksam, die einen Mitarbeiter in der Abteilung Finanz- und Personalwesen sucht. Zu den Aufgaben zählen u. a. die arbeitsrechtliche Vertragsgestaltung sowie das Vorbereiten des Jahresabschlusses, wozu enger Kontakt mit einem Steuerberater gehalten werden muss. Die Stelle wird entsprechend nach dem Landestarifvertrag für den öffentlichen Dienst entlohnt. Die Aussicht, ihr gesellschaftliches Engagement zu einer beruflichen Perspektive ausbauen zu können, reizt sie sehr. Sie bewirbt sich und kann mit ihrer Erfahrung als Freiwillige ebenso punkten wie mit dem gewählten Schwerpunkt im Bereich Steuern und Bilanzen und dem Nebenjob in der Steuerkanzlei. Ihre Bewerbung hat Erfolg; sie fängt bei der NGO an. Sie ist hier v. a. als juristische Allrounderin gefragt und betreut auch Auswahlverfahren für Freiwillige und fest Beschäftigte, immer auch mit Bezug zum Einsatzort der Experten. Da die NGO als eingetragener Verein organisiert ist, bereitet sie die Jahresmitgliederversammlung vor und klärt immer wieder Fragen im Zusammenhang mit der Gemeinnützigkeit. Weil das Büro der NGO eine recht begrenzte Anzahl von Mitarbeiter:innen hat, kann unsere Absolventin oft auch jenseits der Juristerei bei der Projektarbeit aushelfen. Dann ist vor allem ihr Organisationstalent gefragt.

Beispiel 2: Als Jurist in die Menschenrechts-Advocacy

Das zweite Beispiel zeigt, dass es in NGOs auch Positionen gibt, die wesentlich stärker von der juristischen Tätigkeit geprägt sind. Nach dem Ersten Staatsexamen arbeitet unser Absolvent in Südamerika zunächst als Freiwilliger für ein Jahr in einer Menschenrechtsorganisation, die bedrohte Menschenrechtsverteidiger bei ihrer Arbeit begleitet und so schützt. Das ist ziemlich „hands-on" – unser Absolvent macht viel Feldarbeit, nur gelegentlich kann er sein juristisches Fachwissen in Fallstudien zur Anwendung bringen. Wieder zurück in Europa, will er sich eigentlich der Entwicklungspolitik widmen und setzt noch einen Master in Development Studies am Genfer Graduate Institute drauf. Dort macht er ein Praktikum beim UNHCHR, was sein Interesse an den Menschenrechten wieder weckt. Im Referendariat nutzt er die Wahlstation dazu, bei einer NGO, die sich als europäisches Zentrum für Verfassungsrecht und für Menschenrechte versteht, in die juristische Menschenrechtsarbeit einzusteigen. Dort wird mit juristischen Mitteln versucht, Menschenrechten zu ihrer Wirkung zu verhelfen. Das bedeutet vor allem, dass Musterverfahren angestrengt werden, um staatliche und nicht staatliche Akteure für die von ihnen begangenen Menschenrechtsverletzungen zur Verantwortung zu ziehen. Ziel sind Präzedenzfälle, um die Rechtsentwicklung beim Menschenrechtsschutz voranzutreiben. Unseren Absolventen reizt, dass hier oft juristisches Neuland betreten wird. Als bei dem Verein eine befristete Stelle geschaffen wird, bewirbt er sich. Er hat Glück – regionale Erfahrungen in Südamerika, einschlägige Praktika und Sprachkenntnisse geben letztlich den Ausschlag, er bekommt den Job. Und so arbeitet er vom ersten Tag an an Fällen, in denen es um Menschenrechte und europäische Investitionen in Schwellenländern geht. Neben juristischer Analyse bedeutet dies auch Projektmanagement: Netzwerke mit anderen NGOs aufbauen und pflegen, Recherchereisen nach Südamerika unternehmen, Pressearbeit mit Opferverbänden koordinieren.

Gefragt: Idealismus und gesellschaftliches Engagement

Die Beispiele zeigen zweierlei: Zum einen kann sich gerade bei NGOs aus dem gesellschaftspolitischen Engagement, dem Steckenpferd von Jura-Absolvent:innen, mitunter der Traumjob ergeben. Das setzt aber voraus, dass man sich neben Jurapaukerei und Examensstress noch Zeit nimmt oder lässt, um ein solches soziales oder gesellschaftliches Engagement zu pflegen. Der Scheuklappenblick auf das Prädikatsexamen um jeden Preis, am besten „zweimal zweistellig", ist hier eher abträglich. Und zum anderen zeigen die Beispiele, dass es in NGOs, vor allem solchen mittlerer Größe, eine rein juristische Tätigkeit selten gibt, sondern eher einen Aufgabenmix aus Projektmanagement und der Anwendung von juristischem Fachwissen auf einem Spezialgebiet, seien es die Menschenrechte oder das europäische Hochschulrecht. Die Stellensuche im NGO-Bereich ist oft eine Suche nach der Nische, und hier geben fast immer spezialisierte Fachkenntnisse und entsprechendes Engagement den Ausschlag.

Berufsbilder in Lehre und Forschung

Sich in einen Fachbereich zu vertiefen, als Expertin oder Experte zu diesem Thema zu publizieren und das eigene Wissen in Vorlesungen und Seminaren weiterzugeben – das lockt einige Jurist:innen nach dem Referendariat zurück an die Universitäten und Max-Planck-Institute. Die Beiträge auf den folgenden Seiten informieren über die Tätigkeit als Hochschulprofessor:in bzw. als Jurist:in in einer Forschungsinstitution.

Neben der selbstbestimmten und unabhängigen Arbeitsweise locken vor allem flexible Arbeitszeiten, Vortrags- und Konferenzreisen sowie der (internationale) Austausch mit Kolleg:innen. Für die meisten Jurist:innen stellt die wissenschaftliche Betätigung jedoch ein zeitlich begrenztes Vorhaben dar, oftmals zum Zweck der Promotion. Danach steht meist der Wechsel in ein anderes juristisches Tätigkeitsfeld an, zumal auch die Stellen im Bereich der Forschung und Lehre in der Regel befristet sind. Einige wenige Jurist:innen beginnen mit der Promotion aber auch die akademische Laufbahn, die bis zur Hochschulprofessur und dem Vorsitz eines Lehrstuhls führen kann.

Um sich frühzeitig einen Eindruck davon zu verschaffen, ob die Arbeit an einem Lehrstuhl interessant ist, bietet sich eine Tätigkeit als wissenschaftliche Hilfskraft an. Dies stellt auch eine gute Möglichkeit dar, mit Professor:innen in Kontakt zu kommen, die gegebenenfalls für eine spätere Betreuung der Promotion infrage kommen.

Abschließend sei noch erwähnt, dass auch Hochschulen und Forschungseinrichtungen in der Regel über Rechtsabteilungen verfügen, in denen Jurist:innen (wenn auch nicht lehrend oder forschend) tätig werden können. Nähere Informationen zur Tätigkeit in einer Rechtsabteilung finden sich ab Seite 103.

Hochschulprofessur

von Prof. Dr. Sabine Otte-Gräbener

Formale Voraussetzungen: überdurchschnittlich abgeschlossenes Hochschulstudium, Promotion, mindestens fünfjährige berufspraktische Tätigkeit, davon mindestens drei Jahre außerhalb der Hochschule (vgl. im Einzelnen Hochschulgesetze des jeweiligen Landes, z.B. § 36 HG NRW), i.d.R. sehr gute Englischkenntnisse in Wort und Schrift

Persönliche Qualifikation: Interesse an Lehre und Forschung, pädagogische Eignung, soziale Kompetenz, gute Kommunikationsfähigkeit

Einstiegsgehalt: Grundgehalt W 2 an (Fach-)Hochschulen (ggf. zzgl. Leistungs- und/oder Familienzulage)

Besonderheiten: Einstellung zunächst befristet oder als Beamter/Beamtin auf Probe, nach erfolgreichem Abschluss der Probezeit Ernennung auf Lebenszeit möglich, hohes Maß an Selbstständigkeit, Jobsicherheit, Vereinbarkeit von Beruf und Familie (flexible Arbeitszeit)

Tätigkeitsbereiche von (Fach-)Hochschulprofessor:innen

(Fach-)Hochschulprofessor:innen haben ein breites und äußerst spannendes Aufgabenspektrum. Im Mittelpunkt der Tätigkeit steht die Lehre, die mit einem Deputat von 18 Semesterwochenstunden mehr Raum einnimmt als an einer Universität und sich auch wegen des besseren Betreuungsschlüssels und der größeren Praxisbezogenheit etwas von der Lehre an einer Universität unterscheidet.

Zudem obliegt (Fach-)Hochschulprofessor:innen auch die Forschung nach eigenen Schwerpunkten. Sie genießen die Freiheit, selbst gesetzte Schwerpunkte sowohl in die eigene Forschung als auch in die Lehre einzubringen. Darüber hinaus sind (Fach-) Hochschulprofessor:innen eingebunden in das Hochschulmanagement (Selbstverwaltung), können Forschungsgelder bei Förderorganisationen beantragen und Forschungsprojekte und/oder internationale Kooperationen initiieren.

Vor- und Nachteile

Den besonderen Reiz der Tätigkeit macht die Freiheit der Lehre aus. (Fach-)Hochschulprofessor:innen genießen ein sehr hohes Maß an Flexibilität, Selbstständigkeit und sehr weite eigene Gestaltungsspielräume. (Fach-)Hochschulprofessor:innen können selbstbestimmt eigene Schwerpunkte setzen und bestimmte Themen nach ihrer Wahl bearbeiten. Neben der – mitunter auch englischsprachigen – Lehre ist eine intensive wissenschaftliche Betätigung im Bereich der eigenen Spezialisierung möglich und erwünscht. Regelmäßig besteht die Möglichkeit, sich mit anderen Wissenschaftler:innen und Praktiker:innen auf in- und ausländischen Tagungen auszutauschen. Zudem erlauben die Selbstbestimmtheit und die flexiblen Arbeitszeiten eine hervorragende Planbarkeit der Tätigkeit. Durch die Verbeamtung auf Lebenszeit nach einiger Zeit wird finanzielle Sicherheit gewährleistet.

Nachteilig sind die – jedenfalls gegenüber einer internationalen Großkanzlei nicht zu leugnenden – Gehaltseinbußen und die geringen finanziellen Entwicklungsmöglichkeiten. Diese werden jedoch durch die finanzielle Sicherheit, die planbaren Arbeitszeiten sowie die Unabhängigkeit und Flexibilität kompensiert. Darüber hinaus besteht die Möglichkeit, einer Nebentätigkeit nachzugehen, z. B. als Of Counsel einer Kanzlei, als Lehrbeauftragte:r anderer Hochschulen oder mit Vortragstätigkeiten.

Auf dem Weg zur Professur

Voraussetzung für die Berufung als (Fach-)Hochschulprofessor:in sind überdurchschnittliche Erste und Zweite Juristische Staatsexamina sowie eine qualifizierte Promotion, vorzugsweise mit Bezug zum Lehrgebiet. Unerlässlich für die Tätigkeit ist die Freude an der Lehre. Ohne Spaß an der Lehre sollte keine (Fach-)Hochschulprofessur angestrebt werden. Durch einen Probevortrag wird auch stets die pädagogische Eignung im Berufungsverfahren getestet. Kandidat:innen sollten möglichst über Lehrerfahrung verfügen. Diese kann z. B. durch einen vorhergehenden Lehrauftrag gesammelt werden. Darüber hinaus werden wissenschaftliche Veröffentlichungen vorausgesetzt. Eine Habilitation ist hingegen für die (Fach-)Hochschulprofessur nicht erforderlich. Da das Studium an der Fachhochschule einen hohen Praxisbezug aufweist, wird statt der Habilitation eine mindestens fünfjährige Berufserfahrung auf den Lehrgebieten verlangt. Diese praktische Berufserfahrung sollte in die Lehre miteinfließen. Man sollte mindestens drei Jahre außerhalb des Hochschulbereichs tätig gewesen sein. (Fach-)Hochschulprofessor:innen im Bereich Wirtschaftsrecht waren meist vor ihrer Berufung in einer Kanzlei oder einer Rechtsabteilung tätig. Der Umstand, dass keine Habilitation für die Tätigkeit vorausgesetzt wird, bietet den Vorteil, dass nicht eine jahrelange Unsicherheit und ein so starker Verdrängungswettbewerb wie bei Universitätsprofessuren bestehen.

Angesichts der begrenzten Anzahl der Professorenstellen können sich Interessent:innen nicht auf die Berufung verlassen. Da jedoch zwingend vorherige Berufserfahrung vorausgesetzt wird, erfolgt die Bewerbung ohnehin aus einem anderen Job heraus, sodass zuvor keine finanzielle Unsicherheit besteht. Die Tätigkeit als (Fach-)Hochschulprofessor:in ist außerordentlich vielseitig und bietet diverse Vorteile, wie z. B. die enorme Unabhängigkeit, Flexibilität und gute Work-Life-Balance, sodass dies eine wirkliche Alternative zu einer Tätigkeit in einer (Groß-)Kanzlei oder Rechtsabteilung darstellt.

Jurist:in in einer Forschungseinrichtung

von Dr. Marc Engelhart

Formale Voraussetzungen: überdurchschnittlich abgeschlossenes Hochschulstudium, Befähigung zur Promotion

Persönliche Qualifikation: Sprachkenntnisse (Englisch, ggf. weitere Fremdsprachen), Organisationstalent, Kontaktfreudigkeit, Kreativität, wissenschaftliche Neugierde

Einstiegsgehalt: 1.828,67 Euro Brutto-Monatsgehalt (Teilzeit 50 %, TVöD Bund in der Fassung ab 1.7.2017, Entgeltgruppe E 13, Stufe 1)

Aufstiegsmöglichkeiten: Projektleiter:in, Forschungsgruppenleiter:in

Besonderheiten: internationale Tätigkeit, Gelegenheit zur Promotion (ggf. auch zur Habilitation)

Weitere Informationen: www.mpg.de sowie die Seiten der einzelnen juristischen Institute

Art der Tätigkeit
Die Tätigkeit als Jurist:in in einer Forschungseinrichtung ist in Deutschland insbesondere in den juristischen Instituten der Max-Planck-Gesellschaft möglich. Die Max-Planck-Institute als außeruniversitäre Forschungseinrichtungen bieten die Gelegenheit, intensiv an größeren Forschungsprojekten mitzuwirken. Die Größe der Institute liegt deutlich über der universitärer Lehrstühle. Sie beschäftigen oftmals Wissenschaftler:innen aus verschiedensten Fachrichtungen und Nationen. Die Institute sind international ausgerichtet, sodass eine große Anzahl von Projekten mit Partnern im Ausland oder mit internationalen Organisationen durchgeführt wird. Die Projekte werden grundsätzlich durch die Institutsleitung initiiert und von dieser verantwortet. Die Mitarbeiter:innen wirken vielfach bereits bei der Planung der Projekte mit und sind fast immer in die Durchführung miteinbezogen. Die Aufgaben variieren je nach Stelle stark: Projektbezogene Stellen beinhalten die Durchführung von Einzel- und Teilprojekten. Bei diesen sind projektspezifische Spezialkenntnisse (z. B. der Empirik oder der Islamistik) von Vorteil. Daneben bestehen Stellen für bestimmte Fachbereiche (z. B. europäisches Strafrecht). Hier verfolgen und begleiten die Referent:innen die jeweilige Rechtsentwicklung. Dies bedingt einen engen Kontakt zu anderen Forscher:innen und Praktiker:innen in der Verwaltung, insbesondere in Ministerien, in der Anwaltschaft und in internationalen Organisationen. Bestandteil der Tätigkeit ist zudem die wissenschaftliche Bearbeitung von Fragen aus dem jeweiligen Referatsbereich, meist mit dem Ziel einer Publikation. Oft werden auch Gutachten für öffentliche Institutionen erstellt. Daneben bestehen länderspezifische Stellen, bei denen die Referentin oder der Referent ein oder mehrere Länder bzw. Rechtskreise betreut. Entsprechende Sprachkenntnisse sind hierfür zwingend erforderlich. Die Referent:innen verfolgen die Rechtsentwicklung im jeweiligen Land, arbeiten diese wissenschaftlich auf und halten den Kontakt zur dortigen wissen-

schaftlichen Community. Häufig steht die Mitarbeit an rechtsvergleichenden Projekten im Mittelpunkt der Tätigkeit.

Vor- und Nachteile

Die Mitarbeit an Forschungsprojekten ermöglicht eine intensive wissenschaftliche Betätigung, die von der Projektplanung bis hin zur Publikation der gewonnenen Ergebnisse reicht. Durch die Interdisziplinarität und den Auslandsbezug eröffnet sie Perspektiven und Denkansätze weit über die Rechtswissenschaft und das nationale Recht hinaus. Dieser Bezug bietet Gelegenheit zu vielfältigen Kontakten mit ausländischen Forscher:innen, einschließlich des kurz- oder längerfristigen Aufenthalts im Ausland. Regelmäßig besteht die Möglichkeit, sich mit anderen Wissenschaftler:innen auf in- und ausländischen Tagungen auszutauschen. Die täglichen Arbeitszeiten sind gerade bei größeren Projekten weitgehend frei gestaltbar. Allerdings bedingt diese Freiheit ein hohes Maß an Selbstdisziplin, um die Projekte im vorgegebenen Zeitrahmen abzuschließen. Die verschiedenen Aspekte der Tätigkeit setzen zudem eine hohe Flexibilität in der Zeitplanung voraus, Abend- und Wochenendtermine sind nicht selten. Insgesamt ist die Arbeitsbelastung hoch.

Einstieg und Zukunftsperspektiven

Der Einstieg als wissenschaftliche:r Mitarbeiter:in erfolgt grundsätzlich nach Abschluss des juristischen Studiums. Während des Studiums oder des Referendariats ist aber bereits eine Tätigkeit als Hilfskraft möglich, die gegebenenfalls fortgesetzt werden kann. Vielfach werden konkrete Stellen ausgeschrieben, auf die dann eine Bewerbung möglich ist. Initiativbewerbungen sind jedoch nicht unüblich. Zumeist erfolgt die Mitarbeit begleitend zur Durchführung einer Promotion, deren Betreuung die Institutsdirektor:innen oder entsprechend qualifizierte Mitarbeiter:innen übernehmen. Voraussetzung ist daher, dass die Befähigung zur Promotion gegeben ist und die Bewerber:innen als Doktorand:innen von den Betreuer:innen und der juristischen Fakultät akzeptiert werden. Da die Tätigkeit am Institut neben der Promotion erfolgt, werden zumeist nur Teilzeitstellen (halbe Stellen) vergeben, die im Regelfall auf drei Jahre befristet sind. Alternativ besteht häufig in Research Schools ein strukturiertes Promotionsprogramm mit einer der Teilzeitstelle entsprechenden finanziellen Förderung. Die Gelegenheit zur Mitarbeit an Institutsprojekten besteht in diesem Rahmen nur noch in deutlich geringerem Umfang als bei einer „klassischen" Festanstellung.

Bei wissenschaftlicher Bewährung ist nicht nur eine Mitarbeit an einzelnen Forschungsprojekten möglich, sondern auch deren Leitung und Koordination. Eine befristete, über die Promotion hinausgehende Postdoc-Beschäftigung als wissenschaftliche:r Referent :in ist grundsätzlich möglich. Sie bietet sich insbesondere zur Durchführung einer Habilitation an, die dann zum Ziel hat, einen Lehrstuhl zu erhalten (und so letztlich zurück an die Universität führt). Möglich ist aber auch eine Forschungstätigkeit, zumeist mit Spezialisierung auf einen Fachbereich oder ein Land. Die Durchführung eigenständiger Forschung wird jedoch durch die konzeptionellen Vorgaben der Institutsleitung begrenzt. Zudem stehen vielfach nur wenige Stellen zur Verfügung. Unbefristete Stellen, die eine langfristige Forschungsperspektive ohne Habilitation ermöglichen, sind die Ausnahme. Insgesamt ist eine zunehmende Anzahl von Stellen projektbezogen und drittmittelfinanziert, sodass sie auf die Dauer des Projekts befristet sind. Zumeist wird die wissenschaftliche Tätigkeit daher begleitend zur Weiterqualifikation durch die Promotion genutzt, um nach deren Abschluss in ein anderes juristisches Berufsfeld einzusteigen.

Rechtsanwalt in einer Wirtschaftskanzlei

Für viele Jura-Absolvent:innen führt der erste Weg in eine Kanzlei. Es locken oft hohe Gehälter und abwechslungsreiche Fälle - teilweise in internationalem Umfeld. Doch mit der Entscheidung für die Tätigkeit in einer Kanzlei gehen weitere Fragestellungen einher, die jede Bewerberin und jeder Bewerber für sich persönlich beantworten muss: Welcher Kanzleityp passt zu mir? Ein Job in einer Großkanzlei, verbunden mit all den Vorzügen, die sie bietet, aber auch mit einer oft hohen Arbeitsbelastung? Oder eine Tätigkeit bei einer mittelständischen Kanzlei, mit meist niedrigeren Gehältern, aber auch größeren unternehmerischen Beteiligungsmöglichkeiten? Als letzte Variante bleibt noch die Selbstständigkeit zu nennen, die jedoch - gerade für Berufsanfänger:innen - mit großen finanziellen Risiken verbunden ist. Der folgende Beitrag zeigt wichtige Entscheidungskriterien auf.

Ebenso relevant ist die Frage nach der Spezialisierung auf ein Fachgebiet. Oftmals kristallisieren sich bereits im Studium erste Präferenzen für einen der großen Fachbereiche Zivilrecht, Strafrecht oder öffentliches Recht heraus. Doch auch diese gliedern sich in viele Unterbereiche, aus denen es zu wählen gilt. Dieses Buch beschränkt sich aufgrund des begrenzten Umfangs auf den Tätigkeitsbereich der Wirtschaftskanzleien und kann selbst hier nur überblicksartig einige wichtige Fachgebiete herausgreifen.

Großkanzlei, Mittelstand oder Selbstständigkeit – Welcher Kanzleityp passt zu mir?

von Dr. Marius Mann

Volljurist:innen haben die Qual der Wahl. Ihnen eröffnet sich ein schier unerschöpfliches Tätigkeitsfeld, vor allem dann, wenn Studium und Referendariat besonders erfolgreich absolviert wurden. Sie können als Staatsanwält:innen, Richter:innen oder Notar:innen, selbst als Politiker:innen und Manager:innen tätig sein. Der klassische Juristenberuf bleibt aber der des Rechtsanwalts oder der Rechtsanwältin. Wer für sich erkannt hat, dass Neigungen, Interessen und die eigene Lebensplanung mit dem Anwaltsberuf gut vereinbar sind, sollte sich vor dem Berufseinstieg Gedanken machen, wie und in welchem anwaltlichen Kontext er tätig werden will. Denn es bietet sich ein Spektrum, das von der selbstständigen Tätigkeit als Einzelanwält:in bis hin zur international ausgerichteten Großkanzlei reicht. Zwar arbeiten Rechtsanwält:innen stets überwiegend als juristische Berater:innen, es gibt aber signifikante Unterschiede, etwa was Entfaltungs- und Entwicklungschancen oder die persönliche Absicherung betrifft.

Aufgabenspektrum

Die anwaltlichen Aufgabenstellungen können in den einzelnen Kanzleitypen durchaus voneinander abweichen. Associates in der Großkanzlei arbeitet üblicherweise ab, was ihnen die Partner:innen auf den Tisch legen. Es wird erwartet, dass dies zuverlässig, umsichtig und auf höchstem juristischen Niveau geschieht. Die Arbeitsergebnisse legen die Associates ihren Tutor:innen vor, die sie nach Durchsicht an die Mandanten schickt. Beim Berufseinstieg in der Großkanzlei erlernt man zuallererst sauberes anwaltliches Arbeiten. Dazu gehören u. a. der Umgang mit Mandanten, schnörkellose und klare Darstellung komplexer Sachverhalte und das Vermeiden von typischen Anfängerfehlern.

Wer allerdings Probleme damit hat, in fest vorgegebenen Strukturen und Hierarchien zu arbeiten, sollte sich gut überlegen, ob für sie oder ihn die Großkanzlei - in der häufig komplexe Großmandate in Anwaltsteams bearbeitet werden - die richtige Wahl ist. Eine Boutique, in der üblicherweise ebenfalls auf hohem juristischem Niveau an interessanten Mandaten gearbeitet wird, könnte den persönlichen Neigungen eher entsprechen und für Individualist:innen mehr Entfaltungsmöglichkeiten bieten als die Großkanzlei. Vor allem werden sich anwaltliche Berufseinsteiger:innen dort häufig schneller an der „Beraterfront" finden. Unter anderem deshalb, weil die Mandate in der Regel etwas überschaubarer sind und daher schneller Verantwortung übernommen werden kann. Verbesserungsvorschläge oder Ideen, um die Kanzlei voranzubringen, werden in mittelständischen Kanzleien und Boutiquen mehr geschätzt als in Großkanzleien, die in der Regel schon sehr professionell organisiert sind. Gleiches gilt für Mandantenpflege und Business Development, die in den Großkanzleien den Partner:innen überlassen sind.

Wem es indes um Freiheit, Selbstständigkeit und persönliche Entfaltung geht, der sollte sich ernsthaft damit auseinandersetzen, ob er selbstständig als (Einzel-)Anwalt oder Anwältin tätig werden will. Allerdings hat diese Selbstständigkeit auch ihren Preis. In der Selbstständigkeit beginnt alles beim Nullpunkt. Wer sein eigenes Anwaltsgeschäft aufbaut, muss zunächst einmal Computer, Drucker und Leitz-Ordner anschaffen. Zudem muss man sich insbesondere in den ersten Jahren auf mühsame Akquise einstellen und darf nicht wählerisch sein. Mit der Selbstständigkeit geht ein unternehmerisches Risiko einher, das vor allem Berufseinsteiger:innen trifft. Diese tun sich ohnehin schwerer als etablierte Rechtsanwält:innen, überhaupt an Mandate zu gelangen, geschweige denn an interessante und lukrative. Wer allerdings entspannt ist, wenn der Schreibtisch über Tage hinweg auch einmal leer bleibt, und Mut sowie Lust verspürt, sein eigenes Geschäft von der Pike an aufzubauen, kann es durchaus mit einem Kaltstart in die Selbstständigkeit versuchen.

Spezialisierung

Die juristische Ausbildung ist noch immer auf eine Tätigkeit als Einzelanwältin oder -anwalt – und dies rechtsbereichsübergreifend – ausgerichtet. Wer Freude daran verspürt, die eigene breite juristische Ausbildung auch in der Praxis zu erproben, für den sind spezialisierte Boutique- oder Großkanzleien eher nichts. Pflichtverteidigungen sowie miet- und straßenverkehrsrechtliche Mandate sind, insbesondere in den ersten Jahren, das „Brot-und-Butter-Geschäft“ beim Berufsstart in die Selbstständigkeit. Derartige kleinere Mandate bieten die Möglichkeit, frühzeitig wichtige Erfahrungen zu sammeln, etwa bei der Vertretung vor Gericht oder bei Verhandlungen mit der Staatsanwaltschaft und Behörden. Wer selbstständig beraten will, gleichzeitig aber interessante Mandate von eher mittlerer Größe bearbeiten möchte, kann – wenn entsprechende Kontakte bestehen – versuchen, sich mit Steuerberater:innen oder Wirtschaftsprüfer:innen zusammenzuschließen. In derartigen interdisziplinären Kanzleien fällt für Jurist:innen der Kanzlei häufig eine Menge an Verweisgeschäft ab (sogenanntes Cross-Selling).

Die Großkanzleien sind demgegenüber bekannt für ihren hohen Spezialisierungsgrad. Zunehmend finden sich in einzelnen Rechtsbereichen sogar Unterspezialisierungen. So fokussieren sich manche Gesellschaftsrechtler:innen z. B. allein auf Aktienrecht und im Bereich Aktienrecht ggf. sogar ausschließlich auf Spruchverfahren oder Vorstandsberatung.

Boutique- oder Mittelstandskanzleien zeichnen sich häufig ebenfalls durch eine gewisse Spezialisierung aus. Letztlich ist dies unerlässlich, um auf hohem Niveau überzeugend beraten zu können. Der Spezialisierungsgrad ist in mittelständischen Kanzleien aber häufig weniger hoch als in Großkanzleien. So können sich in einer mittelständischen Boutique durchaus Anwält:innen finden, die im öffentlichen und im privaten Baurecht beraten und die ggf. vertragsgestaltend, baubegleitend und im Rahmen gerichtlicher Auseinandersetzungen vor Verwaltungsgerichten und ordentlichen Gerichten tätig werden. Dies kann auch seinen Reiz haben.

Wer als Jurist:in umfassend Ansprechpartner:in für seine Mandanten sein will, wird als „Allround-Wirtschaftsanwalt“ oftmals vor allem vom unternehmerischen Mittelstand geschätzt. Empfindet man also den persönlichen Kontakt zu Geschäftsführer:innen und Gesellschafter:innen mittelständischer Betriebe als reizvoll, kann man sich in einer Boutiquekanzlei ausleben. Der persönliche Kontakt und die umfassende Beratung in wirtschaftsrechtlichen Angelegenheiten (z. B. gleichzeitig im Gesellschafts-, Handels- und Vertragsrecht) sind letztlich auch ein Markenzeichen mittelständisch ausgerichteter Wirtschaftskanzleien.

Arbeitsklima

Das Arbeitsklima wird beim Berufseinstieg häufig unterschätzt. Die Frage, ob man mit Chef:in und Kolleg:innen gut kann, spielt insbesondere dann eine wichtige Rolle, wenn man seine beruflichen Stationen nicht nur für ein paar Monate plant. Praktika, Referendarstationen oder eine vorübergehende wissenschaftliche Mitarbeit während der Promotionszeit bieten gute Gelegenheiten, um auszuloten, ob die Atmosphäre in der Kanzlei und die Chemie mit der oder dem künftigen Tutor:in stimmen. Größere Kanzleien sind stark durch den Umsatzdruck bestimmt, der nicht immer nur vom Kanzleimanagement, sondern genauso auch von der Sozietät selbst und den Kolleg:innen (Partner:innen) aufgebaut werden kann. Dies kann das Arbeitsklima in großen und mittleren Kanzleien durchaus beeinflussen und auch belastend sein.

Wer indessen in die Selbstständigkeit geht, braucht sich über diese Punkte keine Sorgen zu machen. Vermutlich ist einer der größten Vorteile der Selbstständigkeit, sein eigener Chef zu sein und sich nicht den Erwartungen und Wünschen anderer aussetzen zu müssen. Allerdings gilt dies auch nur eingeschränkt, denn im Ergebnis unterliegen auch selbstständige Einzelanwält:innen den Erwartungen ihrer Mandanten.

Work-Life-Balance

Wer mit Herzblut Rechtsanwältin oder Rechtsanwalt ist, wird immer viel arbeiten. Die Selbstständigkeit kann insoweit Fluch und Segen zugleich sein. Als Einzelkämpfer:in kann man zwar grundsätzlich bestimmen, ob, wann und wie viel man arbeitet. Man hat allerdings in Zeiten guter Auftragslage keine Mitstreiter:innen, die ihm Arbeit abnehmen. Meist ist die Motivationslage aber auch eine andere, denn der erwirtschaftete Umsatz geht direkt in die eigene Tasche.

Work-Life-Balance ist in der Großkanzlei hingegen per se ein Reizthema, denn gerade internationale Großkanzleien sind vom Geschäftsmodell her darauf ausgelegt, dass pro Kopf ein möglichst großer Umsatz erwirtschaftet wird. Zwar bieten Großkanzleien zunehmend Flex-Time-Modelle an. Die Inanspruchnahme derartiger Angebote wirkt sich aber nicht gerade als Karriereturbo aus. Wer also entspannt arbeiten möchte und am Freitag auch einmal um 13 Uhr ins Wochenende starten will, sollte sich entweder eine kleine, örtliche Sozietät suchen oder doch den Sprung in die Selbstständigkeit wagen.

Auch mittelständische Kanzleien können insoweit eine interessante Alternative sein. Der Umsatzdruck ist dort geringer als in Großkanzleien. Schon aus diesem Grund kann es leichter sein, Beruf und Privatleben in einer mittelgroßen Kanzlei unter einen Hut zu bringen.

Fazit

Letztlich kann man bei der Berufswahl wenig falsch machen, denn das Angenehme am Anwaltsberuf ist, dass sich persönliche Fehlgriffe meist korrigieren lassen. Dies gilt allerdings nicht zwingend in jede Richtung – und vor allem auch nicht zeitlich unbeschränkt. Wer selbstständig als Einzelanwältin oder -anwalt tätig war, wird mit dem Sprung in die Großkanzlei nach einigen Jahren sicher mehr Probleme haben als umgekehrt.

Dennoch verbieten sich pauschale Empfehlungen. Jede:r muss selbst entscheiden, welche Form der anwaltlichen Tätigkeit mittel- und langfristig erstrebenswert ist. Letztlich spielen auch Noten und Zusatzqualifikationen bei der Berufswahl eine gewichtige Rolle. Die gute Ausbildung, ein weit überdurchschnittliches Gehalt und das enorme Fortbildungspotenzial sprechen sicherlich für den Berufsstart in einer Großkanzlei. Vor allem ist damit der Schritt in eine kleinere Kanzlei oder die Selbstständigkeit keineswegs verbaut, sondern eher geebnet. Wer sich aber von vornherein mehr Work-Life-Balance wünscht und auch mit einem etwas niedrigeren Gehalt zufrieden ist, der sollte es in einer kleineren Einheit oder einer Boutiquekanzlei versuchen. Für Individualist:innen eignet sich der Weg in die Selbstständigkeit. Letztlich ergibt aber auch dies nur für diejenigen Sinn, die in den ersten Jahren nicht auf wirtschaftliche Absicherung angewiesen sind und bei denen der Unternehmer-Spirit über alle Zweifel erhaben ist.

Rechtsgebiete in Wirtschaftskanzleien

Arbeitsrecht

von Dr. Lars Mohnke

Klassischerweise vertreten Rechtsanwältinnen und Rechtsanwälte einer Wirtschaftskanzlei die Arbeitgeberseite. Zudem beraten sie Vorstände und Geschäftsführer:innen hinsichtlich ihrer Organstellung sowie ihrer Rechte und Pflichten aus dem Dienstvertrag.

Mit wem arbeitet ein Associate zusammen?
Bereits direkt nach dem Berufseinstieg betreuen Associates kleinere Fälle unter Anleitung einer Partnerin oder eines Partners oder erfahrenen Associates allein. Hierbei stehen sie in unmittelbarem Kontakt mit Mitarbeiter:innen der Personalabteilung und der Geschäftsleitung. Mit steigender Seniorität wird der Verantwortungsbereich größer. In komplexeren Angelegenheiten (z. B. Transaktionen, Umstrukturierungen und Compliance-Themen) arbeiten Associates im Team mit Kolleginnen und Kollegen der eigenen und anderer Praxisgruppen (z. B. Gesellschafts-, Steuer- und Kartellrecht) zusammen. Bei grenzüberschreitenden Sachverhalten (z. B. mehrere Länder betreffende Transaktionen und Restrukturierungen sowie Auslandsentsendungen) tauschen sich Associates mit den Kolleginnen und Kollegen ausländischer Büros oder von Korrespondenzkanzleien aus. Auch stehen sie in Kontakt mit ausländischen Gesellschaften, die Rechtsrat zu ihren eigenen oder durch Konzerngesellschaften in Deutschland beschäftigten Mitarbeiter:innen suchen.

Was ist das Besondere am Arbeitsrecht in einer Wirtschaftskanzlei?
In einer Wirtschaftskanzlei werden gerichtliche Streitigkeiten häufig durch eine separate Litigation-Abteilung betreut, während die Arbeitsrechtlerinnen und Arbeitsrechtler die Mandanten vor Gericht bis hin zum Bundesarbeitsgericht regelmäßig selbst vertreten. Wegen des stark ausgeprägten Arbeitnehmerschutzes ist die Beratung in der Regel darauf ausgerichtet, gerichtliche Auseinandersetzungen zu vermeiden. Hier ist Einfallsreichtum gefragt.

Einzelanwält:innen sind auf dem Gebiet des Arbeitsrechts meist überwiegend forensisch tätig und beraten in individualrechtlichen Rechtsfragen (insbesondere zum Kündigungsrecht). Dies gehört natürlich auch zu den Aufgaben in einer Wirtschaftskanzlei. Die Vorstellung, dass betriebsbedingte Kündigungen den Kern des Tagesgeschäfts ausmachen, geht dabei aber völlig fehl. Den größeren Teil nimmt die arbeitsrechtliche Beratung bzgl. Vertragsgestaltung (Individual- und Kollektivvereinbarungen), Vorbereitung, Verhandlung und Umsetzung von Restrukturierungen, Erwerb und Veräußerung von Unternehmen und Betrieben sowie bei Fragen der Zusammenarbeit mit Arbeitnehmervertreter:innen ein. Dabei sind stets auch die ökonomischen Auswirkungen des zu erteilenden Rechtsrats für die im Wettbewerb stehenden Unternehmen und die sich schnell ändernden Rahmenbedingungen zu beachten. Dies zeigt beispielsweise die Corona-Krise. Diese stellt Arbeitgeber vor immense Herausforderungen – angefangen bei der Einführung von Kurzarbeit, über die Aufrechterhaltung des Geschäftsbetriebs trotz strenger Hygienevorschriften, die

Schaffung von Testmöglichkeiten und Impfkapazitäten, die Einführung von Homeoffice, die Ermittlung und die Umsetzung von Einsparpotenzialen zur Vermeidung betriebsbedingter Kündigungen, notfalls bis hin zu einem hartem Personalabbau. Die sehr dynamischen Entwicklungen seitens des Gesetzgebers und die Aussagen der Behörden müssen im Blick behalten und zusammen mit dem Mandanten schnell und agil Lösungen entwickelt werden. Kreativität für die Entwicklung praxistauglicher Lösung ist hier gefragt.

Bei größeren Projekten ist eine Vielzahl von Interessengruppen (Vorstand/Geschäftsführung, Gesellschafter, andere Konzerngesellschaften, Gewerkschaften, Betriebsräte, verschiedene Mitarbeitergruppen und Öffentlichkeit) zu berücksichtigen. Dies bringt meist eine große Komplexität mit sich, eröffnet aber auch Lösungsräume, um das Ziel der Mandanten zu erreichen.

Die Tätigkeit ist sehr abwechslungsreich und aufgrund einer Vielzahl teilweise auch sehr ausgefallener Rechtsfragen besonders anspruchsvoll. Während Einzelanwältinnen und -anwälte sowie Richterinnen und Richter mit Fragen zum Streikrecht, zum Betriebsverfassungsrecht, zur Unternehmensmitbestimmung und zur Vertragsgestaltung eher selten befasst sind, gehört dies zur täglichen Arbeit von Anwältinnen und Anwälten in einer Wirtschaftskanzlei. Besonders interessant sind die Zusammenarbeit mit namhaften Unternehmen und Konzernen sowie die Möglichkeit, gestaltend tätig zu werden, um die für die Mandanten optimale Lösung zu erarbeiten.

Das Arbeitsrecht steht wie kaum ein anderes Rechtsgebiet unter dem starken Einfluss von politischen Entwicklungen. Die Europäische Union und der deutsche Gesetzgeber sorgen ständig für Beratungsbedarf zu neuen rechtlichen Vorgaben. Die Wirtschaftskanzleien investieren daher viel Zeit und Mühe, um Auswirkungen von Gesetzesänderungen frühzeitig zu erkennen. So können sie den Unternehmen rechtzeitig Handlungsempfehlungen geben, damit die betrieblichen Abläufe angepasst werden können.

Gibt es Unterschiede zwischen den Wirtschaftskanzleien?

Einige Kanzleien beschränken sich auf das Transaktionsgeschäft. Das Arbeitsrecht hat dann häufig nur eine Unterstützungsfunktion. Andere Kanzleien bieten eine Full-Service-Beratung an. Die Tätigkeit deckt dann das gesamte Arbeitsrecht ab und bietet den Mandanten eine vollumfängliche Beratung. Je nach Größe und Ausrichtung kann es weitere Untergliederungen und Spezialisierungen geben (z. B. für die Themen arbeitsrechtliche Compliance, Mitarbeiterdatenschutz und betriebliche Altersvorsorge). Häufig erfolgt eine weitere Spezialisierung auf bestimmte Branchen. Viele Großkanzleien organisieren sich interdisziplinär in Industriegruppen, um sich noch besser auf die Bedürfnisse der Mandanten zu fokussieren.

Was sind die Kehrseiten dieser Tätigkeit?

Nicht selten sind Kosteneinspar- und Personalabbauprogramme Gegenstand der Beratung. Diese Maßnahmen sind mit vielen Einzelschicksalen verbunden. Die Unternehmen sind aufgrund der Wettbewerbssituation gleichwohl gezwungen, sich den aktuellen Marktverhältnissen anzupassen. Gemeinsam mit Geschäftsleitung und Arbeitnehmervertreter:innen können sozialverträgliche und wirtschaftlich tragbare Lösungen entwickelt werden.

Für wen ist diese Tätigkeit geeignet?
Die Tätigkeit im Bereich des Arbeitsrechts einer Wirtschaftskanzlei ist nicht nur für Absolventinnen und Absolventen mit einschlägigem Schwerpunktbereich geeignet. Arbeitsrechtliche Vorkenntnisse sind zwar wünschenswert, nicht aber zwingende Voraussetzung. Die Größe der Mandate und die Zusammenarbeit mit anderen Fachbereichen sowie ausländischen Büros erfordern eine große Bereitschaft und Fähigkeit, in Teams zu arbeiten. Zudem ist die Bereitschaft wichtig, sich mit den unterschiedlichen Interessen der Arbeitgeber- und Arbeitnehmerseite auseinanderzusetzen. Wer gerne strategische Überlegungen im Hinblick auf die ökonomischen Auswirkungen anstellt, pragmatische Herangehensweisen neben der rein „wissenschaftlichen" Lösung von Rechtsfällen mag und – das gilt gerade für das Arbeitsrecht – einen Beruf mit hohem Realitätsbezug schätzt, bringt die besten Voraussetzungen für die Tätigkeit als Anwältin oder Anwalt einer Wirtschaftskanzlei im Bereich Arbeitsrecht mit.

Bank- und Finanzrecht

von Thomas Hollenhorst

Überblick
Das Bank- und Finanzrecht ist ein breit gefächertes Rechtsgebiet, in dem Wirtschaftskanzleien unterschiedlichen Zuschnitts beraten. Es ist kein eigenes kodifiziertes Recht, sondern vielmehr eine Kombination verschiedener Rechtsgebiete. Dabei spielt das Zivilrecht eine große Rolle, aber auch das Wertpapierrecht, das Handels- und Gesellschaftsrecht, das Insolvenzrecht sowie das öffentliche Recht beeinflussen das Bank- und Finanzrecht.

Insbesondere Großkanzleien bieten in der Regel eine umfassende nationale und internationale Beratung auf den Gebieten des allgemeinen Bank-, Bankaufsichts- und Kapitalmarktrechts an und sind im Zusammenhang mit Finanzierungstransaktionen, bei Restrukturierungen sowie in der Prozessführung tätig.

Mittelgroße Wirtschaftskanzleien und Boutiquen beraten dagegen oft nur in ausgewählten Rechtsgebieten oder haben ihren Schwerpunkt in bestimmten Märkten, wie z. B. im Schifffahrts- oder Energiesektor. Kleinere Kanzleien arbeiten innerhalb des Bank- und Finanzrechts zumeist nur in begrenzten Teilbereichen oder sind spezialisiert auf die Prozessvertretung bei Verfahren zwischen Anlegern und Banken oder im Verbraucherschutzrecht.

Beratungsfelder

Allgemeines Bankrecht

Das allgemeine Bankrecht umfasst die rechtlichen Rahmenbedingungen für die Kontoführung, den Zahlungsverkehr (Überweisungen und Lastschriften, Debit- und Kreditkarten, Online-Banking etc.), das Darlehens- und Kreditsicherungsrecht sowie das allgemeine Wertpapierrecht. Hier unterscheidet sich die Tätigkeit als Rechtsanwältin oder Rechtsanwalt deutlich nach dem Zuschnitt und dem Mandantenstamm der jeweiligen Kanzlei. Während größere Kanzleien in der Regel auf Bankenseite tätig sind, gibt es zahlreiche kleinere Kanzleien, die schwerpunktmäßig Verbraucher:innen gegenüber Banken vertreten.

Bankaufsichts- und Kapitalmarktrecht

Auf dem Gebiet des Bankaufsichtsrechts spielen überwiegend Themen wie Erlaubnis- und Meldewesen, Organisations- und Verhaltenspflichten, Geldwäsche, Compliance sowie Datenschutz und das Kreditwesensgesetz (KWG), Wertpapierhandelsgesetz (WpHG) und andere Spezialgesetze (GwG, BDG usw.) eine Rolle.

Das Kapitalmarktrecht betrifft zum einen die Emission von und den Handel mit Aktien, Schuldverschreibungen und anderen Wertpapieren (z. B. Investmentfonds) bzw. Derivaten (z. B. Swaps oder Optionen). Zum anderen macht die Regelung der Auflegung, des Vertriebs sowie der Überwachung von alternativen Investments wie Hedgefonds, Private-Equity- und Venture-Capital-Fonds einen wesentlichen Teil des Kapitelmarktrechts aus. Die Beratung im Kapitalmarktrecht umfasst dabei regelmäßig Maßnahmen zur Einhaltung der Prospektpflichten, der Aufklärungs- und Beratungspflichten gegenüber Anleger:innen sowie der Organisationspflichten zur Vermeidung von Interessenkonflikten und Insider-Handel. Insgesamt ist das Kapitalmarktrecht stark vom Bankaufsichtsrecht geprägt, insbesondere bezüglich der Genehmigungsanforderungen für Kapitalmarktprodukte und -prospekte, welche sich nach dem Kapitalanlagegesetzbuch (KAGB), Vermögensanlagegesetz (VermAnlG), Wertpapierprospektgesetz (WpPG) und anderen Spezialgesetzen richten.

Eine Schnittstelle zwischen Kapitalmarkt- und Gesellschaftsrecht bildet die rechtliche Begleitung börsennotierter Unternehmen. Hier beraten Spezialist:innen beider Rechtsgebiete bei der Einhaltung der kapitalmarktrechtlichen Transparenzanforderungen nach dem Aktiengesetz (AktG), dem Wertpapierhandelsgesetz (WpHG) und dem Wertpapiererwerbs- und Übernahmegesetz (WpÜG), beispielsweise bei M&A-Transaktionen.

Die Tätigkeit der Rechtsanwält:innen hängt auch im Bankaufsichts- und Kapitalmarktrecht sehr stark von der jeweiligen Kanzlei und ihren Mandanten ab. So sind kleinere Kanzleien häufig auf die Vertretung von Bankkund:innen und Anleger:innen gegenüber Banken und Finanzdienstleistern spezialisiert. Demgegenüber beraten größere Kanzleien vor allem Kreditinstitute bei der Emission von Wertpapieren, der Prospekterstellung sowie im allgemeinen Bankaufsichtsrecht.

Beratung bei Finanzierungstransaktionen
Die Beratung bei Finanzierungstransaktionen unterscheidet sich danach, was finanziert werden soll: Zumeist wird zwischen Projekt-, Asset-, Akquisitions- und strukturierter Finanzierung unterschieden. Bei größeren Transaktionen ist die Zusammenarbeit von international besetzten Teams aus Großkanzleien die Regel. Wesentliche Tätigkeit von Rechtsanwält:innen auf diesem Gebiet ist die Gestaltung und Verhandlung von Kredit- und Sicherheitenverträgen, wobei zumeist die Ergebnisse einer vorausgehenden Due Diligence in den Verträgen berücksichtigt werden. Zur Tätigkeit in diesem Bereich gehört jedoch auch die Durchsetzung von Rechten aus bestehenden Kreditverträgen (z. B. Kreditkündigungen, Sicherheitenverwertung etc.).

a. Die Projektfinanzierung dient der Finanzierung verschiedenster kapitalintensiver Projekte. Ihre Bedeutung ist in den vergangenen Jahren, insbesondere in den Sektoren Energie, Infrastruktur und Rohstoffe, stetig gewachsen. Themen wie Nachhaltigkeit und Klimaschutz spielen in diesem Bereich zunehmend eine wichtige Rolle. Bei der Projektfinanzierung ist der Rückgriff auf den Träger des Projekts (den Eigentümer der Projektgesellschaft) in aller Regel, wenn überhaupt, nur eingeschränkt möglich (sogenannte Non-Recourse- bzw. Limited-Recourse-Finanzierung). Die Besicherung der Finanzierung beschränkt sich daher auf das Projekt und den daraus generierten Cashflow. Hier liegt der Schwerpunkt der Tätigkeit der Kanzlei in der Gestaltung von Kredit- und Sicherheitenverträgen, aber auch in der Überprüfung der Projektverträge für die finanzierenden Banken.
b. Die Asset-Finanzierung dient der Finanzierung von wertvollen Objekten wie beispielsweise Flugzeugen, Schiffen und Immobilien. Während bei Flugzeugfinanzierungen häufig Leasingverträge Anwendung finden, werden Schiffs- und Immobilienfinanzierungen in der Regel über klassische Bankfinanzierungen durchgeführt. Bei der Asset-Finanzierung spielen neben den für die Projektfinanzierung genannten Themen häufig auch steuerliche Fragestellungen eine große Rolle.
c. Bei der Akquisitionsfinanzierung (z. B. im Rahmen eines Leveraged Buyout) wird der Erwerb eines Unternehmens oder eines Unternehmensteils finanziert. Nur ein Teil des Kaufpreises ist durch Eigenkapital gedeckt. Der überwiegende Teil der Mittel wird als Fremdkapital, in der Regel durch Konsortialkredite verschiedener Banken, zur Verfügung gestellt.
d. Unter das Stichwort „strukturierte Finanzierungen" fallen insbesondere auch sogenannte Mezzanine-Finanzierungen, die eine Mischung von Elementen des Eigen- und Fremdkapitals darstellen. Dies können nachrangige Darlehen sein, aber auch gesellschaftsrechtliche Strukturen wie partiarische Darlehen oder stille Beteiligungen. Diese lassen den Darlehensgeber in verschiedenen Ausprägungen am Unternehmenserfolg teilhaben. Auch die Finanzierung von Unternehmen über Anleihen, die am Kapitalmarkt platziert werden, wird üblicherweise unter dem Begriff „strukturierte Finanzierungen" subsumiert. Die strukturierte Finanzierung weist die engste Verbindung zum Corporate-/M&A-Geschäft der Banken auf und ist stark gesellschaftsrechtlich, aber auch kapitalmarktrechtlich geprägt.

Restrukturierung

Rechtsanwält:innen in der Restrukturierungspraxis begleiten Unternehmen und Banken in der Krise bei der Entwicklung und Umsetzung von Maßnahmen, um das Unternehmen zu sanieren. Dies umfasst neben der insolvenzrechtlichen Beratung und der Beratung bei Finanztransaktionen auch die gesellschaftsrechtliche Beratung bei Umstrukturierungen sowie Umwandlungen von Gesellschaften. Kennzeichnend für diesen Bereich ist ebenfalls eine enge Zusammenarbeit zwischen Rechtsanwält:innen verschiedener Fachbereiche, insbesondere aus dem Gesellschafts-, Steuer- und Arbeitsrecht.

Die Insolvenzverwaltung ist demgegenüber häufig ein eigener Tätigkeitsschwerpunkt von bestimmten Kanzleien. Sie wird zwar teilweise auch von Großkanzleien angeboten, in der Regel wird sie aber von mittelgroßen und kleineren spezialisierten Kanzleien durchgeführt, deren Büro-Organisation auf diese Tätigkeit besonders abgestimmt ist.

Anforderungen an Absolvent:innen

Die zahlreichen Spezialthemen im Bank- und Finanzrecht sind allenfalls als Schwerpunktbereich Studiums- oder Examensgegenstand. Bei der Frage nach den Voraussetzungen für einen Einstieg in das Bank- und Finanzrecht gilt daher: Spezialkenntnisse in diesen Rechtsgebieten sind nützlich, aber keine Voraussetzung. So ergibt sich das rechtliche Know-how z. B. in der Transaktionsberatung im Bereich Finanzierung im Wesentlichen aus den ersten drei Büchern des BGB. Eine solide zivilrechtliche Ausbildung ist daher auf diesem Gebiet, aber auch in anderen Bereichen des Bankrechts, sehr wichtig.

Praktische Kenntnisse des Bankgeschäfts, erworben durch Praktika oder idealerweise durch eine Bankausbildung, sind selbstverständlich gern gesehen, ebenso entsprechende Stationen während des Referendariats. Gerade in größeren Kanzleien sind zudem gute Englischkenntnisse zwingend erforderlich, weil die Dokumentation größerer Konsortialfinanzierungen nahezu ausschließlich auf Englisch erfolgt.

Fazit

Insgesamt lässt sich festhalten, dass das Bank- und Finanzrecht zahlreiche Betätigungsfelder für hoch qualifizierte und fremdsprachenerfahrene Berufseinsteiger:innen bietet – vor allem auch aufgrund der anhaltenden Internationalisierung und Regulierung der weltweiten Finanzmärkte.

Das Anforderungsprofil und die Aufstiegschancen in den einzelnen Bereichen des Bank- und Finanzrechts hängen dann sehr stark vom Zuschnitt der jeweiligen Kanzlei sowie von der gewählten Spezialisierung ab. So sind im allgemeinen Bankrecht, bei Finanzierungstransaktionen sowie in der Restrukturierungsberatung eher zivil-, gesellschafts- und insolvenzrechtlich bewanderte Generalist:innen gefragt, die keine Berührungsängste mit anderen Rechtsgebieten haben. Demgegenüber bauen Rechtsanwält:innen im Bankaufsichts- und Kapitalmarktrecht nach und nach Spezialkenntnisse im gewählten Bereich auf. Der Einstieg fällt hier mit Vorkenntnissen leichter.

Datenschutzrecht

von Klaus Foitzick

Im deutschen Recht spielt der Datenschutz schon seit Jahrzehnten eine wichtige Rolle; das 1970 in Kraft getretene Hessische Datenschutzgesetz war sogar weltweit das erste seiner Art. Mit der seit Mai 2018 anwendbaren europäischen Datenschutz-Grundverordnung (DSGVO) hat das Datenschutzrecht in der gesamten EU einen neuen Stellenwert gewonnen. Nahezu jedes Unternehmen verarbeitet auf die eine oder andere Art personenbezogene Daten und muss sich deshalb mit dem Datenschutzrecht befassen. Der Bedarf an speziell im Datenschutz juristisch geschulten Berater:innen hat deswegen massiv zugenommen. Besonders gefragt ist die Position der betrieblichen Datenschutzbeauftragten. Diese beraten die Geschäftsführung, schulen Mitarbeiter:innen und kontrollieren die Rechtmäßigkeit aller Datenverarbeitungen und den Schutz der Daten. Zudem sind die Datenschutzbeauftragten Ansprechpartner für Betroffene und Aufsichtsbehörden. Um der oft dramatisch unterschätzten Komplexität dieser Rolle gerecht zu werden, ist es in der Regel einfacher, juristische Expert:innen als externe Datenschutzbeauftragte zu bestellen. Für Absolvent:innen eines rechtswissenschaftlichen Studiengangs bietet eine Spezialisierung auf das Datenschutzrecht also sehr gute Jobaussichten. Wer bei der Arbeit gerne direkten Kundenkontakt hat und schnell Projektverantwortung übernehmen will, ist hier genau richtig. Weil die Klienten aus verschiedensten Branchen kommen, ist Abwechslung garantiert. Die juristische Tätigkeit ist primär eine beratende und prüfende. Die gerichtliche Rechtsvertretung spielt (bisher) kaum eine Rolle.

Fachliche und formale Qualifikationen

Das Datenschutzrecht gehört regelmäßig noch nicht zu den Pflichtfächern der juristischen Ausbildung. Kaum eine Absolventin oder ein Absolvent bringt deshalb die notwendigen Fachkenntnisse bereits mit. Wer sich während des Studiums mit der DSGVO, dem Bundesdatenschutzgesetz (BDSG) und anderen relevanten Rechtsbereichen, wie etwa dem Wettbewerbsrecht, befasst und gegebenenfalls in einem Praktikum weitere Kenntnisse erworben hat, ist vergleichsweise gut aufgestellt. Viele Industrie- und Handelskammern bieten eine sinnvolle Fortbildung zum Datenschutzbeauftragten an, die sich jedoch nicht ausschließlich an Jurist:innen wendet. Die tatsächliche Anwendung bzw. Umsetzung des Datenschutzrechts lässt sich erst in der beruflichen Praxis erlernen. Bei der Auswahl des Arbeitgebers lohnt es sich deswegen, auf ein Mentorenprogramm oder vergleichbare Methoden der Berufseinführung zu achten. Ähnlich verhält es sich aller Erfahrung nach mit den unverzichtbaren technischen Kenntnissen, die Jura-Absolvent:innen ebenfalls kaum mitbringen. Gute Arbeitgeber bieten deshalb Schulungen z. B. zu Standards der Informationssicherheit wie der ISO 27001 an. Eine gewisse IT-Affinität sollte man in jedem Fall haben. Formal gesehen kommen verschiedene Abschlüsse in Betracht. Zugelassene Rechtsanwält:innen bzw. Volljurist:innen haben regelmäßig eine bessere Ausgangslage in Kanzleien, und im internationalen Kontext auch meist bessere Chancen.

Sonstige Voraussetzungen

Jurist:innen, die zum Datenschutzrecht beraten wollen, sollten auch über ausgeprägte soziale Kompetenzen verfügen. Datenschutzbeauftragte gehen eine meist langjährige Vertrauensbeziehung mit viel persönlichem Kundenkontakt ein. Gleichzeitig zu prüfen und zu beraten ist dabei eine mitunter schwer zu erfüllende Doppelrolle. Zudem ist ein hoher Problemlösungswille gefragt. Die schnell fortschreitende digitale Transformation der Wirtschaft erfordert eine enorme Vielfalt an kreativen Speziallösungen für die verschiedensten Datenverarbeitungen bei Wertschöpfungsketten und Geschäftsmodellen. Wer sich selbst eher als Bedenkenträger:in versteht, ist davon höchstwahrscheinlich überfordert. Jurist:innen, die hingegen Dinge hinterfragen und neu denken können, finden im Datenschutzrecht einen wirklich spannenden Job.

Perspektiven und Karrierepfade

Wer sich auf das Datenschutzrecht spezialisieren will, wird eher nicht in einer Großkanzlei anfangen. Die dortige starke Arbeitsteilung bei der Betreuung jedes Kunden erschwert eine partnerschaftliche und kontinuierliche Zusammenarbeit mit dem Klienten. Stattdessen bietet sich eine Boutique-Kanzlei mit entsprechender Ausrichtung an. Alternativ gibt es viele spezialisierte Consultingunternehmen, in denen vorwiegend Jurist:innen arbeiten. Dies liegt vor allem daran, dass ein großer Teil der Tätigkeit von Datenschutzbeauftragten keine Rechtsdienstleistung, sondern eine gewerbliche ist. Auch wer Datenschutzfragen lieber in der Compliance-Abteilung eines Konzerns bearbeiten will, ist aufgrund des dafür notwendigen Fach- bzw. Anwendungswissens gut beraten, in einer spezialisierten Kanzlei oder Consultingagentur zu lernen.

Veränderungen des Berufsbilds durch die DSGVO

Durch die DSGVO und die voraussichtlich in den nächsten Jahren in Kraft tretende ePrivacy-Verordnung wird sich das Berufsbild der juristischen Datenschutzberater:innen in den nächsten Jahren ändern. Der wohl wichtigste Trend dürfte die Internationalisierung sein, weil das Datenschutzrecht überall an Bedeutung gewinnt. Sehr gute Englischkenntnisse sind unabdingbar; weitere Fremdsprachenkenntnisse, Auslandserfahrung und Kenntnisse der Datenschutzgesetze anderer Länder sind von großem Vorteil. Inhaltlich werden sich vor allem drei Aspekte bemerkbar machen: Zum einen wird die Vielfalt der zu betreuenden Branchen zunehmen, wodurch wiederum branchenspezifische Gesetze – etwa bei Krankenhäusern oder kritischen Infrastrukturen – wichtiger werden. Zum anderen wird weltweit der Datenschutz bei der Verarbeitung von (personenbezogenen) Daten im Auftrag wichtiger. Denn mit der DSGVO kommt datenschutzrechtlich das Marktortprinzip zum Tragen – das heißt: Auch Anbieter aus China, Indien oder den USA müssen die Vorgaben der DSGVO beachten, wenn in der EU befindlichen Personen Waren oder Dienstleistungen angeboten oder deren Daten sonst verarbeitet werden. Im direkten Zusammenhang damit gibt es als dritte wichtige Entwicklung die neue Position des Vertreters in der Union für alle Unternehmen, die selbst keinen Sitz in der EU haben, aber hier Produkte bzw. Dienstleistungen anbieten. Dieser EU-Vertreter ist Ansprechpartner für europäische Aufsichtsbehörden sowie alle von Datenschutzfragen Betroffenen und dient der tatsächlichen Durchsetzbarkeit der DSGVO auch außerhalb der EU.

Ausblick

Gerade im Bereich der Datenverarbeitung wird der Automatisierungsgrad in den nächsten Jahren weiter zunehmen. Weil dabei aber immer wieder vom Gesetz nicht unmittelbar geregelte und im internationalen Kontext divers gehandhabte Datenschutzfragen auftreten, ist nicht davon auszugehen, dass Datenschutz-Jurist:innen bald durch IT ersetzt werden. Trotzdem sollten insbesondere im Datenschutzrecht tätige Anwält:innen einen leistungsorientierten Arbeitsstil entwickeln und die Herausforderung von Legal Tech nutzen, um Standardprozesse zu automatisieren.

Energierecht

von Vivien Vacha

Willkommen im Energierecht!
Junge Kolleg:innen, die in einem äußerst facettenreichen, sich ständig wandelnden, mitunter technischen und tagespolitisch aktuellen Rechtsgebiet arbeiten wollen, sind im Energierecht genau richtig und herzlich willkommen.

Energierecht – was ist das überhaupt?
Das Energierecht ist ein vergleichsweise junges Rechtsgebiet. Denn obwohl ein erstes, knappes Energiegesetz in Deutschland schon 1935 erlassen wurde, genügten im Übrigen die allgemeinen zivilrechtlichen und öffentlich-rechtlichen Gesetze zur Regelung der damaligen Marktstrukturen und Vertragsverhältnisse.

Erst mit der Deregulierung der Strom- und Gasmärkte durch europarechtliche Vorgaben in den 1990er-Jahren hat sich nach und nach ein eigenes Energierecht herausgebildet. Es wird heute, in Zeiten unter anderem der deutschen Energiewende und der Verwirklichung eines europäischen Energie-Binnenmarktes, durch viele eigene europäische und nationale Regelungen kodifiziert, sodass ein eigenständiger Beratungsmarkt entstanden ist. Zugleich bietet das Energierecht aber weiterhin zahlreiche Schnittstellen zu anderen Rechtsbereichen, etwa zum allgemeinen Vertragsrecht, Gesellschaftsrecht, Kreditrecht, Wettbewerbsrecht, Baurecht, Umweltrecht und Steuerrecht.

Jobperspektiven zwischen Großkanzlei und Boutique
Einerseits verfügen heute fast alle großen Wirtschaftskanzleien über Teams, die sich (auch) mit dem Energierecht beschäftigen. Hier gibt es oft innerhalb der großen Praxisgruppen (zum Beispiel „Banking", „Corporate" oder „Litigation and Arbitration") eine mehr oder weniger starke energierechtliche Spezialisierung. Typische Mandate sind beispielsweise die Gestaltung von Projekt- und Kreditverträgen für große Energieprojekte (Großkraftwerke, Windparks etc.) im In- und Ausland sowie die rechtliche Beratung rund um die Planung, Genehmigung und Regulierung. In Zeiten der Energiewende betrifft dies jedenfalls für den deutschen und europäischen Markt vor allem Solar- und Windparks. Weiterhin ist durch die politisch vorgegebene Auflösung der früheren Monopol-Unternehmen ein Markt für den Kauf und Verkauf von Erzeugungsanlagen, Netzen und Speichern entstanden, der mitunter auch stark von den Vorgaben des Wettbewerbsrechts beeinflusst wird. Zudem kommen immer wieder neue Themen hinzu, etwa die Beratung in den Bereichen Batteriespeicher, Wasserstoff und Elektromobilität. Ein weiteres Arbeitsgebiet ist die Führung von Rechtsstreitigkeiten vor ordentlichen deutschen und europäischen Gerichten und Schiedsgerichten.

Andererseits sind viele Boutiquen und mittelständische Kanzleien entstanden, die zahlreiche Facetten des Energierechts bearbeiten: Dazu gehört beispielsweise die Begleitung von Ausschreibungen nach dem Erneuerbare-Energien-Gesetz als Grundlage für die Realisierung neuer Projekte; die Beratung bei Ausschreibungen der öffentlichen Hand als Teil des Vergaberechts; die Strukturierung des Kaufs und Verkaufs von Strom, Wärme, Biogas u. a. im Rahmen des Energiehandels; die Gestaltung von Energielieferverträgen und die Begleitung von Netzübernahmen durch Kommunen im Zuge der Rekommunalisierung. Hier sind die Mandanten oft Projektentwickler, Energieerzeuger und -abnehmer, Energieversorger, Energiehandelsunternehmen, Stadtwerke und Kommunen.

Hinzu kommt eine – zunehmend wachsende – Anzahl von Stellen als Transaction Lawyer/Practice Support Lawyer, die auch für Bachelor-/Master-Absolvent:innen ohne Zweites Staatsexamen geeignet sind. Sie unterstützen innerhalb der Kanzlei, wenn es um die Bearbeitung großer Mengen an standardisierten Verträge geht (zum Beispiel die Flächensicherung bei Windpark-Projekten). Zudem finden sich in großen Kanzleien Anwält:innen im Bereich Know-how-Management. Diese arbeiten nicht auf dem Mandat, sondern sind zum Beispiel für das Entwerfen von Vertragsmustern, die Pflege von Datenbanken mit Transaktionsdokumenten und die Erstellung von internen und externen Newslettern verantwortlich.

Einstieg – Aufstieg – Ausstieg

Der Berufsweg von Energierechtler:innen hängt vor allem von der Frage ab, welche Art von Kanzlei für den Berufseinstieg gewählt wird bzw. auf Grundlage der Examensnoten in Betracht gezogen werden kann.

In einer großen Wirtschaftskanzlei arbeitet man, wie schon erwähnt, in der Regel innerhalb einer breiter aufgestellten Praxisgruppe, sodass man beispielweise eher Corporate-Anwältin oder -Anwalt mit einer Spezialisierung im Energierecht ist als reine:r Energierechtler:in. Dabei gilt weiterhin eher ein auf „Up-or-Out" angelegtes Modell. Allerdings sind Kanzleien flexibler geworden, wenn es um Teilzeit-Modelle auf dem Partner-Track oder alternative Arbeitszeitmodelle mit fest vereinbarten Stunden geht. Unabhängig vom Modell ist aber gerade in den ersten Berufsjahren eher mit einem „Schreibtischjob" zu rechnen, denn der intensive Kontakt zu Mandant:innen und die selbstständige Führung von Mandaten ergeben sich zumeist erst über die Jahre. Dafür besteht allerdings die Möglichkeit, auf großen, spannenden, mitunter globalen Transkationen zu arbeiten und vielleicht im Rahmen von Secondments Mandanten oder andere Standorte der Kanzlei kennenzulernen. Ob die Tätigkeit dann in einer (Equity-)Partnerschaft mündet, ist beim Berufseinstieg kaum planbar. Mittlerweile bieten aber viele Kanzleien die Möglichkeit, auch ohne Partner-Status dauerhaft in der Kanzlei zu bleiben

Kleinere Kanzleien verfügen dagegen typischerweise über ein weniger klares Hierarchiesystem, sodass die Zusammenarbeit stärker langfristig ausgelegt ist. Gerade die wiederholte Begleitung ähnlicher, kleinerer Mandate ermöglicht Einsteiger:innen schneller ein eigenverantwortliches Arbeiten mit Mandantenkontakt. Zudem mag es hier einfacher sein, über eine Spezialisierung ein eigenes Profil zu entwickeln und sich so im Markt bzw. bei den Mandant:innen zu positionieren.

Für diejenigen, die dem Anwaltsleben nach einigen Jahren den Rücken kehren wollen, bieten sich beispielsweise bei Energieunternehmen, Projektentwicklern, Beratungsgesellschaften, Kommunen, Verbänden, Lobbygruppen, bei der Bundesnetzagentur und im Umfeld der Bundesministerien sowie der Europäischen Union neue Perspektiven mit energierechtlichem Bezug. Hinzu kommt, dass Deutschland im Bereich der erneuerbaren Energien international noch immer zu den Vorreitern gehört und ein großes Interesse an der „German energy transition" besteht. Für in Deutschland qualifizierte Energierechtler:innen können sich dadurch auch am internationalen Arbeitsmarkt spannende Perspektiven ergeben.

Voraussetzungen

Die Materie des Energierechts gehört nicht zum Kanon der juristischen Ausbildung, sodass entsprechende Fachkenntnisse beim Berufseinstieg nicht vorausgesetzt werden. Allerdings bieten einige Universitäten mittlerweile Einführungsvorlesungen an, zudem bestehen zum Beispiel an den Universitäten in Berlin, Köln und Jena eigene Institute mit einem vertieften energierechtlichen Angebot. Und auch diverse Master- bzw. LLM-Programme sind im In- und Ausland rund um das Thema Energierecht entstanden. Wer so und/oder durch Praktika, Nebenjobs oder Referendarsstationen in Energierechts-Kanzleien oder im Umfeld der Energiewirtschaft Grundlagenwissen erworben hat, ist sicher interessant für Arbeitgeber.

Der Berufseinstieg wird in nahezu jedem Fall von der Notwendigkeit geprägt sein, sich ein ausreichendes rechtliches, wirtschaftliches und technisches Verständnis zu erarbeiten. Denn ohne Kenntnisse der Besonderheiten des Marktes zwischen Wettbewerb und Regulierung, seiner vielfältigen Akteure und deren Kompetenzen, der Funktionsweise von Erzeugungsanlagen und Netzen etc. und natürlich der energierechtlichen Regelungen auf deutscher und europäischer Ebene, können Energierechtler:innen nicht erfolgreich arbeiten. Hier kann und muss man sich gerade am Anfang Wissen anlesen und es mit der Erfahrung aus der Mandatsarbeit verknüpfen. Zudem sind, jedenfalls in den großen Wirtschaftskanzleien, sichere Englischkenntnisse unabdingbar, die um das nötige energierechtliche Fachvokabular angereichert werden müssen.

Wichtig ist zudem die Freude an sich häufig ändernden oder neu entstehenden gesetzlichen Grundlagen, insbesondere im Bereich der erneuerbaren Energien, in die man sich immer wieder neu einarbeiten muss, und etwas Pioniergeist. Denn viele Fragestellungen sind bislang weder (höchst)richterlich entschieden noch in der Literatur (ausführlich) kommentiert oder besprochen und müssen mittels des klassischen juristischen Handwerkszeugs erarbeitet werden. Das ist – gerade für Berufseinsteiger:innen – manchmal knifflig, schafft aber zugleich viel Spielraum für eigene Gedanken und Lösungsansätze, sodass Langeweile und allzu viel Routine eher die Ausnahme sein werden. Hinzu kommt, dass sich für diejenigen, die Freude am Publizieren haben, viel Stoff für Aufsätze, Artikel, Bücher und Kommentare bietet, was ein guter Baustein bei der Entwicklung eines eigenen Profils ist.

Gesellschaftsrecht

von Dr. Christian Vogel

Nachdem das Jahr 2020 zunächst noch von großer Unsicherheit aufgrund der sogenannten Corona-Pandemie geprägt war, kam es bereits in der zweiten Jahreshälfte zu einer heftigen Wiederbelebung des M&A-Markts, die sich in 2021 ungebremst fortsetzt. Dabei sind neben „Megafusionen" auch vermehrt Investitionen im Bereich Venture Capital und Börsengänge zu sehen. Was aber machen eigentlich Anwältinnen und Anwälte in diesem Umfeld?

Die Tätigkeit im Gesellschaftsrecht geht über die „klassische" gesellschaftsrechtliche Beratung hinaus. Vielmehr ist die Tätigkeit geprägt von einer Querschnittsfunktion, bei der Anwält:innen nicht nur gesellschaftsrechtlich beraten, sondern die Transaktion strukturieren und die Beratung durch das Anwaltsteam koordinieren. Das Berufsbild von Anwält:innen im Gesellschaftsrecht lässt sich anhand der folgenden Kernbereiche näher beleuchten: M&A, öffentliche Übernahmen, Private Equity und Venture Capital sowie Restrukturierung und Insolvenz.

M&A

Der „M&A" (Mergers and Acquisitions) genannte Tätigkeitsbereich befasst sich mit dem Erwerb bzw. der Veräußerung von Unternehmen und Unternehmensteilen. Bei einer M&A-Transaktion sind Rechtsanwält:innen umfassend als Berater:innen eingebunden, die Tätigkeit geht damit deutlich über die rein rechtliche Beratung hinaus und umfasst häufig auch Funktionen des Transaktionsmanagements bei Vorbereitung und Durchführung der Transaktion.

Phasen einer M&A-Transaktion

Die Tätigkeit von M&A-Anwält:innen lässt sich am besten an einem Beispiel zeigen. Möchte beispielsweise die A-AG alle Anteile an der B-GmbH, einem Tochterunternehmen der B-AG, erwerben, so gliedert sich eine solche Transaktion üblicherweise in fünf Schritte: Vorbereitung/Getting Started, Due Diligence, Vertragsverhandlung bis Signing, Vorbereitung und Durchführung des Closings, Implementierung.

In der Vorbereitungsphase kommt es zu ersten Sondierungsgesprächen zwischen der A-AG und der B-AG. Solche Sondierungsgespräche werden häufig initiiert durch Finanzberater:innen, etwa durch Investmentbanken. Frühzeitig werden auch Anwält:innen in den Prozess einbezogen, um eine Vertraulichkeitserklärung zwischen der A-AG und der B-AG vorzubereiten und gegebenenfalls auch weitere vorbereitende Dokumente zu erstellen:

- Wenn – wie hier – tatsächlich die B-AG nur mit der A-AG spricht, würde es sich anbieten, die ersten Ergebnisse der Gespräche in einer nicht bindenden Absichtserklärung (sogenannter Letter of Intent oder Term Sheet) niederzulegen, um so der weiteren Verhandlung eine Struktur zu geben.
- Wenn hingegen die B-AG zur Sondierung der bestmöglichen Verkaufsoptionen mit mehreren potenziellen Käufern spricht (sogenanntes Auktionsverfahren), wird die B-AG die A-AG zur Abgabe eines indikativen, nicht bindenden Angebots auffordern. Dies ermöglicht es der B-AG, die einzelnen Bieter im Auktionsverfahren zu beurteilen und eine erste Indikation hinsichtlich des möglichen Kaufpreises zu erzielen.

Nach Abschluss eines Letter of Intent oder Abgabe eines indikativen Angebots würde der A-AG die Möglichkeit eingeräumt, die in den vorherigen Gesprächen mitgeteilten Informationen im Rahmen einer Due Diligence zu überprüfen. Hierbei wird das Unternehmen umfassend auf wirtschaftliche (Financial Due Diligence) und rechtliche (Legal Due Diligence) Risiken untersucht. Anwält:innen arbeiten dabei eng mit den Finanzberater:innen zusammen, um insbesondere die Auswirkungen der gefundenen Risiken auf die Kaufpreisfindung zu diskutieren. Zu diesem Zeitpunkt sind häufig kurzfristig große Teams aufseiten des Erwerbers gleichzeitig tätig, um in einer oft nur sehr kurzen Datenraumphase die großen Datenmengen zu sichten, zu systematisieren und die dabei gefundenen Risiken zu bewerten. Hierbei unterstützt vermehrt auch künstliche Intelligenz bei der Erfassung und Systematisierung großer digitaler Datenmengen. Bei der Bewertung der Risiken ist von den Anwält:innen neben der rechtlichen Beurteilung auch eine wirtschaftliche gefordert: Sind die Risiken so gravierend, dass es sich um Deal Breaker handelt (also um Risiken, die so hoch sind, dass bei Realisierung die Transaktion undurchführbar wird)? Welchen Einfluss haben die Risiken auf die Kaufpreisfindung, wenn sie nicht einen solchen Umfang haben, dass die Transaktion insgesamt gefährdet wird?

Sind Anwält:innen auf Veräußererseite tätig, gilt es zunächst, den Datenraum vorzubereiten. So kann es erforderlich werden, besonders sensible Informationen für die ersten Verhandlungsrunden zu schwärzen (auch dies mittlerweile mit Unterstützung durch Legal Tech) oder auch die Vollständigkeit und Aussagekraft der zur Verfügung gestellten Unterlagen zu analysieren. Immer öfter gehen Veräußerer auch dazu über, zunächst selbst eine Anwaltskanzlei mit einer Due Diligence zu beauftragen (Vendor Due Diligence), um so bereits vorher die möglichen Risiken der Transaktion zu identifizieren und zudem die Abwicklung der Transaktion nach Beginn der Auktion zu beschleunigen. Außerdem ermöglicht das dem Veräußerer in stärkerem Maße, den zu erzielenden Kaufpreis realistisch einzuschätzen und ein breiteres Erwerberfeld zur Abgabe von Angeboten zu bewegen.

Im Anschluss an die Due Diligence gilt es, den Kaufvertrag zu verhandeln. Dabei müssen die Ergebnisse so eingearbeitet werden, dass eine für beide Seiten akzeptable Risikoverteilung gefunden wird. So kann beispielsweise ein Risiko bewertet und diese Bewertung vom Kaufpreis abgezogen werden. Ebenso ist es möglich, dass sich der Käufer vom Verkäufer hinsichtlich dieses Risikos freistellen lässt oder dieses Risiko sogar extern versichert. In Auktionsverfahren wird die Vertragsverhandlung zunehmend harmonisiert.

Nach Abschluss des Kaufvertrags (sogenanntes Signing) muss dessen Vollzug (sogenanntes Closing) vorbereitet werden. Hierfür liegt es zumeist in der Hand der Anwält:innen aus dem M&A-Bereich, diese Vorbereitungen zu koordinieren, während die Kollegen aus dem Kartellbereich die Anmeldungen bei den zuständigen Kartellbehörden vorbereiten – hinzu kommt bei Auslandsbezug häufig noch eine Prüfung sog. FDI Clearance (foreign direct investment clearance, bei uns die Freigabe unter der Außenwirtschaftsverordnung). Die Koordination umfasst dabei auch den Abschluss etwaiger noch ausstehender Verträge und die Vorbereitung der Integration des Kaufobjekts in den Konzern.

Nach Vollzug des Kaufvertrags ist die Transaktion aber weder aufseiten des Erwerbers noch aufseiten des Verkäufers beendet. Vielmehr muss der Verkäufer nunmehr die noch vertraglich vereinbarten Übergangsleistungen erbringen, bevor er endgültig die Verbindungen zum Kaufobjekt kappen kann. Der Erwerber hingegen muss nun das neu erworbene Unternehmen in seinen Konzern integrieren.

Getting Started

erste Kontaktaufnahme der späteren Partner	Strukturüberlegungen	Vertraulichkeitsvereinbarung und ggf. Term Sheet/ Letter of Intent

Due Diligence

Financial Due Diligence	Legal Due Diligence	ggf. Untersuchung von Spezialthemen (z. B. IP, Umwelt)

Verhandlung bis Signing

Entwurf und Verhandlung des Share Purchase Agreements (SPA) bzw. Master Agreements bei Asset Deal

Closing-Vorbereitungen und Closing

ggf. Durchführung von internen Transaktionen zur Herstellung des Kaufobjekts	Vorbereitung der Übertragung der Anteile/Assets einschl. Kartellanmeldung	Abschluss von Verträgen für die Übergangszeit

Implementierung

Einfügen des erworbenen Unternehmens in die eigene Konzernstruktur	ggf. Nutzen von Synergien

Phasen einer M&A-Transaktion

Tätigkeit des Rechtsanwalts

Die Begleitung einer Transaktion über diese fünf Stadien ist spannend, aber auch zeitlich herausfordernd. Fachlich erforderlich sind Kenntnisse im deutschen Kapital- und Personengesellschaftsrecht, aber auch Grundkenntnisse in den von der Transaktion berührten Rechtskreisen. Gerade bei internationalen Transaktionen ist zudem ein Grundverständnis für die Besonderheiten der benachbarten Rechtsordnungen unumgänglich, da nur so die Verhandlungen effizient und für beide Seiten erfolgreich durchgeführt werden können.

Die zeitliche Belastung ist vom jeweiligen Stand der Transaktion abhängig – es kann vorkommen, dass eine Transaktion wochenlang ruht, bevor sie plötzlich und unvermittelt wieder zum Leben erweckt wird. Ebenso kann es passieren, dass eine Transaktion, die gerade noch in der heißen Phase intensiv verhandelt wurde, urplötzlich abgesagt wird, weil es zu grundlegenden Differenzen zwischen Erwerbsinteressent und Veräußerer gekommen ist.

Spannend ist diese Tätigkeit, weil man im Bereich M&A einen tiefen Einblick in das zu erwerbende Unternehmen, aber auch in vielfältige rechtliche Problemstellungen erhält. Dabei ist M&A keine Tätigkeit für hoch spezialisierte Einzelkämpfer:innen, sondern Teamwork. So sind neben den Kolleg:innen aus dem Gesellschaftsrecht Kolleg:innen aus den Bereichen Arbeitsrecht, Steuerrecht, Umweltrecht, IP/IT, Real Estate, Versicherungsrecht sowie gegebenenfalls weiteren Spezialbereichen wie Healthcare oder Energierecht tätig.

Die Transaktion gewinnt noch mehr an Komplexität, sobald grenzüberschreitende Bezüge enthalten sind. In diesem Fall gilt es zusätzlich, die Arbeit der ausländischen Kolleg:innen (Local Counsel) zu koordinieren, die entweder aus eigenen Büros oder von externen Kanzleien aus an der Transaktion mitwirken. Außerdem müssen die Besonderheiten anderer nationaler Rechtsordnungen beachtet und verstanden werden. Die Aufgabe der einzelnen Anwält:innen wechselt dabei mit zunehmender Seniorität: Während junge Kolleg:innen ihre ersten Erfahrungen im Rahmen der Due Diligence, bei der Koordination der Local Counsel und der Vorbereitung von Kaufvertrag und Closing sammeln, übernehmen ältere Kolleg:innen die Koordination der Due Diligence und wirken an den Vertragsverhandlungen mit.

Öffentliche Übernahmen

Eine weitere Besonderheit gegenüber klassischen M&A-Transaktionen stellen öffentliche Übernahmen dar. In diesem Fall interessiert sich ein Bieter für den Erwerb von mindestens 30 Prozent der Stimmrechte an einer börsennotierten Gesellschaft. Besonderheiten ergeben sich insbesondere daraus, dass der Transaktionsablauf durch das WpÜG und die entsprechenden Umsetzungsvorschriften stark reglementiert ist und zudem der Aufsicht durch die BaFin unterliegt. Anders als bei einer privaten Transaktion wird daher der Kaufvertrag nicht mit einem oder mehreren Verkäufern abgeschlossen, sondern der Bieter bereitet ein öffentliches Angebot vor, das an alle Aktionär:innen gerichtet ist und diese davon überzeugen soll, die Anteile an den Bieter zu veräußern.

Private Equity und Venture Capital

Die Beratung von Finanzinvestoren und Venture-Capital-Gebern stellt ein weiteres spannendes Betätigungsfeld für Jurist:innen dar.

Venture Capital

Venture-Capital-Finanzierungen bezeichnen die Finanzierung von Wachstum durch Finanzinvestoren bei jungen Unternehmen. Technisch handelt es sich dabei um Kapitalerhöhungen gegen Bar- oder (seltener) Sacheinlagen, die bei Erreichen bestimmter wirtschaftlicher Milestones gewährt werden (etwa Produktentwicklung/klinischer Test/Marktreife). Ziel ist dabei, das Unternehmen nach Ablauf der Finanzierungsphase zu veräußern und darüber den Return on Investment (ROI) zu erreichen. Zu beachten ist, dass bei Weitem nicht alle Venture-Capital-Finanzierungen erfolgreich sind, vielmehr nimmt der Risikokapitalgeber in Kauf, dass er zahlreiche Gesellschaften finanzieren muss, damit sich wenigstens eine erfolgreich durchsetzt.

Neben den im Rahmen des Unternehmenskaufs erforderlichen Tätigkeiten gilt es hier vor allem, im Rahmen der Finanzierungsrunden zwischen den Investoren eine Einigung über Art und Umfang der jeweiligen Einlagen zu erzielen. Sobald diese Investments über eine Fremdfinanzierung erfolgen, muss zudem enger Kontakt mit den Kolleg:innen aus dem Finanzierungsbereich gehalten werden, damit diese die Finanzierungsdokumentation zeitnah vorbereiten können.

Private Equity

Bei Private-Equity-Investments geht es im Kern um den Erwerb oder die Veräußerung von Unternehmen, also um klassisches M&A, allerdings mit einer Reihe von Spezialthemen:

- **Management-Beteiligung:** Ziel des Private-Equity-Investors ist es regelmäßig, die Interessen des Managements mit denen der Gesellschafter in Einklang zu bringen. Dies geschieht durch eine Beteiligung des Managements am von ihm geleiteten Unternehmen, um so den Gesellschaftern einen wirtschaftlichen Hebel für die gemeinsame wirtschaftliche Zielerreichung an die Hand zu geben.
- **Finanzierung:** Der Großteil des Kaufpreises oder der Investition wird nicht aus Eigenmitteln erbracht, sondern fremdfinanziert. Daher müssen Strukturen geschaffen werden, die den finanzierenden Banken eine Sicherung des Darlehens ermöglichen und zugleich eine steueroptimierte Ausschüttung zulassen.
- **Gewährleistung:** Beim Erwerb der Unternehmen von einem Finanzinvestor ist zu beachten, dass dieser in der Regel nur in geringem Umfang Gewährleistungen geben kann. Hintergrund ist, dass der Finanzinvestor nach Veräußerung des Unternehmens möglichst kurzfristig den Erlös an die Investoren seines Fonds auskehren muss, um so eine möglichst hohe Rendite für den Fonds zu erreichen. Um gleichwohl den Erwerbern einen ausreichenden Schutz zu gewährleisten, wird in einer stetig wachsenden Zahl von Transaktionen auf Versicherungslösungen (sogenannte W&I Insurances) zurückgegriffen.

Restrukturierung und Insolvenz

Zwar wird die eigentliche Insolvenzverwaltung aufgrund des erheblichen Personaleinsatzes von einigen hierauf spezialisierten Kanzleien durchgeführt, doch ist gerade die Beratung von Unternehmen in insolvenznahen Situationen Kernbestandteil der gesellschaftsrechtlichen Beratung:

- Im Rahmen der Restrukturierungsberatung unterstützen Anwält:innen beispielsweise die Gesellschaft bei Verhandlungen mit den Gläubigern, etwa zur Umgestaltung von Darlehensforderungen in Eigenkapital oder zum (Teil-)Verzicht auf Darlehensforderungen, verbunden mit Besserungsscheinen.
- Beim Kauf aus der Insolvenz beraten Anwält:innen hinsichtlich der Besonderheiten des Erwerbs von Unternehmensteilen, nachdem das entsprechende Mutterunternehmen Insolvenz angemeldet hat. In diesem Fall erfolgt die Verhandlung nicht mehr mit den Eigentümern, sondern mit den Insolvenzverwalter:innen. Wesentliches Kennzeichen hierbei ist, dass häufig nur begrenzte Informationen über das Unternehmen zur Verfügung stehen und auch keine oder nur sehr begrenzte Gewährleistungen durch die Insolvenzverwalter:innen genehmigt werden können.

Gewerblicher Rechtsschutz und Urheberrecht

von Dr. Philipe Kutschke und Prof. Dr. Tilman Müller-Stoy

Der gewerbliche Rechtsschutz ist eine Spezialmaterie mit vielen Facetten. Er umfasst das Patent- und Markenrecht, das Recht der geografischen Herkunftsangaben, das Recht der Gebrauchs- und Geschmacksmuster sowie den Sorten- und Halbleiterschutz. Schutzgegenstand ist in aller Regel eine besondere, gewerblich verwertbare technische oder gestalterische Leistung (z. B. eine Erfindung oder der Name eines Produkts), für die in einem amtlichen Registrierungsverfahren oder von Gesetzes wegen ein Monopolrecht erlangt werden kann. Dritten kann dadurch die Nutzung der geschützten Leistung untersagt werden, gegebenenfalls kommen bei unberechtigten Nutzungen dieser Leistung Schadensersatzansprüche in Betracht. Flankierend ist das Kartell- bzw. Wettbewerbsrecht zu nennen, welches das Marktverhalten im Wettbewerb und insbesondere Fragen der irreführenden bzw. unlauteren Werbung regelt. Zusammenfassend betrifft der gewerbliche Rechtsschutz also eine spezifische, wirtschaftsrechtliche Materie an den Schnittstellen zwischen Recht und Technik bzw. der Vermarktung von Produkten, Dienstleistungen sowie Forschungs- und Entwicklungsergebnissen. Als Nachbargebiet ist auch das Urheberrecht zu erwähnen, das eine eigenständige zivilrechtliche Tradition aufweist und ebenso wie der gewerbliche Rechtsschutz immaterielle Güter, nämlich die kreative Leistung der Schöpfer:innen bzw. Autor:innen, schützt.

Auf diesem Gebiet tätige Jurist:innen sehen sich daher mit vielschichtigen strategisch-wirtschaftlichen Fragestellungen konfrontiert. Sie begleiten typischerweise die Entwicklung der „Idee" bis zu deren Marktreife, den Schutzerlangungsprozess und die Durchsetzung der Schutzrechte, gegebenenfalls im Eilverfahren. Fortlaufende strategische Beratung, Schutzrechtsmanagement und Schutzrechtsbewertung sowie Verhandlung und Gestaltung von Lizenzverträgen, Forschungs- und Entwicklungsvereinbarungen sind dabei gleichermaßen bedeutsam, insbesondere auch im Zusammenhang mit schutzrechtsrelevanten Unternehmenstransaktionen.

Ein besonderes Wesensmerkmal des gewerblichen Rechtsschutzes ist dessen Internationalität. Welt- und europaweite Harmonisierungsbestrebungen wurden bereits in signifikantem Umfang umgesetzt. Der persönliche und fachliche Austausch sowie eine gewisse „Beweglichkeit" im internationalen Umfeld sind daher unabhängig von dem jeweiligen Spezialgebiet innerhalb des gewerblichen Rechtsschutzes charakteristisch. Als Vorreiter der Globalisierung gewinnt der gewerbliche Rechtsschutz insbesondere in der internationaler werdenden Wissensgesellschaft an Bedeutung und ist aus dem modernen Wirtschaftsleben nicht mehr wegzudenken. Es handelt sich um ein nachhaltiges und vergleichsweise krisenresistentes Rechtsgebiet, da mit dem Schutz von Ideen und kreativen Konzepten langfristige Strategien umgesetzt werden.

Berufsbilder, berufliches Umfeld, Weichenstellungen und Anforderungen

Der gewerbliche Rechtsschutz eröffnet Jurist:innen eine ganze Reihe von unterschiedlichen Einsatzgebieten. Im privatwirtschaftlichen Bereich sind in erster Linie die Anwaltschaft sowie die Rechts-, Patent- und Markenabteilungen aller Industriezweige zu nennen. Die im gewerblichen Rechtsschutz tätige Anwaltschaft ist hauptsächlich in mittelständischen, hoch spezialisierten Boutiquen, in wachsendem Umfang aber auch in Großkanzleien bzw. großen Wirtschaftsprüfungsgesellschaften organisiert. Das Mandantenspektrum ist weit gefächert und reicht von Einzelerfinder:innen bis zu internationalen Konzernen.

Im gewerblichen Rechtsschutz stehen Jurist:innen auch eine Vielzahl nationaler und internationaler Stellen im Staatsdienst zur Verfügung, vor allem bei den in Deutschland spezialisierten Instanzgerichten und BGH-Senaten, dem Bundespatentgericht, dem EuG und EuGH, dem Deutschen Patent- und Markenamt oder dem Europäischen Patentamt. Interessante Tätigkeitsfelder eröffnen sich Jurist:innen auch bei der WIPO und dem europäischen Harmonisierungsamt für den Binnenmarkt, sowie in Einzelfällen bei den betroffenen Bundes- und Staatsministerien (Justizministerien, Ministerien für Wirtschaft und Technologie) oder in der Wissenschaft, z. B. Max-Planck-Institut für Geistiges Eigentum, Wettbewerbs- und Steuerrecht.

Ein beruflicher Wechsel zwischen Kanzleien, Unternehmen und staatlichen Stellen findet zwar gelegentlich statt, ist aber eher selten und nicht ohne Weiteres möglich. Am gewerblichen Rechtsschutz interessierte Jurist:innen sollten daher sorgfältig überlegen, welchen Einstieg sie für ihr Berufsleben wählen, weil sie ihren späteren Werdegang damit in aller Regel festlegen. Die genannten Positionen und die in allen Fällen notwendige Spezialisierung spiegeln gleichsam den täglichen Umgang im gewerblichen Rechtsschutz wider: Zwischen Anwaltschaft (Beratung und Verfahrensführung; Kommunikation mit ausländischen Kolleg:innen), Industrie (Management, strategische Planung und Entscheidung), Ämtern und Gerichten (Verfahrensentscheidung) findet ein intensiver Austausch statt. Dies gilt nicht nur in Bezug auf konkrete Fälle, sondern auch im Hinblick auf Modernisierungsinitiativen und Fachkonferenzen. Man kennt sich in aller Regel, auch auf internationaler Ebene.

Vor diesem Hintergrund erklären sich die folgenden, meist unerlässlichen Qualifikationsanforderungen: hervorragende Fremdsprachenkenntnisse (vor allem Englisch) und internationale Flexibilität; die Fähigkeit, komplexe rechtliche, technische oder gestalterische Gesichtspunkte präzise und verständlich auszudrücken; Kreativität und ausgeprägtes analytisches Denken; Effizienz bei Liebe zum Detail und die Ausdauer, den Dingen auf den Grund zu gehen; Fähigkeit zur Teamarbeit. Zudem sei darauf hingewiesen, dass neben den bereits etablierten Qualifikationsmöglichkeiten durch Absolvierung eines Master-Studiengangs (LL.M.) auch ein Fachanwaltstitel für gewerblichen Rechtsschutz erworben werden kann.

Faszinierend?

Wer für sein Berufsleben auf Spezialisierung, Internationalität, Interdisziplinarität, Abwechslungsreichtum, Technizität, Produkt- und Sachnähe Wert legt, der wird am gewerblichen Rechtsschutz dauerhaft Gefallen finden. Die Arbeit ist aufregend und findet auf hohem Niveau am Puls der Zeit statt; routinemäßiges „business as usual" ist eher selten. Speziell aus anwaltlicher Sicht sei nicht zuletzt auf gute Verdienstmöglichkeiten und vergleichsweise krisenresistente Zukunftsperspektiven bei noch vernünftiger Work-Life-Balance hingewiesen. Mandantenkontakt und das Einbringen eigener Konzepte ist Anwält:innen oft bereits in den ersten Berufsjahren möglich.

Immobilien- und Baurecht

von Dr. Philipp Dawirs, LL.M.

Der Beruf von Rechtsanwält:innen für Bau- und Immobilienrecht ist äußerst abwechslungsreich und bietet so viele Schnittmengen mit anderen Rechtsbereichen wie kaum ein anderer Fachbereich. Gegenstand der rechtlichen Beratung ist immer ein physisch erlebbares Objekt, was den speziellen Reiz einer Tätigkeit in dieser Branche ausmacht. Jeder Erwerb und jedes Bauprojekt ist – auch für erfahrene Beteiligte aus der Immobilien- und Baubranche – eine neue, spannende Herausforderung. Bei jedem Projekt in dieser speziellen Warenklasse wirken die verschiedensten Akteure eng zusammen und müssen eine Vielzahl von Einzelfragen klären und Risiken bedenken.

Immobilienwirtschaftliche Beratung

Die Immobilienwirtschaft beschäftigt sich – stark vereinfacht ausgedrückt – mit dem Erwerb von und der Wertschöpfung durch Immobilien. Diese werden entweder im Wege eines Asset (Erwerb des Grundstücks selbst) oder Share Deals (Erwerb der Anteile der Objektgesellschaft) erworben. Immobilien haben einen eigenen Lebenszyklus, der an den verschiedensten Stellen rechtlichen Beratungsbedarf aufwirft. Viele Objekte werden über die Jahre hinweg mehrfach wertsteigernd verkauft. Bei der Gestaltung des Kaufvertrags (entweder des Grundstücks selbst oder der Anteile der Objektgesellschaft) sind neben kaufrechtlichen Fragen auch alle Bereiche des Immobiliarsachenrechts relevant, wie z. B. das Grundbuchverfahren, Dienstbarkeiten, Grundpfandrechte oder Erbbaurechte. Dazu müssen bei der Ankaufprüfung auch die baurechtliche Situation aus privat- und öffentlich-rechtlicher Sicht evaluiert und die jeweiligen Miet- beziehungsweise Pachtverträge geprüft werden. Je nach Standort, Beschaffenheit und Nutzungsart einer Immobilie variiert die Gestaltung der individuellen Transaktion, weswegen sich der Grundstücksverkehr durch einen besonderen Facettenreichtum auszeichnet. Soll ein größeres Immobilienportfolio oder eine komplexe Struktur angekauft oder verkauft werden, können sich die Prüfung der Bestandssituation und die Ausarbeitung der jeweiligen Verträge sehr aufwendig gestalten. Umso interessanter ist es, die Durchführung des für das Projekt entworfenen Vertragswerks später live mitzuerleben. Der Kaufpreis beim Erwerb einer Immobilie wird in den meisten Fällen fremdfinanziert. Hierbei spielen hybride Mezzanine-Finanzierungen und Joint-Venture-Strukturen eine immer größere Rolle. Die entsprechenden Kredite werden anschließend mit Mitteln abbezahlt, die durch die Nutzung der Immobilie erwirtschaftet werden.

Baurechtliche Beratung

Kern der Beratung im privaten Baurecht, insbesondere bei der Entwicklung von größeren Bauprojekten, ist die Verteilung der Aufgaben und die Abgrenzung von Verantwortlichkeitsbereichen unter den verschiedenen Beteiligten. Bauherr:innen, Architekt:innen, Bauunternehmer:innen, Ingenieur:innen und andere Involvierte – wie finanzierende Banken und teilweise sogar die zukünftigen Nutzer:innen regeln schon vor dem ersten Spatenstich ihre Rechtsbeziehungen untereinander. Die Bauherr:innen müssen beispielsweise entscheiden, ob sie den Bau Generalunternehmer:innen übertragen oder die einzelnen Aufträge jeweils getrennt vergeben. Der Vertrag mit dem oder den Bauunternehmen kann wiederum auf viele verschiedene Arten strukturiert werden. Je nachdem, auf der Seite welches Beteiligten die Beratung stattfindet, können die Anwält:innen bei der Gestaltung und Verhandlung der Verträge schon im Vorfeld viele Weichen zugunsten ihrer Mandant:innen stellen. Auch während der anschließenden Bauausführung muss auf etwaige Änderungen, Verzögerungen und Spannungen zwischen den Baubeteiligten schnell und richtig reagiert werden. Das etablierte System aus Behinderungsanzeigen, Mängelrügen, Bedenkenanmeldungen und Sicherungsrechten ist sehr komplex, sodass bei größeren und komplizierteren Bauprojekten die Bauausführung oft von vornherein im Rahmen eines spezifischen Claim-Managements rechtlich begleitet wird.

Schnelle Einbindung von Berufsanfänger:innen in die Mandatsarbeit

Bei der Bearbeitung bau- und immobilienrechtlicher Mandate spielen immer auch solche Fragen eine zentrale Rolle, die mit aus der Ausbildung bekannten Rechtsgebieten gelöst werden können. Auch ohne besondere Vorkenntnisse oder Spezialisierung kann man als Berufseinsteiger:in das bisher Gelernte gleich anwenden. Deswegen begünstigt das Bau- und Immobilienrecht wie kein anderes Feld die schnelle Integration in die tägliche Mandatsarbeit. Berufsanfänger:innen können sich so von Anfang an in die Mandate einbringen und ihre Ergebnisse gegenüber den Mandanten präsentieren. Während Berufsanfänger:innen im Bereich des privaten Baurechts schnell forensisch tätig werden, unterstützen sie im Immobilienwirtschaftsrecht anfangs bei Transaktionen und beraten den Mandanten zunehmend unmittelbar zu miet- und kaufrechtlichen Fragestellungen. Mit weiterer Berufserfahrung übernehmen sie immer mehr Verantwortung und koordinieren Projekte und Deals im Interesse der Mandanten. Über die Jahre hinweg gewinnen Immobilienanwält:innen nicht nur fachliche Kenntnisse, sondern auch ein wirtschaftliches Verständnis für den Immobilienmarkt insgesamt und für die jeweilige Spezialimmobilie. So ist die Kenntnis des Hotelmarkts für im Hospitality-Bereich tätige Rechtsanwält:innen unerlässlich und machen sie für Mandanten besonders wertvoll.

Immobilienwirtschaftsrecht im Team

Das Immobilienrecht bietet ein immenses Spektrum an Berührungspunkten mit anderen Rechtsgebieten. Gerade bei größeren Investitionen werden häufig nicht direkt Immobilien gekauft, sondern die Anteile der Objektgesellschaften erworben, die die jeweiligen Immobilien in ihrem Vermögen halten, sodass hier gesellschaftsrechtliche Expertise gefragt ist. Bei vielen Spezialimmobilien (etwa im Hospitality- oder Pflegesektor) spielen öffentlich-rechtliche Gesichtspunkte eine Rolle. Auch steuerliche Aspekte und Einflüsse des Investmentrechts sind stets von großer Bedeutung. Dies ist neben Fällen der Prüfung von Investments vor allem dann von Bedeutung, wenn das Investment für den Mandanten strukturiert wird (zum Beispiel in Joint-Venture-Strukturen) und hierbei auch Fragen der Finanzierung eine Rolle spielen (wie eine hybride Finanzierung durch Mezzanine-Kapital). Zudem ist es sehr wichtig, den Mandanten für den Fall der Insolvenz eines anderen Beteiligten abzusichern und im Fall der Insolvenz eines Beteiligten wirkungsvoll zu reagieren. Im Laufe der Berufstätigkeit erlangen Immobilienanwält:innen immer mehr interdisziplinäre Kenntnisse und lernen mit der Zeit, das immobilienrechtliche Mandat aus den unterschiedlichen rechtlichen Blickwinkeln vollumfänglich zu beraten. Bei sehr komplexen Fallkonstellationen ist es außerdem üblich, Spezialist:innen aus den jeweiligen Rechtsgebieten in die Fallbearbeitung einzubinden und als Team zusammenzuarbeiten. Dies erhöht einerseits den Grad des Verständnisses aller relevanten Fragen, andererseits trägt es einmal mehr dazu bei, dass der Arbeitsalltag selten eintönig oder routinemäßig verläuft, sondern stets neue Herausforderungen für die anwaltliche Tätigkeit bereithält.

Kartellrecht

von Dr. Florian Stork

„Kaufen, was einem die Kartelle vorwerfen; lesen, was einem die Zensoren erlauben; glauben, was einem Kirche und Partei gebieten. Beinkleider werden zur Zeit mittelweit getragen. Freiheit gar nicht." (Kurt Tucholsky, *Schnipsel*, 1932)

So hat Kurt Tucholsky auf den Zusammenhang zwischen Kartellrecht und (wirtschaftlicher) Freiheit hingewiesen. Kartellrecht soll durch das Öffnen und Offenhalten von freien Märkten für einen funktionierenden Wettbewerb sorgen. In der Praxis hängt der Erfolg von Unternehmenskäufen oder die Gründung von Gemeinschaftsunternehmen oft von der kartellrechtlichen Durchführbarkeit ab. Auch im laufenden Betrieb eines Unternehmens, z. B. bei der Preis-, Lizenz- oder Lieferpolitik, gilt es, kartellrechtliche Klippen zu umschiffen, ohne bei den wirtschaftlichen Zielen unnötige Abstriche zu machen. Aktivitäten einzelner Mitarbeiter:innen, die gegen das Kartellverbot verstoßen, können Unternehmen hohe Bußgelder kosten und die Reputation schädigen. Kunden oder Wettbewerber erheben bei Kartellverstößen zunehmend private Schadensersatzklagen. Nachwuchsjurist:innen erwartet somit ein international geprägtes, wirtschaftsnahes Tätigkeitsfeld, das wegen seiner hohen Risiken große Bedeutung für die Unternehmensführung hat.

Kartellrecht: mehr drin, als draufsteht

In seinen Anfängen wandte sich das Kartellrecht nur gegen wettbewerbsbeschränkende Absprachen, d. h. gegen die Bildung von Kartellen. Oder wie Wolfgang Kartte, ehemals Präsident des Bundeskartellamts, formulierte: „In einer strategischen Allianz will einer der beiden Partner oder aber wollen beide sicherstellen, dass der andere keine Affäre mit einem Außenstehenden eingeht. Wir vom Kartellamt sind mehr für die freie Liebe." Mittlerweile verteidigen die Wettbewerbsbehörden längst nicht mehr nur die „freie Liebe". Weltweit steht das Kartellrecht in der Regel auf drei sich ergänzenden Säulen: dem Kartellverbot (Art. 101 AEUV, § 1 GWB), der Missbrauchsaufsicht (Art. 102 AEUV, § 19 f. GWB) und der Zusammenschlusskontrolle (FKVO, §§ 35 ff. GWB).

Als Rechtsanwalt im Kartellrecht

Große Kartellrechtspraxen beraten heute in der Regel nicht nur in den drei Säulen Kartellverbot, Missbrauchsaufsicht und Zusammenschlusskontrolle, sondern auch in den Bereichen Compliance, staatliche Beihilfen sowie allgemeines Europarecht. Wie in internationalen Wirtschaftskanzleien üblich, steht dabei die Interessenvertretung vor Gericht nicht im Vordergrund. Die meiste Arbeit fällt stattdessen in der präventiven und außergerichtlichen kartellrechtlichen Beratung an, z. B. bei Risikoanalysen und bei der Bearbeitung von Anmeldungen in der Fusionskontrolle.

Wenn z. B. das Unternehmen X die Firma Y kaufen möchte, ist eine Anmeldung beim Bundeskartellamt oder der Europäischen Kommission erforderlich, wenn bestimmte Umsatzschwellen überschritten werden. Die zuständige Wettbewerbsbehörde prüft, ob durch den Zusammenschluss wirksamer Wettbewerb erheblich behindert werden könnte. Der Anmeldepflicht kommt in der Praxis eine hohe wirtschaftliche Bedeutung zu: Nicht nur entscheiden die dargelegten Fakten über die Machbarkeit einer

Unternehmenstransaktion; auch drohen bei einer unvollständigen oder unterlassenen Anmeldung hohe Bußgelder und die Unwirksamkeit der Kaufverträge.

Kartellrechtliche Berater:innen setzen sich intensiv mit dem Tagesgeschäft der beratenen Unternehmen auseinander. Egal ob es um Autos oder Versicherungen geht: Um einen Markt sinnvoll abgrenzen zu können, ist es unerlässlich, das Geschäftsmodell und die angebotenen Produkte des Mandanten zu verstehen. Das macht auch den Reiz des Kartellrechts aus. Man arbeitet in der Regel branchenübergreifend und wendet die kartellrechtliche Methodik auf die unterschiedlichsten Wirtschaftsbereiche an. Essenziell hierfür sind neben der Auswertung des veröffentlichten Case Law auch Gespräche mit den unternehmensinternen Fachabteilungen und die Recherche öffentlich zugänglicher Informationen. Referendar:innen und wissenschaftliche Mitarbeiter:innen übernehmen mit der Sichtung der nationalen und europäischen Fallpraxis sowie der Erarbeitung von Vermerken zu Unternehmensdaten und kartellrechtlichen Einzelproblemen wichtige Aufgaben.

Die kartellrechtliche Compliance rückt immer mehr in den Fokus der rechtlichen Beratung. Wurde darunter zunächst nur regelkonformes Verhalten verstanden, gilt Compliance mittlerweile als Synonym für ein umfassendes System der Risikokontrolle und Haftungsvermeidung. Mithilfe von externen Rechtsanwält:innen schulen Unternehmen ihre Mitarbeiter:innen und erarbeiten Verhaltensregeln für die Praxis, um kartellrechtliche Reputations- sowie finanzielle Schäden zu vermeiden. Preis, Menge und Gebiet sind z. B. Themen, über die man sich mit Wettbewerbern nicht austauschen darf – weder auf Verbandstreffen noch abends an der Hotelbar. Kanzleien führen zudem sogenannte Mock Dawn Raids durch, die die theoretischen Schulungen ergänzen. Die Angestellten des Mandanten sehen sich dann beim Eintreffen der Rechtsanwält:innen (oft verstärkt durch Referendar:innen und wissenschaftliche Mitarbeiter:innen) mit einer unangemeldeten „Durchsuchung im Morgengrauen" konfrontiert, die das Unternehmen auf entsprechende Aktionen der Wettbewerbsbehörden vorbereiten soll.

Kartellrecht für Nachwuchsjurist:innen

Die kartellrechtliche Beratung eröffnet ein interessantes und zukunftsträchtiges Feld für Nachwuchsjuristen. Kartellrecht verlangt nicht nur – wie die Tätigkeit in einer Wirtschaftskanzlei generell – unternehmerisches Verständnis, sondern auch Interesse an der Ökonomie. In den Wettbewerbsbehörden arbeiten typischerweise Wirtschaftsfachleute und Jurist:innen, sodass ein gegenseitiges Verständnis für das andere Fach unabdingbar ist. Kartellrecht ist in Gesetze gegossene Ökonomie, was sich insbesondere bei Marktabgrenzungs- und Marktbeherrschungsfragen zeigt.

Kartellrecht ist zudem sehr international. Das deutsche Recht kann nicht mehr ohne Bezug zum europäischen Wettbewerbsrecht verstanden und angewandt werden und ist in weiten Teilen auch bereits voll harmonisiert. Die Kartellbehörden arbeiten sowohl auf europäischer Ebene als auch weltweit immer enger zusammen. Oftmals wirkt sich das wirtschaftliche Handeln von Konzernen nicht nur national, sondern auch im europäischen Binnenmarkt oder sogar international aus. Trotz vielfältiger Abweichungen im Einzelfall hat sich doch in den meisten Ländern der Erde ein vergleichbares Regelwerk herausgebildet, um mit Fusionen, Absprachen und dem Missbrauch von Marktmacht umzugehen.

Legal Tech

von Nico Kuhlmann

Die digitale Transformation verändert langsam aber sicher die Art und Weise, wie wir leben und arbeiten. Im juristischen Bereich wird diese Entwicklung unter dem Begriff „Legal Tech" diskutiert. Im Ergebnis werden diese bereits stattfindenden Veränderungen dazu führen, dass juristische Prozesse verbessert und der Rechtsmarkt wahrscheinlich insgesamt wachsen wird. Die Entwicklung hat aber auch Auswirkungen auf die Beschreibungen und Anforderungen von juristischen Jobs.

Begriffsbestimmung: Legal Tech

Obwohl Legal Tech mittlerweile weltweit ein viel verwendeter Begriff ist, existiert keine einheitliche Definition. Wenn man sich diesem Schlagwort als geschulte:r Rechtswissenschaftler:in mit dem juristischen Auslegungskanon annähert, kann der Anwendungsbereich schnell auf das Spannungsfeld zwischen Recht und Technologie abgesteckt werden. Legal Tech ist dabei aber kein Bestandteil des Informationstechnologierechts, sondern dient vielmehr als Oberbegriff für die Nutzbarmachung von Informationstechnologie für das Recht.

Laut Wikipedia bezeichnet Legal Tech beispielsweise „den Bereich der Informationstechnik, der sich mit der Automatisierung von juristischen Tätigkeiten befasst." Das Problem an dieser und ähnlichen Definitionen ist, dass sie sich an gegenwärtigen Prozessen und somit am Status quo orientieren. Dies führt von vornherein zu einer Selbstbeschränkung und verhindert, dass neue Arbeitsweisen und Abläufe in den Blick genommenen werden können. Stattdessen sollte unter Legal Tech vielmehr die umfassende Nutzbarmachung von Technologie für die Befriedigung von verschiedensten rechtlichen Bedürfnissen verstanden werden.

Bei Legal Tech kann zur Präzisierung und als eine gedankliche Kategorisierung zwischen Legal Tech für Jurist:innen und Legal Tech für nichtjuristische Endnutzer:innen unterschieden werden. Bei Legal Tech für Jurist:innen geht es sowohl um technologiebasierte Verbesserungen von Arbeitsschritten aus dem beruflichen Alltag, als auch um neue Arbeitsschritte, die vorher nicht möglich waren und einen bisher nicht zur Verfügung stehenden Mehrwert generieren. Demgegenüber werden unter Legal Tech für Endnutzer:innen neuartige Ideen verstanden, die technologiebasiert unmittelbar, teilweise unter Umgehung traditioneller Organe der Rechtspflege, die rechtlichen Bedürfnisse der Rechtssuchenden befriedigen.

Marktentwicklung: Neue Akteure, mehr Wettbewerb und mehr Arbeitsteilung

Die digitale Transformation führt unter anderem dazu, dass sich viele Kanzleien neu erfinden und neue Beratungsprodukte anbieten. Zudem drängen auch immer mehr Unternehmen auf den Rechtsmarkt, die keine Kanzleien sind, aber ebenfalls Dienstleistungen anbieten, die zumindest teilweise Substitute von klassischer anwaltlicher Rechtsberatung darstellen. Der Rechtsmarkt vergrößert sich somit und wächst vor allem auch immer mehr mit anderen Märkten zusammen. Die Grenzen verwischen. Schließlich sind juristische Gesamtprozesse mittlerweile so umfangreich und komplex, dass es sinnvoll ist, diese in kleinere Einheiten zu zerlegen und diese Teilaspekte dann im Rahmen einer sinnvollen Arbeitsteilung gebündelt von Spezialist:innen bearbeiten zu lassen. Diese Marktentwicklung führt insgesamt zu neuen Jobbeschreibungen und neuen Jobanforderungen.

Neue Jobbeschreibungen

Die klassischen Anwält:innen und Volljurist:innen, die glauben, alles zu können, wird es auch in naher Zukunft noch geben. Und wer die Befähigung zum Richteramt beziehungsweise die Zulassung zur Anwaltschaft haben möchte, kommt in Deutschland auch am Zweiten Staatsexamen nicht vorbei. Daneben können aber auch andere Karrierepfade einschlagen werden.

Der sogenannte Legal Engineer ist mittlerweile auch in Deutschland ein Begriff. Dieser Job umfasst allgemein gesprochen die Erstellung und Betreuung von Software für juristische Problemstellungen. Dies kann die seit Jahrzehnten bekannten regelbasierten Expertensysteme umfassen oder moderne datenbasierte Ansätze oder auch alles andere dazwischen. Im Ergebnis geht es immer um die zumindest teilweise Automatisierung bestimmter Prozesse aus der juristischen Welt. Diese Jobs findet man bereits in einigen Kanzleien und Unternehmen. Aber auch in Behörden und der Justiz gibt es sie gelegentlich bereits, auch wenn sie dort oft noch einen anderen Namen haben. Der Bedarf an entsprechend ausgebildeten und qualifizierten Legal Engineers besteht somit schon heute und wird sich in Zukunft nur noch verstärken.

Weitere Vorschläge für neue Jobbeschreibungen reichen vom Legal Process Analyst bis zum Legal Risk Manager. Wie man diese Jobs am Ende auch nennen wird, die Jobbeschreibungen entfernen sich bereits vom Einheitsjuristen und werden vermutlich immer spezieller werden. Dies bietet große Chancen für all diejenigen, die nicht alles an Jura interessant finden, sondern sich vielmehr auf einzelne Aspekte konzentrieren wollen, um dort die eigenen Stärken gezielt auszuspielen.

Neue Jobanforderungen

Wenn Jurist:innen ihre Dienstleistungen mit den Instrumenten des 21. Jahrhunderts erbringen und unabhängig von der konkreten Jobbeschreibung die enormen Chancen der digitalen Transformation verwirklichen sollen, dann müssen diese auch entsprechend ausgebildet werden.

Eine solche Ausbildung bedeutet nicht, dass jede Juristin und jeder Jurist eine Programmiersprache beherrschen muss. Das ist zwar durchaus hilfreich, aber bei Weitem nicht zwingend. Es geht vielmehr darum, dass alle Jurist:innen neugierige und kreative Problemlöser:innen der digitalen Welt werden, die verstanden haben, was ein Computer ist und was man damit anfangen kann. Insbesondere müssen Jurist:innen aufhören, den Computer als bloßes Accessoire des Berufsstandes zu behandeln, sondern akzeptieren, dass es in jedem Job das Kernwerkzeug zur Erbringung von Rechtsdienstleistungen darstellt, dessen Funktionsweise und Einsatzmöglichkeiten verstanden werden müssen.

Vor diesem Hintergrund gehört zu den grundlegenden Jobanforderungen neben einem soliden Verständnis der juristischen Welt sowie Grundkenntnissen in Informatik und Betriebswirtschaft vor allem eine an den digitalen Möglichkeiten orientierte und damit zukunftstaugliche Denkweise (Schlagwort: digitales Mindset). Jurist:innen müssen verstehen, wie man juristische Prozesse durch den sinnvollen Einsatz von digitaler Technologie beschleunigen, ausbauen und insgesamt verbessern kann. Zu diesem Verständnis gehört ausdrücklich auch die Fähigkeit, zu erkennen, wo ein entsprechender Einsatz Probleme verursachen und wie man die damit zusammenhängenden Risiken minimieren kann.

Zudem müssen Jurist:innen viel mehr als zuvor auch in der Lage sein, in interdisziplinären Teams zu arbeiten und vor allem auch innerhalb dieser Teams zielgerichtet zu kommunizieren. Dies setzt voraus, bis zu einem gewissen Grad die Sprache und die Herangehensweise der anderen zu verstehen und sich darauf einzulassen.

Ausblick: Die Konkurrenz ist menschlich

Technologie ist ein Erfolgsfaktor. Chatbots, Vertragsgeneratoren und Computer allgemein werden die juristische Arbeit nicht vollständig übernehmen, aber langfristig doch grundlegend verändern. Jurist:innen werden trotzdem gefragte Expert:innen bleiben und auch in Zukunft unter dem Strich nach wie vor eine Arbeit finden.

Der Taschenrechner hat schließlich auch nicht dazu geführt, dass alle Mathematiker:innen arbeitslos geworden sind, sondern dazu, dass diese viel mehr Berechnungen in viel weniger Zeit und in einer viel höheren Qualität durchführen können. Mit den neuen Möglichkeiten sind auch die Bedürfnisse gestiegen. Dasselbe wird in der Zukunft auch auf Jurist:innen zutreffen. Man darf nur keine Angst vor dem Taschenrechner haben, sondern muss diesen zum eigenen Vorteil einsetzen können.

Jurist:innen brauchen darum den Computer nicht zu fürchten, sondern vielmehr die menschlichen Konkurrent:innen, die wissen, wie man mit einem Computer umgeht.

IT- und Datenschutz- und Medienrecht

von Markus Kaulartz

Tätigkeitsfeld

Wer das Recht der Digitalisierung für sich entdeckt hat, arbeitet am Puls der Zeit - sowohl rechtlich als auch tatsächlich. Anders als etwa im Gesellschafts- oder Arbeitsrecht geht es nicht darum, schon lange bestehende Strukturen anzuwenden, die „nur“ dem Wandel von Gesetzgebung und Rechtsprechung unterliegen und gleichzeitig auf eine lange Tradition zurückblicken. Als Digitalisierungsjurist:in berät man in einem sehr jungen Rechtsgebiet. Von den Mandanten (als Anwalt oder Anwältin) oder Fachabteilungen (als Unternehmensjurist:in) wird man von einer Innovation zur nächsten getrieben. Fernab der schillernden, dann aber doch inhaltsleeren Marketingbegriffe wie Industrie 4.0 und Internet of Things befasst man sich etwa damit, Software an einen Kunden zu lizenzieren, ein Verfahren aus dem Bereich des Maschinellen Lernens (Künstliche Intelligenz) vertrags- und datenschutzrechtlich zu bewerten, ein Konzept zur GPS-Verfolgung einer LKW-Flotte datenschutzkonform zu entwickeln, mit der BaFin eine Emission von Blockchain-basierten Tokens zu diskutieren, ein Unternehmen gegen einen Bußgeldbescheid einer Datenschutzbehörde wegen des Einsatzes von Überwachungskameras zu verteidigen, AGB für eine Social-Media-Plattform zu entwerfen, einen Vertrag über die Auslagerung einer Unternehmens-IT zu verhandeln, rechtliche Risiken bei einer Unternehmenstransaktion zu bewerten (Due Diligence) oder auch nur damit, zu beantworten, wann denn die vierzehntägige Widerrufsfrist bei einem Fernabsatzvertrag zu laufen beginnt. Obgleich diese Themen vielfältig sind, berühren sie nur wenige Spezialregelwerke, wie insbesondere die Datenschutz-Grundverordnung (DSGVO) oder das Urheberrechtsgesetz (UrhG). Da aber natürlich auch andere Gesetze betroffen sind, wenn innovative Sachverhalte bewertet werden, wird das IT-Recht gerne als Querschnittsmaterie bezeichnet. Tatsächlich ist es nicht selten, dass IT-Jurist:innen mit Kolleg:innen aus anderen Fachbereichen Themen diskutieren, die ihnen rechtlich eigentlich fremd sind, die sie aber durch ihre Branchenkenntnis und insbesondere ihre Affinität zu innovativen Themen doch gut beantworten können. Das IT-Recht ist daher zum Teil eine Art Gemischtwarenladen und insoweit gar kein eigenes Rechtsgebiet.

Mandanten und Mandat

Der Kreis der Mandanten ist genauso vielfältig wie das Tätigkeitsgebiet, da sich jedes Unternehmen mit Rechtsfragen rund um die Digitalisierung konfrontiert sieht. Besonders viel Spaß macht es aber dort, wo innovative Geschäftsmodelle verfolgt werden, was häufig bei Start-ups der Fall ist. Hier werden neue Verfahren und Technologien erprobt, und dafür braucht es Rechtsanwender:innen, die kreativ sind, das Risiko nicht scheuen und nicht nur in der Begutachtung von ausformulierten Sachverhalten denken. IT-Jurist:innen müssen den Sachverhalt häufig selbst mitentwickeln, denn von der rechtlichen Bewertung hängt etwa ab, ob die Entwickler:innen in die eine oder andere Richtung programmieren sollen. Mandanten erwarten daher einen Schulterschluss, und es ist sehr hilfreich, wenn man sich mit dem jeweils zu bewertenden Geschäftsmodell identifizieren kann.Während sich das IT-Recht anfänglich in großen Kanzleien entwickelt hat, findet man es mittlerweile in mehr und mehr mittelständischen und kleinen Spezialkanzleien. Auch nimmt die Zahl an Unternehmensjurist:innen mit einer Spezialisierung in diesen Bereichen stetig zu, sodass Berufsanfänger:innen hier keine Grenzen gesetzt sind. Einzig auf der Ebene der Behörden scheint das Wachstum derzeit nicht ganz so rasant, obgleich sich auch hier mit dem BSI oder den Datenschutzbehörden Arbeitgeber etabliert haben, die eine Spezialisierung verlangen.

Vorkenntnisse

Das IT-, Datenschutz- und Medienrecht hat lange Zeit ein Nischendasein gefristet, und dementsprechend klein war die Zahl derer, die sich nach Studium und Referendariat dafür entschieden haben. Dies hat sich in den vergangenen Jahren gewandelt: Immer mehr Universitäten bieten Schwerpunktbereiche rund um das Thema Digitalisierung an, Institute sprießen aus dem Boden, und mehr und mehr Lehrstühle tragen Wörter wie Internet, Daten oder Digitalisierung in ihrem Titel. Dementsprechend leichter haben es Berufsanfänger:innen, denn Vorschriften wie das UrhG oder die DSGVO sind dann keine völlig Unbekannten. Zwingend ist dieses Vorwissen allerdings keinesfalls. Da sich die Rechtsprechung zu Digitalisierungsthemen in Grenzen hält, der Regelungsumfang vergleichsweise überschaubar ist (in Abgrenzung etwa zum Steuer- oder Arbeitsrecht) und die aufgeworfenen Rechtsfragen nicht selten sehr speziell sind, kann sich jeder, der am Anfang seines Berufslebens steht, gut in die Thematik einarbeiten. Das IT-Recht ist teilweise eine Querschnittsmaterie, sodass man sich an den Standardexamensstoff erinnert fühlt, wenn es etwa darum geht, App-Entwicklungsverträge zu entwerfen (Dienst-/Werkvertragsrecht), Lizenzverträge zu verhandeln (Kauf-/Mietrecht) oder eine Strategie zur Beilegung eines Konflikts über ein missglücktes Softwareprojekt abzustimmen (Gewährleistungsrecht). Da sich die Technik stets weiterentwickelt, ist es wichtig, das juristische Handwerkszeug zu beherrschen, um Vorschriften im Lichte aktueller Entwicklungen auslegen und kreativ mit bislang ungelösten Rechtsproblemen umgehen zu können. Von diesen rechtlichen Erwägungen zu trennen ist die immer wieder aufkommende Frage, ob IT-Anwält:innen denn auch programmieren können müssen, was sich mit einem klaren Nein beantworten lässt. Solche Kenntnisse mögen sich im seltenen Einzelfall als sinnvoll erweisen, dem Gros der IT-Rechtler:innen sind Programmierkenntnisse allerdings genauso fremd wie den Baurechtler:innen handwerkliches Geschick. Wer Spaß an der Materie haben will, sollte allerdings ein Interesse an innovativen Themen mitbringen, sollte zum Beispiel iOS von Android unterscheiden können und sollte Freude daran haben, sich in technische Innovationen einzuarbeiten. Dabei wird niemals verlangt werden, Technisches perfekt nachvollziehen zu können. Im Gespräch mit Mandant:innen kommt aber gut an, wer die richtigen Fragen stellt, klassische Probleme kennt und über das nötige Fachvokabular verfügt. Deswegen sind Englischkenntnisse übrigens auch sehr sinnvoll, zumal IT-Verträge vermehrt in englischer Sprache entworfen und Stellungnahmen gerade bei internationalen Konzernen sehr häufig auf Englisch geschrieben werden. Wer sein rechtliches und technisches Wissen vertiefen will, kann einen Fachanwaltstitel für Informationstechnologierecht oder für Urheber- und Medienrecht erwerben, und bald vielleicht auch für Datenschutzrecht.

Zukunftsperspektiven

Allein schon ein Blick in die Tagespresse zeigt, dass Rechtsberatung auf dem Gebiet der Digitalisierung zunehmend gefordert sein wird. Dies liegt nicht nur an der fortschreitenden Digitalisierung der Wirtschaft im Allgemeinen, die dazu führt, dass jedes Unternehmen auf Kompetenzen in diesen Bereichen angewiesen ist. Auch die Anzahl der Unternehmen aus der IT-Branche steigt. Wer sich hier breit aufstellt, die Sprache der Mandanten spricht, Branchenkenntnisse mitbringt und am Puls der Zeit beraten möchte, für den ist das IT-, Datenschutz- und Medienrecht genau das Richtige.

Öffentliches Wirtschaftsrecht

von Dr. Christiane Freytag

Tätigkeitsbereiche im öffentlichen Wirtschaftsrecht

Der Begriff des öffentlichen Wirtschaftsrechts ist ein Oberbegriff für ein breit gefächertes Spektrum an Beratungsfeldern. In diesen Bereich fällt die anwaltliche Beratung im Bau- und (Fach-)Planungsrecht sowie in der öffentlichen Projektentwicklung und im Umweltrecht, das selbst wieder verschiedene Unterbereiche wie das Immissionsschutzrecht, Abfallrecht, Bodenschutz- und Wasserrecht etc. umfasst. Daneben zählen zum öffentlichen Wirtschaftsrecht das Verfassungs- und Wirtschaftsverwaltungsrecht, aber auch speziellere Bereiche wie das Energiewirtschaftsrecht, Telekommunikationsrecht, Beihilferecht, Vergaberecht, Privatisierungsrecht bzw. die Beratung bei Public-private-Partnerships, im Gesundheitsrecht, Luftverkehrsrecht, Produktsicherheitsrecht etc. Anwältinnen und Anwälte, die im Bereich des öffentlichen Wirtschaftsrechts tätig sind, spezialisieren sich in der Regel auf einen oder einige der vorgenannten Bereiche.

Mandanten und Tätigkeitsspektrum

Die anwaltliche Tätigkeit im öffentlichen Wirtschaftsrecht bezieht sich einerseits auf die Beratung der öffentlichen Hand (einschließlich öffentlicher Unternehmen), andererseits auf die Beratung privater Unternehmen oder von Verbänden. Zur Vermeidung von Interessenkonflikten positionieren sich Wirtschaftskanzleien üblicherweise eher auf der einen oder der anderen Seite. Die anwaltliche Tätigkeit selbst ist breit gefächert und reicht von der Beratung des Mandanten oder dessen Vertretung in Vertragsverhandlungen oder Verwaltungsverfahren über die Erstellung von Rechtsgutachten bis hin zur forensischen Tätigkeit. Auch die Beratung des Gesetzgebers bei neuen Gesetzesvorhaben ist für Wirtschaftsanwält:innen zunehmend von Bedeutung.

Zur Tätigkeit von Anwält:innen im öffentlichen Wirtschaftsrecht gehört gerade in großen Wirtschaftskanzleien außerdem die transaktionsbegleitende Beratung. Hier wirken Anwält:innen im Team mit Gesellschaftsrechtler:innen (und Anwält:innen anderer Fachbereiche) bei Unternehmens(ver)käufen oder der Bildung von Joint Ventures mit. Aufgabe ist es, öffentlich-rechtliche Risiken (z. B. Altlasten, fehlende oder mit Auflagen versehene Genehmigungen, die drohende Rückforderung von Beihilfen etc.) zu identifizieren und durch entsprechende Klauseln im Unternehmenskaufvertrag bzw. Joint-Venture-Vertrag interessengerecht zu regeln.

Besonderheiten der anwaltlichen Tätigkeit im öffentlichen Wirtschaftsrecht

Die anwaltliche Tätigkeit im öffentlichen Wirtschaftsrecht ist außerordentlich vielseitig und abwechslungsreich. Es gibt sehr wenige Tätigkeiten, die nach festen Routinen ablaufen oder organisatorischer Art sind. Vielmehr steht zumeist die Lösung komplexer und/oder neuer Rechtsfragen im Vordergrund (bis hin zur Unterstützung von Gesetzgebungsvorhaben oder dem gerichtlichen Vorgehen gegen gesetzliche Neuregelungen). Interesse an sorgfältiger juristischer Arbeit und Kreativität sind hier wichtig.

Hinzu kommt, dass sich regelmäßig neue Beratungsfelder im Bereich des öffentlichen Wirtschaftsrechts entwickeln, häufig angestoßen durch die Gesetzgebung der Europäischen Union - z. B. im Bereich des Datenschutzrechts, der erneuerbaren Energien, der Fortentwicklung des Umweltrechts, zuletzt beispielsweise im Bereich des Emissionshandelsrechts oder des Chemikalienrechts (REACH), aber auch im Bereich des Wirtschaftsverwaltungsrechts, so etwa im Glücksspielrecht oder im Zusammenhang mit der Finanzkrise im Bereich des Bank(aufsichts)rechts im weiteren Sinne. Auch der Bereich der umwelt- und produktrechtlichen Compliance, also die Frage, ob Produkte den gesetzlichen Anforderungen an Herstellung, Inhaltsstoffe und Kennzeichnung entsprechen, hat in den letzten Jahren zunehmend an Bedeutung gewonnen. Von Anwält:innen im öffentlichen Wirtschaftsrecht sind hier Flexibilität und Weitblick bei der Erschließung neuer Mandatsfelder gefordert.

Die Tätigkeit von Anwält:innen im öffentlichen Recht ist nur teilweise Teamarbeit, so insbesondere bei der transaktionsbegleitenden Beratung oder bei der Begleitung großer Projekte (große Projektentwicklungen und Planungsverfahren, Vergabeverfahren o. Ä.). In weiten Bereichen eignet sich die Tätigkeit dagegen nicht dazu, größere Teams zu bilden. Hier vertieft man sich eher als Einzelkämpfer:in oder in kleinen Teams in komplizierte Rechtsfragen.

Ansprechpartner:innen aufseiten der Mandanten sind - neben der Geschäftsführung und/oder der Rechtsabteilung - sehr häufig auch Fachabteilungen bzw. Techniker:innen. Die anwaltliche Arbeit setzt daher Interesse und ein Grundverständnis für technische Sachverhalte voraus, außerdem die Fähigkeit, komplexe juristische Themen auch Nichtjurist:innen verständlich zu machen.

Im Gegensatz zu einigen anderen Rechtsgebieten in Wirtschaftskanzleien, in denen der Beratungs- bzw. Verhandlungsanteil an der Tätigkeit deutlich überwiegt, führen Anwält:innen im öffentlichen Wirtschaftsrecht häufig auch Prozesse. Nicht selten geht es dabei um grundlegende Rechtsfragen, die bis vor die obersten Bundesgerichte oder sogar den Europäischen Gerichtshof getragen werden. Angesichts der langen Dauer verwaltungsgerichtlicher Verfahren zeigt sich das Ergebnis der anwaltlichen Arbeit in solchen Mandaten häufig erst nach Jahren. Wer zur Motivation schnelle Erfolgserlebnisse sucht, ist hier nicht unbedingt richtig.

Auch ist die Tätigkeit in vielen Teilbereichen des öffentlichen Wirtschaftsrechts wegen des Fokus auf das deutsche öffentliche Recht (insbesondere die öffentliche Hand als Mandant oder Verhandlungspartner oder die Tätigkeit vor deutschen Gerichten) deutlich weniger international geprägt als die Tätigkeit in anderen Rechtsgebieten. Dennoch bietet sich gerade im Transaktionsbereich, bei der Beratung ausländischer Mandanten zum deutschen öffentlichen Recht oder bei internationalen Projektentwicklungen Gelegenheit zu im Wesentlichen englischsprachiger Beratungstätigkeit.

Prozessführung und Schiedsgerichtsbarkeit

von Dr. Jan Erik Spangenberg und Dr. Simon C. Manner

Die anwaltliche Tätigkeit im Bereich Prozessführung (Litigation) und Schiedsverfahren (Arbitration) unterscheidet sich von der beratenden oder transaktionsbegleitenden Tätigkeit. Prozessanwält:innen sind in unterschiedlichen Rechtsgebieten tätig und nicht auf einen Bereich festgelegt. Die „streitige" Tätigkeit zeichnet sich dadurch aus, dass kein Fall und kein Gericht dem anderen gleichen. Prozessführung und die Tätigkeit in Schiedsverfahren erfordern daher Maßarbeit, die strategische Erfahrung und psychologisches Talent ebenso voraussetzt wie die juristische und wirtschaftliche Durchdringung des Falls.

Der Arbeitsalltag von Prozessanwält:innen

Der Arbeitsalltag ist abwechslungsreich. Am Anfang steht die Sachverhaltsaufklärung. Die oft komplexe Materie muss gemeinsam mit dem Mandanten aufgearbeitet werden. Aufgabe der Anwält:innen ist es, die entscheidungsrelevanten Tatsachen zu identifizieren und zu sammeln. Dazu gehören die Recherche direkt vor Ort sowie Gespräche mit Zeug:innen und die Zusammenarbeit mit Sachverständigen. Das Tätigkeitsfeld beschränkt sich daher keineswegs auf das Büro und den Gerichtssaal. Die Arbeit erlaubt vielmehr immer wieder spannende Einblicke in ganz unterschiedliche Sachverhalte, Unternehmen und Industrien.

Parallel zur Aufarbeitung des Sachverhalts werden die rechtlichen Fragen geprüft und aufbereitet. Dabei sind eigene, kreative Lösungsansätze gefragt. Bei der Entwicklung der rechtlichen Argumentation arbeiten Prozessanwält:innen auch regelmäßig mit Kolleg:innen aus unterschiedlichen Fachgebieten und Büros zusammen. Schließlich müssen Sachverhalt und Argumente schriftlich und mündlich präsentiert werden. Prozessanwält:innen müssen in der Lage sein, komplexe Sach- und Rechtsfragen verständlich und überzeugend auf den Punkt zu bringen.

Durch die Fristen zur Einreichung von Schriftsätzen lässt sich die Tätigkeit im Bereich der Prozessführung und Schiedsgerichtsbarkeit vergleichsweise gut und vorausschauend einteilen, auch wenn Arbeitsspitzen im Vorfeld wichtiger Schriftsatzfristen oder Verhandlungstermine nicht zu vermeiden sind.

Interessenvertretung vor staatlichen Gerichten

Ein Höhepunkt der Tätigkeit ist die mündliche Verhandlung vor Gericht. Im Termin ist volle Konzentration und Aufmerksamkeit gefragt. Prozessanwält:innen müssen nicht nur den Sachverhalt und den Vortrag der Parteien bis ins Detail kennen. Sie müssen auch über sichere Kenntnisse der Zivilprozessordnung verfügen, um auf neue prozessuale Situationen schnell reagieren zu können. Gefragt sind zudem Allgemeinwissen, die Fähigkeit zur Argumentation und Verhandlungsgeschick. Bei der Befragung von Zeug:innen, aber auch im Umgang mit Gericht und Gegnern sind Einfühlungsvermögen und die Fähigkeit, auf Menschen einzugehen, unerlässlich.

Streitbeilegung durch Schiedsverfahren

Die Streitbeilegung durch Schiedsverfahren erfreut sich zunehmender Beliebtheit. Zwar ist die Schiedsgerichtsbarkeit jüngst in der öffentlichen Diskussion auch kritisiert worden. Dabei wird jedoch nicht immer hinreichend differenziert. Schiedsverfahren sind nicht nur eine schon seit Jahrhunderten gepflegte traditionelle Form der Streitbeilegung. Sie haben auch im Schiedsverfahrensrecht, etwa im zehnten Buch der ZPO, eine gesetzliche Grundlage. Insbesondere bieten Schiedsverfahren gegenüber staatlichen Gerichten den Parteien größere Freiräume bei der Gestaltung des Verfahrens. So kann auf die Besonderheiten des Einzelfalls Rücksicht genommen werden und etwa ein Schiedsgericht aus spezialisierten Fachleuten berufen werden. Dies ist beispielsweise bei Streitigkeiten im Zusammenhang mit Transaktionen oder komplexen Verträgen von Vorteil. Zudem werden Schiedsgerichtsverfahren regelmäßig unter Ausschluss der Öffentlichkeit geführt und können auch insgesamt vertraulich sein. So können wichtige Geschäfts- und Betriebsgeheimnisse geschützt werden.

In internationalen Rechtsstreitigkeiten sind Schiedsverfahren eine oft gewählte Alternative zur staatlichen Gerichtsbarkeit, weil viele Parteien sich ungern ausländischen Gerichten unterwerfen. Ein Schiedsgericht bietet beiden Parteien eine neutrale Alternative.

Zu unterscheiden ist grundsätzlich zwischen institutionellen Schiedsgerichtsverfahren, bei denen eine Institution wie die Deutsche Institution für Schiedsgerichtsbarkeit (DIS) oder der Internationale Schiedsgerichtshof bei der Internationalen Handelskammer in Paris (ICC) das Verfahren verwaltet, und Ad-hoc-Schiedsverfahren, bei denen das Verfahren und die anwendbaren Schiedsregeln entweder zwischen den Parteien vereinbart werden oder sich aus dem Gesetz am Sitz des Schiedsgerichts (lex loci arbitri) ergeben. Neben den Schiedsregeln finden bei der Gestaltung des Verfahrens regelmäßig Usancen und Grundsätze Anwendung, die sich in der Praxis entwickelt haben. Bestes Beispiel sind die IBA Rules on the Taking of Evidence in International Arbitration, die die Beweisaufnahme in internationalen Schiedsverfahren regeln und dabei versuchen, einen Kompromiss zwischen dem kontinentaleuropäischen Verständnis und der angloamerikanischen Praxis zu finden. Schließlich bietet die Schiedsgerichtsbarkeit Anwält:innen die Möglichkeit, selbst als Schiedsrichter:innen tätig zu werden. Junge Prozessanwält:innen unterstützen erfahrene Schiedsrichter:innen häufig zunächst einige Zeit als sogenannte Sekretär:innen des Schiedsgerichts.

Einstieg über Praktika und Referendariat

Da das Prozessrecht im Studium meist nur eine untergeordnete Rolle spielt, empfiehlt es sich, frühzeitig über Praktika und Referendarstationen praktische Erfahrungen im Bereich der Prozessführung zu sammeln. Erste Kenntnisse der ZPO sind dabei hilfreich. Insbesondere im Bereich der Schiedsgerichtsbarkeit sind ferner sichere Englischkenntnisse unabdingbar. Denn auch in Deutschland werden Schiedsverfahren oft auf Englisch geführt.

Perspektiven für Berufseinsteiger:innen

Für Berufseinsteiger:innen, die die angesprochenen Voraussetzungen mitbringen, sind die Aussichten im Bereich der Prozessführung und Schiedsgerichtsbarkeit gut. Durch den anhaltenden Trend zur Spezialisierung und die Zunahme der Streitbeilegung durch Schiedsverfahren ist davon auszugehen, dass dieser Bereich auch künftig weiter wachsen wird.

Steuerrecht

von Dr. Matthias Scheifele und Britta Süßmann

Warum Steuerrecht bei einer Großkanzlei?

Dem Steuerrecht wird nach wie vor nachgesagt, es sei trocken und langweilig. Selbst unter Jurist:innen hat es den zweifelhaften Ruf einer „Geheimwissenschaft". Mit seinen zahlreichen Einzelgesetzen und Verwaltungsvorschriften, in denen die Finanzverwaltung ihre Sicht auf die Auslegung der Steuergesetze darlegt, ist es eines der umfangreichsten Rechtsgebiete. Die bekannten roten Beck'schen Textausgaben umfassen im Steuerecht vier (!) Bände (Steuergesetze, Steuerrichtlinien, Steuererlasse, Doppelbesteuerungsabkommen). Zudem wird das Steuerrecht wie kaum ein anderes Rechtsgebiet durch politische Einflüsse geprägt und unterliegt damit der ständigen Rechtsfortbildung.

Obwohl oder vielleicht gerade weil das Steuerrecht so komplex ist, handelt es sich um ein spannendes und abwechslungsreiches Rechtsgebiet. Als Steuerrechtler:in in einer Großkanzlei lernt man sehr schnell, dass eine steuerrechtliche Beratung nicht nur bedeutet, sich in dem komplexen steuerrechtlichen Normengeflecht zurechtzufinden. Vielmehr müssen auch andere Aspekte, wie insbesondere die zivilrechtlichen und wirtschaftlichen Hintergründe der zu beurteilenden Sachverhalte, berücksichtigt werden. Zudem wird von Steuerrechtler:innen erwartet, Bilanzen lesen und verstehen zu können. Auf den ersten Blick mag dies eher abschreckend als anziehend wirken. Bei näherem Hinsehen macht aber gerade die Vielschichtigkeit den Reiz des Steuerrechts aus. Transaktionen im Bereich M&A, Corporate oder Finance müssen regelmäßig auch unter steuerrechtlichen Gesichtspunkten betrachtet werden. Dies kann auch schon mal dazu führen, dass ein Deal aus steuerlichen Gründen platzt. Steuerjurist:innen kommt daher oft eine zentrale Gestaltungsrolle zu. Der Mehraufwand im Rahmen der Ausbildung zahlt sich hier aus.

Als Steuerrechtler:in in einer Großkanzlei bekommt man einen Eindruck davon, welche Bedeutung das eigene Rechtsgebiet für die Struktur oder den Ausgang einer Transaktion haben kann. Zudem ist man im Hinblick auf die ständige Rechtsfortbildung am Puls der Gesetzgebung. Durch die Teilnahme an Fortbildungen und Diskussionen in Fachkreisen hört man schon früh von geplanten Gesetzesänderungen oder Auslegungstendenzen der Verwaltung und kann diese Informationen in eine vorausschauende Beratung einfließen lassen.

Der Ausbildungsweg von Steuerjurist:innen

Eine Spezialisierung auf das Steuerrecht bedeutet für junge Anwält:innen zumeist einen Mehraufwand, da dieses Rechtsgebiet im Studium und Referendariat – je nach Bundesland – grundsätzlich keine oder nur eine Nebenrolle spielt. Auch wenn dies für eine berufliche Karriere im Steuerrecht keineswegs zwingend ist, lohnt es sich, sich die Materie schon vor dem Berufseinstieg von ihren Grundlagen her zu erschließen (z. B. durch eine entsprechende Schwerpunktwahl).

Spätestens mit dem Berufseinstieg beginnt die Ausbildung im Steuerrecht mit dem Training-on-the-Job. Nachdem die Steuerrechtskenntnisse durch die praktische Arbeit vertieft wurden, bietet sich eine Fortbildung zur Fachanwältin oder zum Fachanwalt für Steuerrecht oder zum Steuerberater an. Weder das eine noch das andere ist zwingende Voraussetzung für eine Tätigkeit als Steuerjurist:in. Sinnvoll sind derartige Zusatzqualifikationen jedoch allemal, weil dadurch die steuerrechtlichen Kenntnisse weiter ausgebaut und abgerundet werden. Außerdem dienen sie dem Nachweis einer fundierten theoretischen und praktischen steuerlichen Ausbildung gegenüber Mandanten und (potenziellen) Arbeitgebern. Zahlreiche Arbeitgeber fördern das Steuerberaterexamen durch eine bezahlte Freistellung und/oder eine Übernahme der Kosten der Prüfungsvorbereitung.

Der Alltag von Steuerjurist:innen

Durch den hohen Spezialisierungsgrad – teilweise sogar auf eine bestimmte Steuerart – beraten Steuerjurist:innen nur selten umfassend auch auf anderen Rechtsgebieten. Hierin unterscheiden sich Steuerrechtler:innen nicht von anderen Spezialist:innen wie z. B. Kartell- oder Arbeitsrechtler:innen. Es besteht aber wenig Anlass zur Sorge, dass man im Steuerrecht „versauert". Es gibt zahlreiche Berührungspunkte mit anderen Rechtsgebieten, wie insbesondere dem Handels- und Gesellschaftsrecht. Dadurch können sich Steuerjurist:innen auch abseits seines eigenen Rechtsgebiets fundierte Kenntnisse aneignen und einen regen Austausch nicht nur mit Kolleg:innen innerhalb des eigenen Steuerteams, sondern auch – interdisziplinär – mit denen anderer Praxisgruppen pflegen.

Steuerjurist:innen beraten tagtäglich bei der Gestaltung der unterschiedlichsten Lebenssachverhalte. An einem Tag strukturieren sie eine Unternehmensakquisition und verhandeln die steuerlichen Regelungen eines Unternehmenskaufvertrags. Am nächsten Tag schreiben sie ein Gutachten zur steuerlichen Behandlung von Lizenzzahlungen und Entschädigungszahlungen einer deutschen Firma an ein französisches Unternehmen und telefonieren dazu mit den steuerlichen Berater:innen ihres Mandanten in Frankreich.

Zu den Aufgaben des Steuerjurist:innen in einer wirtschaftsberatenden Kanzlei zählen neben der Gestaltungsberatung z. B. bei Unternehmenskäufen, Reorganisationen oder Sanierungen sowie bei Immobilien- und Kapitalmarkttransaktionen auch die Begleitung finanzverwaltungsrechtlicher Verfahren wie Betriebsprüfungen, Einsprüche und die Beantragung sogenannter verbindlicher Auskünfte sowie die Begleitung finanzgerichtlicher oder steuerstrafrechtlicher Verfahren. Die Tätigkeit im Steuerrecht ist mannigfaltig und kreativ und führt dazu, dass Steuerrechtler:innen typischerweise eine größere Anzahl und Bandbreite von Mandaten gleichzeitig betreuen.

Internationalität der Tätigkeit im Steuerrecht

Eine Tätigkeit im Steuerrecht ist in besonderem Maße international geprägt. Abgesehen von den Urteilen des Europäischen Gerichtshofs, den gemeinschaftsrechtlichen Richtlinien und den als Doppelbesteuerungsabkommen bezeichneten internationalen Verträgen liegt dies auch daran, dass sich heutzutage kaum ein Sachverhalt auf das Inland beschränkt. Eine umfassende Gestaltungsberatung kann die steuerlichen Folgen und damit die Kosten einer Transaktion im Ausland nicht außer Acht lassen. Ihre Planung und Durchführung muss daher mit den steuerlichen Berater:innen vor Ort abgestimmt werden, sodass ein enger Austausch mit Berater:innen im Ausland erfolgt.

Anforderungen an Steuerjurist:innen und ihre Berufsaussichten

Der Beruf eignet sich für all diejenigen, die Interesse an einer analytisch anspruchsvollen Aufgabe, an der Beschäftigung mit Rechtsvorschriften und wirtschaftlichen Sachverhalten sowie an einer beratenden Tätigkeit mit internationalem Bezug haben. Wegen des hohen Komplexitätsgrads sollte man Spaß daran haben, sich täglich neuen intellektuellen Herausforderungen zu stellen. Der Globalisierung und der zunehmenden Normendichte, gerade auch auf internationaler Ebene, ist es zu verdanken, dass sich der steuerliche Beratungsbedarf auch in Zukunft weiter erhöhen wird. Durch die vielen steuerlichen Beratungsfelder schwächen wirtschaftliche Krisenzeiten den Bedarf an qualifizierten Steuerjurist:innen nicht, sie verlagern allenfalls die Schwerpunkte der steuerlichen Beratungstätigkeit.

Unternehmensinterne Untersuchungen

von Dr. Thomas Schürrle

Wann kommen unternehmensinterne Untersuchungen zum Einsatz?

Ein Szenario

Der Schlussbericht der Untersuchung ist eindeutig: Die Gesellschaft hat jahrelang Preise mit der Konkurrenz abgesprochen. Gefährliche Produktmängel wurden aus Kostengründen in Kauf genommen, illegale Zahlungen geleistet, die Bücher falsch geführt, kein ausreichendes internes Kontrollsystem aufrechterhalten.

Wie ist Licht in das Dunkel zu bringen?

Angesichts der Dimension der Vorwürfe ist schon zu Beginn klar, dass die interne Revision hier nicht tätig werden kann. Die stattdessen damit beauftragte unabhängige internationale Anwaltskanzlei leistet ganze Arbeit: Weltweit werden Zeug:innen vernommen und Dokumente ausgewertet. Der Sachverhalt wird bis ins Detail aufgearbeitet. Vernichtete Dokumente und gelöschte Festplatten werden mithilfe von Forensiker:innen wiederhergestellt, Kontenbewegungen rund um den Globus nachvollzogen. Die Untersuchung erfolgt unter Beachtung aller rechtlichen Vorgaben – insbesondere des Arbeits- und Datenschutzrechts.

Wie läuft eine unternehmensinterne Untersuchung ab?

Sachverhaltsermittlung

Die Anwält:innen helfen, das Puzzle zusammenzufügen. Multinationale Teams arbeiten den Sachverhalt Stück für Stück auf. Das Vertrauen der Mitarbeiter:innen zu gewinnen und den Betriebsablauf nicht zu unterbrechen gehört dabei zu den größten Herausforderungen.

Rechtliche Analyse

Dabei stellen sich komplexe Fragen: Welche Gesetze wurden in welchen Ländern verletzt? Drohen Bußgelder – dem Unternehmen, den Mitarbeiter:innen? Wer hat sich strafbar gemacht? Können Dritte Schadensersatzansprüche gegen das Unternehmen geltend machen? Droht der Ausschluss von Regierungsaufträgen? Müssen die Bilanzen korrigiert werden? Hat der Aufsichtsrat seine Pflichten verletzt? Hat das Unternehmen Schadensersatzansprüche gegenüber verantwortlichen Organmitgliedern und Mitarbeiter:innen? Müssen neue Kontrollen geschaffen, vorhandene korrigiert werden?

Entscheidungen nach der unternehmensinternen Untersuchung

Auf Basis der Ergebnisse der unternehmensinternen Untersuchung müssen Vorstand und Aufsichtsrat schwierige Entscheidungen treffen. Soll man mit den Behörden kooperieren? Wie geht man mit Gerüchten in der Presse um? Was tut man, wenn immer wieder vertrauliche Informationen an die Öffentlichkeit gelangen?

In dieser schwierigen Situation sind Vorstand und Aufsichtsrat auf ihre Berater:innen angewiesen. Hier zahlt sich eine sorgfältige Auswahl aus. Die Ermittler:innen müssen wirklich unabhängig, fachlich exzellent und in der Sache ausgewiesene Expert:innen sein. Erfahrung und Logistik sind unendlich wertvoll, und nur wenige Kanzleien haben sie wirklich. Nur wer schon Stürmen getrotzt hat, kann andere sicher durch den Sturm führen.

Compliance-Kompetenz – Überprüfung der internen Kontrollsysteme

Letzteres gilt auch für die Überprüfung der internen Kontrollsysteme im Zusammenhang mit einer unternehmensinternen Untersuchung. Sind die Mitarbeiter:innen ausreichend über den rechtlichen Rahmen ihres Handelns informiert, oder bedarf es weiterer Schulungen? Funktioniert die interne Revision? Sind die Verantwortlichkeiten im Unternehmen klar definiert? Besteht ein verlässliches Berichtssystem? Können verdächtige Zahlungen identifiziert werden? Gelangen alle relevanten Informationen an Vorstand und Aufsichtsrat? Werden diese über Compliance-Verstöße hinreichend informiert? Werden solche Verstöße auch sanktioniert? Bestehen Kontrolldefizite, so müssen die Sicherheitslücken geschlossen werden. Gegebenenfalls ist in enger Zusammenarbeit mit dem Unternehmen und anderen Berater:innen ein umfassendes und maßgeschneidertes Compliance-Konzept zu entwickeln und zu implementieren.

Was zeichnet die Tätigkeit in diesem Bereich aus?

Herausforderung jenseits des Kartellrechts

In Deutschland gibt es im Kartellrecht schon seit einigen Jahren unternehmensinterne Untersuchungen. Grund dafür sind insbesondere die Vorschriften des europäischen und deutschen Kartellrechts. Die Kronzeugenregelung im EG-Kartellrecht sieht einen Bußgelderlass bei Selbstanzeige und Zusammenarbeit mit den Behörden bei der Aufklärung vor. Haben die Behörden bereits Kenntnis, kommt bei entsprechender Kooperation noch eine Reduzierung des Bußgeldes in Betracht. Ähnliche Möglichkeiten eröffnet die Bonusregelung des Bundeskartellamts. Doch längst geht die Bedeutung unternehmensinterner Untersuchungen weit über das Kartellrecht hinaus. Jüngste Beispiele belegen das eindrucksvoll. Herausragende US-Litigation-Kompetenz der anwaltlichen Ermittler:innen ist deshalb oft ein entscheidender Vorteil. Die Ermittlungen gleichen in ihren Anforderungen in vieler Hinsicht komplexen M&A-Transaktionen. Sie erfordern exzellente juristische Kenntnisse, hohe soziale und Prozessmanagementkompetenz sowie ein hervorragendes Gespür.

Anforderungen und Einstieg

Materiell-rechtlich brauchen anwaltliche Ermittler:innen für unternehmensinterne Untersuchungen ein breites Querschnittswissen. Dabei geht es vor allem um Fragen des Wirtschaftsstrafrechts, des Gesellschaftsrechts, des Kapitalmarktrechts und des öffentlichen Wirtschaftsrechts. Des Weiteren stellen sich eine Vielzahl datenschutz- und arbeitsrechtlicher Probleme. Die enge Einbindung in Teams erleichtert Berufsanfänger:innen den Einstieg. Mit zunehmender Seniorität werden Anwält:innen immer stärker zu unmittelbaren Ansprechpartner:innen der Führungsgremien auf Mandantenseite. Kompetenz schafft Vertrauen, und Erfahrung macht den Lotsen – insbesondere bei rauer See.

Juristische Berufsbilder in Wirtschaft und Verbänden

Wer sich gegen eine Tätigkeit im Öffentlichen Dienst oder in einer Kanzlei entscheidet, hat immer noch die Qual der Wahl. Ob in Banken, Versicherungen oder in der Industrie – nahezu jedes größere Unternehmen bietet Einsatzmöglichkeiten für Jurist:innen, angefangen bei der klassischen Rechtsabteilung über die Personalabteilung bis hin zum Bereich Compliance.

Auch die sich stetig erhöhende Anzahl an Verbänden in Deutschland bietet vielfältige Beschäftigungsmöglichkeiten in den unterschiedlichsten Fachbereichen. Der Beitrag ab Seite 123 ermöglicht einen ersten Eindruck vom Beruf der Verbandsjurist:innen.

Wer lieber beratend tätig sein möchte, den führt der Weg vielleicht in die Wirtschaftsprüfung oder Unternehmensberatung, wo Jurist:innen aufgrund ihres analytischen Denkvermögens gern gesehen sind. Die Beiträge ab den Seiten 114 und 118 informieren über die entsprechenden Berufsbilder.

Auch der juristische Fachverlag kann ein spannendes Betätigungsfeld für Jurist:innen mit Organisations- und Kommunikationsgeschick darstellen. Dass dabei nicht nur ein sicheres Sprachgefühl, sondern auch Interesse an betriebswirtschaftlichen Aspekten gefragt ist, zeigt der Beitrag ab Seite 127.

Die Übernahme von Leitungsfunktionen, sei es als Abteilungs- oder Bereichsleiter:in, als Geschäftsführer:in oder Vorstand bis hin zum Aufsichtsratsmandanten, ist sicher verlockend. In jedem Fall wird man in Wirtschaft und Verbänden in der Regel viel mit Menschen (möglicherweise mit Angehörigen verschiedenster Berufsgruppen) zu tun haben. Dann gilt es, juristische Inhalte verständlich zu vermitteln, Kompromisse zwischen verschiedenen Positionen zu finden und Entscheidungsträger für den besten Lösungsweg zu gewinnen. Eine anspruchsvolle Aufgabe für leistungsstarke Jurist:innen!

Unternehmensjurist:in

von Arnd Meier

Es gibt wohl ca. 50.000 Unternehmensjurist:innen in Deutschland.[1] Dies entspräche in etwa der Summe der Verwaltungsjurist:innen (35.000) und der Richter:innen und Staatsanwält:innen (25.000). Damit stellen die Wirtschaftsjurist:innen ca. 20 Prozent der rund 235.000 juristisch tätigen Beschäftigten in Deutschland.

Eine Laufbahn als Unternehmensjurist:in ist attraktiv für diejenigen, denen die öffentliche Verwaltung und Rechtspflege zu bürokratisch erscheint und die zugleich mehr Sicherheit und eine bessere Work-Life-Balance suchen, als freiberufliche Rechtsanwält:innen üblicherweise erwarten können. Wer zudem noch Interesse für wirtschaftliche Zusammenhänge mitbringt und vielleicht auch eher mitgestalten als nur beraten will, für den kann eine Tätigkeit als Jurist:in in einem Unternehmen das Richtige sein.

Allerdings lassen sich allgemeingültige Aussagen über Unternehmensjurist:innen nur sehr schwer treffen. Ihre Arbeitsumstände hängen wesentlich davon ab, wie groß das Unternehmen ist, für das sie arbeiten, in welcher Position sie dort tätig sind und in welcher Branche.

Tendenziell lässt sich sagen, dass die Tätigkeit der Unternehmensjurist:innen umso anspruchsvoller (und besser honoriert) ist, je größer das Unternehmen und seine Rechtsabteilung sind. Allerdings nimmt der Spielraum des Einzelnen oft im selben Maße ab. Unternehmensjurist:innen im kleinen oder mittelständischen Unternehmen haben häufig den direkteren Zugang zur Geschäftsführung und den größeren Einfluss.

Im Folgenden werden vier typische Tätigkeitsfelder von Wirtschaftsjurist:innen näher betrachtet: Rechtsabteilung, Vertragsmanagement, Personalabteilung und Compliance. Dies sind jedoch bei Weitem nicht alle Bereiche, in denen Jurist:innen in Unternehmen juristisch tätig sind. Zu nennen wären auch Steuerabteilung, Revision, Patent-/Markenabteilung, Regulierung, Lobbying und, je nach Organisation und Branche des Unternehmens, viele andere mehr.

Seit 2011 gibt es in Deutschland auch einen eigenen Verband für Unternehmensjurist:innen, den Bundesverband der Unternehmensjuristen (BUJ) mit einer eigenen Zeitschrift (*Unternehmensjurist*) und speziellen Seminarangeboten; Näheres unter www.buj.net.

---

1 Genaue Statistiken hierzu existieren wohl nicht. Der Gesetzentwurf für die Neuordnung des Rechts der Syndikusanwälte (Bundestagsdrucksache 18/5201), spricht in der Begründung (S. 13) davon, dass es 40.000 zugelassene Rechtsanwälte gebe, die als Angestellte in Unternehmen arbeiten. Hierzu käme noch eine sicher erhebliche Zahl an nicht als Rechtsanwalt zugelassenen Diplom-Wirtschaftsjuristen.

Rechtsabteilung

von Arnd Meier

Formale Voraussetzungen: Zweites Juristisches Staatsexamen (für Syndikuspositionen, für Sachbearbeiterstellen ggf. auch Diplomjurist:in oder Erstes Staatsexamen) in der Regel ab „befriedigend", teilweise erst ab „vollbefriedigend"; Berufserfahrung (v.a. in einer Anwaltskanzlei) oft erwünscht, aber meist nur für bestimmte Spezialisierungs- oder Führungspositionen erforderlich

Persönliche Qualifikation: englische Fachsprachenkenntnisse, Verständnis für wirtschaftliche Zusammenhänge, Lösungsorientierung, Fähigkeit zur interdisziplinären Zusammenarbeit (mit Kaufleuten u.a.)

Einstiegsgehalt: 45.000 bis 80.000 Euro Brutto-Jahresgehalt

Aufstiegsmöglichkeiten: Leiter der Rechtsabteilung, in großen Rechtsabteilungen Leitung von Unterabteilungen; Wechsel in die nichtjuristische Laufbahn bis hin zu Geschäftsführer- und Vorstandspositionen

Besonderheiten: gute Work-Life-Balance (verglichen mit großen Anwaltskanzleien), frühe Einbindung in Projekte, Mitgestaltungsmöglichkeiten, in großen Unternehmen hierarchische Einflüsse

Weitere Informationen: www.syndikusanwaelte.de, www.ecla.org, www.acc.com, www.wjfh.de

Die Arbeit von Syndikusanwält:innen

Warum leisten sich Unternehmen eine eigene Rechtsabteilung bzw. eigene Hausjurist:innen (im Folgenden „Syndikusanwält:innen") und greifen nicht einfach auf die Dienste der freiberuflich tätigen Rechtsanwält:innen zurück? Ein Grund dürften die Höhe und die Kalkulierbarkeit der Kosten sein. Zumindest ab einem gewissen regelmäßigen juristischen Beratungsvolumen – das oft schon bei einigen Millionen Euro Umsatz gegeben ist – wird die fallweise oder stundenweise Abrechnung der externen Anwält:innen teurer als die Anstellung von Syndikusanwält:innen.

Wichtiger aber noch ist die Beratungsqualität. Gemeint ist damit nicht die juristische Qualifikation oder die Qualität der juristischen Fallbearbeitung im engeren Sinne (also die Anwendung der Rechtsnormen auf einen gegebenen Fall), sondern die Erfassung und das Verständnis der wirtschaftlichen Sachverhalte sowie die präventive Identifikation und Vermeidung juristischer Risiken. Durch ihre kontinuierliche und ausschließliche Tätigkeit für ein Unternehmen können Syndikusanwält:innen dessen Geschäft und typischen juristischen Probleme besser verstehen als ein externe Anwält:innen, die nur fallweise herangezogen werden (und je teurer sie sind, desto seltener werden sie beauftragt; bei Großkanzleien wird zudem in häufig wechselnder Besetzung gearbeitet). Sie können eine Vertrauensbeziehung zu den fachlichen Ansprechpartner:innen im Unternehmen aufbauen und viele Fragen in einem kurzen Telefonat klären, die sonst gar nicht oder erst nach umständlicher Einschaltung einer

Anwaltskanzlei geklärt würden, schlimmstenfalls erst dann, wenn aus einer Frage ein Problem geworden ist. Wie gut dies funktioniert, hängt wesentlich davon ab, wie weit man sich aus einer rein passiven Rolle löst („bring mir den Sachverhalt, und ich gebe dir die Lösung") und auf die nicht juristischen Ansprechpartner:innen zugeht. Dafür ist es nützlich, sich zumindest ein Grundverständnis für Produkt, Produktion, Vertrieb und andere wesentliche Aspekte des eigenen Unternehmens anzueignen und mit den Nichtjuristen im Unternehmen auch in einer nicht juristischen Sprache zu kommunizieren. Wenn der Syndikusanwalt intern akzeptiert ist, dann wird er viel früher in Projekte eingebunden als ein externer Berater und kann dementsprechend auch viel eher mitgestalten als nur nachträglich zu beurteilen und zu korrigieren.

Von Syndikusanwält:innen wird, anders als von externen Rechtsberater:innen, oft auch eine unternehmerische Risikowürdigung und Entscheidung erwartet, selbst wenn nicht alle maßgeblichen Fakten vollständig geklärt bzw. sicher prognostiziert werden können. Es genügt also nicht zu sagen: „Die Mindermeinung in der Literatur sagt dies, die derzeitige Rechtsprechung sagt das, auf hoher See und vor Gericht ist man in Gottes Hand ..." Man muss sich auch trauen, zu sagen: „Die Chancen, dass wir juristisch auf die Nase fallen, schätze ich auf 40:60, aber die kommerziellen Vorteile, wenn wir diesen Weg einschlagen, sind das meines Erachtens wert." Die gute Nachricht ist, und hierin ist die oft vorsichtigere Praxis der externen Rechtsanwält:innen gerechtfertigt: Interne Syndikusanwält:innen haften nicht für solche Aussagen (was nachteilige Konsequenzen für die Karriere natürlich nicht ausschließt).

Aus ähnlichen Gründen können Syndikusanwält:innen es sich leisten, anders mit ihrer Zeit und ihren Ressourcen zu wirtschaften als externe Kanzleien. Es kann durchaus sinnvoll sein, einen Sachverhalt oder auch die Rechtslage nur zu 80 Prozent zu klären, wenn die Klärung der verbleibenden 20 Prozent einen Aufwand verursachen würde, der zum Wert der Sache in keinem vernünftigen Verhältnis steht. Externe Rechtsberater:innen müssen in einem solchen Fall entsprechende Vorbehalte in der Beurteilung machen. Außerdem liegt es in ihrem Interesse – zumal wenn sie nach Stunden abrechnen – durch Identifikation zusätzlicher Probleme zusätzlichen Beratungsbedarf zu schaffen. Überspitzt gesagt: Das ideale Gutachten aus Sicht der externen Berater:innen kostet viel Zeit und enthält trotzdem viele Vorbehalte und keine (haftungsrelevanten) klaren Aussagen.

Syndikusanwält:innen können und sollten auch proaktiv tätig werden und bei den Fachstellen im Unternehmen, die sie als Bedarfsträger identifiziert haben, Aufklärungsarbeit durch Schulungen leisten, geeignete Formulare und Vertragsmuster erstellen und Abläufe definieren, die helfen, juristische Probleme schon im Ansatz zu vermeiden. Auf diese Weise können sie einen Beitrag zur Kostensenkung und Wertsteigerung im Unternehmen leisten, der weit über die bloßen Rechtsberatungskosten hinausgeht.

Insgesamt spielt die kautelarjuristische Tätigkeit typischerweise eine weitaus größere Rolle als bei externen Rechtsanwält:innen. Standesrechtlich können ohnehin auch zugelassene Syndikusanwält:innen das eigene Unternehmen nicht vor Gericht vertreten (soweit Anwaltszwang besteht).

Zusammenarbeit mit externen Rechtsanwält:innen

Nicht nur deshalb können Syndikusanwält:innen und auch eine noch so große Rechtsabteilung die Einschaltung externer Rechtsanwält:innen nie völlig ersetzen. Deren Vorteile liegen in höherer Spezialisierung (zumindest bei großen Kanzleien), breiterer Erfahrung und Unabhängigkeit sowie im Falle großer Transaktionen schlicht in größeren Ressourcen. Selbst für ein großes Unternehmen wäre es unwirtschaftlich, eine Vielzahl von Jurist:innen mit unterschiedlichsten Spezialisierungen dauerhaft zu beschäftigen, wenn die betreffenden Rechtsfragen oder die mengenmäßige Spitzenbelastung nur einmal im Jahr auftreten.

Daher ist die Auswahl und Führung externer Rechtsanwält:innen ein weiterer wesentlicher Aspekt des Syndikusprofils. Die Aufgabe liegt hier vor allem darin, mit der Kenntnis des Unternehmens, der Strukturen und der richtigen Ansprechpartner:innen schnell und umfassend die von externen Anwält:innen benötigten Informationen zusammenzutragen und die Umsetzung eventuell notwendiger Verhaltensänderungen sicherzustellen. Außerdem sollte man die Anwaltsszene kennen und wissen, welche Kanzlei man für welche Aufgabe zu welchen Preisen engagieren kann. Auch deshalb ist Berufserfahrung als externe:r Anwält:in, gerade auch im streitigen Bereich, äußerst hilfreich, um die „andere Seite" besser zu verstehen und effektiver mit ihr zusammenzuarbeiten. Der Wechsel vom Syndikusanwalt (zurück) in die freie Rechtsanwaltschaft ist in Deutschland übrigens (leider) noch vergleichsweise selten.

Was den Einsatz externer Kanzleien angeht, gibt es sehr unterschiedliche Philosophien. Diese reichen von „nur wenn es gar nicht anders geht" bis zu „eigentlich immer". Beim letzteren Ansatz werden Syndikusanwält:innen mehr zum Manager of Legal Affairs, die nicht mehr selbst juristisch arbeiten und deren eigene Fachkenntnis dementsprechend zu verkümmern droht. Dieses Berufsbild ist besonders in angelsächsisch geprägten Unternehmen verbreitet. Dort ist allerdings auch das juristische Beratungsaufkommen oft wesentlich höher als das traditionell in Deutschland der Fall ist, sodass die komplette Inhouse-Abwicklung gar keine realistische Alternative wäre. Aber Deutschland holt in dieser Hinsicht auf ...

Trends und Karrierechancen

Generell ist zu sagen, dass der Stellenwert von guter und vor allem rechtzeitiger Rechtsberatung für Unternehmen in den letzten Jahren gestiegen ist und noch weiter steigt. Die Berufung des Chefsyndikus (US-amerikanischer Herkunft) in den Vorstand der Siemens AG ist dafür nur ein aktuelles Indiz. Die Regelungstiefe im Wirtschaftsleben nimmt zu, die Internationalität auch, und das Risiko unberatenen Vorgehens steigt dementsprechend. Dabei gibt es natürlich Branchen, die immer schon besonders beratungsintensiv waren (z. B. Versicherungen, Banken) und andere, in denen selbst für Millionenbeträge noch vor Kurzem ein Handschlag ausreichte (z. B. Industrie, Schifffahrt). Damit nehmen in der Regel auch der Stellenwert der Rechtsabteilung im Unternehmen, ihre Größe und die internen Aufstiegschancen der Jurist:innen zu.

Was die Aufstiegschancen außerhalb der Rechtsabteilung angeht, sind diese in den vergangenen Jahrzehnten in Deutschland wohl eher gesunken. Früher gehörte es in den Vorständen der DAX-Unternehmen zum guten Ton, zumindest eine Juristin oder einen Juristen an Bord zu haben, bei Banken und Versicherungen bestand der Vorstand teilweise mehrheitlich aus Jurist:innen. Heute ist es sehr selten, dass Jurist:innen eine Karriere in der Rechtsabteilung beginnen und sich von dort über verschiedene Fachpositionen an die Spitze vorarbeiten.

Vorteile der Tätigkeit

Was sind also die Vorteile einer Tätigkeit als Syndikusanwalt oder -anwältin gegenüber der freien Anwaltschaft? Nicht die Bezahlung. Gut bezahlte Syndikusanwält:innen können zwar durchaus mehr verdienen als schlecht verdienende Wald-und-Wiesen-Rechtsanwält:innen mit eigener Kanzlei. Aber bei vergleichbarer Qualifikation und Seniorität dürfte in der Regel das Einkommen der freien Rechtsanwält:innen deutlich höher sein als das der Syndikusanwält:innen.

Nur gilt in den meisten Großkanzleien weiterhin das Prinzip des Up-or-Out, das heißt, oftmals haben Betreffende gar nicht die Wahl, ob sie nun lieber Partner:in in der Kanzlei werden möchte oder Syndikusanwalt oder-anwältin. Nicht umsonst speisen sich die Rechtsabteilungen der großen Unternehmen vielfach aus Abgängern („Alumni") der Kanzleien.

Diese Wechsel haben aber oft durchaus auch ein anderes, freiwilliges Motiv, nämlich die Suche nach einer fachlich anspruchsvollen, fordernden, aber zugleich nicht völlig verzehrenden Tätigkeit, also nach einer vernünftigen Work-Life-Balance. Diese gewinnt gerade auch bei hoch qualifizierten Jurist:innen zunehmend an Bedeutung, und hier liegt der wesentliche Vorteil der Syndikusanwält:innen. Sie werden nicht an der Zahl ihrer „billable hours" gemessen, sondern an der Erledigung ihrer Aufgaben.

Syndikusanwält:innen werden zwar üblicherweise nicht nach Tarif bezahlt und haben dementsprechend keinen Anspruch auf Vergütung von Überstunden. Sie arbeiten oftmals 40 bis 50 Stunden pro Woche – in besonderen Situationen auch mehr. Aber dies ist eben die Ausnahme und nicht die Regel. Auch der interne Konkurrenzdruck dürfte geringer sein als in der typischen Großkanzlei – die Aufstiegschancen sind es allerdings auch. Die Hierarchien der Rechtsabteilungen sind meist flach. Leitungspositionen sind dementsprechend ebenso rar wie Partnerstellen.

Außer in sehr stark rechtsaffinen Unternehmen oder solchen mit einer sehr großen Rechtsabteilung sind Jurist:innen Exot:innen, und als solche werden sie meist für Positionen außerhalb der Rechtsabteilung gar nicht in Betracht gezogen. Nur wer seine nicht juristischen Qualifikationen so stark ausbauen und demonstrieren kann, dass er allein auf dieser Basis konkurrenzfähig ist, wird außerhalb der Rechtsabteilung Aufstiegschancen haben. Auch was fachliche Fortentwicklung angeht, wird eine mittlere oder große Kanzlei in der Regel mehr zu bieten haben als selbst eine bedeutende Rechtsabteilung.

Vertragsmanagement

von Arnd Meier

Formale Voraussetzungen: Erste Juristische Prüfung, Diplomjurist:in oder anderer akademischer Abschluss

Persönliche Qualifikation: Verständnis und Interesse für Prozesse und wirtschaftliche Zusammenhänge, IT-Kenntnisse, englische Sprachkenntnisse, Fähigkeit zur interdisziplinären Zusammenarbeit

Einstiegsgehalt: 36.000 bis 60.000 Euro Brutto-Jahresgehalt

Aufstiegsmöglichkeiten: allgemeine Managementfunktionen

Besonderheiten: wachsende Bedeutung in den meisten Unternehmen

Abteilungen mit der Bezeichnung „Vertragsmanagement" gibt es erst seit rund zehn Jahren. Inzwischen gehören sie jedoch zumindest in mittleren und größeren Unternehmen zum Standard; ihre Größe und Bedeutung wächst. Besonders für Diplom-/ Wirtschaftsjurist:innen ist das Vertragsmanagement ein sehr interessantes Betätigungsfeld, denn hier ist ihre interdisziplinäre Ausbildung ein echter Vorteil und die fehlende Rechtsanwaltszulassung kein Manko. Volljurist:innen sehen im Vertragsmanagement dagegen meist wohl keine adäquate Beschäftigung – vielleicht zu Unrecht.

Worum geht es im Vertragsmanagement?

Anders als bei der rein juristischen Vertragsgestaltung geht es im Vertragsmanagement um die Optimierung eines Prozesses, nicht des Einzelfalls; die wirtschaftlichen Resultate stehen im Vordergrund. Folglich spielt Vertragsmanagement immer dort eine Rolle, wo eine Vielzahl gleicher oder ähnlicher Verträge abgeschlossen werden muss. Das betrifft heute im Grunde fast jedes Unternehmen. Ein gutes Vertragsmanagement bringt dem Unternehmen Rechtssicherheit bei niedrigem Aufwand und hoher Transparenz. Das Eingehen von Verträgen ist klar und einfach strukturiert. Vertragliche Verpflichtungen werden erfasst und ihre Einhaltung überwacht. Schlechtes oder fehlendes Vertragsmanagement führt dagegen dazu, dass mit hohem Aufwand und geringer Rechtssicherheit immer wieder dieselben Aufgabenstellungen mit individuellen und unterschiedlichen Verträgen gelöst werden. Die Folge: Vertragsdokumente sind nicht oder schwer auffindbar, vertragliche Verpflichtungen lassen sich nicht zuverlässig überwachen und in Summe recherchieren oder bilanzieren.

Die Aufgaben des Vertragsmanagements lassen sich in drei Themenbereiche gliedern: die Gestaltung von Vertragsmustern und Vertragsprozessen, das Vertragscontrolling und die Vertragsarchivierung.

1) Gestaltung von Vertragsmustern und Vertragsprozessen
Im Massengeschäft, z. B. in einer Einkaufsabteilung oder Versicherung, geht es nicht nur darum, dass der Vertrag gültig und durchsetzbar ist. Er muss auch so gestaltet sein, dass die nicht juristischen Anwender:innen ihn verstehen und selbstständig gebrauchen können. Ein Vertrag, den selbst die eigenen Sachbearbeiter:innen nicht verstehen, ist ein schlechter Vertrag (und mag er noch so vorteilhaft sein). So sollten möglichst wenige Auswahloptionen zwischen Klauselalternativen angeboten werden, denn dies ist immer eine potenzielle Fehlerquelle. Wo eine solche Auswahl nicht vermeidbar ist, müssen Anwender:innen mit einfachen, klaren Fragen zur richtigen Auswahl geführt werden. Hierfür gibt es heute besondere IT-Lösungen unter dem Stichwort „Klauselmanagement". Solche IT-Lösungen zur Verfügung zu stellen gehört zu den Aufgaben des Vertragsmanagements. Die prozessuale Gestaltung des Vertragsschlusses ist ein weiterer wesentlicher Aspekt. Ein traditioneller Vertrag in Papierform benötigt mehr Zeit für die Erstellung, den Unterschriftenumlauf und die Ablage als ein elektronischer Vertrag, der per Klick geschlossen wird. Der elektronische Vertrag ist zudem weniger anfällig für fehlerhafte individuelle Änderungen und kann automatisch in einen internen Genehmigungs-Workflow und ein Ablagesystem überführt werden.

2) Vertragscontrolling
Welche vertraglichen Rechte, Pflichten und Risiken hat ein Unternehmen zu einem gegebenen Zeitpunkt insgesamt? Ohne ein Vertragsmanagementsystem, d. h. die vollständige Erfassung aller Verträge eines Unternehmens, kann niemand diese Fragen beantworten. Dafür gibt es vielfältige IT-Lösungen am Markt, die aber immer mehr oder weniger auf die individuellen Gegebenheiten und Bedürfnisse des Unternehmens angepasst werden müssen. Die Auswahl des richtigen Systems, seine Anpassung, Weiterentwicklung und interne Durchsetzung sind typische Aufgaben des Vertragsmanagements. Meist kann das Vertragsmanagementsystem auch Prozesse automatisieren, z. B. interne Genehmigungs-Workflows und Überwachungsfunktionen anbieten (z. B. Warnung vor Fristabläufen).

3) Vertragsarchivierung
Die langfristige, unveränderbare – und damit revisionssichere – Ablage von Verträgen und der dazugehörigen weiteren Unterlagen (E-Mails, Verhandlungsprotokolle, Vorentwürfe) ist eine weitere wichtige Aufgabe des Vertragsmanagements. Dies wird in der Regel ebenfalls über eine IT-Lösung ermöglicht (idealerweise ein integriertes System, das auch Vertragscontrolling und -gestaltung unterstützt).

Perspektiven
Bisher wird Vertragsmanagement als reine Support-Funktion verstanden, die im Hinblick auf internes Prestige und Entlohnung eher niedrig angesiedelt ist. Mit Zunahme der Gestaltungsmöglichkeiten ändert sich dies jedoch. Vertragsmanagement in einem internationalen Konzern mit Hunderttausenden Verträgen und Dutzenden Rechtsordnungen umzusetzen, ist keine triviale Aufgabe. Sie erfordert gleichermaßen juristischen Sachverstand, Kreativität, tiefes Verständnis der Geschäftsprozesse und die Fähigkeit zur unternehmensinternen Durchsetzung von Veränderungen (Change Management). Wer dies meistert, der empfiehlt sich automatisch auch für andere anspruchsvolle Managementaufgaben.

Personalabteilung

von Arnd Meier

Formale Voraussetzungen: Erstes Juristisches Staatsexamen (Zweites Staatsexamen ist natürlich vorteilhaft); möglichst Schwerpunkt Arbeitsrecht

Persönliche Qualifikation: Kommunikationsfähigkeit, Durchsetzungs- und Konfliktfähigkeit (gegenüber teils widersprüchlichen Forderungen von unterschiedlichen Seiten), Menschenkenntnis (Vorstellungsgespräche mit Bewerber:innen!), Interesse an verschiedenen fremden Fachrichtungen (um die Qualifikation von z. B. Physiker:innen beurteilen zu können)

Einstiegsgehalt: 36.000 bis 60.000 Euro Brutto-Jahresgehalt

Aufstiegsmöglichkeiten: Leiter:in einer Personalabteilung, verschiedene Stabspositionen im Personalbereich, grundsätzlich auch Managementpositionen im gesamten Unternehmen

Besonderheiten: sehr breiter Einblick in das eigene Unternehmen, vielseitige Entwicklungsmöglichkeiten

Wäre es nicht schöner, Vorstellungsgespräche von der anderen Seite des Tisches aus zu führen? Wen diese Vorstellung reizt und wer lieber mit Menschen als mit Akten arbeitet, für den ist vielleicht eine Tätigkeit als Personalreferent:in das Richtige. Personalreferent:innen sind Generalist:innen im Personalbereich. Diese Stelle dient meist als Einstiegsjob für Berufsanfänger:innen. Personalreferent:innen betreuen umfassend bestimmte Abteilungen eines Unternehmens in der Rekrutierung und der laufenden Personalarbeit. Das sind oft mehrere Hundert Mitarbeiter:innen, manchmal sogar mehr als tausend (je höher qualifiziert die Mitarbeiter:innen sind, desto niedriger ist in der Regel der Betreuungsschlüssel).

Tätigkeitsspektrum von Personalreferent:innen

Das Tätigkeitsspektrum und damit auch die Anforderungen an Kenntnisse und Fähigkeiten der Personalreferent:innen sind extrem breit: Wie werden Mitarbeiter:innen eingestuft? Ist eine Beförderung oder Höhereinstufung gerechtfertigt? Wie können Mitarbeiter:innen gefördert/entwickelt werden? Was ist bei einer Entsendung ins Ausland zu beachten? Fragen zur Einzelfallanwendung von Tarifverträgen und Arbeitsgesetzen sowie innerbetrieblichen Regelungen sind zu beantworten, Verhandlungen mit dem Betriebsrat zu führen und Betriebsvereinbarungen umzusetzen. Auch disziplinarische Fragen spielen immer wieder eine Rolle: Ist eine Abmahnung gerechtfertigt? Welche Voraussetzungen sind für eine Kündigung zu beachten?

Viele dieser Fragen sind juristischer Natur, deshalb werden Jurist:innen auch meist gerne im Personalbereich eingesetzt. Andererseits sind natürlich auch andere Fachrichtungen – z. B. Psychologie, Betriebswirtschaft oder Pädagogik – wichtig, um die vielfältigen Aufgaben einer Personalabteilung optimal zu bewältigen. Daher wird kaum ein:e Personalleiter:in die Abteilung nur mit Jurist:innen besetzen wollen, aber eben auch nicht ganz ohne sie.

Entwicklungspositionen für Jurist:innen im Personalwesen

Neben der Tätigkeit als Personalreferent:in gibt es, zumindest in den größeren Unternehmen, auch eine Reihe von Stabsfunktionen im Personalbereich, die infrage kommen. Dazu kann zum Beispiel die Entwicklung von Vergütungssystemen gehören, die Betreuung von Führungskräften oder das internationale Personalwesen. Allerdings wird man auf diesen strategischen Positionen meist nicht Berufsanfänger:innen einsetzen, sondern eher Personalreferent:innen mit einigen Jahren Berufserfahrung.

Eine andere typische Entwicklungsposition für Jurist:innen im Personalwesen ist die Arbeitsrechtsabteilung – sofern es eine solche, wie in größeren Unternehmen üblich, gibt. Bedarf an Arbeitsrechtler:innen, gerne auch mit Personalerfahrung aus Unternehmen, besteht oft auch bei den größeren Arbeitgeberverbänden, die für ihre Mitgliedsunternehmen als Dienstleister in diesem Bereich arbeiten, d. h. beispielsweise Arbeitsrechtsstreitigkeiten als Prozessvertreter übernehmen.

Referendarstation im Personalbereich

Ein nahezu idealer Berufseinstieg für Jurist:innen im Personalbereich – wie im Übrigen auch für die meisten anderen juristischen Berufe – ist die Ableistung einer Referendariatsstation in der Personalabteilung eines Unternehmens. Auf diese Weise kann man das Unternehmen und die Tätigkeit besser kennenlernen als irgendwie sonst. Umgekehrt kann sich natürlich auch der künftige Arbeitgeber ein viel besseres Urteil bilden und ist dann möglicherweise sogar gewillt, für wirklich vielversprechende Bewerber:innen eine Stelle zu schaffen oder sonstige Wege zu ebnen.

Compliance

von Arnd Meier

Formale Voraussetzungen: Juristisches Staatsexamen, Diplomjurist:in

Persönliche Qualifikation: Verständnis für wirtschaftliche Zusammenhänge, Fähigkeit zur interdisziplinären Zusammenarbeit; englische Sprachkenntnisse

Einstiegsgehalt: 42.000 bis 70.000 Euro Brutto-Jahresgehalt

Aufstiegsmöglichkeiten: Chief Compliance Officer (CCO)

Besonderheiten: wachsende Bedeutung in den meisten Großunternehmen; internationale Bandbreite

Weitere Informationen:
www.compliancemagazin.de, www.compliance-plattform.de

Vor zehn oder auch noch vor fünf Jahren hätten die meisten Vorstände und Unternehmensjurist:innen wahrscheinlich noch nicht viel mit dem Begriff Compliance anfangen können. Heute, nach den großen Skandalen bei Daimler und Siemens, die die betreffenden Unternehmen Hunderte Millionen Euro kosteten, ist er in aller Munde. Compliance-Codes und Compliance-Abteilungen gehören, zumindest für börsennotierte Unternehmen, zur Best Practice und werden in Windeseile aufgebaut. Gute Berufschancen also für diejenigen, die Erfahrungen oder zumindest Kenntnisse im Bereich Compliance vorzuweisen haben. Das sind allerdings nicht sehr viele, denn da das ganze Thema in Deutschland noch so neu ist, gibt es kaum spezielle Ausbildungsgänge und wenig Erfahrungswissen.[1]

Compliance Officers müssen nicht Jurist:innen sein, aber sie haben anerkanntermaßen sehr gute Voraussetzungen für diese Position. Geht es doch unter anderem um die Durchsetzung von Regeln, wenn auch nicht immer gesetzlichen, und die Zusammenarbeit mit Behörden (insbesondere auch Strafverfolgungsbehörden).

Was ist Compliance, und was sind die Aufgaben eines Compliance Officers?

Compliance ist die Einhaltung von Gesetzen und, soweit anwendbar, nichtgesetzlichen Richtlinien und Regeln. Das ist einerseits eine Selbstverständlichkeit, und man könnte fragen, warum es dafür gesonderter Organisationen bedarf. Andererseits ist die Regelungsbreite und -tiefe so groß geworden, dass ohne besondere Informations- und Schulungsmaßnahmen von normalen Mitarbeiter:innen kaum noch erwartet

1 Die FH Deggendorf bietet mit dem Kooperationspartner TÜV Süd und dem Internetportal Risinet einen Master-Studiengang Risiko- und Compliance-management an (www.th-deg.de/de/weiterbildung/master/risiko-und-compliancemanagement). Bei der School of Governance Risk and Compliance an der Steinbeis-Hochschule in Berlin wird ebenfalls ein (zweijähriges) MBA-Programm angeboten, das im Oktober beginnt.

werden könnte, dass sie alle Regeln kennen und befolgen. Gerade für international tätige Unternehmen und speziell für solche, die auch an der New Yorker Börse notiert sind, ist dies der Fall. Zugleich ist die Sanktionierung von Regelverstößen enorm verschärft worden, und die öffentliche Kritik ist ebenfalls stark gewachsen. Compliance-Verstöße sind deshalb für Unternehmen heute ein hohes Risiko, das erhebliche Anstrengungen zur Vermeidung rechtfertigt.

In Abgrenzung zur Tätigkeit der Rechtsabteilung oder internen Revision liegt der Schwerpunkt der Compliance-Abteilungen in der Prävention, und zwar weniger durch konkrete Einzelfallmaßnahmen als durch Definition von Abläufen und detaillierten Regeln, Information und Schulung. Daneben gehört zur Compliance die Bearbeitung von Beschwerden und Hinweisen und die Begleitung von Fällen, die bereits an die Öffentlichkeit bzw. die Behörden gelangt sind. Dabei gibt es immer wieder Überschneidungen mit der Tätigkeit der Rechtsabteilungen (an die die Compliance-Abteilungen im Übrigen oftmals angegliedert sind). Die genaue Abgrenzung ist hierbei von Unternehmen zu Unternehmen unterschiedlich geregelt. Im Einzelnen lassen sich folgende Bestandteile einer Compliance-Organisation beschreiben:

- **Identifikation von Risiken und anwendbaren Regeln:** Welche Regeln gelten beispielsweise in Brasilien für die Annahme von Geschenken durch Beamt:innen? Welche Regeln des amerikanischen Sarbanes-Oxley-Act müssen auch bei der deutschen Muttergesellschaft beachtet werden? Welche öffentliche und behördliche Reaktion ist in welchen Ländern zu befürchten, wenn wir Waren in den Iran liefern? Welche sozialen Standards sollte das Unternehmen weltweit von seinen Tochtergesellschaften und Lieferanten verlangen, selbst wenn sie nicht überall rechtlich vorgeschrieben sind?
- **Internes Informationssystem:** Reichen die bestehenden internen Regelungen aus, um die identifizierten Risiken zu vermeiden? Welcher Schulungsbedarf besteht bei welchen Mitarbeiter:innen in dieser Hinsicht? Welche Informationsmaßnahmen sind notwendig (Broschüren, Intranet, E-Mails, Tests)?
- **Internes und externes Kommunikationssystem:** Welche Abläufe sind zu definieren für die Behandlung von internen und externen Beschwerden über Compliance-Verstöße? Ist ein internes Meldesystem notwendig? Kontakte mit Behörden sind zu definieren und zu pflegen.
- **Internes Kontrollsystem:** Die Einhaltung der compliancerelevanten Regeln ist zu überwachen und die Adäquanz der bestehenden Mechanismen regelmäßig zu überprüfen. Hierzu werden in der Regel Compliance-Beauftragte oder ein entsprechendes Gremium mit hinreichenden Ressourcen (Mitarbeiter:innen) einzurichten sein.

Durch die Vermeidung von Strafen und Haftungstatbeständen (teilweise auch persönlich für die Vorstände und Geschäftsführer) leistet Compliance einen unmittelbaren Beitrag zum wirtschaftlichen Erfolg des Unternehmens.

In der Praxis ist die Bandbreite der Compliance-Aktivitäten sehr groß. Am höchsten ist die Compliance-Intensität sicherlich in der Finanzindustrie und bei den Unternehmen, die der amerikanischen Börsenaufsicht (SEC) unterliegen. Hier gibt es Compliance-Abteilungen mit mehreren Hundert Mitarbeiter:innen auf verschiedenen Kontinenten. Andererseits gibt es weiterhin auch DAX-Unternehmen, bei denen Compliance einfach der Rechtsabteilung oder Revision als zusätzliches Aufgabengebiet zugewiesen wurde, ohne zusätzliche Stellen zu schaffen.

Dementsprechend unterschiedlich sind auch die Tätigkeitsprofile und Berufsaussichten. Während im einen Unternehmen alle Verträge ab einer bestimmten Wertgrenze von der Compliance-Abteilung durchgesehen und abgezeichnet werden müssen (was natürlich viel Routinearbeit für viele junge Mitarbeiter:innen verursacht), beschränkt man sich in anderen Unternehmen darauf, Broschüren und Richtlinien herauszugeben.

Für eine anspruchsvollere Compliance-Position ist sicherlich Berufserfahrung Voraussetzung, sei es in der Rechtsabteilung oder in mehreren Linienfunktionen. Es geht vielfach um sehr sensible, personalrelevante Sachverhalte, bei denen Augenmaß und Fingerspitzengefühl gefragt sind. Außerdem spielt Kommunikationsfähigkeit eine große Rolle. Der ideale Compliance Officer sollte in der Lage sein, gleichermaßen mit den Fachleuten des eigenen Unternehmens und der Geschäftsführung, aber auch mit Journalist:innen und mit Behördenvertreter:innen (zudem noch aus anderen Ländern) zu kommunizieren. Dafür muss er oder sie zuerst in der Lage sein, den Sachverhalt hinreichend zu klären und ihn rechtlich wie „politisch" zu würdigen.

Wer all dies kann – und das wird sicher nicht von Berufsanfänger:innen erwartet –, dem bietet Compliance ein aufregendes Tätigkeitsfeld und ausgezeichnete Karriereaussichten. Wenngleich vielleicht Compliance vorübergehend etwas in den Hintergrund der öffentlichen Aufmerksamkeit rückt, ist es sicherlich auch in Zukunft ein Wachstumsfeld für Jurist:innen.

Jurist:in in Steuerberatung und Wirtschaftsprüfung

von Melanie Budassis

Formale Voraussetzungen: Studium der Rechtswissenschaften, Kenntnisse im Steuerrecht sind von Vorteil

Persönliche Qualifikation: Einsatzbereitschaft, Teamfähigkeit, solide Fremdsprachenkenntnisse (Englisch); Bereitschaft, sich mit Zahlen auseinanderzusetzen

Einstiegsgehalt: branchenüblich

Aufstiegsmöglichkeiten: nach Steuerberaterexamen Managerposition und später Partnerposition möglich

Besonderheiten: Die Bereitschaft, das Steuerberaterexamen abzulegen, wird in der Regel vorausgesetzt. Eine internationale Tätigkeit ist möglich.

Weitere Informationen: www.stbk-berlin.de, www.bstbk.de

Berufschancen für Jurist:innen sind vielfältig. Erfahrungsgemäß sind die Möglichkeiten der juristischen Arbeit in der Steuerberatung und Wirtschaftsprüfung leider nur wenigen bekannt. Dies dürfte auch daran liegen, dass Steuerrecht im Studium selten ein Pflichtfach ist und auch nur wenige Studierende Steuerrecht als Wahlfach belegen. Im Gegensatz zu den Wirtschaftswissenschaftler:innen kommen die meisten Jurist:innen in ihrem Studium daher nur selten mit Steuerrecht in Berührung. Umso wichtiger erscheint es, an dieser Stelle die Berufsmöglichkeiten für Jurist:innen in der Steuerberatung und Wirtschaftsprüfung vorzustellen.

Das Steuerrecht und die Wirtschaftsprüfung sind viel zu interessante und vielseitige Gebiete, um sie alleine den Wirtschaftswissenschaftler:innen zu überlassen!

Freier Beruf

Die Tätigkeit im Bereich der Steuerberatung und Wirtschaftsprüfung bietet die Möglichkeit, als Jurist:in einen freien Beruf auszuüben, ohne das klassische Berufsbild eines Rechtsanwalts oder einer Rechtsanwältin zu verfolgen. Im Gegensatz zur klassischen Rechtsanwaltstätigkeit stellt die Beratung von Mandanten auf dem Gebiet des Steuerrechts und der Wirtschaftsprüfung in der Regel eine laufende Beratung oder Projektberatung meist ohne Bezug zu Streitigkeiten dar. Der Mandantenstamm ist vielfältig und reicht von Wirtschaftsunternehmen der verschiedensten Branchen über gemeinnützige Einrichtungen bis hin zu natürlichen Personen.

Berufliches Tätigkeitsfeld

Die Hauptaufgaben von Jurist:innen in der Steuerberatung und Wirtschaftsprüfung liegen darin, Mandanten steuerlich zu beraten und deren Jahresabschlüsse zu prüfen. Zu den typischen Aufgaben von Jurist:innen in der Steuerberatung gehört es nicht nur, Stellungnahmen und Gutachten zu verschiedenen steuerlichen Themen anzufertigen. Vielmehr umfasst diese Tätigkeit beispielsweise auch das Erstellen von Steuererklärungen, das Aufstellen von Steuerbilanzen, die Prüfung von Steuerbescheiden, die Begleitung und Unterstützung der Mandanten bei Betriebsprüfungen des Finanzamts, die Vertretung der Mandanten im außergerichtlichen sowie im finanzgerichtlichen Verfahren, die Entwicklung von Steueroptimierungsmodellen und die steuerliche Beratung bei Umstrukturierungen oder Transaktionen. Entscheidend ist, dass bei der Beratung stets die wirtschaftliche Gesamtsituation der Unternehmen und die Besonderheiten der einzelnen Branchen berücksichtigt werden.

Tagesablauf

Grundsätzlich können die Tätigkeiten in der Steuerberatung und Wirtschaftsprüfung aus dem Büro bzw. aus dem Homeoffice heraus erbracht werden. Darüber hinaus sind im üblichen Rahmen Termine beim Mandanten oder im Finanzamt bzw. Finanzgericht wahrzunehmen. Dies ermöglicht grundsätzlich einen flexiblen Tagesablauf. Nur bei der Jahresabschlussprüfung kann es aufgrund der erforderlichen Nähe zum Mandanten nötig sein, die Prüfung in den Räumlichkeiten der Mandanten durchzuführen. Dies setzt dann eine hohe Bereitschaft zum Reisen sowie Flexibilität voraus.

Berufliche Anforderungen

An dieser Stelle könnte man als Voraussetzungen für die Tätigkeit in der Steuerberatung und Wirtschaftsprüfung logisch-analytisches Denkvermögen, Sorgfalt, Genauigkeit, die Fähigkeit, Zusammenhänge herzustellen etc. anführen. Dies dürften aber Kompetenzen sein, die Jurist:innen ohnehin während des Studiums bzw. spätestens in der Zweiten Juristischen Staatsprüfung unter Beweis stellen müssen.

Bei der Entscheidung für eine Tätigkeit im Bereich der Steuerberatung bzw. Wirtschaftsprüfung ist aber zu berücksichtigen, dass diese eine hohe Bereitschaft zur Spezialisierung und Weiterbildung voraussetzt. Aufgrund der stark spezialisierten Beratung wird bei der Einstellung von Jurist:innen grundsätzlich die Absicht verlangt, nach zwei- bis dreijähriger Berufspraxis das Steuerberaterexamen zu absolvieren. Sofern es sich um eine auf die Wirtschaftsprüfung ausgerichtete Tätigkeit handelt, kann später gegebenenfalls auch noch das Wirtschaftsprüferexamen abgelegt werden.

Steuerberatung ist ohne Kenntnisse im Gesellschaftsrecht ebenso wenig denkbar wie ohne wirtschaftlichen Sachverstand und die Bereitschaft, mit Zahlen umzugehen. Zur erfolgreichen Berufsausübung sind daher Kenntnisse auf den Gebieten des Steuer- und Handelsrechts, des Gesellschaftsrechts und der Betriebswirtschaftslehre erforderlich.

Vorteilhaft sind daneben gute Fremdsprachenkenntnisse, da oft international tätige Konzerne beraten werden oder die Mandanten internationale Geschäftsbeziehungen haben. Um es beispielsweise den Gesellschaftern im Ausland zu ermöglichen, auf Grundlage eines steuerlichen Gutachtens eine Entscheidung zu treffen, sind die Gutachten oftmals auf Englisch bzw. der Sprache am Hauptsitz des Konzerns zu verfassen.

Einstiegsmöglichkeiten und Bewerbungsverfahren

Der Einstieg in den Beruf erfolgt in der Regel als Assistent:in in der Steuerberatung bzw. Wirtschaftsprüfung bei einer Beratungs-/Prüfungsgesellschaft. Sofern man bisher keine Kenntnisse auf dem Gebiet des Steuerrechts sammeln konnte, bietet sich für Jurist:innen die Möglichkeit, einen Fachanwaltskurs für Steuerrecht zu besuchen.

Durch das Ablegen der schriftlichen Fachanwaltsprüfung vor dem Berufseinstieg können Grundkenntnisse auf den verschiedenen Gebieten des Steuerrechts erworben werden, die den Einstieg in das Berufsleben deutlich erleichtern.

Nicht zu unterschätzen sind aber auch Praktika im Bereich der Steuerberatung und Wirtschaftsprüfung. Auf diese Weise können Jurist:innen frühzeitig in den Berufsalltag der Steuerberatung bzw. Wirtschaftsprüfung hineinschnuppern. Ein Praktikum ist dabei nicht nur während des Studiums oder nach der Ersten Juristischen Staatsprüfung denkbar. Auch die Wahlstation des Referendariats kann in diesem Bereich absolviert werden, da stets Jurist:innen als Ausbilder:innen zur Verfügung stehen. Die meisten Wirtschaftsprüfungs- und Steuerberatungsgesellschaften bieten darüber hinaus die Möglichkeit, bezahlte Praktika über einen Zeitraum von zwei bis drei Monaten zu absolvieren. Ein gutes Praktikumszeugnis kann zur Aufnahme in ein Förderprogramm und später zum Angebot einer Festanstellung führen.

Besonderheiten im Bewerbungsverfahren existieren grundsätzlich nicht. In der Regel folgen auf die schriftliche Bewerbung individuelle Bewerbungsgespräche, die von Partnern:innen und Manager:innen geführt werden. Im Gespräch werden dabei nicht nur allgemeine Fragen, sondern oft auch Fragen zum Steuerrecht gestellt. Zwar bestehen grundsätzlich bessere Einstellungschancen, wenn bereits eine Spezialisierung auf dem Gebiet des Steuerrechts nachgewiesen werden kann, doch auch ein Quereinstieg ist möglich, wenn man glaubhaft darlegen kann, weshalb nunmehr eine Tätigkeit in der Steuerberatung bzw. Wirtschaftsprüfung angestrebt wird.

Perspektiven und Karriereweg

Die beruflichen Perspektiven in der Steuerberatung bzw. Wirtschaftsprüfung sind grundsätzlich als sehr gut zu bezeichnen. Wenn nach dem Einstieg als Assistent:in in der Steuerabteilung das Steuerberaterexamen erfolgreich absolviert worden ist, steht der Karriereweg offen. Im Gegensatz zu Rechtsanwaltskanzleien existiert in den großen Steuerberatungs- bzw. Wirtschaftsprüfungsgesellschaften oft ein feingliedrigeres Hierarchiesystem. So sind z. B. auf dem Weg zur Partnerschaft meistens die Karrierestufen Assistant, Senior Assistant, Assistant Manager, Manager, Senior Manager und Partner zu durchlaufen. Vorteile bieten sich in diesem System dadurch, dass die Aufgabenbereiche sich je nach Hierarchiestufe verbreitern und man frühzeitig lernt, auch jüngere Teammitglieder in die Tätigkeiten einzubinden. Zusätzlich steht einem in der Regel ein Mentor oder eine Mentorin zur Seite, der oder die die persönliche Entwicklung und z. B. auch eine Auslandsentsendung für eine bestimmte Zeit fördert und unterstützt.

Steuerberaterexamen

Um sich im Bereich der Steuerberatung und Wirtschaftprüfung weiterzuqualifizieren, können das Steuerberaterexamen und/oder das Wirtschaftsprüferexamen als Berufsexamina abgelegt werden. In der Praxis treten viele Jurist:innen nach einer zwei- bis dreijährigen Berufspraxis die Prüfung zum Steuerberater oder zur Stuerberaterin an. Das Steuerberaterexamen besteht aus drei sechsstündigen bundeseinheitlichen Klausuren Anfang Oktober eines jeden Jahres und einer anschließenden mündlichen Prüfung. Es wird von den Steuerberaterkammern in Zusammenarbeit mit den Finanzverwaltungen der Länder abgenommen. Zur Vorbereitung des Steuerberaterexamens können bei verschiedenen Repetitoren Präsenz- oder Fernkurse gebucht werden.

Insbesondere um die Teilnahme an Präsenzkursen zu ermöglichen, gewähren viele Arbeitgeber vor den Klausuren eine Freistellungszeit. Diese kann über Examensbudgets, Freizeitguthaben sowie Urlaubstage finanziert werden und beträgt bei großen Gesellschaften bis zu vier Monate. Nicht abschrecken lassen sollte man sich übrigens von den hohen Durchfallquoten des Steuerberaterexamens. Gerade als Jurist:in hat man gegenüber anderen Prüfungskandidat:innen immerhin einen klaren Startvorteil: Durch die bereits absolvierten Prüfungen bzw. Staatsexamina ist man geübter im Klausurenschreiben, hat bereits trainiert, auch unbekannte Gesetzestexte auszulegen und beherrscht die Subsumtionstechnik!

Vor- und Nachteile

Das breite Aufgabenspektrum von Jurist:innen in der Steuerberatung bzw. Wirtschaftsprüfung macht den Reiz dieser Tätigkeit aus. In die steuerlichen Überlegungen sind stets auch gesellschaftsrechtliche und betriebswirtschaftliche Aspekte einzubeziehen. Dabei bietet die enge Verzahnung mit der Betriebswirtschaft in der Praxis die Chance, gemeinsam mit Wirtschaftswissenschaftler:innen ein für die Mandanten aus juristischer und betriebswirtschaftlicher Sicht optimiertes Ergebnis zu erarbeiten.

Der einzige Nachteil einer juristischen Tätigkeit im Steuerrecht könnte darin zu sehen sein, dass viele – oft politisch motivierte – Rechtsänderungen im Blick behalten werden müssen. Darin liegt allerdings auch gleichzeitig ein großer Vorteil: Das Steuerrecht wird nie langweilig, und aufgrund der rechtlichen Änderungen bieten sich immer neue Beratungsansätze, die den Beruf spannend machen. Gerade für Jurist:innen bestehen im Bereich der Steuerberatung und Wirtschaftsprüfung sehr gute Zukunftsperspektiven.

Mit juristischem Hintergrund in die Unternehmensberatung

von Yves Rieger

Formale Voraussetzungen: sehr gute Studienleistungen, Praktikums- und Auslandserfahrung

Persönliche Qualifikation: strukturiertes und vernetztes Denken, analytische Fähigkeiten, Ergebnisorientierung, aufgeschlossene Persönlichkeit und hohe Teamfähigkeit

Einstiegsgehalt: attraktives Gehalt plus leistungsabhängige Boni

Entwicklungsmöglichkeiten: Junior Consultant, Consultant, Senior Consultant, Project Manager, Principal, Partner

Besonderheiten: vielfältige Projekte, steile Lernkurve, Zusammenarbeit mit internationalen Kund:innen und Kolleg:innen, Kontakt zum Topmanagement, z.T. Förderung von Promotion oder MBA

Weitere Informationen: im Buch *Perspektive Unternehmensberatung* aus der Reihe e-fellows.net wissen

Was machen Unternehmensberater:innen eigentlich?
Mit dem Beruf Unternehmensberater:in ist ein breites und vielseitiges Aufgabenspektrum verbunden. Der Kunde, meist ein mittleres bzw. großes Industrieunternehmen oder eine öffentliche Institution, beauftragt ein Beraterteam, ein bestimmtes Thema zu beleuchten, einen Konzeptvorschlag abzuleiten und gegebenenfalls die Umsetzung zu begleiten. Ein Projekt ist immer mit Berater:innen und Mitarbeiter:innen des Auftraggebers besetzt und hat durchschnittlich eine Dauer von drei bis sechs Monaten. In dieser Zeit werden branchen- oder unternehmensspezifische Informationen zusammengestellt, Workshops oder Interviews mit Expert:innen und Mitarbeiter:innen des Kunden durchgeführt und aus den Ergebnissen tragfähige Vorschläge für die initiale Aufgabenstellung abgeleitet.

Die Fragestellungen, mit denen ein Kunde sich an ein Beratungshaus wendet, sind sehr unterschiedlich. Sie reichen von Markteintrittsstrategien über Kostenoptimierungen bis hin zur Reorganisation von Unternehmensteilen oder ganzen Unternehmen. Um diese Aufgaben erfolgreich zu lösen, muss das Projektteam die jeweilige Industrie sehr gut verstehen und hat idealerweise bereits ähnliche Problemstellungen bearbeitet. Für die Entwicklung einer Strategie sind kreative Ideen gefragt und der Mut, anders zu denken und neue Wege zu gehen. Darüber hinaus ist eine enge Zusammenarbeit mit dem Kunden essenziell.

Warum übt dieser Beruf eine solche Faszination aus?
Die Vielfalt der Aufgaben macht die Faszination des Berufs aus. In den Projekten setzen sich Berater:innen mit unterschiedlichen Inhalten auseinander und können dadurch Kompetenzen in verschiedenen Bereichen, wie zum Beispiel Marketing, Organisationslehre oder Finanzen, erwerben. Durch direkten Kundenkontakt und frühe Verantwortung für eigene Themenkomplexe ist die Lernkurve extrem steil. Berater:innen lernen verschiedene Industrien, unterschiedliche Unternehmenskulturen und eine Vielzahl von Kund:innen und Kolleg:innen kennen. In den letzten vier Jahren habe ich sowohl mit Bereichsleiter:innen der Automobilindustrie Themen zur Mobilität der Zukunft erarbeitet als auch einen internationalen Unternehmensverkauf betreut, in dessen Rahmen ich mit den Entscheidungsträger:innen vor Ort von Brasilien über Japan bis China Auswirkungen diskutiert und Handlungsempfehlungen abgeleitet habe.

Unternehmensberater:innen arbeiten meist an Fragestellungen, die für den Vorstand und die Zukunft des Unternehmens von hoher Relevanz sind. Das bringt oft einen starken Zeitdruck mit sich. Der Auftraggeber erwartet, dass die Berater:innen zusammen mit dem Topmanagement in sehr kurzer Zeit passende Lösungsvorschläge erarbeiten. Das ist insbesondere der Fall, wenn ein Unternehmen aufgrund einer schwierigen wirtschaftlichen Entwicklung unter Druck steht. Als Berufsanfänger:in lernt man schnell, mit diesem Zeitdruck umzugehen, da Berater:innen meist im Projektteam arbeiten und die erfahreneren Kolleg:innen mit Rat und Tat zur Seite stehen.

Durch die Globalisierung finden Projekte zunehmend im Ausland statt und Teams sind international besetzt, weshalb Berater:innen regelmäßig viel unterwegs sind. Die Reisekoordination ist eine ganz eigene Herausforderung, bereichert die persönliche Entwicklung jedoch immens durch Einblicke in unterschiedliche Kulturräume und Arbeitsweisen, die während Studium oder Urlaubsreisen nicht möglich sind.

Wieso ist ein juristischer Hintergrund die ideale Basis für einen Einstieg in die Welt der Unternehmensberatung?
Als Unternehmensberater:in arbeitet man in der Regel an topaktuellen Themen und Entwicklungen. Hierbei wird man häufig mit neuartigen Fragestellungen konfrontiert, für die es noch keinerlei Lösungsansätze gibt. Jurist:innen profitieren hier von ihrer methodischen Fähigkeit, komplexe Sachverhalte zu strukturieren, systematisch zu analysieren, zu bewerten und rasch Lösungsmöglichkeiten herauszuarbeiten. Entscheidend ist dabei die im Jurastudium erworbene Fähigkeit, Wissen und Erkenntnisse auf neue Situationen zu transferieren, um dadurch neue Ansätze zu entwickeln. Berater:innen müssen darüber hinaus das relevante Wissen verschiedener Fachexpert:innen identifizieren und bündeln, um dem Topmanagement die wichtigsten Inhalte verständlich zu vermitteln. Jurist:innen profitieren dabei sowohl von der Fähigkeit, eine Vielzahl von Informationen schnell auffassen und strukturieren zu können, als auch von der Fähigkeit, präzise zu formulieren. Darüber hinaus ist es bei einigen Fragestellungen durchaus hilfreich, dass Jurist:innen frühzeitig eine erste rechtliche Einschätzung vornehmen können.

Das juristische Fachwissen besitzt vor allem dort Relevanz, wo die Implementierung wirtschaftlich sinnvoller Maßnahmen im hohen Maße von rechtlichen Rahmenbedingungen abhängt. Als Beispiele seien hier größere Reorganisationen oder Sanierungen genannt, bei denen Themen wie Arbeitsrecht und Insolvenzrecht eine große Rolle spielen. Außerdem verschwimmen die Grenzen zwischen Wirtschaft und öffentlicher Hand immer mehr, sodass Kenntnisse im öffentlichen Recht auch in Beratungsprojekten immer wichtiger werden.

Wo haben Jurist:innen Entwicklungsbedarf, und wie steht es um die Perspektiven in der Unternehmensberatung?
Viel Wissen und Erfahrung kann über Seminare und den Projektalltag gesammelt werden, nichtsdestotrotz sind betriebswirtschaftliche Grundkenntnisse bereits zum Start ein wertvolles und gleichwohl notwendiges Handwerkszeug, welches man sich als Jurist:in aneignen muss. Teilweise bieten die Beratungen Einsteiger:innen mit juristischem Hintergrund hierfür spezielle Grundlagenseminare an.

In Unternehmensberatungen steigen Absolvent:innen in der Regel als Junior Consultant ein. Die Weiterentwicklung zur nächsten Karrierestufe vollzieht sich - im Vergleich zu einer Karriere in der Industrie oder einer größeren Sozietät - meist sehr schnell. Nach wenigen Jahren kann man bereits Projektmanager:in werden, das heißt Kunden- und Beraterteams leiten und Verantwortung für erste Akquisen übernehmen. Wer erfolgreich Kunden gewinnt und zur Unternehmensentwicklung beiträgt, kann bis zur Parterin oder zum Partner befördert werden. Damit ist man für ein eigenes Geschäftsfeld und den Kundenstamm verantwortlich.

Work-Life-Balance – ein Fremdwort in der Unternehmensberatung?
Unternehmensberatung ist ein anspruchsvolles Berufsfeld, und die zu bearbeitenden Fragestellungen erfordern vollen Einsatz, um die Ergebnisse trotz des meist engen Zeitrahmens zu erreichen. Die Arbeitszeiten hängen stark von der Zeitplanung des Kunden sowie der Intensität der Projektphase ab. Um langfristig und nachhaltig erfolgreich zu sein, ist es unerlässlich, Ruhephasen bewusst zu planen und zu nutzen. Nur so kann neue Energie getankt und Kreativität entwickelt werden. Die meisten Beratungsunternehmen unterstützen die Work-Life-Balance ihrer Berater:innen zusätzlich durch Seminare zu Themen wie mentale Fitness oder Stressmanagement, durch Kooperationsvereinbarungen mit Fitnessstudios sowie durch flexible Arbeitszeitmodelle wie beispielsweise Teilzeitangebote und Sabbaticals.

Wieso habe ich mich für die Unternehmensberatung entschieden?
Hin- und hergerissen zwischen den Studienfächern BWL und Jura war für mich eine Kombination aus beiden Welten die logische Schlussfolgerung. Im Bachelor und Master-Studium Wirtschaftsrecht konnte ich mich ausführlich mit beiden Fachbereichen auseinandersetzen und während Praktika in Bank, Unternehmensberatung und Großkanzlei verschiedene Ausprägungen der einzelnen Bereiche in der Praxis erleben.

Die Unternehmensberatung hat mich durch direkten Kundenkontakt, herausfordernde Fragestellungen und pragmatische sowie lösungsorientierte Herangehensweisen überzeugt. Es gilt hier nämlich nicht nur verschiedene Lösungsmöglichkeiten zu erarbeiten, sondern auch mit konkreten Handlungsempfehlungen zu überzeugen.

Bankjurist:in

von Christoph Poweleit

Formale Voraussetzungen: Volljurist:in mit überdurchschnittlichen Examina

Persönliche Qualifikation: gute Kenntnisse des Zivil-, Bank- und Kapitalmarktrechts, ausgeprägtes Verständnis für wirtschaftliche Zusammenhänge, sehr gute Englischkenntnisse; internationale Erfahrung und Kenntnisse einer angelsächsischen Rechtsordnung von Vorteil, Bankausbildung hilfreich

Einstiegsgehalt: je nach Unternehmen, ca. 50.000 bis ca. 70.000 Euro Brutto-Jahresgehalt sind realistisch

Aufstiegsmöglichkeiten: innerhalb der Rechtsabteilung (Justiziar:in, Führungsfunktion, Chefjustiziar:in bzw. Leiter:in der Rechtsabteilung) oder Wechsel in operative Einheiten bzw. andere Steuerungseinheiten

Besonderheiten: internationales Arbeitsumfeld, Arbeiten am Puls der Zeit, nah an der Entwicklung des Unternehmens, vielseitige und anspruchsvolle Tätigkeit

Jurist:innen können nicht nur als Richter:innen, Staats- oder Rechtsanwält:innen arbeiten, sondern werden auch in der Wirtschaft gebraucht. Die meisten Absolvent:innen wünschen sich, als Anwältin oder Anwalt zu arbeiten. Die Tätigkeit als Syndikusrechtsanwalt oder Syndikusrechtsanwältin in der Rechtsabteilung einer Bank stellt eine interessante Alternative dar. Hierbei können die Vorzüge einer festen Anstellung meist mit der Möglichkeit einer Zulassung zur Rechtsanwaltschaft als Syndikusrechtsanwalt oder Syndikusrechtsanwältin kombiniert werden. Syndikusrechtsanwält:innen können auch die Befreiung von der gesetzlichen Rentenversicherungspflicht zugunsten der berufsständischen Versorgungswerke erlangen.

Bei Banken lenken zentrale (meist am Unternehmenssitz ansässige) Steuerungseinheiten weltweit das Bankgeschehen. Die meisten Jurist:innen finden in den Rechtsabteilungen ein interessantes und spannendes Tätigkeitsfeld. Daneben gibt es auch Jurist:innen in anderen Bereichen einer Bank, wie z. B. in der Compliance-, Steuer- oder Personalabteilung oder im Risikomanagement. So breit wie die Geschäftsbereiche einer deutschen Großbank sind, so vielfältig sind auch die Tätigkeitsfelder innerhalb der Rechtsabteilung. Das Spektrum der Aufgaben reicht von der Produktentwicklung über die Verhandlung und den Abschluss von Verträgen bis hin zur gerichtlichen Durchsetzung oder Abwehr von Ansprüchen. Klassisch ist die Aufteilung in Fachbereiche, denen die Rechtsanwält:innen zugeordnet sind und die jeweils unterschiedliche Produkte bzw. Geschäftsbereiche der Bank juristisch betreuen. Insbesondere gibt es Unterscheidungen zwischen Firmen- und Privatkundengeschäft. Wenn es erforderlich ist, werden auch interdisziplinäre Teams gebildet.

Zentrale Aufgaben der Rechtsabteilung

Eine zentrale Aufgabe der Rechtsabteilung ist die weltweite Steuerung der Rechtsrisiken der Bank. Hierbei sollen mögliche Verluste aus rechtlichen Risiken früh erkannt und Lösungsmöglichkeiten zur Minimierung oder Vermeidung dieser Risiken aufgezeigt werden. In diesem Zusammenhang erstellt die Rechtsabteilung Richtlinien und Standardverträge, die in enger Zusammenarbeit mit den Geschäftsbereichen umgesetzt werden. Insbesondere werden in der Rechtsabteilung rechtliche Fragen zu den folgenden Gebieten bearbeitet: Arbeitsrecht, Börsengänge, Mergers & Acquisitions, Beteiligungen, Restrukturierungen, Joint Ventures, Fusionskontrollen und Kartellrecht. Die Rechtsabteilung betreut zudem die Hauptversammlung und bearbeitet alle gesellschaftsrechtlichen Angelegenheiten des Konzerns. Die Erstellung der Dokumentation von Finanzderivaten sowie das Netting für Eigenkapitalzwecke, zusammen mit den beim Handel, Vertrieb, Verkauf und der Verwahrung von Wertpapieren entstehenden Rechtsfragen zählen ebenfalls zu den Aufgabenbereichen. Weiterhin werden die Erstellung der Dokumentation, aber auch die Lösung aller Rechtsfragen zu syndizierten Krediten (Konsortialgeschäft), bilateralen Darlehensverträgen im nationalen und internationalen Bereich, dokumentärem Auslandsgeschäft, Sonderfinanzierungen mit Firmenkunden, Projektfinanzierungen, Akquisitionsfinanzierungen, Export- und Handelsfinanzierungen sowie Anleihen oder Schuldscheinen mit allen Fragen zur Börseneinführung und dem Wertpapierprospektrecht bearbeitet. Banken sind zudem mit einer Vielzahl von Rechtsfragen des Kreditgeschäfts mit privaten Kund:innen, des Wertpapiergeschäfts und der Anlageberatung, des Avalgeschäfts, des Einlagengeschäfts sowie des Wettbewerbsrechts konfrontiert. Zu entscheiden sind auch Fragen zu nationalen und internationalen Kreditsicherheiten, Sicherheitenpoolverträgen sowie Fragen des Insolvenzrechts. Zudem sind alle Anfragen bezüglich der Kontoführung sowie des Zahlungsverkehrs, des Bankgeheimnisses und der Digitalisierung zu erledigen. Bankjurist:innen pflegen darüber hinaus den fachlichen Austausch zwischen Kolleg:innen und mit externen Rechtsberatern, Verbänden und Behörden. Einschlägige nationale und europäische Gesetzgebungsverfahren werden begleitet und in der Bank umgesetzt.

Direkteinstieg oder Einstieg über ein Trainee-Programm

Für Volljurist:innen ohne Berufserfahrung ist der Direkteinstieg in die Rechtsabteilung möglich. Viele Unternehmen bieten auch den Einstieg über ein Trainee-Programm an. Die Ausbildung ist entsprechend den Vorkenntnissen auf eine Dauer von ca. zwölf Monaten ausgelegt, üblicherweise erhält man jedoch vom ersten Tag an einen unbefristeten Arbeitsvertrag. Die Ausbildung erfolgt grundsätzlich in einem Training-on-the-Job, in dem die Rechts- und Produktkenntnisse vertieft werden und man auf die Aufgaben in der Rechtsabteilung vorbereitet wird. Als Bankjurist:in übernimmt man sehr schnell Verantwortung und darf einzelne Themenkomplexe bereits nach kurzer Zeit eigenverantwortlich betreuen.

Perspektiven für 2022

In den letzten Jahren haben sich die rechtlichen Rahmenbedingungen für das Bankgeschäft beständig geändert. Grundsätzlich besteht immer Bedarf an guten Nachwuchsjurist:innen, und die Chancen auf einen Einstieg sind besser, als viele angehende Jurist:innen meinen. Insbesondere die Rechtsabteilungen sind bei der Umsetzung von neuen rechtlichen Rahmenbedingungen, der Digitalisierung und regulatorischen Anforderungen innerhalb der Banken gefragt und mit einer Vielzahl von neuen, spannenden und herausfordernden Aufgaben konfrontiert.

Verbandsjurist:in

von Ulrich Hüttenbach

Formale Voraussetzungen: Zweites Staatsexamen, mindestens ein Examen „befriedigend" oder besser

Persönliche Qualifikation: politischer Gestaltungswille, Kommunikationsstärke, gesellschaftliches Engagement, gute Englischkenntnisse in Wort und Schrift

Einstiegsgehalt: 37.200 Euro Brutto-Jahresgehalt im Mentorenprogramm für den Geschäftsführungsnachwuchs in den Arbeitgeberverbänden (GFN)

Aufstiegsmöglichkeiten nach Absolvierung des Programms: Hauptgeschäfts-/Geschäftsführer:in eines Arbeitgeberverbands

Besonderheiten: Mentorenprogramm: Training-on-the-Job mit wechselnden Einsätzen bei Mitgliedsverbänden im gesamten Bundesgebiet; Ausbildungszeit in einzelnen Stationen drei bis vier Monate

Weitere Informationen: BDA | Bundesvereinigung der Deutschen Arbeitgeberverbände www.arbeitgeber.de > Über uns > Karriere

Welches sind die Hauptaufgaben in diesem Berufsbild?
Arbeitgeberverbände und Gewerkschaften führen den Auftrag des Grundgesetzes aus, die Arbeits- und Wirtschaftsbedingungen zu gestalten (Art. 9 Abs. 3 GG). Die BDA vertritt über ihre in freiwilliger Mitgliedschaft verbundenen Arbeitgeberverbände rund eine Million Betriebe mit zwei Millionen Beschäftigten.

Bei den regionalen Verbänden steht die umfassende juristische Beratung und Vertretung der Mitglieder im Vordergrund. In Rundschreiben werden die Personalabteilungen über neueste Änderungen in der Gesetzgebung oder Rechtsprechung informiert. Die Herausforderung liegt in der praxisnahen und verständlichen Sprache, die auch von Leser:innen ohne juristische Vorbildung verstanden wird. In Personalleiterkreisen werden mit den Personalverantwortlichen aktuelle Probleme erörtert und gemeinsam Lösungen entwickelt. Bei Problemen mit den Beschäftigten werden die Verbände häufig um Rat gefragt. So werden sie vielfach auch als Berater bei Verhandlungen eines Interessenausgleichs tätig, oder sie vertreten ihre Mitglieder bei rechtlichen Auseinandersetzungen vor den Arbeits- und Sozialgerichten.

Bei den Fachverbänden auf Landes- oder Bundesebene stehen rechtliche Grundsatzfragen sowie die Vorbereitung von Tarifvertragsverhandlungen und die Umsetzung der Ergebnisse im Vordergrund. Je nach Komplexität müssen ergänzend zu den Vertragsinformationen umfangreiche Kommentierungen ausgearbeitet und Schulungen durchgeführt werden. In tariflichen Eingruppierungsfragen arbeiten die Jurist:innen eng mit der Betriebsleitung und Verbandsingenieur:innen zusammen, um Arbeitnehmer:innen korrekt einzustufen.

Im Zusammenwirken mit der BDA setzen sich die Jurist:innen der Bundesfachverbände und Landesvereinigungen dafür ein, die gesetzlichen Rahmenbedingungen für die Unternehmen zu verbessern. Die Kenntnisse über die politischen Abläufe im Gesetzgebungsverfahren auf Bundes- wie auch auf europäischer Ebene müssen mit der betriebspraktischen Erfahrung der vor Ort beratenden Jurist:innen zusammengeführt werden. Diese Aufgabe wird insbesondere in den Ausschüssen und Arbeitskreisen geleistet und ist die Basis der politischen Arbeit der BDA. So zeichnen sich die Stellungnahmen der BDA gegenüber der EU-Kommission, den Abgeordneten des Deutschen Bundestags, den Vertretern der Bundesregierung und der Ministerialbürokratie durch eine hohe Praxisrelevanz aus.

Worin liegt der Reiz dieser Tätigkeit?

Der besondere Reiz der juristischen Arbeit im Verband liegt in der ganzheitlichen Betreuung durch die Arbeitgeberverbände und der sich daraus ergebenden Vielseitigkeit der Aufgabenstellung in einem klar umrissenen Zuständigkeitsbereich. Von den Verbandsjurist:innen wird sowohl eine hohe fachliche Kompetenz als auch eine hohe Lösungs- und Gestaltungskompetenz jenseits des rein Juristischen erwartet. Wenn mit dem Instrumentarium der normalen Rechtsanwendung eine zufriedenstellende Lösung nicht erreicht werden kann, müssen neue Wege gefunden werden. In anderen Fällen geht es darum, in der Öffentlichkeit für betriebliche Maßnahmen zu werben bzw. die Haltung der Arbeitgeber zu bestimmten rechtspolitischen Fragestellungen zu begründen.

Verbandsjurist:innen sind Teamarbeiter:innen. Um dem Mitglied die beste Lösung anbieten zu können, stimmen sich die Jurist:innen mit den relevanten Fachleuten in den Verbänden ab. Manchmal sind die Probleme so komplex, dass mehrere Verbände mit ihren jeweiligen Kompetenzen zusammenarbeiten.

Wie wird man Jurist:in in Verbänden? Welche Aufstiegsmöglichkeiten gibt es?

Neben dem Direkteinstieg bei den Verbänden bietet sich das Geschäftsführungsnachwuchs-Programm für Arbeitgeberverbände (GFN) für den Berufseinstieg in die Arbeitgeberverbände an. Während des bis zu zwei Jahre laufenden Programms werden die Teilnehmer:innen in drei- bis viermonatigen Stationen in verschiedenen regionalen und fachlichen Verbänden eingesetzt. Hier lernen sie die unterschiedlichen Verbandskulturen kennen und bauen das für die Verbandsarbeit unerlässliche persönliche Netzwerk und Erfahrungswissen auf. Die Arbeitgeberverbände rekrutieren einen Großteil ihrer juristischen Mitarbeiter:innen über das GFN-Programm der BDA.

Bedingt durch Aufbau und Arbeitsweise der Arbeitgeberverbände ist der Karriereweg zur Geschäftsführung eines Verbands vielfach nur über einen Verbandswechsel möglich. Da sich die Verbandsmitarbeiter:innen und -geschäftsführer:innen kennen, sind solche Wechsel meist problemlos. Gleiches gilt für den Wechsel von Verbandsmitarbeiter:innen in die Personalabteilungen von Mitgliedsunternehmen.

Wie sind die Zukunftsperspektiven einzuschätzen?

Die Regelungsdichte nimmt im Arbeitsrecht weiter zu. Damit einher geht ein sich vergrößernder Betreuungsbedarf bei den Mitgliedsunternehmen. Deshalb kommt den Arbeitgeberverbänden und den hier beschäftigten Jurist:innen langfristig eine große Bedeutung bei der Regelung der Arbeitsbeziehung zwischen Arbeitgebern und Arbeitnehmer:innen zu.

Jurist:in in einem Versicherungskonzern

von Melanie Buhtz und Dr. Joachim Ziegler

Formale Voraussetzungen: Volljurist:in mit Prädikatsexamen, Promotion und/ oder LL.M. von Vorteil

Persönliche Qualifikation: ausgeprägte analytische Fähigkeiten, Problemlösungskompetenz, Kommunikationstalent, leistungs- und zielorientierte Arbeitsweise, zusätzliche juristische Fachsprachenkenntnisse in Englisch

Einstiegsgehalt: abhängig von Examensnote, Vorqualifikation und Einsatzgebiet; teilweise zzgl. betrieblicher Altersvorsorge, speziellen Versicherungsleistungen und Mitarbeiter-Aktienprogramm

Aufstiegsmöglichkeiten: Fach- oder Führungskarriere möglich

Besonderheiten: vielfältige Entwicklungs- und Qualifizierungsangebote, internationale Aufgaben und Einsatzmöglichkeiten, flexible Arbeitszeiten, gute Vereinbarkeit von Beruf und Familie

Die Einstiegsmöglichkeiten für Juristinnen und Juristen in einem Versicherungskonzern sind vielfältig. Ob in der Rechtsabteilung, dem Bereich Personal oder den operativen Einheiten – juristischer Rat ist gefragt. Die juristische Ausbildung ermöglicht indes auch eine Tätigkeit abseits der klassischen juristischen Pfade. Analytischer Sachverstand ist beim Führungskräftenachwuchs eine gefragte Kompetenz.

Tätigkeit als Versicherungsjurist:in

Die Hauptaufgaben von Versicherungsjurist:innen liegen in der Bearbeitung von Rechtsstreitigkeiten. Dies beinhaltet die Vorbereitung von Gerichtsprozessen und die Verhandlung mit Anwältinnen und Anwälten. Intern stehen Versicherungsjurist:innen bei juristischen Fragen mit Rat und Tat zur Seite. Gibt es Neuerungen in der Rechtsprechung, die für das Unternehmen relevant sind, sondieren sie die Auswirkungen für das Unternehmen und bereiten Entscheidungsvorlagen für den Vorstand vor. Kommt es zu einer Entscheidung von rechtlicher Tragweite, zeichnen sie zudem für die Umsetzung verantwortlich. Aber auch für die Fachabteilungen sind sie wichtige Ansprechpartner:innen: Sie erarbeiten Verträge und schlagen Vorgehensweisen und Antworten vor.

Der Reiz der Tätigkeit liegt in der Vielfältigkeit. Fragen, die an einen herangetragen werden, tangieren fast alle großen Rechtsgebiete – vom allgemeinen Zivilrecht bei Fragen zum Vertragsschluss über das öffentliche Recht bis hin zum Strafrecht bei Versicherungsbetrug. Langeweile und Routine treten nicht auf, da man sich immer wieder in neue Rechtsgebiete einarbeiten muss. Besonders hervorzuheben ist auch die konzeptionelle Arbeit an neuen Produkten. Dies erfordert Kreativität und juristischen Sachverstand zugleich. Spannend sind die Gerichtstermine – gemeinsam mit den Rechtsanwält:innen nehmen die Jurist:innen hier zu unternehmensinternen Prozessen und Abläufen Stellung. Anders als im Studium heißt es nun, schnelle, praktikable und dennoch juristisch saubere Lösungen zu präsentieren. Es ist eine große Herausforderung, die tägliche Arbeit an Fällen, die Teilnahme an Projektsitzungen und die regelmäßigen Telefonkonferenzen unter einen Hut zu bringen. Daher ist es für Versicherungsjurist:innen wichtig, Prioritäten zu setzen und einen klaren Kopf zu bewahren.

Voraussetzungen

Besonders gute Chancen haben Studierende, die sich bereits in Studium oder Referendariat mit dem Versicherungs- und Versicherungsaufsichtsrecht beschäftigt haben. Auch die Teilnahme am Fachanwaltslehrgang Versicherungsrecht wird gern gesehen. Darüber hinaus sind - gerade in einem international tätigen Unternehmen - englische Fachsprachenkenntnisse erforderlich, beispielsweise um Telefonkonferenzen, Schriftwechsel und Präsentationen in englischer Sprache zu bestreiten.

Jurist:in als Vorstandsassistent:in und Führungskraft im Vertrieb

Einstieg als Vorstandsassistent:in

Der Einstieg als Vorstandsassistent:in bietet Absolvent:innen mit Schwerpunktinteresse in der Betriebswirtschaft eine spannende Herausforderung im direkten Kontakt mit dem Topmanagement. Zu den Hauptaufgaben von Assistent:innen gehört die Unterstützung des jeweiligen Vorstandsmitglieds - je nach Ressort in unterschiedlicher Ausprägung. Dies beinhaltet etwa, finanzielle Analysen zu Unternehmensbereichen und lokalen Organisationseinheiten zu erstellen, die strategische Planung zu begleiten, Vorstandspräsentationen und Entscheidungsvorlagen zu entwerfen sowie Analysten-und Investorenmeetings vorzubereiten. Neben diesem Tagesgeschäft besteht die Möglichkeit, an Projekten aktiv mitzuwirken, die bei einem internationalen Konzern oftmals weltweit aufgesetzt sind.

Erste Führungsfunktion im Vertrieb

Im Anschluss an die Assistentenzeit, die in der Regel eineinhalb bis zwei Jahre dauert, stehen zahlreiche Möglichkeiten offen. Eine attraktive Option, die ein aktives Gestalten an der operativen Basis ermöglicht, ist der Vertrieb. Als Vertreterbereichsleitung ist man beispielsweise für ca. 20 bis 30 Agent:innen sowie weitere angestellte Mitarbeiter:innen verantwortlich. Neben dem Erreichen der Vertriebsziele steht in dieser Funktion der unternehmerische Ausbau der Vertriebsstruktur im Mittelpunkt: Konzeption und Umsetzung von neuen Vertriebsansätzen, Qualifizierung und Coaching der Vertriebsmannschaft, Neugründung und Beratung von Agenturen etwa bzgl. der digitalen Transformation, Personal-Recruiting und Personalentwicklung sowie Umsetzung der Konzernstrategie. Herausforderung und besonderer Reiz gleichermaßen liegen darin, dass Vertreterbereichsleiter:innen nur mit und durch ihre Vertriebsmannschaft erfolgreich sein können. Fachwissen alleine genügt nicht, sondern muss begleitet werden von Führungskompetenz.

Der weitere Karrierepfad kann im Vertrieb liegen und zusätzliche Personal- und Umsatzverantwortung bedeuten. Die Karriere kann aber auch in einen anderen Bereich des Konzerns im Inland oder gar zu einer ausländischen Tochtergesellschaft führen.

Jurist:in im Verlagswesen

Gundula Müller-Frank

Formale Voraussetzungen: überdurchschnittliche Examina, universitäre Lehrstuhltätigkeit und/oder Promotion sind vorteilhaft

Persönliche Qualifikation: Organisations- und Kommunikationstalent, sicheres Rechts- und Sprachgefühl, ökonomisches und technisches Verständnis

Einstiegsgehalt: sehr individuell, stark abhängig von formaler und persönlicher Qualifikation sowie Berufserfahrung

Aufstiegsmöglichkeiten: sehr individuell, je nach Unternehmensgröße und -struktur (z. B. Schriftleiter:in, Programmbereichsleiter:in)

Besonderheiten: kaum klassisch rechtsanwendende oder -beratende Tätigkeit, viele betriebswirtschaftliche und technische Querschnittsaufgaben

Die Faszination der Tätigkeit in einem juristischen Fachverlag besteht darin, an der Planung, Entwicklung und Realisierung von Arbeitsmitteln mitzuwirken, die Juristinnen und Juristen jeglicher Couleur täglich verwenden. Ob klassische Printformate oder moderne Online-Medien – beim Fachverlag und seinen juristischen Mitarbeitenden laufen alle Fäden zusammen, um Fachwissen für Rechtsanwender:innen nutzbar zu machen. Reizvoll ist zudem, dass man regelmäßig mit namhaften Autor:innen zusammenarbeitet, die sich aus allen juristischen Bereichen rekrutieren.

Lektor:innen und Redakteur:innen als juristische Content-Manager

Die Tätigkeit als Jurist:in im Fachverlag lässt sich grob aufgliedern in das Buchlektorat und die Zeitschriftenredaktion, wobei die Grenzen herkömmlicher Berufsbilder angesichts der wachsenden Bedeutung des digitalen Umfelds heute vielfach durchlässig sind. Daher sind die Bezeichnungen Lektor:in bzw. Redakteur:in ein wenig irreführend, treffender wäre Produkt- oder Content-Manager. Lektor:innen steuern den gesamten Entstehungs- und Entwicklungsprozess eines Buchtitels – vom ersten Konzept bis hin zu den Neuauflagen. Die dabei anfallenden Aufgaben sind breit gefächert, sie umfassen z. B. die Konzeption neuer und die Fortentwicklung bestehender Werke, die Akquise von Autor:innen, die Planung und Durchführung von Autorenkonferenzen sowie die Ausarbeitung von Verlagsverträgen. Außerdem stellen sich viele abteilungsübergreifende Aufgaben, die stark betriebswirtschaftlich geprägt sind (z. B. im Marketing und im Vertrieb). Stets gilt es, die ökonomische Seite der Produkte im Auge zu behalten: Faktoren wie Druckauflage und Verkaufspreis entscheiden zusammen mit den Absatzzahlen darüber, ob ein Titel auch kommerziell erfolgreich ist – schließlich ist ein Fachverlag ein Wirtschaftsunternehmen. Neben alldem sind umfangreiche Manuskripte zu bearbeiten, wobei Lektor:innen gleichsam als „Testleser:innen" fungieren. Hierbei geht es weniger um fachliche Feinheiten, sondern zuvörderst um einen aktuellen, nachvollziehbar gegliederten, inhaltlich kohärenten und sprachlich einwandfreien Text. Lektor:innen agieren stets am juristischen Puls der Zeit und sollten die einschlägige Rechtsprechung und Literatur ebenso kennen wie relevante

Gesetzgebungsverfahren. Angesichts einer mitunter langen Zeitspanne von der ersten Planung bis zum Erscheinen eines Werks und den regelmäßig vielköpfigen Autorenteams sollten sie zudem eine gute Koordinierungsfähigkeit mitbringen sowie in der Lage sein, zukünftige Rechtsentwicklungen vorausschauend einzuplanen.

Verglichen mit den längerfristigen Planungs- und Produktionszyklen im Lektorat verläuft die Tätigkeit in der Redaktion einer juristischen Fachzeitschrift wesentlich schnelllebiger. Zwar geht es auch hier vor allem um die inhaltliche und administrative Gesamtkoordination, die Beitragsakquise und das Redigieren von Aufsatzmanuskripten – dies allerdings vor dem Hintergrund fester Redaktions- und Publikationstermine. Abhängig vom Erscheinungsrhythmus der Zeitschrift – monatlich, 14-täglich oder gar wöchentlich – entsteht eine hohe Arbeitstaktung. Neben die Abwicklung des operativen Tagesgeschäfts tritt bei Periodika vor allem das Erfordernis, ein Gespür für aktuelle und zukünftige Themen und Trends zu entwickeln.

Digitalisierung und Crossmedialität

Die Verlagsbranche agiert in einem sich stark ausdifferenzierenden Produktumfeld, das im Fachmedienbereich längst nicht mehr nur Print-, sondern auch vielfältige digitale Medienformate umfasst. Die Nutzungsgewohnheiten der Zielgruppen verändern sich rasch und werden durch neue Technologien beeinflusst (z. B. Legal Tech). Daher sind – auch von den im Verlag tätigen Jurist:innen – regelmäßig Ideen zur strategischen Ausrichtung, crossmedialen Weiterentwicklung und zielgruppenorientierten Vermarktung der Verlagsprodukte gefragt, die zunehmend als reine Online-Angebote konzipiert sind. Dies erfordert ein hohes Maß an Kreativität und technischem Verständnis für die medienneutrale Aufbereitung des juristischen Contents, sowohl im eigenen Unternehmen als auch in Zusammenarbeit mit externen Kooperationspartnern.

Fazit

Die Tätigkeit in einem juristischen Fachverlag hält eine breite Palette an juristischen, betriebswirtschaftlichen und technischen Aufgaben bereit. Wer Vorstellungen von einem beschaulichen Dasein als Korrekturleser:in hegt, liegt falsch: Eine enge terminliche Taktung im Zeitschriftengeschäft, hohe koordinatorische Anforderungen im Buchlektorat und zahlreiche begleitende Querschnittsaufgaben verlangen dem juristischen Mitarbeitenden vielseitige Fähigkeiten ab. Als Jurist:in im Fachverlag sitzt man auch keineswegs im stillen Kämmerlein: Ein wichtiger Teil der Arbeit ist die ständige Kommunikation mit den Autor:innen, die ein wesentliches Kapital jedes Verlags sind. Hinzuweisen ist jedoch darauf, dass im Fachverlag kaum genuin juristische, d. h. rechtsanwendende oder -beratende Tätigkeiten gefragt sind. Nach einer gewissen Tätigkeitsdauer im Verlag erscheint daher der Wechsel bzw. die Rückkehr in einen klassischen juristischen Beruf nicht unproblematisch. Die Vergütung bleibt hinter den in großen Kanzleien und Unternehmen gezahlten Salären zurück, im Gegenzug winken flexible Arbeitszeiten und eine verträgliche Work-Life-Balance.

Mediation – clevere Konfliktlösung mit Perspektive

von Dr. Stefan Tüngler und Dr. Robert Germund

Mediation (lat. „mediare“) bedeutet vermitteln. Mediator:innen unterstützen die Parteien bei der Suche nach einer für beide Seiten akzeptablen Lösung, wobei sie - anders als Richter:innen - grundsätzlich weder Entscheidungsgewalt haben, noch konkrete Lösungsvorschläge unterbreiten dürfen. Ihnen obliegt die moderierende Begleitung der Verhandlungen zwischen den Parteien, um diese an die selbstständige Entwicklung von Lösungsansätzen heranzuführen.

Was kennzeichnet ein Mediationsverfahren?

Mediationsverfahren zeichnen sich durch ihre (a) Freiwilligkeit, (b) Strukturiertheit und (c) Vertraulichkeit aus.

a. Mediationsverfahren sind freiwillig. Genauso wie die Parteien allein darüber entscheiden, ob sie ein solches Verfahren überhaupt durchführen wollen, steht es ihnen jederzeit frei, es wieder zu beenden. Auch die Rahmenbedingungen werden von den Parteien selbst festgelegt. Jedes Mediationsverfahren beginnt mit dem Abschluss einer (privatrechtlichen) Mediationsvereinbarung, die den zeitlichen Ablauf ebenso regeln kann wie die Art der Verhandlungsführung durch die Mediator:innen, einen möglichen Schlichtungsspruch, die Hemmung laufender Verjährungsfristen und nicht zuletzt die Vergütung der Mediator:innen.
b. Mediationsverfahren haben eine klare Struktur. Die Mediation beginnt mit einer Schilderung des Konflikts durch beide Parteien. Anschließend geht es um die Ermittlung der hinter diesem Konflikt stehenden Interessen und Beweggründe der Parteien. Alsdann erfolgt eine Analyse und Bewertung dieser Interessen vor dem Hintergrund des in Rede stehenden Konflikts. Die Mediation schließt mit der Zusammenfassung der entwickelten Lösungsmöglichkeiten, teilweise in der Form eines Vergleichsvertrags.
c. Mediationsverfahren beruhen auf Vertraulichkeit. Die von den Mediator:innen und von den in das Mediationsverfahren eingebundenen Personen erlangten Informationen müssen - auch im Falle eines späteren Gerichtsverfahrens - vertraulich behandelt werden.

Das Tätigkeitsfeld von Mediator:innen

Das Tätigkeitsfeld von Mediator:innen ist vielschichtig. Zum einen gibt es kaum einen Wirtschaftsbereich, in dem Auseinandersetzungen einer Mediation nicht zugänglich sind. Zum anderen steht im Vordergrund eines Mediationsverfahrens nicht - wie in herkömmlichen Streitverfahren - die Beantwortung von Schuld- und Beweisfragen in Bezug auf einen abgeschlossenen Sachverhalt, sondern der Blick wird in die Zukunft gerichtet: Was wollen die Parteien künftig erreichen? Wem sind welche Punkte besonders wichtig, welche weniger? Welche Lösungsansätze kommen in Betracht? Mediator:innen motivieren dabei zur unbefangenen Ideensammlung, genauso wie sie zur realistischen Einschätzung des Ausgangs eines alternativ denkbaren Gerichtsverfahrens mahnen.

Außerdem müssen sie bei den Parteien das Interesse an der Entwicklung einer ebenso kreativen wie zielführenden Lösung wecken und durch eine führende und lenkende Begleitung der Gespräche zwischen den Parteien diese bei der eigenständigen Suche nach Einigungsmöglichkeiten unterstützen.

Durch die Tätigkeit als Mediator:innen können die Anwält:innen daher die juristischen Kenntnisse um psychologische Fertigkeiten, insbesondere um spezielle Kommunikationstechniken, ergänzen. Sie können individuell auf den konkreten Konflikt und die jeweiligen Konfliktparteien eingehen, sodass die Tätigkeit ebenso kreativ wie abwechslungsreich ist. Im Idealfall gelingt es, den Blick der Parteien auf die Planung der künftigen Zusammenarbeit zu lenken, sodass die Beziehung zwischen ihnen nach Abschluss der Mediation noch gestärkt wird. Selbst wer die Mühen einer Mediationsausbildung auf sich genommen hat, später dann aber doch in einem ganz anderen Bereich tätig ist, wird vielfach auf die im Rahmen der Ausbildung gewonnenen Kenntnisse zu Verhandlungsstrategien und -techniken zurückgreifen können.

Warum ist die Mediation noch nicht so verbreitet?
In vielen Fällen besteht die Schwierigkeit weniger in der Durchführung des eigentlichen Mediationsverfahrens, als vielmehr darin, die Parteien an ein solches Verfahren überhaupt erst heranzuführen. Dabei geht es zunächst ganz allgemein darum, Mediationsverfahren als Alternative zu Gerichtsverfahren stärker in den Blickpunkt der Öffentlichkeit zu rücken. Im konkreten Konflikt muss es den Anwält:innen darüber hinaus aber auch gelingen, die regelmäßig konfrontative Ausgangslage so zu entschärfen, dass eine kooperative Arbeitsatmosphäre entsteht. Erleichtert wird dies in Fällen der Co-Mediation. Co-Mediation bedeutet, dass die Mediationsverhandlung von zwei Mediator:innen geführt wird. Der Vorteil eines solchen Verfahrens liegt darin, dass sich die Mediator:innen hinsichtlich ihrer persönlichen und fachlichen Eigenschaften ergänzen und auf diese Weise gemeinsam das Vertrauen der Parteien gewinnen können.

Hinzu kommt, dass keinesfalls jeder Konflikt für ein Mediationsverfahren geeignet ist. Insbesondere bei nur flüchtigen geschäftlichen Kontakten ist ein Mediationsverfahren häufig zu aufwendig. Ebenso bleiben nicht verhandelbare Bereiche hoheitlichen Handelns – wie etwa das Steuerrecht – einer mediativen Konfliktlösung verschlossen.

Schließlich stellt die Mediation auch eine Herausforderung für die Mediator:innen dar. Sie dürfen Argumente grundsätzlich nicht selbst bewerten und den Parteien nicht die von ihnen bevorzugte Lösung aufdrängen, sondern müssen diese inhaltlich selbstständig handeln lassen. Die Schwierigkeit besteht somit darin, Distanz zu wahren und auf die Einhaltung des Verfahrensgerüsts zu achten. Das fällt Anwält:innen, die als unabhängiges Organ der Rechtspflege vornehmlich als Parteivertreter:innen agieren, nicht immer leicht.

Co-Mediation: Chance zur fächerübergreifenden Zusammenarbeit

Die steigende Komplexität der Konflikte stellt hohe Anforderungen an Kenntnisse und Fähigkeiten der Mediator:innen. Die fächerübergreifende Kooperation, das heißt eine Zusammenarbeit von Mediator:innen ungleicher Grundberufe, wird immer bedeutsamer. Diese Zusammenarbeit wiederum ermöglicht die Nutzung von Synergiepotenzialen.

Zugleich erfordert die erfolgreiche mediative Konfliktbewältigung neben der theoretischen Vertrautheit mit den Arbeitsweisen von Mediator:innen praktische Erfahrungen. Diese können auch in Form einer Co-Mediation durch die Zusammenarbeit von erfahrenen Mediator:innen mit Ausbildungskandidat:innen erworben werden.

Wenn in Deutschland auch mit dem Begriff der Co-Mediation weder ein feststehendes noch ein einheitliches Tätigkeitsbild verbunden ist, so zeigt sich dennoch, dass sich auch in Mediationsverfahren spannende und herausfordernde Aufgaben an der Schnittstelle von Recht und verbundenen Disziplinen ergeben.

Ausbildung

Die Ausbildung zur Mediatorin oder zum Mediator ist gesetzlich nicht geregelt. Das Mediationsgesetz beschränkt sich auf die Pflicht der Mediator:innen, in eigener Verantwortung durch geeignete Ausbildung und regelmäßige Fortbildung sicherzustellen, dass sie über die theoretischen Kenntnisse und praktischen Erfahrungen verfügen, um die Parteien sachkundig durch eine Mediation zu führen. Für zertifizierte Mediator:innen werden strengere, in einer separaten Rechtsverordnung mittlerweile festgelegte Anforderungen gelten (Verordnung über die Aus- und Fortbildung zertifizierter Mediatoren/ZMediatAusbV). Für Rechtsanwält:innen gilt die Reglementierung des § 7a BORA. Hiernach darf sich als Mediator:in nur bezeichnen, wer durch geeignete Ausbildung nachweisen kann, dass er oder sie die Grundsätze des Mediationsverfahrens beherrscht.

Fazit

Mediation ist mehr als ein unkonventionelles Streitbeilegungsverfahren. Sie kann eine gewinnbringende Alternative zu traditionellen Gerichtsverfahren sein, weil sie die Parteien stärker einbezieht und den Schwerpunkt der Konfliktlösung auf die Gestaltung der Zukunft legt. Zwar ist die Mediation kein Allheilmittel für jeden Konflikt, allerdings räumt sie den Konfliktparteien in geeigneten Fällen eine zusätzliche Möglichkeit zur Konfliktbereinigung ein. Für Jurist:innen ist die Mediation ein weites Betätigungsfeld, das ihnen vielseitige Perspektiven bietet.

2. Studium und fachspezifische Ausbildung

Die Weichen stellen – Studienplanung für die spätere Karriere

von Nicole Beyersdorfer, Veris-Pascal Heintz und Dr. Julius Neuberger

Schwerpunktsetzung im Studium

Wann und nach welchen Kriterien sollte die Schwerpunktsetzung erfolgen?
Hinsichtlich der Schwerpunktsetzung im Studium sollten sich Studierende zu Beginn keinem Druck aussetzen. In den ersten Semestern ist es wichtig, sich einen guten Überblick zu verschaffen und das juristische Handwerkszeug zu erlernen. So kann man einerseits herausfinden, wo die eigenen Interessen und Stärken liegen. Andererseits ist es auch für die juristische Ausbildung sinnvoll, das Studium breit gefächert zu beginnen. Ein umfassendes Wissen hilft später, Details richtig einzuordnen und Zusammenhänge zu erkennen. Im weiteren Verlauf des Studiums erfordern die Studienordnungen der verschiedenen Bundesländer ohnehin eine stärkere Spezialisierung, als dies in der Vergangenheit der Fall war.

Die universitären Schwerpunktbereiche reichen dabei vom Arbeitsrecht bis zum Zivilverfahrensrecht. Je nachdem, an welcher Universität man studiert, können die Auswahlmöglichkeiten allerdings stark variieren. Besonders beliebt sind Schwerpunktbereiche, die unternehmensrechtliche Fragestellungen abdecken, da hier eine Spezialisierung insbesondere von Großkanzleien und Verbänden gerne gesehen wird. In erster Linie sollte die Wahl des Schwerpunktbereichs nach den eigenen Stärken und Interessen getroffen werden. Das Prüfungsergebnis des „Schwerpunktexamens" fließt nämlich in die Gesamtnote der Ersten Juristischen Prüfung ein - insofern will die Entscheidung wohlüberlegt sein und sollte sich an den größtmöglichen Erfolgschancen orientieren. Es empfiehlt sich deshalb, vor der Wahl des Schwerpunktbereichs (auch) einen Blick in die Notenstatistiken der letzten Jahre zu werfen.

Welchen Einfluss hat die Schwerpunktsetzung auf den späteren Berufseinstieg?
Es ist hilfreich, den Schwerpunkt schon in dem Bereich gesetzt zu haben, in dem man später praktizieren möchte. Bewusst gesetzte Schwerpunkte können ein echtes Interesse vermitteln und im Bewerbungsprozess von Vorteil sein. Diese Aspekte sollten aber nicht überschätzt werden: Keinesfalls sollten Absolvent:innen sich davon abhalten lassen, sich für einen bestimmten sie interessierenden Bereich zu bewerben, nur weil der Schwerpunkt bisher in einem anderen Gebiet gesetzt wurde.

Meist achten Großkanzleien bei der Auswahl der Bewerber:innen darauf, dass diese juristisch hoch qualifiziert sind und sich für die Tätigkeit in einer internationalen Wirtschaftskanzlei eignen. Sind diese Voraussetzungen erfüllt, wird davon ausgegangen, dass die Kandidat:innen auch eine entsprechend schnelle Auffassungsgabe besitzen, die ihnen die zügige Einarbeitung in unbekannte Rechtsfragen ohne Weiteres ermöglicht. Absolvent:innen legen sich daher durch die Schwerpunktsetzung nicht bezüglich eines späteren Berufseinstiegs fest. Eine Orientierung am Schwerpunktfach kann Absolvent:innen allerdings den Berufseinstieg erleichtern - auch, weil sie gerade durch Praktika ein Gefühl dafür entwickeln können, ob ihnen die spätere Tätigkeit, das Rechtsgebiet und das Umfeld liegen. Ob und inwieweit eine Schwerpunktsetzung

Einfluss auf den späteren Berufseinstieg hat, bemisst sich aber überwiegend nach den Ergebnissen in den beiden Staatsexamen. An Bedeutung gewinnt die Schwerpunktsetzung nämlich dann, wenn die Staatsexamen mit niedrigeren Punktzahlen bestanden werden.

Die Bedeutung der Studienleistungen

Welche Bedeutung kommt dem Ergebnis im Ersten und Zweiten Staatsexamen zu?

Dass der Note des Ersten und Zweiten Staatsexamens nur eine untergeordnete Bedeutung zukommt, trifft – im Gegensatz zu anderen Studienfächern – nicht zu. Klar ist aber auch, dass unter Jurist:innen aus der Bewertung nach Noten kein Geheimnis gemacht wird. Der Staat hat bezüglich der Berücksichtigung anderer Kriterien schon aus rechtlichen Gründen nur einen eingeschränkten Spielraum. Aber auch große Kanzleien haben festgelegte Leitlinien, von denen – wenn überhaupt – nur in Ausnahmefällen abgewichen wird. Ob eine solche formale Bewertung jedem Einzelfall gerecht wird, sei dahingestellt. Jedenfalls werden Absolvent:innen von der Erkenntnis, dass gute Noten in den Examina Türen öffnen können, nicht überrascht sein. Zu beachten ist zudem, dass Großkanzleien der Note im staatlichen Teil der Prüfung besonderes Gewicht beimessen. Liegt das Ergebnis im staatlichen Teil deutlich unter der Prädikatsnote, wird das Anforderungsprofil der Großkanzleien häufig nicht erfüllt. Studierende sollten den Schwerpunkt ihrer Vorbereitung daher auf den staatlichen Prüfungsteil legen. Wer hier ein solides Ergebnis erzielt, hat in größeren Kanzleien gute Chancen.

Welche Chancen eröffnet ein vollbefriedigendes Examen?

Für einige Berufsbilder sind Prädikatsexamina nahezu eine zwingende Voraussetzung. Kleinere Ausreißer nach unten können mitunter durch Zusatzqualifikationen ausgeglichen werden. Da die Zahl derer, die beide Staatsexamina mit Prädikat bestehen, verhältnismäßig gering ist, haben Berufseinsteiger:innen mit zwei Prädikatsexamina in aller Regel vielfältige Möglichkeiten. Mit zwei Prädikatsexamina steht ihnen der Weg in Kanzleien jeglicher Größe, zu Gerichten und Staatsanwaltschaft oder auch in Unternehmensberatungen offen. Gleichwohl sind gute Staatsexamina nur eine notwendige, aber noch keine hinreichende Voraussetzung für einen erfolgreichen Einstieg in diese Berufsfelder. Bewerber:innen sollten insofern darauf achten, nicht allein aufgrund ihrer guten Examina zu selbstsicher aufzutreten. Im Bewerbungsprozess wird man sich allein durch gute Examina nicht mehr abheben können, da die Mehrzahl der Kandidat:innen diese Voraussetzung erfüllt.

Welche Möglichkeiten haben Absolvent:innen mit niedrigeren Punktzahlen?

Auch Absolvent:innen mit niedrigeren Punktzahlen stehen viele Wege offen. Zunächst haben mittelgroße und kleinere Kanzleien in der Regel weniger strenge Maßstäbe. Wichtiger kann es hier sein, im persönlichen Gespräch einen guten Eindruck zu hinterlassen und Interesse am jeweiligen Fachgebiet zu haben. Deshalb sollte der Lebenslauf auch bereits ein Interesse für das Fachgebiet, in dem man sich bewirbt, erkennen lassen. Eine entsprechende Schwerpunktsetzung, insbesondere in „Nischengebieten" (z. B. Steuer- oder Urheberrecht), ist für Absolvent:innen ohne Prädikatsexamen von größerer Bedeutung und kann letztlich ein ernstzunehmender „Türöffner" sein. Weniger zufriedenstellende Noten können zudem durch Zusatzqualifikationen, etwa eine

Promotion, eine Fachanwaltschaft oder einen LL.M. (Master of Laws), ausgeglichen werden. Allerdings sollte man diese Möglichkeit nicht überschätzen: Sowohl größere Kanzleien als auch der Staat rechnen solche Zusatzqualifikationen – wenn überhaupt – nur in geringem Umfang auf die Note an.

Wie bereite ich mich am besten auf die Erste Juristische Prüfung vor?
In der Examensvorbereitung stellt sich die Frage, ob man ein Repetitorium besuchen sollte. Ein Repetitorium gibt in der Vorbereitung im Wesentlichen Sicherheit. Durch das Durchlaufen des Programms ist garantiert, dass man im vorgesehenen Zeitraum sämtliche examensrelevanten Bereiche einmal behandelt hat, ohne sich in Details zu verlieren und so in Verzug zu geraten. Zudem werden oft hilfreiche Tipps zu Klausur- und Lerntechnik gegeben. Selbstverständlich kann das Repetitorium jedoch das eigentliche Lernen nur ergänzen. Der gesamte Stoff muss unter Berücksichtigung der individuellen Stärken und Schwächen verinnerlicht werden. Entscheidet man sich für ein Repetitorium, sollte man sich Zeit für die Wahl des richtigen Repetitors nehmen. Es gibt sowohl gute universitäre als auch kommerzielle Anbieter. Es empfiehlt sich, durch Probehören herauszufinden, welches Programm den eigenen Lerngewohnheiten am besten Rechnung trägt.

Neben dem Einstudieren des Prüfungsstoffs sollten Übungsklausuren nicht zu kurz kommen. Das schafft Routine sowohl in Aufbaufragen als auch im Anwenden des Gutachtenstils und schärft das Bewusstsein für eine sinnvolle Zeiteinteilung in der Klausur. Letzterer Punkt ist in der Prüfungssituation nicht zu unterschätzen. Mangelndes Zeitmanagement führt häufig dazu, dass in der Prüfung die Zeit davonläuft, bevor man seine Ausführungen beendet hat. Viele Prüfer:innen erwarten jedoch eine abgeschlossene, in sich stimmige Lösung. Dies trifft in der Ersten Juristischen Prüfung zu und gewinnt in der Zweiten Juristischen Staatsprüfung noch deutlich an Bedeutung. Daher ist es ratsam, möglichst viele Übungsklausuren unter Examensbedingungen zu schreiben und die vorgegebenen fünf Stunden tatsächlich einzuhalten. Zudem sollte sich das Klausurenschreiben nicht auf die Rechtsbereiche konzentrieren, die dem einzelnen Studierenden ohnehin gut liegen. Gerade in Gebieten, in denen noch Schwächen bestehen, sollte man sich um Routine bemühen, um in der Prüfungssituation nicht allzu leicht aus dem Konzept zu geraten.

Darüber hinaus haben sich Lerngruppen für viele Studierende und Referendare als äußerst hilfreich erwiesen. Besonders in der fortgeschrittenen Phase der Examensvorbereitung bietet es sich an, das Erlernte in Diskussionen zu vertiefen. Indem verschiedene Ansätze zu Problemstellungen dargestellt, hinterfragt und diskutiert werden, ergibt sich ein tieferes Verständnis einzelner Rechtsfragen und größerer Zusammenhänge. Abgesehen davon bietet das Arbeiten in der Gruppe eine willkommene Abwechslung zu dem sonst recht monotonen Vor-sich-hin-Lernen.

Tipp: Rechtsprechungsübersichten
Erfahrungsgemäß lohnt es sich, einen Blick in die Rechtsprechungsübersichten zu werfen. Inzwischen gibt es zahlreiche Anbieter, welche die aktuellen Urteile für die Examensvorbereitung im Gutachtenstil aufbereiten und besprechen. Regelmäßiges Lesen dieser Formate vermittelt neben einem Überblick über die jüngste Rechtsprechung gleichzeitig ein besseres Gefühl für Aufbaufragen und das Verfassen gutachterlicher Klausuren. Es sei jedoch betont, dass das Schreiben von Übungsklausuren dadurch nicht ersetzt werden kann.

Praktische Arbeitserfahrung

Wie viele und wie lange Praktika sollten absolviert werden?

Praktika eignen sich nur sehr begrenzt, um Prüfungswissen für das Erste Staatsexamen zu erwerben. Wichtig sind sie jedoch, um Kontakte zu knüpfen und um herauszufinden, welches Fachgebiet und welche Art von beruflichem Umfeld den eigenen Wünschen und Stärken entspricht. Praktika eignen sich außerdem in beschränktem Umfang dafür, durch erste praktische Erfahrung den späteren Berufseinstieg zu erleichtern. Sowohl im Rahmen des Studiums als auch im Rahmen des Referendariats sind Praktika bzw. Stationen in verschiedenen Bereichen vorgesehen. Studierende und Referendar:innen sollten sich bemühen, diese ohnehin notwendige praktische Erfahrung sinnvoll zu sammeln, d.h. in Bereichen, in denen ein späterer Berufseinstieg vorstellbar erscheint. Wichtig ist in dem Zusammenhang, sich frühzeitig um Praktika zu bemühen, da beispielsweise Kanzleien und Botschaften vielfach lange Vorlaufzeiten für die Vergabe von Praktikumsplätzen haben. Soweit die Länge der Praktika nicht ohnehin durch die Studienordnung vorgeschrieben ist, sollten keine zu kurzen Zeiträume gewählt werden, da eine gewisse Dauer sinnvoll ist, um sich einzuarbeiten.

Wann und wo sollte praktische Erfahrung gesammelt werden?

Je später man den Zeitpunkt für ein Praktikum im Rahmen des Studiums wählt, desto mehr juristisches Fachwissen kann man einbringen und desto größer verspricht der fachliche Gewinn zu werden. Man sollte jedoch gleichzeitig darauf achten, dass die Praktika nicht zulasten der Examensvorbereitung gehen. Dementsprechend bieten sich Praktika während des Studiums zwischen dem dritten und dem sechsten Semester an. Während des Referendariats sind Dauer und Abfolge der Stationen in den allermeisten Bundesländern vorgegeben. Bei der letzten Station vor den Klausuren des Zweiten Staatsexamens ist es wichtig, dass eine effektive Prüfungsvorbereitung möglich bleibt. Die Vorbereitung auf die mündliche Prüfung kann erfahrungsgemäß auch gut während einer Referendarstation im Ausland erfolgen. Die Wahlstation ist für einen längeren Auslandsaufenthalt auch sonst ein günstiger Zeitpunkt: Kanzleien warten bei sehr guten Bewerber:innen kurz vor dem Berufseinstieg mit guten Angeboten auf, Fremdsprachenkenntnisse lassen sich nach der Examensvorbereitung auffrischen, und es fällt einem durch den Orts- und Umfeldwechsel leicht, während des Wartens auf die Klausurergebnisse Abstand zu gewinnen. Zu guter Letzt sollte man sich vor Augen führen, dass Auslandstätigkeiten für Jurist:innen eine Ausnahme bilden. Auch internationale Kanzleien bieten solche Auslandstätigkeiten zwar häufig in Form eines sogenannten Secondments für einen begrenzten Zeitraum an, dies allerdings zumeist erst nach einigen Jahren Berufstätigkeit. Insofern ist die Wahlstation eine hervorragende Gelegenheit, mit begrenztem Aufwand juristische Erfahrung im Ausland zu sammeln.

Wie findet man eine attraktive Praktikumsstelle?

Nahezu alle Arbeitgeber, die nach Abschluss der Ausbildung infrage kommen, bieten auch im Vorfeld die Möglichkeit, Praktika zu absolvieren. Dies gilt für Kanzleien, Gerichte, Staatsanwaltschaften, Rechtsabteilungen von Unternehmen, Unternehmensberatungen, aber auch für Botschaften und Behörden im Inland. Studierende und Referendar:innen können bei Praktikumsbörsen nach ausgeschriebenen Praktikumsplätzen suchen. Erfahrungsgemäß sind aber Initiativbewerbungen bei Kanzleien oder Unternehmen sinnvoller. Solche Initiativbewerbungen haben insbesondere den Vorteil, dass man sich gezielt für einen bestimmten Bereich und meist sogar bei einer bestimmten Person bewerben kann. Zudem muss man sich nicht gegen mehrere

Mitbewerber:innen durchsetzen, was der Fall ist, wenn die Stelle bereits ausgeschrieben ist. Eine Initiativbewerbung setzt allerdings voraus, dass man sich früh um einen Praktikumsplatz bewirbt. Hier sollte man mit Vorlaufzeiten von bis zu einem Jahr rechnen. Gute Gelegenheiten, einen interessanten Praktikumsplatz zu finden, ergeben sich auch bei Events wie dem e-fellows.net Karrieretag Jura (vgl. Seite 142).

Fremdsprachen

Wie wichtig sind Fremdsprachen für Jurist:innen?

Wie wichtig Fremdsprachen für Jurist:innen sind, hängt sehr stark von dem angestrebten Tätigkeitsfeld ab. Im Staatsdienst sind Fremdsprachen willkommen, jedoch im Rahmen der beruflichen Tätigkeit nach wie vor von eher untergeordneter Bedeutung, denn die Gerichts- und Amtssprache ist Deutsch. Auch in kleineren Kanzleien haben Rechtsanwält:innen vorwiegend mit deutschen Mandant:innen und nur verhältnismäßig selten mit grenzüberschreitenden Sachverhalten zu tun. Nichtsdestoweniger werden vor allem gute Englischkenntnisse vermehrt auch in kleineren, spezialisiert arbeitenden Kanzleien vorausgesetzt. Unerlässlich sind sie in großen Kanzleien. Sowohl für Telefonkonferenzen oder die Korrespondenz mit den Mandant:innen als auch für die Verträge sind sie in der Regel unverzichtbar. Das Fehlen sehr guter Englischkenntnisse stellt ein echtes Problem dar, denn Englischkenntnisse auf reinem Schulniveau sind für die anspruchsvolle Arbeit in vielen Fachbereichen nicht ausreichend. Eine gute Möglichkeit, sich die englische Rechtssprache anzueignen, bietet natürlich ein LL.M. im englischsprachigen Ausland. Wer ein solches LL.M.-Studium nicht plant, sollte während des Studiums versuchen, fachspezifische Englischkurse an der Universität zu besuchen und Praktika im Ausland zu absolvieren. Wie bereits erwähnt, bietet auch die Wahlstation eine gute Möglichkeit, vor dem Berufseinstieg die Sprachkenntnisse noch einmal zu verbessern.

Welche Fremdsprachen stellen eine sinnvolle Zusatzqualifikation dar?

Aus beruflicher Sicht ist Englisch eine Fremdsprache, deren Bedeutung keine andere Sprache auch nur annähernd erreicht. In Wirtschaftskanzleien hat sich Englisch für die grenzüberschreitende Kommunikation als gemeinsamer Nenner herausgebildet. Englisch wird jedoch nicht nur vorausgesetzt, weil die Korrespondenz mit ausländischen Mandant:innen und Kolleg:innen auf Englisch erfolgt. Teilweise werden auch Transaktionen mit deutschen Parteien in englischer Sprache dokumentiert, weil ausländische Investoren oder Banken am Rande beteiligt sind. Vor diesem Hintergrund ist Englisch in internationalen Kanzleien unerlässlich. Andere Fremdsprachen sind aus beruflicher Sicht dagegen keine notwendige, aber sicher eine stets willkommene Zusatzqualifikation. Und für die Arbeit in Kanzleien, die sich auf die Beratung von französisch- oder spanischsprachigen Mandant:innen spezialisiert haben, sind selbstredend entsprechende Fremdsprachenkenntnisse erforderlich.

Wie sollten Fremdsprachenkenntnisse nachgewiesen werden?

Fremdsprachenkenntnisse lassen sich in allererster Linie durch Auslandsaufenthalte nachweisen. Es muss, wie bereits erwähnt, nicht notwendigerweise ein LL.M. sein; der Nachweis sollte sich jedoch auch nicht in einem vierwöchigen Sprachkurs erschöpfen. Andere Nachweise wie TOEFL, Universitätskurse oder Leistungskurse belegen für sich genommen noch nicht ausreichend, dass der Absolvent oder die Absolvent:in die Fremdsprache beherrscht.

Wirtschaftswissenschaftliches Zusatzwissen

Wie wichtig ist wirtschaftswissenschaftliches Wissen?

Im Gegensatz zu Fremdsprachenkenntnissen und guten Examina werden wirtschaftswissenschaftliche Zusatzqualifikationen nicht zwingend vorausgesetzt. So gehen beispielsweise Unternehmensberatungen bei Jurist:innen (und anderen Berufseinsteiger:innen, die kein wirtschaftswissenschaftliches Studium absolviert haben) davon aus, dass sich wirtschaftswissenschaftliche Grundlagen in ein- bis zweiwöchigen Kursen vermitteln lassen. Wirtschaftliches Hintergrundwissen ist bei einer späteren Tätigkeit in einer Wirtschaftskanzlei jedoch wichtig. Für eine Vielzahl von Bereichen sind Grundkenntnisse der Rechnungslegung unverzichtbar. Als Jurist:in sollte man also keine Scheu haben, den Konzern- und Jahresabschluss eines Unternehmens verstehen und analysieren zu lernen. Ob weiteres Detailwissen erforderlich ist, hängt stark von dem Bereich ab, in dem man tätig ist. Generell kann man sagen, dass im wirtschaftsrechtlichen Bereich die Kenntnis der betriebswirtschaftlichen Grundlagen immer wichtiger wird. So erfordern z. B. komplexe Kaufpreisanpassungsklauseln in M&A-Transaktionen von Anwält:innen vertiefte Kenntnisse im Bereich der Rechnungslegung, denn anders lassen sich die von den Parteien verfolgten wirtschaftlichen Ziele weder angemessen verstehen noch im Unternehmenskaufvertrag zutreffend umsetzen. Unabhängig vom jeweiligen Rechtsgebiet ist für die Tätigkeit in einer Kanzlei eine valide wirtschaftliche Allgemeinbildung notwendig. In dieser Hinsicht hilft es, frühzeitig damit zu beginnen, den Wirtschafts- und Finanzmarktteil der großen Zeitungen zu lesen.

Wie kann wirtschaftswissenschaftliches Wissen erworben und nachgewiesen werden?

Betriebswirtschaftliche Kenntnisse können etwa über Zusatzkurse oder wirtschaftswissenschaftliche Nebenfächer erworben werden. Dies ist zwar mit einem überschaubaren Aufwand zu bewerkstelligen, entsprechend begrenzt ist jedoch auch die Aussagekraft derartiger Nachweise. Alternativ kommt eine wirtschaftswissenschaftliche Zusatzausbildung in Betracht. Die Universität Bayreuth bietet eine (in Deutschland einmalige) wirtschaftswissenschaftliche Zusatzausbildung für Jurist:innen an, nach deren Abschluss die Absolvent:innen den Titel „Wirtschaftsjurist/-in (Univ. Bayreuth)“ führen dürfen. Immer häufiger stößt man auch auf Anwält:innen, die neben dem Jurastudium ein wirtschaftswissenschaftliches Studium absolviert haben. Zu guter Letzt bietet sich auch für Jurist:innen die Möglichkeit, einen MBA (Master of Business Administration) zu erwerben. Durch die Teilnahme an einem internationalen MBA-Programm lassen sich der Erwerb von wirtschaftswissenschaftlichen und Fremdsprachenkenntnissen miteinander verbinden. Ein renommiertes MBA-Programm bietet zudem den Vorteil, dass man frühzeitig mit dem Aufbau eines persönlichen Netzwerks beginnen kann. Es gilt allerdings zu beachten, dass angesehene MBA-Programme meist mit hohen Studiengebühren verbunden sind, vielfach mehrere Jahre Berufserfahrung voraussetzen und – im Gegensatz zu einem LL.M. – unter Jurist:innen nach wie vor einen etwas exotischen Ruf haben.

Welche Perspektiven haben (Diplom-)Wirtschaftsjuristen in Wirtschaftskanzleien?
Immer mehr renommierte Wirtschaftskanzleien stellen (Diplom-)Wirtschaftsjurist:innen ein. Sie werden je nach Kanzlei in den unterschiedlichsten Praxisgruppen eingesetzt und leisten inhaltlich ganz unterschiedliche Arbeit (daher variiert ihre Bezeichnung auch zwischen Project Associate, Transaction Lawyer, Legal Support Lawyer etc.). Aufgrund ihrer Qualifikation kann ihr Tätigkeitsbereich unterstützende Transaktionsarbeit, außergerichtliche Mandatsarbeit sowie organisatorische Aufgaben umfassen. Mit zunehmender Anzahl der (Diplom-)Wirtschaftsjurist:innen sind in einigen Großkanzleien bereits eigene Betreuungsprogramme für dieses Berufsbild geschaffen worden, und in Zukunft sind auch eigene Karrieremodelle zu erwarten.

Schlüsselqualifikationen

Warum sollte man Schlüsselqualifikationen erwerben?
Juristische Berufe warten oftmals mit Situationen auf, die man nicht allein mit dem durch das Studium erworbenen Fachwissen lösen kann. Vorteile hat hier, wer bereits in der Ausbildung Schlüsselqualifikationen erworben hat. So sind etwa Mandantengespräche, Vertragsverhandlungen oder die vor allem in Großkanzleien wichtige Teamarbeit ohne gewisse Kenntnisse im Verhandlungsmanagement oder in der Gesprächsführung kaum möglich.

Welche Schlüsselqualifikationen gibt es?
Die für Jurist:innen besonders wichtigen Schlüsselqualifikationen nennt § 5a Abs. 3 Satz 1 des Deutschen Richtergesetzes (DRiG): Verhandlungsmanagement, Gesprächsführung, Rhetorik, Streitschlichtung, Mediation, Vernehmungslehre und Kommunikationsfähigkeit. Doch nicht nur diese Fähigkeiten sind für (angehende) Jurist:innen von Nutzen, auch Lesetechniken wie die SQ3R-Methode sollten als Schlüsselqualifikation erworben werden.

Wie können Schlüsselqualifikationen erworben werden?
Schlüsselqualifikationen können nicht allein durch theoretisches Wissen erworben werden. In erster Linie muss es um deren praktische Einübung gehen. Hierfür bieten sich Rollenspiele an, wie beispielsweise simulierte Mandantengespräche und Zeugenvernehmungen oder ein Spontanreferat zu einem vorher unbekannten Thema. Auf jeden Fall sollte man so früh wie möglich mit dem Erwerb von Schlüsselqualifikationen beginnen. Bereits im Studium erworbene Kompetenzen können schon im Referendariat wertvolle Dienste leisten, z. B. bei einem Aktenvortrag. Viele Universitäten bieten hierzu eigene Programme oder Lehrveranstaltungen an. Eine weitere Möglichkeit besteht darin, Workshops zu besuchen, die regelmäßig von Großkanzleien angeboten werden. Daneben gibt es zahlreiche weitere außeruniversitäre Veranstaltungen, die sich in den letzten Jahren etabliert haben. Client Interviewing oder Contract Competitions, Legal Debates oder Essay Competitions sind nur einige davon.

Tipp: Moot-Court-Teilnahme
Den Königsweg zum Erwerb – und vor allem Nachweis – von Schlüsselqualifikationen stellt die Teilnahme an einem Moot Court dar. Die inhaltliche Schwerpunktsetzung des Wettbewerbs ist dabei zunächst zweitrangig. Möchte man jedoch zeitgleich seine Fremdsprachenkenntnisse ausbauen, sei zu einem fremdsprachigen Wettbewerb wie etwa dem zivilrechtlichen Willem C. Vis Commercial Arbitration Moot Court oder dem völkerrechtlichen Philip C. Jessup International Law Moot Court geraten. In deutscher Sprache werden beispielsweise die ELSA Deutschland Moot Courts im Zivil- oder Verwaltungsrecht ausgetragen.

In erster Linie geht es darum, das Recht einmal praktisch anwenden zu können und seine Argumente vor „Gericht" zu verteidigen. Den Teilnehmer:innen an einem Moot Court wird die Möglichkeit gegeben, ihre rhetorischen und kommunikativen Fertigkeiten zu erproben sowie in einem Team zusammenzuarbeiten. Ehemalige „Mooties" werden somit zu begehrten Hochschulabsolvent:innen.

Stipendien

Warum sollte man sich um ein Stipendium bewerben?

Die Frage nach der Finanzierung des Studiums stellt einen ganz wesentlichen Aspekt der Studienplanung dar. Studierende, die bereits gute schulische Leistungen erbracht haben und sich sozial engagieren, sei deshalb schon gleich zu Studienbeginn empfohlen, eine Bewerbung um ein Stipendium in Betracht zu ziehen. Neben der finanziellen Unterstützung sprechen vor allem die vielseitigen (Weiter-)Bildungsmöglichkeiten und die Chance, Teil eines weltweiten Stipendiatennetzwerks zu werden, für eine Bewerbung.

Worauf wird bei der Bewerbung geachtet?

Nicht nur die „harten Fakten", nämlich die entsprechenden Studienleistungen, sind für eine erfolgreiche Bewerbung entscheidend. Auch die Persönlichkeit der Bewerber:innen spielt eine Rolle. Ohne gesellschaftliches Engagement – sei es im politischen, kirchlichen oder sozialen Bereich – wird eine Bewerbung um ein Stipendium kaum Erfolg versprechend sein. Weitere Informationen zu Anforderungen und Ablauf der Bewerbung finden sich auf den Websites der einzelnen Stipendiengeber.

Wie Sie als Mitglied von e-fellows.net Ihre Karriere voranbringen

Einladung zu exklusiven Karriere-Events

Info-Veranstaltungen mit den besten Law Schools und Kanzleien:

- LL.M. Day für Studierende, Referendar:innen und Volljurist:innen
- Perspektive Wirtschaftskanzlei für Absolvent:innen
- Karrieretag Jura für Studierende

www.e-fellows.net/Events

Große LL.M.-Bewerbungsdatenbank

- Welche Noten braucht man für die besten Law Schools?
- Wann ist der richtige Zeitpunkt für die Bewerbung?
- Welche Law Schools kommen mit meinen Noten infrage?

www.e-fellows.net/ LLM-Bewerbungsdatenbank

Sie sind ein kluger Kopf?
Von noch mehr Leistungen profitieren Sie, wenn Sie sich erfolgreich für das e-fellows.net-Stipendium bewerben.

Karriereratgeber als E-Book

Kostenlose Karriereratgeber der Reihe e-fellows.net wissen zum Download:

- *Der LL.M.*
- *Perspektive Unternehmensberatung*
- *Perspektive Trainee*

Aktuelle Jobs und Praktika in Kanzleien und Unternehmen

- 3.000 Stellen für Studierende, Absolvent:innen und Young Professionals
- passende Praktikums- und Jobangebote zu Ihrem Profil per E-Mail, z.B. von Freshfields oder BMW

Kostenlos als Mitglied anmelden: www.e-fellows.net/Mitglied-werden

Das Referendariat

von Stefan Reitemeyer, MLE[1]

Das Rechtsreferendariat bzw. der juristische Vorbereitungsdienst ist die zweijährige praktische Ausbildung, die mit der Zweiten Juristischen Staatsprüfung (Assessorexamen) abgeschlossen wird. Erst mit Bestehen des Zweiten Staatsexamens wird man zum Volljuristen oder zur Volljuristin und erwirbt die Befähigung zum Richteramt. Das Zweite Staatsexamen ist aber auch Zugangsvoraussetzung für nahezu alle anderen juristischen Berufe, zum Beispiel als Staatsanwältin/-anwalt, Rechtsanwältin/-anwalt oder Notar:in (mit Zusatzausbildung).

Da die Juristenausbildung Ländersache ist, bestehen zwischen den einzelnen Bundesländern erhebliche Unterschiede in Bezug auf Bewerbungs- und Auswahlverfahren zum Rechtsreferendariat, Vergütung, Aufbau der einzelnen Stationen sowie Umfang und Gewichtung der Prüfungsleistungen. Die Einzelheiten entnimmt man am besten den aktuellen Juristenausbildungsgesetzen des jeweiligen Bundeslands und den Internetseiten der zuständigen Landesjustizprüfungsämter. Das Bundesamt für Justiz (www.bundesjustizamt.de) stellt unter der Rubrik „Bürgerservice" jährlich Ausbildungsstatistiken für das Erste und Zweite Juristische Staatsexamen zusammen, die einen Überblick über die Entwicklung der Referendarszahlen, Prüfungsergebnisse und Gewichtung der Prüfungsleistungen geben.

Statistiken aus dem Jahr 2018 zeigen, dass sich der nach der Einführung der universitären Schwerpunktbereichsprüfung beim Ersten Staatsexamen feststellbare Trend zu besseren Examensnoten beim Zweiten Staatsexamen nicht fortsetzt. Zwar bestehen im Schnitt deutschlandweit ca. 87 Prozent aller Referendar:innen die Zweite Juristische Staatsprüfung, davon haben 2018 jedoch nur ca. 19 Prozent mit der Note „vollbefriedigend" oder besser abgeschlossen. Die Mehrheit der Referendar:innen erhielt die Note „befriedigend" (40,4 Prozent), weitere 27,3 Prozent wurden mit „ausreichend" bewertet.

Die Wahl des Ortes, an dem man sein Referendariat absolviert, kann sich durchaus auf die Examensnote auswirken. Orte, an denen viele Referendar:innen ausgebildet werden, lassen etwa einen größeren Austausch untereinander zu. Die Möglichkeit, Fälle und Klausuren gemeinsam zu besprechen und Lerngruppen zu bilden, sind in der Ausbildung von großem Wert. Ebenso kann es für das persönliche Abschneiden von Bedeutung sein, wie das jeweilige Prüfungsrecht aufgebaut ist. So variieren nicht nur die Anzahl der Klausuren, sondern auch die Klausurtypen. In Niedersachsen liegt der Fokus der Aufgabenstellungen der Klausuren zum Beispiel eher auf der staatlichen Sicht, in Berlin eher auf der anwaltlichen. Daneben variiert auch die Bedeutung der mündlichen Prüfung für die Examensnote. So fließt diese in Bayern zum Beispiel nur zu 25 Prozent in die Gesamtnote ein, während dies in Hessen und Nordrhein-Westfalen zu 40 Prozent der Fall ist.

---

1 Für Anregungen dankt der Verfasser Prof. Dr. Sarah Progin-Theuerkauf, Lehrstuhl für Europarecht und europäisches Migrationsrecht an der Universität Fribourg (Schweiz) und Matthias Murr.

Entgegen einer weitverbreiteten Ansicht unter Referendar:innen ist das Prüfungsniveau in den einzelnen Bundesländern weitgehend vergleichbar. Die meisten Prüfungsämter beteiligen sich am sogenannten Ringtausch der Prüfungen. Dabei sprechen sich die jeweils Prüfungsverantwortlichen untereinander ab, sodass bei gleichzeitigen Prüfungsdurchgängen nahezu im gesamten Bundesgebiet die gleichen Fälle in den Prüfungen zu lösen sind. Die Sachverhalte der Prüfungen werden lediglich auf die jeweiligen landesrechtlichen und örtlichen Gegebenheiten angepasst.

Dennoch variieren die Examensergebnisse in den einzelnen Bundesländern zum Teil stark. So erhielten 2018 in Hamburg ca. 42 Prozent der Referendare das ersehnte „vollbefriedigend" oder sogar ein „gut". An zweiter Stelle lag Bremen mit ca. 32 Prozent, gefolgt von Berlin mit 29 prozent. Umgekehrt sind die Quoten für ein „vollbefriedigend" oder besser in Brandenburg mit 11 Prozent bundesweit am geringsten. Diese Unterschiede lassen sich durch mehrere Faktoren erklären. Einige Länder bilden nur wenige Referendare aus, sodass dort eine geringere Anzahl erfahrener Ausbilder zur Verfügung steht und auch unter den Referendaren geringere Austauschmöglichkeiten bestehen. Die guten Ergebnisse aus Hamburg, Bremen und Berlin sind dagegen zum Teil dem Zulassungsverfahren und der Beliebtheit der Städte geschuldet. Sowohl Hamburg als auch Berlin verzeichnen ein hohes Bewerberaufkommen und gestalten die Zulassung nach einer Bestenauslese. Dies trägt statistisch zu besseren Noten bei.

Zulassung und Einstellung

Voraussetzung für die Zulassung zum Referendariat ist das bestandene Erste Juristische Staatsexamen, teilweise zusätzlich das Verstreichen einer bestimmten Wartezeit, die je nach Bundesland unterschiedlich lang ausfallen kann. Ist die Wartezeit am gewünschten Ort besonders lang, sollte man eine Promotion oder einen Auslandsaufenthalt (LL.M.) in Erwägung ziehen oder versuchen, mit einer juristischen Tätigkeit bereits erste Kontakte in die Arbeitswelt zu knüpfen. In vielen Bundesländern gibt es gar keine Wartezeit, sodass man auch einen Bundeslandwechsel bedenken sollte, um nicht zu viel Zeit zu verlieren.

Die Einstellung zum Referendariat erfolgt je nach Bundesland zweimal jährlich bis monatlich. Bei den zuständigen Oberlandesgerichten oder Justizministerien kann man sich darüber informieren, innerhalb welcher Fristen die Bewerbungsunterlagen eingereicht werden müssen. Unter Umständen werden kurzfristig Restplätze vergeben. So meldet sich z. B. das Kammergericht Berlin bei Bewerbern, die bereits in Berlin vor Ort sind, falls Plätze zu Beginn des Referendariats nicht angetreten wurden und somit frei sind.

In beliebten Städten übersteigt die Zahl der Bewerber oft die der vorhandenen Plätze. Dort muss man damit rechnen, nicht dem gewünschten Gericht zugeteilt zu werden. Die Zuteilung des Ausbildungsortes erfolgt innerhalb der Kapazitäten meist nach sozialen Kriterien (z. B. Behinderung, unterhaltspflichtige Personen etc.). In den Flächenstaaten erfolgt die erste Zuweisung an ein Landgericht, in dessen Bezirk man dann wiederum an die weiteren Stellen abgeordnet wird. Wer sichergehen will, dass er einem bestimmten Ort zugeteilt oder gerade nicht zugeteilt wird, sollte sich für einen Einstellungsmonat bewerben, in dem an diesem Ort sehr viele bzw. gar keine Referendar:innen eingestellt werden. So kann man die Ortsauswahl ein wenig steuern.

Beispielsweise werden im OLG-Bezirk Düsseldorf nur in den Monaten Mai und Oktober Referendar:innen dem Landgericht Kleve zugeteilt, im Februar, August und November erfolgen hingegen keine Zuteilungen zum Landgericht Düsseldorf.

In einigen Bundesländern gibt es Plätze, die über die sogenannte Leistungsliste privilegiert an Bewerber mit besonders guten Noten im Ersten Staatsexamen vergeben werden. In Berlin werden z. B. 20 Prozent der Referendarstellen an Bewerber:innen mit mindestens zehn Punkten im Ersten Staatsexamen vergeben. In Hamburg werden die Plätze nur anhand der Note des Ersten Staatsexamens vergeben, wobei sechs Monate Wartezeit als halber Bonuspunkt auf die Abschlussnote hinzugerechnet werden (im Dezember 2016 erfolgte das niedrigste verbindlich unterbreitete Angebot bei 11,36 Punkten aus dem Ersten Staatsexamen samt Bonuspunkten).

Während des Referendariats darf man die Bezeichnung „Rechtsreferendar/-in“ führen. Thüringen ist das einzige Bundesland, das Referendar:innen zu Beamt:innen auf Widerruf ernennt; in den übrigen Bundesländern ist das Referendariat als besonderes öffentlich-rechtliches Ausbildungsverhältnis ausgestaltet. Große Bedeutung hat diese Unterscheidung jedoch nicht, allerdings haben Beamt:innen auf Widerruf die Möglichkeit, eine private Krankenversicherung abzuschließen.

Vergütung

Referendar:innen erhalten eine sogenannte Unterhaltsbeihilfe; diese beträgt aktuell je nach Bundesland zwischen 1.193 (in Hamburg) und 1.595 (in Sachsen) Euro brutto. In einigen deutschen Großstädten kommt man mit der Unterhaltsbeihilfe nur sehr knapp über die Runden. Referendar:innen sind deswegen oft auf Unterstützung durch Eltern oder Partner:innen angewiesen. Eine Nebentätigkeit, z. B. in einer Anwaltskanzlei oder an der Uni, kann hier eine deutliche Entlastung bedeuten. Meistens ist diese jedoch nur im Umfang von acht bis zehn Stunden pro Woche erlaubt und muss vor Aufnahme genehmigt werden. Darüber hinaus bestehen in vielen Bundesländern (z. B. Berlin und Hamburg) Grenzen für Nebeneinkünfte. Bei Überschreitung der Grenzen müssen die Referendare mit Abzügen auf die Unterhaltsbeihilfe rechnen. Eine Nebentätigkeit hat in beruflicher Hinsicht viele Vorteile, etwa weil man bereits Kontakte zu potenziellen Arbeitgebern knüpfen kann. Allerdings kostet sie auch zusätzliche Energie – und vor allen Dingen Zeit –, sodass man weniger Aufwand in die Vor- oder Nachbereitung der Arbeitsgemeinschaften (AGs) und die Erstellung von Schriftsätzen, Urteilsentwürfen etc. stecken kann. Gerade im ersten Jahr des Referendariats spricht aber nichts gegen eine Nebentätigkeit von etwa acht Stunden pro Woche.

Die Zweite Juristische Staatsprüfung

Das Referendariat endet mit dem Bestehen oder endgültigen Nichtbestehen der Zweiten Juristischen Staatsprüfung. Der schriftliche Teil der Prüfungen wird in der Regel zwischen dem 19. und dem 21. Ausbildungsmonat absolviert. Je nach Bundesland müssen zwischen sieben und elf fünfstündige Klausuren im Zivilrecht, öffentlichen Recht und Strafrecht (in Bayern auch im Arbeits- und Steuerrecht) geschrieben werden. Aufgrund der Reform der Juristenausbildung werden inzwischen vermehrt anwaltliche Aufgabenstellungen geprüft.

In einigen Bundesländern sind für die Aufsichtsarbeiten bestimmte Kommentare oder Formularsammlungen zugelassen. Diese muss man selbst besorgen, wobei man unbedingt die neueste Auflage verwenden sollte. Bei Klausurterminen am Anfang eines Kalenderjahrs kommen manchmal noch unmittelbar vor den Klausuren neue Auflagen auf den Markt. Inzwischen haben auch Buchhandlungen oder Online-Anbieter den Markt für Leihkommentare entdeckt („Juristenkoffer“ etc.), sodass sich der finanzielle Aufwand reduzieren lässt.

Die mündliche Prüfung, die meist vier bis acht Wochen nach dem Ende der Wahlstation ansteht, besteht regelmäßig aus einem Akten- bzw. Kurzvortrag (aus den Bereichen Zivilrecht, Strafrecht und öffentliches Recht sowie im IPR, Arbeits-, Steuer- und Europarecht) und einem Prüfungsgespräch (Zivilrecht, Strafrecht, öffentliches Recht). In Bundesländern mit Schwerpunktbereich kommt eine mündliche Prüfung in diesem Bereich hinzu. Der Schwerpunktbereich wird dabei durch die inhaltliche Ausrichtung der Wahlstation festgelegt. In einigen Bundesländern wird das Rechtsgebiet, in dem der Aktenvortrag zu halten ist, ausgelost und erst zwei Wochen vor der mündlichen Prüfung mitgeteilt, in anderen Bundesländern darf man wählen. Oft sind (teilweise auch bei kommerziellen Anbietern) Prüfungsprotokolle erhältlich, mit denen man sich gezielt auf Lieblingsgebiete der Prüfer:innen vorbereiten kann. Die Protokolle erleichtern die Vorbereitung erheblich. Selbstverständlich ist hier aber auch ein gesundes Misstrauen angezeigt; viele Prüfer:innen kennen ihre Protokolle und prüfen absichtlich abseits der bereits behandelten Themen. Manche Protokolle enthalten zudem Fehler.

In vielen Bundesländern gibt es auch bei der Zweiten Juristischen Staatsprüfung einen Notenverbesserungsversuch, für den jedoch in der Regel Gebühren zwischen 400 und 600 Euro fällig werden. Wer beim ersten Mal durchfällt, kann/muss teilweise eine dreimonatige Repetenten-AG besuchen und wird in dieser Zeit erneut einem Richter oder einer Richterin zugewiesen (so zum Beispiel in Nordrhein-Westfalen). „Durchfaller:innen“ erhalten in einigen Bundesländern nur noch ein gekürztes Referendarsgehalt. In der Regel hat man zwei Versuche, das Zweite Staatsexamen zu bestehen. Teilweise gibt es aber auch die Möglichkeit eines „Gnadengesuchs“, um ein drittes Mal zur Prüfung antreten zu dürfen.

Gestaltung der Referendariatsstationen

Das Referendariat gliedert sich in verschiedene Stationen, die je nach Bundesland in unterschiedlicher Länge und Abfolge aneinandergereiht werden. In allen Bundesländern müssen Referendar:innen die folgenden vier Stationen durchlaufen:

- Zivilgerichtsbarkeit (Amts- oder Landgericht)
- Staatsanwaltschaft oder Strafjustiz
- öffentliche Verwaltung/Verwaltungsgerichtsbarkeit
- Rechtsanwältin/-anwalt

Als letzte Station schließt sich eine Wahl- oder Wahlpflichtstation an. Je nach Bundesland sind innerhalb bestimmter Stationen auch Auslandsaufenthalte möglich (vgl. Seite 152 f.).

Für jede Station erhalten der Referendar:innen ein Zeugnis des Einzelausbilders. Die Noten fallen in der Regel sehr gut aus, sodass sie nur beschränkte Aussagekraft haben. Unter Umständen können sie aber bei der mündlichen Prüfung und im späteren Bewerbungsverfahren, z. B. bei der Staatsanwaltschaft, noch einmal zur Sprache kommen bzw. bei der Stellenvergabe eine Rolle spielen. Eine auffallend schlechte Note sollte man daher möglichst vermeiden.

Zivil- und Strafgerichtsstationen

Auf die genaue Gestaltung der praktischen Ausbildung in den Zivil- und Strafgerichtsstationen hat man nur geringen Einfluss. Zum Teil kann man thematische Wünsche äußern oder die Zuteilung zu einem bestimmten Richter beantragen. Sofern man diese Möglichkeit hat und einen Richter oder eine Richterin kennt, sollte man sie auch nutzen. Die Tätigkeit bei Richter:innen ist relativ überschaubar, da diese oft nur ein bis zwei Sitzungstage pro Woche haben, zu denen man sie begleiten darf. Den Rest der Woche ist man sich selbst überlassen, sodass man – neben dem AG-Tag – in der Regel noch zwei Arbeitstage zur freien Verfügung hat. Eine Nebentätigkeit ist daher sehr gut machbar. Idealerweise sollte man noch mindestens einen Tag pro Woche zur Vor- oder Nachbereitung seiner AG und zum Verfassen von Entwürfen für den Ausbilder einplanen.

In der Zivilgerichtsbarkeit beschränkt sich die Tätigkeit von Referendar:innen auf das Entwerfen von Urteilen, Beschlüssen und Voten. Teilweise darf man auch eine Beweisaufnahme durchführen, eine mündliche Verhandlung leiten oder muss das Sitzungsprotokoll erstellen.

Stationen in der Staatsanwaltschaft oder Strafjustiz

Bei der Staatsanwaltschaft muss man damit rechnen, an wöchentlich wechselnden Tagen Sitzungsvertretungen durchzuführen, bei denen man die Rolle der Staatsanwältin oder des Staatsanwalts innehat. Das heißt, man verliest die Anklage und schlägt zum Schluss ein bestimmtes Strafmaß vor, das man im Idealfall vorher mit seinem Ausbilder erörtert hat. Haben sich während der Hauptverhandlung neue Tatsachen ergeben, ist Improvisation gefragt. Das eigene Judiz und anwesende Richter:innen leiten Referendar:innen aber meist in eine gute Richtung. Zusätzlich muss man zu Hause mehr oder weniger umfangreiche Akten bearbeiten und Anklageschriften oder staatsanwaltschaftliche Verfügungen entwerfen. Die Tätigkeiten sind somit extrem variabel und teilweise sehr arbeitsintensiv.

In einigen Bundesländern kann man auf die Zuteilung bei der Staatsanwaltschaft Einfluss nehmen. So kann man teilweise zwischen der Abteilung für Kapitalverbrechen, Betäubungsmittel, organisierte Kriminalität, Wirtschaftsstrafsachen, allgemeine Strafsachen und Jugendsachen wählen. Eine gute Wahl ist es, sich den Jugendsachen zuteilen zu lassen. Hier lernt man die größte Bandbreite an Delikten kennen, da in der Regel nicht nur die gesamte Jugendkriminalität bearbeitet wird, sondern auch der Jugendschutz. So lassen sich mit Blick auf die späteren Prüfungen bereits in der Praxis viele Erfahrungen sammeln. Die übrigen Abteilungen sind entweder auf eine Deliktgruppe spezialisiert oder enthalten – wie die allgemeinen Strafsachen – lediglich Betrugsstraftaten, Schwarzfahrten und leichte Körperverletzung. Die Abteilungen für Kapitalverbrechen behandeln zwar die „großen“ Fälle, zeichnen sich aber auch durch eine relativ geringe Anzahl an Fällen aus.

Wer einen Nebenjob hat und über eine Wahlmöglichkeit verfügt, sollte sich besser einem Strafrichter oder einer Strafrichterin zuweisen lassen. Die festen Sitzungstage machen die Wochenarbeitszeiten planbarer. In diesem Fall muss man jedoch etwas mehr Zeit investieren, um sich auf staatsanwaltschaftliche Klausuraufgaben vorzubereiten. Vorteile hat man dafür beim Verfassen von Strafurteilen und Revisionsschriftsätzen.

Verwaltungsstation

Mehr Freiheiten hat man bei der Auswahl der Verwaltungsstation. Da man in der Verwaltung in der Regel täglich anwesend sein muss, ist es sinnvoll, sich rechtzeitig um eine attraktive Verwaltungsstation zu kümmern. Sofern im jeweiligen Bundesland Stationen bei Bundesbehörden erlaubt sind und man dort eine Station anstrebt, sollte man sich bereits ein halbes bis ein ganzes Jahr vorher um einen Ausbildungsplatz bemühen, unter Umständen sogar schon vor Beginn des Referendariats. Dies ist nicht immer einfach, da man nicht weiß, ob man überhaupt zum Wunschtermin in den juristischen Vorbereitungsdienst aufgenommen wird. Dafür darf man bei Bundesministerien und Bundesbehörden wie dem Bundeskartellamt oder der BaFin weitaus interessantere Tätigkeiten erwarten als in einer Stadtverwaltung. Allerdings besitzt die Arbeit bei den Bundesbehörden nur eine geringe Examensrelevanz, da man dort selten Bescheide gegenüber Bürgern erlässt. Auch Auslandsaufenthalte oder ein Speyer-Semester (vgl. Seite 151) sind teilweise in der Verwaltungsstation möglich. In einigen Bundesländern kann man die Verwaltungsstation auch bei einem Verwaltungsgericht ableisten.

Anwaltsstation

In der Anwaltsstation hat man (bis auf wenige Einschränkungen) die freie Wahl, bei welchen Anwält:innen man arbeiten möchte. Bei der Planung, die in der Regel sechs Monate vorher abgeschlossen sein sollte, stellt sich vielen Referendar:innen die Frage: Was ist empfehlenswerter, Großkanzlei oder Einzelanwalt? Hierüber scheiden sich nach wie vor die Geister. Vorteile der Großkanzlei sind neben den internationalen Tätigkeitsfeldern vor allem eine oftmals gezahlte Zusatzvergütung sowie der gute Name im Lebenslauf und wichtige Kontakte, die einem bei der späteren Berufswahl Türen öffnen können. Nachteile sind jedoch die langen Arbeitszeiten, die dazu führen können, dass man nicht ausreichend Zeit hat, sich auf die Prüfungen des Zweiten Staatsexamens vorzubereiten. Tatsache ist auch, dass man dort meist wenig „alltägliche" Anwaltsaufgaben in examensrelevanten Rechtsgebieten zu erledigen hat. Wenn man es allerdings schafft, sich mit dem Arbeitgeber auf eine ausgewogene Verteilung von Arbeits- und Lernzeit zu einigen, ist die Großkanzlei sicher eine Alternative, die einem alle Optionen offenlässt. Ohne Prädikat im Ersten Staatsexamen kann man meist nur zwischen mittelständischen und kleinen Anwaltskanzleien wählen. Grundsätzlich gilt: Je besser Name und Ruf der Kanzlei, desto hilfreicher ist dies bei der späteren Jobsuche. Größere Kanzleien haben oftmals auch bessere finanzielle Ressourcen und mehr Personalbedarf als „Einzelkämpfer:innen", wodurch die Chancen für eine Einstellung nach dem Zweiten Staatsexamen steigen. Zusätzlich bieten einige Großkanzleien eigene Vorbereitungskurse für die schriftlichen Prüfungen an oder finanzieren den Besuch eines Repetitors. In vielen Bundesländern kann man einen Teil der Anwaltsstation in einem Unternehmen der Privatwirtschaft ableisten. Auch hier empfiehlt es sich, eine Branche oder ein Unternehmen auszuwählen, in der oder dem man sich eine spätere Tätigkeit vorstellen kann. Für Jurist:innen in Rechtsabteilungen gelten oftmals nicht die gleichen strengen Notenvorgaben wie bei Großkanzleien, sodass man hier auch ohne Prädikatsexamen hervorragende Referenzen erhalten kann. Auch ein Speyer-Semester kann je nach Bundesland in der Anwaltsstation eingelegt werden.

Wahlstation

In der Auswahl der Wahlstation ist man (mit Ausnahme der Bundesländer, in denen die Wahlstation den Schwerpunktbereich bestimmt) ebenfalls frei, solange dabei eine adäquate juristische Ausbildung gewährleistet wird. Dies ist der Zeitpunkt, zu dem die meisten Referendar:innen ins Ausland gehen (vgl. Seite 152 f.). Diese Chance sollte unbedingt genutzt werden, da es im späteren Berufsleben nie wieder so einfach sein wird, einige Zeit im Ausland zu arbeiten.

Vorbereitung auf die Zweite Juristische Staatsprüfung

Parallel zu den Stationen müssen AGs besucht werden, für die man ebenfalls ein Zeugnis erhält. Je nach Bundesland finden die AGs teils als Block, teils einmal wöchentlich statt. Eine Station beginnt regelmäßig mit einem Einführungslehrgang. Der Nutzen der Arbeitsgemeinschaften ist unterschiedlich. Sofern die Dozent:innen qualifizierten Unterricht halten, kann man sich mit einer guten AG viele einsame Stunden über den Büchern ersparen. Auch die angebotenen Übungsklausuren sollte man unbedingt wahrnehmen und möglichst unter Examensbedingungen lösen, d. h. mit den im Examen zugelassenen Kommentaren oder Formularsammlungen als Hilfsliteratur, aber möglichst ohne den AG-Kollegen.

Auch zur Vorbereitung auf die Zweite Juristische Staatsprüfung veranstalten die bekannten Anbieter Repetitorien. Die Kurse finden in der Regel abends oder am Wochenende statt. Unabdingbar ist der Besuch eines Repetitoriums zum Bestehen des Zweiten Staatsexamens nicht. Es kann aber sehr beruhigend sein, wenn man in der „heißen Phase" genügend gut aufbereitetes Lernmaterial zur Verfügung hat und sich bereits ein Jahr vor den Prüfungen regelmäßig mit dem Lernstoff auseinandergesetzt hat. Man sollte beim Lernen unbedingt auf eine bundeslandausgerichtete Praxisbezogenheit des Materials achten. Das Kammergericht Berlin bietet unter „Karriere", „Rechtsreferendariat", „Vorbereitungsdienst" und „Zusatzangebote" einen Internet-Klausurenkurs an. Dort finden sich alte Examensklausuren samt Lösungsskizzen.

Auf der Internetseite des Landesjustizprüfungsamts Nordrhein-Westfalen finden sich Kurzvorträge samt Lösungen. Das Verfassen von Klausuren und das Halten von Kurzvorträgen sollte frühzeitig und am besten in Lerngruppen geübt werden.

Insgesamt ist das Referendariat eine ausgezeichnete Gelegenheit, alle juristischen Berufsfelder kennenzulernen. Für die anstehende Berufswahl kann man hier schon entscheidende Weichenstellungen vornehmen. Wer bereits weiß, dass er in einem bestimmten Rechtsgebiet oder in einer bestimmten Branche tätig werden will, kann sein Profil schon im Referendariat danach ausrichten. Viele Berufe kann man allerdings (leider) nur ergreifen, wenn man auch und gerade im Zweiten Staatsexamen überdurchschnittlich gut abgeschnitten hat. Grundsätzlich sollten die Unwägbarkeiten der Zweiten Juristischen Staatsprüfung aber niemanden davon abhalten, im Referendariat Stationen nach den persönlichen Vorlieben zu planen. Man sollte seine Wahl auch nicht zu sehr davon abhängig machen, ob man in einer Station möglicherweise mehr examensrelevantes Wissen erlernt als in einer anderen. Denn auch dort, wo man vermeintlich examensrelevante(re) Rechtsgebiete bearbeitet (z. B. bei allgemein beratend tätigen Einzelanwält:innen) kann es passieren, dass man während der Station nicht viele rechtlich hinreichend anspruchsvolle Fälle zu bewältigen hat. Letztlich ist es viel wichtiger, den Arbeitsgemeinschaften – vorausgesetzt, die Lehrkräfte sind gut – aufmerksam zu folgen und die einschlägige Literatur zur Prüfungsvorbereitung durchzuarbeiten. Es ist ohnehin vom Zufall abhängig, welche Fälle man im Zweiten Staatsexamen tatsächlich als Prüfungsaufgabe erhält. Spekulationen im Vorfeld gibt es zwar viele (und sie werden mehr, je näher der Examenstermin rückt), davon sollte man sich jedoch auf keinen Fall verunsichern lassen.

Sonderfall Verwaltungsstation Speyer

Rechtsreferendar:innen haben die Möglichkeit, ein „verwaltungswissenschaftliches Ergänzungsstudium" an der Deutschen Universität für Verwaltungswissenschaften in Speyer (DUV) zu belegen, das auf die jeweilige Station (je nach Bundesland Verwaltungs-, Anwalts- oder Wahlstation) angerechnet wird. Alle Informationen hierzu sind unter www.uni-speyer.de zu finden. Das Speyer-Semester dauert drei Monate und beginnt jeweils am 1. Mai (Sommersemester) und am 1. November (Wintersemester). Gegebenenfalls muss man daher die einzelnen Stationen verschieben.

Interessierte Referendar:innen müssen einen entsprechenden Antrag auf Zuweisung zur DUV bei ihrer zuständigen Ausbildungsbehörde beantragen; Bewerbungen direkt in Speyer sind nicht möglich. Pro Semester studieren ca. 450 Referendar:innen in Speyer. Die 16 Lehrstuhlinhaber:innen und rund 100 Lehrbeauftragten garantieren ein breites interdisziplinäres Lehrangebot. Im Studium werden schwerpunktmäßig verwaltungswissenschaftliche Inhalte vermittelt.

Seit dem Wintersemester 2004/2005 wird auch ein Weiterbildungsstudium „Rechtsberatung und Rechtsgestaltung" angeboten, das man in die Anwaltsstation integrieren kann. Das Angebot richtet sich ebenfalls hauptsächlich an öffentlich-rechtlich interessierte Referendar:innen. Das Semesterprogramm kann selbst gestaltet werden. Eine Abschlussprüfung gibt es nicht. Wer im Umfang von 20 Semesterwochenstunden Veranstaltungen, ein Seminar und eine Arbeitsgemeinschaft belegt hat, erhält ein Semesterzeugnis. Parallel werden immer auch Examensrepetitorien, Klausurenkurse und landesspezifische Übungen angeboten. Für Referendar:innen stehen vor Ort zwei Gästehäuser zur Verfügung; zudem unterhält die DHV eine Zimmerdatenbank.

Das Speyer-Semester hat leider den Ruf, oftmals eher ein Feier-Semester zu sein. Das Kursangebot der DUV ist jedoch hervorragend, und man kann sich Teile des Weiterbildungsstudiums für ein verwaltungswissenschaftliches Aufbaustudium (seit dem Wintersemester 2011/2012 mit Master-Abschluss) anrechnen lassen.

Planung von Auslandsstationen

In allen Bundesländern sind Auslandsaufenthalte während des Referendariats erlaubt, teilweise jedoch nur während der Wahlstation oder bis zu einer gewissen Maximaldauer. Die Möglichkeit, den Lebenslauf mit einem Auslandsaufenthalt aufzubessern, sollte sich keiner entgehen lassen. Nie wieder ist es so leicht, ins Ausland zu gehen, wie jetzt. Davon abgesehen, dass es sehr viel Spaß macht, eine fremde Kultur auch im Arbeitsleben zu entdecken, kann man seine Sprachkenntnisse aufbessern und Flexibilität beweisen, was viele Arbeitgeber sehr schätzen. Die Angst, im Ausland nicht hinreichend ausgebildet zu werden oder keine Zeit für die Vorbereitung auf die mündliche Prüfung zu haben, ist in der Regel unbegründet.

Auslandsstation beim Auswärtigen Amt

Das Auswärtige Amt bildet regelmäßig in deutschen Auslandsvertretungen Referendar:innen aus. Nähere Informationen sind auf www.auswaertiges-amt.de (Rubrik „Ausbildung und Karriere", „Arbeiten im Auswärtigen Amt", „Praktika im Auswärtigen Amt", „Juristischer Vorbereitungsdienst") erhältlich. Wer die Bewerbungsfrist einhält und die Anforderungen erfüllt, erhält in der Regel die Zusage für eines seiner Wunschziele oder ein Angebot für einen anderen Standort, das man selbstverständlich auch ablehnen kann. Das Auswärtige Amt gewährleistet einen gewissen Rahmen, der die Organisation der Auslandsstation sehr erleichtert. Allerdings gibt es neben dem Referendarsgehalt keine zusätzliche Vergütung.

Auslandsstation in internationalen Organisationen

Aber auch die EU, die Vereinten Nationen und andere internationale Organisationen sowie die deutschen Außenhandelskammern, NGOs, Anwaltskanzleien oder Unternehmen bieten die Möglichkeit einer Station im Ausland an. Offene Stellen findet man leicht im Internet (www.jobs-io.de). Die wichtigsten Adressen stehen in Handbüchern wie dem OECKL (www.oeckl.de) oder sind bei den Referendarabteilungen der Gerichte erhältlich. Auch die diversen Referendarzeitungen enthalten oft Erfahrungsberichte anderer Referendar:innen, die bei der Auswahl der passenden Auslandsstation helfen können. Kontakte zu Kanzleien können z. B. auch über die Kanzleinetzwerke in der Anwaltsstation geschlossen werden. Eine Vergütung darf man bei den Vereinten Nationen (mit Ausnahme der ILO) und anderen internationalen Organisationen sowie den deutschen Außenhandelskammern ebenfalls nicht erwarten.

Organisation

Der Organisationsaufwand für eine Station im Ausland ist zwar höher als bei Stationen vor Ort, lässt sich jedoch gut bewältigen. Man sollte allerdings frühzeitig (ca. ein Jahr bis sechs Monate vorher) mit der Planung der Auslandsstation anfangen, um z. B. nicht gerade in der Lernphase vor den Examensklausuren damit belastet zu sein, ein Visum zu besorgen, sich impfen zu lassen und eine:n Untermieter:in zu finden. Wer sich rechtzeitig ausführlich informiert, spart Zeit und Geld. Einige Bundesländer (z. B. Nordrhein-Westfalen) haben etwa spezielle Auslandskrankenversicherungen für Referendar:innen abgeschlossen, sodass man auch im außereuropäischen Ausland abgesichert ist. Manche Bundesländer (z. B. Niedersachsen) gewähren Referendar:innen Trennungsgeld für die Station im Ausland.

Wahl des geeigneten Zeitpunkts

Der beste Moment, ins Ausland zu gehen, ist sicherlich die Wahlstation, da dann die belastenden Examensklausuren bereits überwunden sind und zur Vorbereitung auf die mündliche Prüfung auch nach der Station noch Zeit bleibt. Aber auch während der Pflichtstationen des Referendariats gibt es geeignete Momente, z. B. - sofern dies erlaubt ist - am Anfang der Anwaltsstation oder in der Verwaltungsstation. Die Examensvorbereitung sollte man jedoch zumindest in den Monaten vor den schriftlichen Prüfungen immer im Hinterkopf behalten.

Sonderurlaub für Zusatzqualifikationen

Wer sich im Referendariat noch nicht ganz ausgelastet fühlt, kann nebenbei Zusatzqualifikationen erwerben. Viele Bundesländer bieten Referendartagungen und -akademien an, für die Sonderurlaub gewährt wird. Das Verfassen einer juristischen Dissertation oder die Teilnahme an einem LL.M.-Programm parallel zum Referendariat müssen durch die Stammdienststelle genehmigt werden. Sonderurlaub für mündliche Doktorprüfungen etc. wird regelmäßig gewährt. Es ist empfehlenswert, die Promotion vor dem Referendariat weitgehend abzuschließen. Parallel zum Referendariat können Referendar:innen mit Berufswunsch Anwalt oder Anwältin auch die zwölfmonatige DAV-Anwaltsausbildung absolvieren. Auch Fachanwaltskurse können schon im Referendariat belegt werden. Nähere Informationen zu Aufbaustudiengängen (MBA, LL.M. etc.) und Zusatzqualifikationen (Fachanwalt, Wirtschaftsprüfer, Mediator, Steuerberater) bietet das folgende Kapitel „Weiterbildung und zusätzliche Abschlüsse".

LITERATUR-TIPPS:

- Felser, Michael (2006): *Das erfolgreiche Rechtsreferendariat - Eine Anleitung,* Frankfurt am Main.
- Römermann, Volker/Hartung, Wolfgang (Hrsg.) (2003): *Die Anwaltsstation nach neuem Recht,* München.
- Salamon, Michael/Brauner, Detlef (Hrsg.) (2013): *Berufsziel Rechtsanwalt/Fachanwalt: Studium/Referendariat, Tätigkeitsbereiche, Perspektiven*, Sternenfels.
- Spreng, Normann M./Dietrich, Stefan (2006): *Studien- und Karriere-Ratgeber für Juristen,* Berlin, Heidelberg.
- Steinleitner, Jörg (2003): *Der Referendar - 24 Monate zwischen Genie und Wahnsinn,* Würzburg.
- Vehslage, Thorsen/Bergmann, Stefanie/Kähler, Svenja/Zabel, Matthias (2007): *Referendariat und Berufseinstieg,* JuS-Schriftenreihe, München.

Weiterbildung und zusätzliche Abschlüsse

von Dr. Daniel Voigt

Der Erwerb von Zusatzqualifikationen ist für eine erfolgreiche berufliche Tätigkeit keine zwingende Voraussetzung. Zusatzqualifikationen können den Berufseinstieg aber erleichtern und die weitere Karriere fördern. Sie können helfen, weniger geglückte Examina aufzuwerten. Zusatzqualifikationen können sich auch in einem höheren (Einstiegs-)Gehalt niederschlagen. Der BFH urteilte, dass z. B. mit einem LL.M. die Chancen auf den erstrebten Arbeitsplatz erheblich verbessert seien.[1]

Angesichts der Vielzahl möglicher Weiterbildungsalternativen stellt sich vielen Absolvent:innen die Frage, nach welchen Kriterien sie eine Zusatzqualifikation auswählen sollen. In erster Linie sollte die Entscheidung von den persönlichen Neigungen und Interessen abhängig gemacht werden. Daneben sind auch die (langfristigen) Karriereziele zu berücksichtigen. Davon kann abhängen, ob – und wenn ja, welche – Weiterqualifizierung sinnvoll ist.

Es bringt Vorteile, sich möglichst frühzeitig mit den verschiedenen Möglichkeiten von Zusatzqualifikationen oder beruflicher Weiterbildung auseinanderzusetzen. Denn viele Zusatzqualifikationen erfordern eine gewisse Vorbereitung. Bei LL.M.-Programmen werden beispielsweise Professorengutachten oder Sprachtests verlangt. Auch wer eine Promotion anstrebt, sollte Vorlaufzeiten für Stipendienbewerbungen oder die Themensuche einkalkulieren. Im Folgenden werden angesichts der Vielzahl der Möglichkeiten nur die von Jurist:innen häufig gewählten Zusatzqualifikationen kursorisch vorgestellt.

Promotion

Die Promotion ist für Jurist:innen noch immer die „klassische" Zusatzqualifikation und erfreut sich anhaltender Beliebtheit[2] – trotz gewisser Reputationsverluste in der Öffentlichkeit durch Titelentzugsverfahren gegen Personen des öffentlichen Lebens. Allein im letzten statistisch erfassten Prüfungsjahr 2019 promovierten laut Statistischem Bundesamt 8.795 junge Jurist:innen[3]. Der BGH meint, dass einer Person mit Doktortitel „in der breiten Öffentlichkeit ein besonderes Vertrauen in [ihre] intellektuellen Fähigkeiten, [ihren] guten Ruf und [ihre] Zuverlässigkeit" entgegengebracht werde.[4]

---

1 BFH, BFH/NV 2004, S. 32 f.

2 Ausführlich zur Beliebtheit und den Effekten einer Promotion: Kilian: *JuS* 2017, S. 187 ff.

3 www.destatis.de/DE/Themen/Gesellschaft-Umwelt/Bildung-Forschung-Kultur/Hochschulen/Publikationen/Downloads-Hochschulen/promovierendenstatistik-5213501197004.pdf?__blob=publicationFile.

4 BGH, *NJW* 1970, S. 704.

Eine Promotion besteht grundsätzlich in der Anfertigung einer wissenschaftlichen Arbeit (Dissertation) sowie einer mündlichen Prüfung (Rigorosum oder Disputation). Das Promotionsvorhaben endet mit der Veröffentlichung der Arbeit. Die Promotion steht nicht nur denjenigen offen, die überdurchschnittliche Examensergebnisse erzielt haben. Unter bestimmten Voraussetzungen gestatten die Promotionsordnungen der Universitäten die Zulassung zur Promotion auch, wenn kein Prädikatsexamen erzielt wurde.

Für eine wissenschaftliche Karriere in Deutschland ist eine Promotion wohl nach wie vor unverzichtbar. Daneben wird dem Doktortitel besonders im Öffentlichen Dienst, aber auch in Unternehmen oder Kanzleien eine große Wertschätzung entgegengebracht. In der freien Wirtschaft drückt sie sich oftmals in höheren Einstiegsgehältern aus. Dabei dürfte im Vergleich zu anderen Zusatzqualifikationen besonders im Öffentlichen Dienst und bei konservativen Arbeitgebern die Wertschätzung eines Doktortitels noch höher zu bewerten sein als die für Postgraduiertenabschlüsse wie etwa den LL.M. Bei internationalen Arbeitgebern kann diese Einschätzung allerdings umgekehrt ausfallen. Eine deutsche Promotion wird hier nicht unbedingt mit Internationalität und über den eigenen Rechtskreis hinausgehenden Kenntnissen assoziiert, die jedoch oft für eine Einstellung gefordert werden.

Wer eine Promotion anstrebt, sollte sich zuvor intensiv mit den verschiedenen Facetten dieses Projekts auseinandersetzen. Ratgeber können einen ersten Überblick über die relevanten Aspekte einer Promotion bieten.[5] Für eine Promotion sollte man ein Mindestmaß an Freude am wissenschaftlichen Arbeiten und am gewählten Thema mit- und aufbringen.[6] Im Gegensatz zu anderen Qualifikationsmöglichkeiten steht bei einer Promotion die intensive wissenschaftliche Auseinandersetzung mit einem bestimmten Thema im Vordergrund. Selbstdisziplin und eigenständiges Arbeiten sind unverzichtbare Voraussetzungen. Auch die Dauer des Vorhabens sollte bei der Entscheidung berücksichtigt werden. Selbst wenn einige Promotionsvorhaben in kurzer Zeit durchgeführt werden, so beanspruchen die meisten Vorhaben doch mehrere Jahre.

---

5 Speziell für Juristen der Ratgeber von v. Münch/Mankowski (2013): *Promotion*, Tübingen. Allgemein: Preißner (Hrsg.) (2001): *Promotionsratgeber*, München; Nünning (Hrsg.) (2007): *Handbuch Promotion*, Stuttgart/Weimar; Stock (Hrsg.) (2014): *Erfolgreich promovieren*, Berlin/Heidelberg.

6 Hierzu: Peters (Hrsg.) (2007): *Promotionsgeschichten: ein Lesebuch über die Freude wissenschaftlichen Arbeitens*, Waldkirchen.

LL.M., MBA und Co. – Aufbaustudiengänge für Jurist:innen

Die Teilnahme an einem Postgraduiertenprogramm ist eine ebenfalls von vielen Jurist:innen gewählte Form der Weiterqualifikation. Der Master of Laws (LL.M.) ist der am häufigsten angestrebte Postgraduiertenabschluss für Jurist:innen.

Aber auch andere Postgraduiertenabschlüsse, wie z. B. ein Master of Business Administration (MBA), können eine Option sein. Der MBA vermittelt in der Regel allgemeine Management-Kenntnisse mit starkem Praxisbezug und lehrt Grundkenntnisse der Volks- und Betriebswirtschaft. MBA-Programme dauern etwa ein bis zwei Jahre – abhängig vom Modell (Voll- oder Teilzeit) und vom Standort (MBAs in den USA dauern im Schnitt länger als in Europa). Der MBA ist insbesondere dann für Jurist:innen interessant, wenn eine wirtschaftsnahe rechtliche Tätigkeit oder eine Tätigkeit außerhalb der klassischen Rolle des Anwalts oder der Anwältin angestrebt wird, beispielsweise in Beratungsunternehmen. Dreimal im Jahr organisiert z. B. e-fellows.net einen MBA Day mit renommierten Business Schools aus Europa (und teilweise den USA) – nähere Infos dazu unter www.e-fellows.net/mbaday. Ein Master of Public Administration vermittelt verwaltungswissenschaftliche und ein Master of International Relations politikwissenschaftliche Kenntnisse. Auch diese Abschlüsse können für zukünftige, nicht ausschließlich juristische Tätigkeiten von Interesse sein.

In den letzten Jahren ist ein stetig wachsendes Angebot an Postgraduiertenstudiengängen zu verzeichnen. Dies ist ein Indiz nicht nur für einen steigenden Bedarf an einer zusätzlichen, sondern häufig auch einer internationalen Ausbildung. Es ist auch ein Hinweis auf eine zunehmende Wertschätzung dieser Form der Zusatzqualifikation durch Arbeitgeber. Insbesondere grenzüberschreitend arbeitende Kanzleien und Unternehmen schätzen internationale Erfahrungen und Kenntnisse.

LL.M.-Programme dauern typischerweise ein Jahr. Sie werden vor allem im Ausland, zunehmend aber auch in Deutschland angeboten. Ziel vor allem der ausländischen Programme ist es, den Student:innen die Einführung in einen fremden Rechtskreis zu ermöglichen sowie den Erwerb von Spezialkenntnissen zu fördern. Mittlerweile bieten viele Universitäten speziell ausgerichtete LL.M.-Programme an, z. B. im See-, Energie- oder Baurecht. Der LL.M. dient daneben auch dem Erwerb von Sprachkenntnissen sowie der Erweiterung des persönlichen Horizonts.

Angesichts der Fülle der angebotenen LL.M.-Programme[7] und der mannigfachen Gestaltungsmöglichkeiten ist es für Interessent:innen nicht leicht, das individuell passende LL.M.-Programm auszuwählen. Zentrale Fragen bei der Wahl eines Programms können z. B. die inhaltliche Ausrichtung des Programms, der Zeitpunkt des Studiums, Qualität und Ansehen der Universität, der Studienmodus (Vollzeit, Teilzeit oder Fernstudium) und die Finanzierung sein. Diese und andere Fragen werden aus-

7 Ein guter Überblick über Postgraduiertenprogramme findet sich unter llm-guide.com, study-uk.britishcouncil.org oder www.petersons.com.

führlich in Ratgebern beantwortet.[8] Erfahrungsberichte finden sich in *Der LL.M.* aus der Reihe e-fellows.net wissen sowie in den Ausbildungszeitschriften *JuS*, *Jura* und *JA*. Informationen aus erster Hand und persönlichen Kontakt zu Vertreter:innen renommierter Law Schools bietet der e-fellows.net LL.M. Day (www.e-fellows.net/llm). Wichtig ist es, sich frühzeitig im Studium mit dem Thema LL.M. zu beschäftigen. Gerade wenn ein LL.M.-Abschluss im Ausland angestrebt wird, sind Vorbereitung, Bewerbung und Organisation zeitaufwendig. Idealerweise sollten sich Studierende ein Jahr vor dem möglichen Beginn eines Postgraduiertenstudiums näher mit den sich bietenden Optionen beschäftigen.

Promotion oder LL.M.?

Unabhängig von der Wertschätzung der jeweiligen Abschlüsse wird die Promotion vor dem Hintergrund begrenzter zeitlicher und monetärer Ressourcen meist als Alternative zum LL.M. angesehen. Die häufig gestellte Frage „Promotion oder LL.M.?“ lässt sich jedoch nicht eindeutig beantworten. Wer nur einen der beiden Abschlüsse anstrebt, sollte neben seinen persönlichen Präferenzen Folgendes berücksichtigen:

- **Zeitaufwand:** Eine Promotion nimmt in der Regel mehr Zeit in Anspruch als ein LL.M.
- **Fremdsprachenkenntnisse:** Ein im Ausland absolvierter LL.M. vermittelt hingegen nicht nur über den eigenen Rechtskreis hinausgehende Kenntnisse, sondern hilft, den sprachlichen und kulturellen Horizont zu erweitern. Eine Promotion vermittelt solche Kenntnisse in der Regel nicht.
- **finanzieller Aufwand:** Der finanzielle Aufwand ist für eine Doktorarbeit meist geringer, da keine hohen Studiengebühren anfallen. Durch die längere Dauer der Promotion kann man aber häufig erst später eine berufliche Tätigkeit aufnehmen und verdient während der Promotion verglichen mit schon früher ins Berufsleben eingestiegenen LL.M.-Absolvent:innen weniger oder gar nichts. Dieser Verdienstausfall kann bei wirtschaftlicher Betrachtung zu vergleichbaren Kosten von LL.M. und Promotion führen.
- **Bewerbungsaufwand:** Eine Promotion erfordert keine so umfangreiche Bewerbung wie ein LL.M.
- **Abbrecherquote:** Die Abbrecherquote ist bei Promotionen relativ hoch. Die Gefahr, bei einem LL.M. zu scheitern, ist sehr gering.
- **persönliches Umfeld:** Bei einer Promotion bewegen sich der Doktorand:innen in dem ihnen bekannten fachlichen und persönlichen Umfeld. Sie werden nicht wie bei einem LL.M. aus dem vertrauten Recht „herausgerissen“, was den Einstieg in das Referendariat erleichtern kann. Bei einer Promotion ist, anders als für einen Vollzeit-LL.M. im Ausland, keine Umstellung der Lebensverhältnisse mit dem damit verbundenen hohen Aufwand nötig.

---

8 Eine allgemeine Einführung zum Thema bietet das Buch *Der LL.M.*, herausgegeben von e-fellows.net. Detailinformationen zu einem LL.M.-Studium in den USA bieten Ackmann/Maengel (2008): *USA-Masterstudium für Juristen*, DAJV, zu beziehen über die Deutsch-Amerikanische Juristenvereinigung e. V., www.dajv.de.

Promotion und LL.M.?

Eine Kombination von LL.M. und Doktorarbeit erscheint vielen Absolvent:innen reizvoll, da sie sowohl Durchhaltevermögen und fundierte Fachkenntnisse in einem Spezialgebiet als auch Fremdsprachenkenntnisse und den Einblick in ein ausländisches Rechtssystem unter Beweis stellen können. Zudem locken Synergieeffekte, da sich Erkenntnisse aus einem LL.M.-Studium oftmals im Rahmen einer Doktorarbeit verwerten lassen. Die Kombination von LL.M. und Promotion, in Anwaltskreisen spöttisch als „volle Kriegsbemalung“ bezeichnet, kostet naturgemäß mehr Zeit und Geld als nur eine Qualifikation. Wer dennoch eine Kombination anstrebt, sollte dabei folgende Aspekte berücksichtigen: Um aus einem LL.M. einen optimalen Nutzen für das Promotionsvorhaben zu ziehen, sollte bereits vor dem Absolvieren des LL.M.-Studiengangs das Thema der Dissertation weitgehend feststehen. Dann kann zielgerichtet im Rahmen des LL.M.-Programms eine entsprechende Vertiefung erfolgen. Das Promotionsthema sollte auch geeignet sein, gewonnene Erkenntnisse z. B. im Rahmen eines rechtsvergleichenden Teils aufzunehmen. Dabei ist allerdings zu berücksichtigen, dass sich LL.M. und Promotion hinsichtlich ihrer Anforderungen deutlich unterscheiden. Typischerweise bedürfen die im Rahmen eines LL.M.-Programms gewonnenen Erkenntnisse einer Überarbeitung und Anpassung auf das (höhere) Niveau einer Promotion. Obwohl die Erzielung solcher Synergieeffekte mittlerweile durchaus üblich ist, sollte diese Vorgehensweise zur Vermeidung von Missverständnissen mit dem Doktorvater oder der Doktormutter abgeklärt werden.

Internationale Rechtsanwaltszulassung

Neben den genannten Zusatzqualifikationen kann auch der Erwerb einer Rechtsanwaltszulassung in einem anderen Land eine interessante Option sein. Gut lässt sie sich mit einem LL.M.-Studium kombinieren, wobei ein LL.M.-Studium keine Voraussetzung für die Zulassung als Rechtsanwalt oder Rechtsanwältin im Ausland ist. Eine weitere Rechtsanwaltszulassung in einem anderen Land bietet vor allem zwei Vorteile: Mit der Zulassung können sich zum einen die Chancen eines Berufseinstiegs in dem betreffenden Land erhöhen, zum anderen wird sie bei einer späteren Tätigkeit in Deutschland vom Arbeitgeber häufig wohlwollend zur Kenntnis genommen. In Deutschland zugelassene Rechtsanwält:innen können sich grundsätzlich in anderen europäischen Ländern niederlassen und umgekehrt.[9] Am häufigsten wird eine Zulassung für die USA oder England angestrebt.

9 Zur Anerkennung von Hochschuldiplomen vgl. Richtlinie 2005/36/EG vom 07.09.2012 über die Anerkennung von Berufsqualifikationen. Allerdings sind regelmäßig Eignungstests abzulegen. Vgl. hierzu das Gesetz über die Tätigkeit europäischer Rechtsanwälte in Deutschland (EuRAG). Zur Zulassung als Avocat in Frankreich: Beckmann: *EuZW* 1994, S. 337 f.

USA

Um den Status eines Attorney at Law zu erwerben, muss man das Bar Exam ablegen. Umfangreiche Informationen hierzu bietet die American Bar Association unter www.americanbar.org/groups/legal_education an. Das Bar Exam wird an zwei Tagen abgelegt. In einigen wichtigen Bundesstaaten, wie z. B. New York und Kalifornien, wird das Bar Exam wie folgt abgehalten: An einem Tag wird das Multistate Bar Exam (MBE) durchgeführt. Geprüft wird das Einheitsrecht der Bundesstaaten. Es besteht aus 200 Multiple-Choice-Fragen aus den Bereichen Torts, Contracts, Constitutional Law, Criminal Law, Real Property und Evidence. Am anderen Tag wird das einzelstaatliche Recht des jeweiligen Bundesstaats geprüft. Auch dieser Prüfungsteil lässt sich typischerweise in zwei weitere Teile unterteilen. Zum einen sind fünf Essays zu verfassen, zum anderen fünfzig Multiple-Choice-Fragen zu beantworten (www.nybarexam.org).

Die National Conference of Bar Examiners (NCBE) hat im Juli 2011 ein Uniform Bar Exam (UBE) entwickelt. Das UBE besteht aus dem MBE, der Multistate Essay Examination (MEE) und dem Multistate Performance Test (MPT). Dieser Test ist vereinheitlicht und findet zeitgleich in allen Bundesstaaten statt, die das UBE eingeführt haben. Er bietet die Möglichkeit, die Ergebnisse des Bar Exam unter den Bundesstaaten zu vergleichen. Bis zum Mai 2020 haben 36 Bundesstaaten den UBE eingeführt.[10] Die Zulassungsvoraussetzungen sind von Bundesstaat zu Bundesstaat verschieden.[11] Für ausländische Kandidat:innen sind sie zum Beispiel beim New York Bar besonders günstig. Dort genügen für die Zulassung derzeit ein ausländisches Studium der Rechte sowie ein in den USA erworbener Master of Laws. Der LL.M. muss an einer von der American Bar Association anerkannten Law School absolviert werden und gewissen Anforderungen entsprechen - zum Beispiel müssen mindestens 24 Credit Points pro Semester erbracht werden. In der Regel ist für das Bar Exam eine intensive Vorbereitung von rund zwei Monaten erforderlich.[12] Zur Vorbereitung werden (kostenpflichtige) Bar Review Courses von verschiedenen Anbietern offeriert. Weitere Informationen zu den Kursen finden sich auf den Internetseiten von Anbietern der Vorbereitungskurse (siehe z. B. www.barbri.com). Der Besuch eines LL.M.-Programms kann somit das anschließende Ablegen des Examens ermöglichen und erleichtern, insbesondere wenn inhaltlich gewisse Übereinstimmungen mit den Anforderungen des Bar Exam bestehen.

England

In England und Wales wird im Grundsatz zwischen den Barristers, die die gerichtliche Vertretung übernehmen, und den Solicitors, die anwaltlich beraten, unterschieden. Aufgrund jüngerer Entwicklungen ist es aber auch Solicitors in zunehmendem Maße möglich, Mandanten vor Gericht zu vertreten. Für zugelassene Anwält:innen aus dem EU-Ausland bestand noch die Möglichkeit, ohne Universitätsabschluss oder Berufserfahrung im englischen Recht den Titel des Solicitor über den Qualified Lawyers Transfer Scheme zu erwerben (nur für eine Bewerbung vor dem 26. Mai

---

10 Eine ausführliche Übersicht über die Bundesstaaten, die das UBE eingeführt haben, findet sich unter www.ncbex.org/exams/ube.

11 Eine Übersicht findet sich unter www.ncbex.org/publications/bar-admissions-guide.

12 Alle Anforderungen unter www.nybarexam.org/Foreign/ForeignLegalEducation.htm.

2021).[13] Dieser Test bestand aus zwei Teilen. Im ersten Teil mussten Multiple-Choice-Fragen beantwortet werden, die Rechtswissen für die anwaltliche Tätigkeit prüfen. Der zweite Teil unterteilte sich wiederum in einen Test der Frage- und Verhandlungstechnik sowie juristischer Analysetechnik und verlangt das Erstellen eines rechtlichen Dokuments (z. B. eines Anwaltsschreibens)[14]. Seit dem 1. September 2021 sind neue Regeln für die Zulassung von ausländischen Anwält:innen in Großbritannien über die Solicitor Qualifying Examination in Kraft getreten. Für diese Prüfung müssen die Bewerber:innen über einen ausländischen Abschluss verfügen, der in England dem für den Legal Practice Course geforderten Abschluss entspricht. Darüber hinaus müssen sie auch den Test zum Wissen über englisches Recht bestanden haben (der dem derzeitigen Modell des Qualified Lawyer Transfer Scheme-Auswahltests entspricht) und die von der Solicitors Regulation Authority festgelegten persönlichen Anforderungen an die persönliche Zuverlässigkeit erfüllen. Ausländische Bewerber:innen müssen formal keine Arbeitserfahrung vorweisen. Die Bewerber:innen können für die Vorbereitung der Prüfung zum englischen Recht an speziellen Kursen teilnehmen. Die Solicitors Regulation Authority kann auch Personen als Solicitor zulassen, wenn die Arbeitserfahrungen als Anwält:innen im Ausland sowie die Abschlüsse die Erwartung rechtfertigen, dass die Bewerber:innen bereits über einige oder alle erforderlichen Fähigkeiten verfügen, um Solicitor zu werden.

Anderenfalls führt der Weg zum Solicitor grundsätzlich über ein dreijähriges Studium der Rechte, an das sich für ein Jahr der Legal Practice Course anschließt. Danach muss eine mit dem Referendariat entfernt vergleichbare zweijährige praktische Zeit als Trainee Solicitor in einer Kanzlei absolviert werden. Um den Zugang zum Legal Practice Course zu erhalten, kann man alternativ zum dreijährigen Studium der Rechte auch im Anschluss an ein beliebiges Studium einen einjährigen Kurs besuchen, der mit dem Common Professional Certificate abschließt. Ein LL.M.-Abschluss eröffnet diesen Weg in der Regel nicht.

Fachanwalt/Fachanwältin

von Dr. Christian Reichel

Pro und Contra

Die Ausbildung zum Fachanwalt oder zur Fachanwältin ist in vielen Fällen eine lohnende Investition in das eigene Qualifikationsprofil. Untersuchungen zeigen, dass Rechtsuchende sich eher an Fachanwält:innen wenden und dass Fachanwält:innen im Durchschnitt ein höheres Einkommen erzielen. Die Bundesrechtsanwaltskammer (BRAK) stellt Statistiken zur Entwicklung der Fachanwaltszahlen seit 1960 zusammen. Besonders hohen Zulauf haben die Fachanwält:innen für Arbeitsrecht (2019 in Deutschland über 10.760). In den letzten Jahren wurde eine ganze Reihe von neuen Fachbereichen für den Fachanwaltstitel geöffnet, wie etwa das Handels- und Gesellschaftsrecht, das Verkehrsrecht, das Vergaberecht und das Migrationsrecht. Es ist zu

---

13 Dieser wird von der Solicitor Regulation Authority durchgeführt: www.sra.org.uk/solicitors/qualified-lawyers/qlts.

14 Zu den Vorgaben der SRA: www.sra.org.uk/solicitors/qualified-lawyers/qlts/key-features.

erwarten, dass immer mehr Anwält:innen den Fachanwaltstitel anstreben werden. Für einzelne Anwält:innen bietet die besondere Fortbildung und Ausrichtung auf ein Fachgebiet die Möglichkeit, die Qualität der Beratung zu steigern und gegenüber dem Rechtsuchenden an Profil zu gewinnen. Für viele Anwält:innen ist die Erlangung eines Fachanwaltstitels Teil der eigenen Marketingstrategie. Inwieweit neben der Spezialisierung auch das Werben mit der Fachanwaltsbezeichnung erforderlich ist, um eine eigene anwaltliche Praxis zu entwickeln, hängt von den konkreten Umständen der Tätigkeit und dem regionalen Markt ab. Im Einzelfall kann es sogar schädlich sein - etwa, weil man als Spezialanwalt oder Spezialanwältin wahrgenommen wird und das Fallaufkommen nicht genug für eine umfassende anwaltliche Praxis hergibt. Die Entscheidung, Fachanwalt oder Fachanwältin zu werden, ist zunächst ein erhebliches Investment in die eigene Ausbildung und muss als solches sorgfältig bedacht werden und sich in die eigene Marketingstrategie einfügen.

Zulassungsvoraussetzungen

Wie man Fachanwalt oder Fachanwältin wird, ist in der Fachanwaltsordnung (FAO) geregelt. Voraussetzung zur Erlangung des Titels sind zum einen theoretische Kenntnisse und zum anderen der Nachweis einer bestimmten Fallzahl. Die theoretischen Kenntnisse werden durch die Teilnahme an einem auf die Fachanwaltsbezeichnung vorbereitenden anwaltsspezifischen Lehrgang und jährliche Fortbildungsveranstaltungen erworben. Die besondere praktische Erfahrung ergibt sich aus Tätigkeitsnachweisen im jeweiligen Fachgebiet. Die Anforderungen sind für die einzelnen Fachgebiete sehr unterschiedlich (vgl. § 5 FAO). Nur als Beispiel sei das Arbeitsrecht herausgegriffen, für das 100 Fälle nachgewiesen werden müssen - davon mindestens fünf Fälle aus dem Bereich des Kollektivarbeitsrechts und mindestens die Hälfte der Fälle in Gerichts- oder rechtsförmlichen Verfahren. Zusätzlich ist noch ein Fachgespräch vor dem Fachanwaltsausschuss vorgesehen, von dem jedoch je nach Gesamteindruck der vorgelegten Zeugnisse und schriftlichen Unterlagen abgesehen werden kann.

Praktische Erfahrung und Fortbildung

Der Vorbereitungskurs zur Erlangung der theoretischen Kenntnisse kann jederzeit und auch schon während des Referendariats belegt werden. Die praktische Erfahrung muss jedoch innerhalb der letzten drei Jahre vor Antragstellung im Fachgebiet durch einen Rechtsanwalt oder eine Rechtsanwältin persönlich und weisungsfrei erlangt worden sein. Insoweit kann der Fachanwaltstitel erst drei Jahre nach der Zulassung als Rechtsanwalt oder Rechtsanwältin erworben werden. Es empfiehlt sich, den vorbereitenden Fachanwaltskurs in zeitlichem Zusammenhang mit dem Ablauf dieser drei Jahre oder im Anschluss daran zu absolvieren. Es ist hingegen nicht ratsam, dies zu tun, wenn es zumindest nicht wahrscheinlich ist, dass auch die erforderliche praktische Erfahrung erlangt werden kann. Wird der Antrag auf Erlangung einer Bezeichnung als Fachanwalt oder Fachanwältin nicht im selben Jahr gestellt, in dem auch der Vorbereitungslehrgang endet, ist in den Folgejahren bereits vor Antragstellung eine regelmäßige Fortbildung im Fachgebiet nachzuweisen. Hat man den Fachanwaltstitel einmal erworben, ist die regelmäßige Fortbildung im Fachgebiet Pflicht.

Wirtschaftsprüfer:in

von Ina M. Küchler

Zeitpunkt der Zusatzausbildung

Grundsätzlich gilt für jede Zusatzausbildung: je früher, desto besser. Je tiefer man in einen Beruf eingestiegen ist, desto schwieriger lässt sich die Zeit für eine Zusatzausbildung erübrigen. Die Zusatzausbildung zum Wirtschaftsprüfer oder zur Wirtschaftsprüferin ist ähnlich wie bei Steuerberater:innen keine Vollzeitausbildung wie ein Studium, sondern besteht letztlich aus einer Prüfung.

Zugangsvoraussetzungen

Die Zulassungsvoraussetzungen für das Wirtschaftsprüferexamen ergeben sich grundsätzlich aus den §§ 5–9 der Wirtschaftsprüferordnung (WPO). Die Zulassung zum Wirtschaftsprüferexamen setzt grundsätzlich den Nachweis einer abgeschlossenen Hochschulausbildung voraus. Ähnlich wie beim Steuerberaterexamen kann diese Voraussetzung durch entsprechend längere Arbeitserfahrung ausgeglichen werden. Wird eine abgeschlossene Hochschulausbildung in einem entsprechend anerkannten Hochschulausbildungsgang nachgewiesen, ist eine weitere Voraussetzung für die Zulassung der Nachweis dreijähriger (bei Regelstudienzeit von weniger als acht Semestern vierjähriger) einschlägiger Berufserfahrung. Diese Berufserfahrung muss klassischerweise durch die Tätigkeit bei einem oder einer Berufsangehörigen erworben worden sein. Anerkannt werden hier neben der Tätigkeit bei Wirtschaftsprüfer:innen oder einer Wirtschaftsprüfungsgesellschaft auch Tätigkeiten bei vereidigten Buchprüfer:innen, einer Buchprüfungsgesellschaft, einem genossenschaftlichen Prüfungsverband, der Prüfungsstelle eines Sparkassen- und Giroverbands oder bei einer überörtlichen Prüfungseinrichtung für Körperschaften und Anstalten des öffentlichen Rechts.

In diesen drei bzw. vier Jahren müssen Bewerber:innen mindestens für die Dauer von zwei Jahren überwiegend an Abschlussprüfungen teilgenommen und bei der Abfassung der Prüfungsberichte mitgewirkt haben. Aus dieser Forderung ergibt sich die Notwendigkeit des Nachweises von mindestens 53 Wochen Prüfungstätigkeit in einem Zeitraum von zwei Jahren. Die für die Zulassung geforderte drei- oder vierjährige Berufserfahrung kann für einen Zeitraum von bis zu einem Jahr durch eine Revisorentätigkeit in größeren Unternehmen, die Tätigkeit als Steuerberater:in (und nicht bei einem oder einer solchen) oder bedingt sogar durch eine entsprechende Tätigkeit im Ausland erfüllt werden. Grundsätzlich muss die geforderte drei- oder vierjährige Berufspraxis insgesamt nach Abschluss der Hochschulausbildung erworben worden sein. Eine Ausnahme gilt für Absolvent:innen des Master-Studiengangs „Wirtschaftsprüfung", die die verkürzte Prüfung nach § 8a WPO ablegen. In dieser Variante kann die Zulassung zur Prüfung bereits früher erfolgen. Eine Bestellung als Wirtschaftsprüfer:in erfolgt allerdings frühestens nach der geforderten Berufstätigkeit.

Liegt keine abgeschlossene Hochschulausbildung vor, muss für die Prüfungszulassung eine Tätigkeit wie oben beschrieben von mindestens zehn Jahren nachgewiesen werden. Alternativ wird auch eine Tätigkeit von fünf Jahren als vereidigter Buchprüfer oder vereidigte Buchprüfer:in oder als Steuerberater:in akzeptiert. Die für die Zulassung geforderte Prüfungstätigkeit kann in diesen Zeiträumen erfolgen. Der Nachweis der Tätigkeit und der Prüfungstätigkeit entfällt für Bewerber:innen, die seit mindestens fünfzehn Jahren - d.h. ohne Unterbrechung - den Beruf als Steuerberater:in oder Buchprüfer:in ausgeübt haben. Über diesen Weg können Anwält:innen und Steuerberater:innen in einer Wirtschaftskanzlei, wenn auch relativ spät im Berufsleben, auch ohne Prüfungstätigkeit zum Wirtschaftsprüferexamen zugelassen werden. Für Informationen zur Prüfungszulassung, der späteren Bestellung zum Wirtschaftsprüfer oder zur Wirtschaftsprüfer:in sowie zur Berufsausübung ist die Webseite der Wirtschaftsprüferkammer eine sehr hilfreiche Quelle (www.wpk.de).

Bei der Berechnung der nachzuweisenden praktischen Tätigkeit muss im Wirtschaftsprüferexamen beachtet werden, dass die Berufserfahrung bis zum Zulassungstermin gesammelt worden sein muss - und nicht wie im Steuerberatungsexamen bis zum Prüfungstermin. Die Zulassung zur Prüfung erfolgt in der Regel zwei Monate vor dem Termin der schriftlichen Prüfungen. Haben Kandidat:innen das Steuerberaterexamen erfolgreich abgeschlossen oder verfügen sie über anrechenbare fachlich relevante Studienerfahrungen, kann das Examen in verkürzter Form abgelegt werden. Zur Beurteilung hier relevanter Studiengänge empfiehlt sich der Studienführer *Wirtschaftsprüfung* der Wirtschaftsprüferkammer.

Kosten

Die Zulassungs- und Prüfungsgebühren im Wirtschaftsprüferexamen sind wesentlich höher als die im Steuerberaterexamen. So werden zurzeit eine Zulassungsgebühr von 500 Euro und eine Prüfungsgebühr von 3.000 Euro erhoben. Für eine eventuelle Ergänzungsprüfung fallen weitere Gebühren an. Abhängig von der individuellen Art der Vorbereitung auf das Examen entstehen zusätzliche Kosten für Lehrbriefe oder die Teilnahme an entsprechenden Vorbereitungskursen. Eine Liste von Anbietern von Lehrgängen zur Vorbereitung auf die Prüfung als Wirtschaftsprüfer:in wird auf der Webseite der Wirtschaftsprüferkammer zur Verfügung gestellt, ohne dass damit eine Wertung oder gar eine Empfehlung verbunden wäre.

Ein eventueller Verdienstausfall während der Zeit der Examensvorbereitung muss ebenfalls in die Berechnung der (Opportunitäts-)Kosten einbezogen werden. Bei der Frage der Finanzierungsmöglichkeiten des Examens spielt der Arbeitgeber sicher eine zentrale Rolle. Möglichkeiten des Ansparens von Urlaubstagen, zusätzlicher Freistellung für das Examen oder eventueller direkter Zuschüsse zu den Kosten sollten frühzeitig abgestimmt werden.

Der Titel des Wirtschaftsprüfers oder der Wirtschaftsprüferin ist nach wie vor eine der renommiertesten Berufsbezeichnungen in Deutschland und entsprechend qualifizierte Mitarbeiter:innen sind Aushängeschilder für jede Kanzlei.

Steuerberater:in

von Jana Fischer

Steuerliche Rechtsberatung oder rechtliche Steuerberatung?

Bei Überlegungen zur strategischen Optimierung eines Unternehmens oder eines Konzerns aber auch bei Problemen mit der Finanzverwaltung ist stets sowohl rechtlicher als auch steuerlicher Rat erforderlich. Der hohe Spezialisierungsgrad von Rechts- und Steuerberatung führt häufig zu Reibungsverlusten zwischen diesen beiden Disziplinen. Den Steuerberater:innen wird es schnell zu juristisch, den Rechtsanwält:innen zu steuerlastig. Rechtsanwält:innen sind zwar grundsätzlich zur unbeschränkten Hilfe in Steuersachen (Steuerberatung) befugt (§ 3 Nr. 1 StBerG). In der Juristenausbildung kommt das Steuerrecht aber häufig zu kurz bzw. wird gar nicht behandelt. Gerade in Rechtsfeldern, bei denen die steuerlichen Folgen eine entscheidende Rolle spielen, sollten Rechtsanwält:innen ohne steuerrechtliche Expertise nicht eigenverantwortlich beraten. Für den (Nur-)Steuerberater ist die Beantwortung von Rechtsfragen hingegen nur erlaubt, wenn es sich um eine Nebenleistung handelt und keine isolierte rechtliche Prüfung des Einzelfalls vorliegt. Fälle echter Rechtsanwendung sind nach der Rechtsprechung des Bundesverfassungsgerichts allein den Rechtsanwält:innen vorbehalten. Die Vertretung in Zivilrechtsverfahren und Strafprozessen (Ausnahme: Steuerstrafverfahren) ist für Steuerberater:innen ebenso unzulässig wie vor Arbeitsgerichten. Erst durch die Vereinigung von vertieften rechtlichen und steuerrechtlichen Kenntnissen ergeben sich fachlich interessante und zugleich lukrative Beratungsmöglichkeiten. Der Titel Fachanwält:in für Steuerrecht wird dabei von Mandanten weniger geschätzt als der Titel Steuerberater:in.

Typische Tätigkeiten von Rechtsanwält:innen mit Steuerberaterqualifikation sind:

- die Gestaltungsberatung bei Unternehmenskäufen und -verkäufen, Reorganisationen oder Sanierungen sowie bei Immobilien- und Kapitalmarkttransaktionen,
- Verhandlungen mit der Finanzverwaltung über die steuerrechtliche Behandlung von geplanten Gestaltungen,
- die Begleitung finanzverwaltungsrechtlicher Verfahren wie Betriebsprüfungen und Einspruchsverfahren,
- die Begleitung finanzgerichtlicher oder steuerstrafrechtlicher Verfahren,
- die steuerrechtliche Beratung und Betreuung von vermögenden Privatkunden im Bereich von Vermögensanlagen.

Zulassungsvoraussetzungen

Die Zulassungsvoraussetzungen für das Steuerberaterexamen ergeben sich aus § 36 StBerG. Die Zulassung setzt grundsätzlich den Nachweis eines abgeschlossenen wirtschafts- oder rechtswissenschaftlichen Hochschulstudiums voraus sowie eine praktische Tätigkeit von mindestens 16 Wochenstunden auf dem Gebiet des Steuerrechts voraus. Die Dauer der praktischen Tätigkeit richtet sich nach der Regelstudienzeit. Wenn diese weniger als vier Jahre beträgt, muss die praktische Tätigkeit über einen Zeitraum von mindestens drei Jahren, sonst mindestens zwei Jahren ausgeübt worden sein. Der Nachweis des abgeschlossenen Hochschulstudiums kann durch entsprechend längere Arbeitserfahrung ausgeglichen werden. Das Steuerberaterexamen gilt als eines der anspruchsvollsten und schwierigsten Prüfungen. Es findet einmal jährlich statt. Laut Statistik der Bundessteuerberaterkammer lag die Bestehensquote im Jahr 2020/2021 bei 53,1% (davon 46,9% in der schriftlichen Prüfung). Um sich angemessen auf die Prüfung vorbereiten zu können, ist bei nur geringen Kenntnissen im Steuerrecht eine mindestens zwei- bis dreimonatige Freistellung zur Vorbereitung auf die schriftliche Prüfung empfehlenswert.

Kosten

Neben einer Gebühr für die Antragsbearbeitung in Höhe von 200 Euro wird für die Prüfung eine Gebühr in Höhe von 1.000 Euro erhoben. Werden Vorbereitungskurse oder Lehrbriefe zur Vorbereitung verwendet, entstehen entsprechend zusätzliche Kosten. Hinzu kommt ein eventueller Verdienstausfall für die Dauer der Vorbereitung soweit der Arbeitgeber keine bezahlte Freistellung gewährt.

Berufsaussichten

Die Zusatzqualifikation als Steuerberater:in steigert die Berufsaussichten, denn der steuerliche Beratungsbedarf ist nach wie vor hoch und wird in Zukunft nicht zuletzt durch die hohe Komplexität weiter zunehmen. Steuerjurist:innen sind dabei gleichermaßen für Rechtsanwaltsgesellschaften und für Steuerberatungs- und Wirtschaftsprüfungsgesellschaften interessant. Aber auch im Unternehmensbereich werden häufig Steuerjurist:innen gesucht.

Mediator:in

von Prof. Dr. Jörg Risse

Geschäftsfeld mit Zukunft

Wen man als Jurist:in Karriere machen will, kann zwei Strategien verfolgen: Entweder man konzentriert sich auf ein arbeitsintensives Geschäftsfeld mit vielen Konkurrent:innen, gegen die es sich durchzusetzen gilt. Oder aber man fokussiert sich auf ein Geschäftsfeld, das erst im Entstehen begriffen ist und bei dem man darauf hoffen muss, dass es sich dauerhaft etabliert. Wer Mediator:in werden will, setzt auf die zweite Strategie. Von der Ausbildung profitieren wird man dabei immer, weil die erworbenen Kenntnisse vielfältig einsetzbar sind. Mediator:innen sind besonders geschulte Dritte, die Streitparteien dabei helfen, ihren Konflikt in strukturierten Verhandlungen beizulegen. Um die Tätigkeit auszuüben, müssen Mediator:innen Kenntnisse im Bereich der Verhandlungsführung und der Konflikttheorie erwerben. Dagegen sind besondere Vorkenntnisse nicht erforderlich, sodass neben Jurist:innen auch Psycholog:innen und Angehörige anderer Berufsgruppen als Mediator:innen tätig sind. „Mediator:in" ist in Deutschland bislang eine ungeschützte Berufsbezeichnung. Nach den Vorgaben des neuen Mediationsgesetzes muss aber eine qualifizierte Ausbildung durchlaufen, wer sich „zertifizierter Mediator" oder „zwetifizierte Mediator:in" nennen will.

Sinnvoll ist die Zusatzausbildung als Mediator:in für Jurist:innen, die gerne Konflikte betreuen – sei es in Gerichtsprozessen, Schiedsverfahren oder Verfahren außergerichtlicher Streitbeilegung wie der Mediation. Immer stärker verlangen Konfliktparteien, dass ihre Anwäl:innen sie nicht stereotyp auf den Prozessweg verweisen, sondern alternative Streitbeilegungsmöglichkeiten mit ihnen erörtern. In den letzten Jahren hat die Mediation in Deutschland deshalb einen starken Aufschwung genommen. Das liegt unter anderem an mehreren Pilotprojekten deutscher Gerichte, wo (Richter-)Mediator:innen die Mediation als Alternative zum staatlichen Prozess anbieten. Das im Jahr 2012 in Kraft getretene Mediationsgesetz machte das Verfahren weiter bekannt. Die förmliche Anerkennung durch den Gesetzgeber senkt die Hemmschwelle, dieses Streitbeilegungsverfahren auszuprobieren. Für absehbare Zeit wird aber kaum jemand allein über die Mediation seine Brötchen verdienen können. Es gibt in Deutschland immer noch recht wenige privat durchgeführte Mediationen.

Zwei Berufsfelder

In den letzten Jahren haben sich zwei Berufsfelder für Mediator:innen herausgebildet: Einmal ist dies die Familien- oder Scheidungsmediation, bei der Mediator:innen versuchen, eine einvernehmliche Trennung der Eheleute zu ermöglichen. Das ist besonders dann sinnvoll, wenn die Eheleute auch über die Scheidung hinaus noch viele Jahre ein vernünftiges Arbeitsverhältnis zueinander haben müssen, etwa weil es gemeinsame Kinder gibt oder Unterhaltszahlungen über einen langen Zeitraum laufen werden. Das andere, immer wichtiger werdende Berufsfeld ist die Wirtschaftsmediation, in der Unternehmen um Ansprüche streiten. Hier wenden sich die Unternehmen der Mediation zu, weil ihnen (Schieds-)Gerichtsverfahren schlicht zu lange dauern und zu teuer sind. Eine einfache Kontrollüberlegung zeigt, dass Mediation funktioniert: Wenn inzwischen über die Hälfte aller größeren Wirtschaftskonflikte durch einen Vergleich beigelegt werden, meist nach jahrelangem Prozess, hätte diese Streitigkeit bei unveränderter Faktenlage doch auch nach wenigen Wochen beigelegt werden können. Das geschieht schlicht deshalb nicht, weil die Parteien falsch verhandeln. Hier setzt die Mediation an, indem sie Vergleichsverhandlungen optimiert.

Ausbildung

Wer Mediator:in werden möchte, sollte nach Abschluss eines Studiums mit einer entsprechenden Zusatzausbildung beginnen. Ohnehin verlangen die meisten (privaten) Ausbildungsinstitute ein abgeschlossenes Studium oder eine vergleichbare Berufsausbildung. Das neue Mediationsgesetz wird über eine nachgelagerte Rechtsverordnung Dauer und Inhalt der Ausbildung vorgeben, die erforderlich ist, um zertifizierte Mediatorin oder zertifizierter Mediator zu werden. Die Rechtsverordnung fordert insoweit 120 Ausbildungsstunden, in denen die theoretischen Inhalte der Mediation vermittelt und mithilfe von Rollenspielen eingeübt werden. Daneben ist der Nachweis von (begrenzten) Praxiserfahrungen erforderlich, um den Titel führen zu dürfen.

Kosten

Als Richtgröße für die entstehenden Ausbildungskosten kann man von einem Betrag zwischen 5.000 und 8.000 Euro ausgehen. Langjährig erfolgreiche Ausbildungsinstitute sind etwa das EUCON-Institut in München (www.eucon-institut.de) oder die Centrale für Mediation in Köln (www.centrale-fuer-mediation.de). Schließlich bietet die Universität Frankfurt/Oder eine renommierte Zusatzausbildung in Mediation an. Wer sich für eine solche Ausbildung entscheidet, sollte künftig sicherstellen, dass diese den gesetzlichen Anforderungen zur Erlangung der Bezeichnung „zertifizierte Mediatorin“ oder „zertifizierter Mediator“ genügt. Der Schwerpunkt der Ausbildung liegt in der Vermittlung von Soft Skills, also den sogenannten Schlüsselqualifikationen. Als Mediator:in lernt man, professionell zu verhandeln und auch mit emotional aufgeladenen Situationen umzugehen. Das sind Kenntnisse, die man auch unabhängig von einer Mediation im Berufsalltag einsetzen kann. Insofern lohnt die Ausbildung als Mediator:in immer. Wer indes damit seinen Lebensunterhalt verdienen will, braucht einen langen Atem.

Der LL.M.

Jeden März erscheint die neue Auflage unseres Karriereratgebers *Der LL.M.*

Welcher LL.M. ist der richtige? Das Buch hilft bei der Entscheidung und der Suche nach dem geeigneten LL.M.-Programm. Persönliche Erfahrungsberichte und Praxistipps für die Bewerbung an Unis und für Stipendien helfen bei der Planung des Studiums. Namhafte Hochschulen und große Kanzleien stellen ihre Angebote für Jurist:innen vor.

e-fellows.net-Stipendiat:innen können die Printausgabe des Buchs kostenlos bestellen. e-fellows.net-Mitglieder ohne Stipendium erhalten das Buch kostenlos als E-Book.

www.e-fellows.net/Der-LLM

3. Einstieg und Karriere

Karrierewege für Jurist:innen

Karrierewege in der Justiz

von Dr. Olaf Weber

Einstellungsvoraussetzungen

Weniger als zehn Prozent der Absolvent:innen erreichen die Note „vollbefriedigend" in beiden Examina, welche beste Chancen auf den Job in der Justiz sichert. Wegen des Wettbewerbs um gute Köpfe können auch Noten im hohen befriedigenden Bereich genügen, vor allem wenn eine schöne Punktzahl im Zweiten Staatsexamen erzielt wurde, was auch am relativ niedrigen Einstiegsgehalt liegen mag. Schlüsselqualifikationen sind fundierte Kenntnisse in den Grunddisziplinen Strafrecht und bürgerliches Recht sowie eine pragmatische Arbeitseinstellung. Hinzu tritt die Fähigkeit, sich schnell in neue Gebiete einzuarbeiten, denn es gibt auch Insolvenz-, Vollstreckungs- oder Sonderordnungswidrigkeiten-Abteilungen. Daneben werden emotionale Robustheit, Stressresistenz, die Fähigkeit, sich exzellent in Schrift und Wort auszudrücken, Führungs- und Managementqualitäten sowie eine hohe Sozialkompetenz erwartet. Eine Promotion, Auslandspraktika, Fremdsprachen oder sonstige Zusatzqualifikationen gehören nicht zu den zwingenden Anforderungen. Auch Berufserfahrung ist keine Pflicht, aber von Vorteil: Bewerbungen sind direkt nach dem Referendariat möglich. Europarechtlich sind fixe Altershöchstgrenzen für die Einstellung kaum haltbar; bis Mitte/Ende 30 sind die Chancen gerade für Anwält:innen auch in der Praxis realistisch.

Berufsalltag

Referendar:innen können sich bei entsprechendem Interesse eine gute Vorstellung vom Berufsalltag der Richter:innen und Staatsanwält:innen machen. Eine Karriere in der Justiz verspricht kein hohes und schon gar kein schnelles Vermögen, aber ein sicheres Einkommen. Quasi ein bar bezahlter Golf mit Vollkasko statt ein geleaster Porsche. Gerade in teuren Großstädten genügt das R1-Gehalt nur für mittelgroße finanzielle Sprünge. Die Justiz bietet zudem nicht das modernste Arbeitsumfeld, sie bleibt aber ein spannendes und teils auch erfüllendes Berufsumfeld. Zwar mag die Justiz nicht glamourös sein, dafür bietet sie hohe persönliche Verantwortung, einen intellektuell fordernden Job auch in der Provinz, und sie ist familienkompatibel. Die Arbeitszeiten sind flexibel, wenn auch die zeitliche Belastung insgesamt nicht niedrig ist. Aufgrund der Sparbemühungen der Länder ist die Tendenz hier eher steigend. Lange Nächte wie in Frankfurter oder Düsseldorfer Büros sind bei Gericht die absolute Ausnahme. Wer aber unter der Woche früh heim will, muss eben am Wochenende Urteile schreiben. Problematisch ist aber, dass der Unterbau durch die Sparbemühungen stetig schlechter wird. Fortbildungen werden etwa an den Richterakademien in Trier oder Wustrau und über das European Judicial Training Network sogar international von Barcelona bis Bratislava angeboten. Möglich sind auch internationale Austauschbesuche, Abordnungen nach Karlsruhe, Berlin oder Brüssel und sogar längere Auslandsaufenthalte, z. B. zum Aufbau von Justizsystemen wie etwa im Kosovo.

Bewerbung und Auswahlverfahren

Der Einstieg in die Justiz führt über die Justizministerien der Länder und/oder die jeweiligen Oberlandesgerichte, welche die Absolvent:innen auch über die Bewerbungsmodalitäten informieren. In aller Regel halten sie unabhängig von konkreten Ausschreibungen Listen mit potenziellen Kandidat:innen vor. Viele Länder eröffnen selbst trotz Einstellungsstopps Korridore für besonders geeignete Kandidat:innen. Die Bewerber:innen für die ordentliche Justiz sollten sich – je nach Bundesland – nicht nur auf eine bestimmte Funktion (Richter:in, Staatsanwalt/-anwältin), nicht auf ein bestimmtes Rechtsgebiet (Zivilrecht, Strafrecht, Familienrecht) und nicht für eine bestimmte Stadt bewerben. Die Formulierung von Wünschen ist zwar erlaubt, doch sollten sich Bewerber:innen nicht als zu unflexibel präsentieren. Mit der Zeit finden sich immer Möglichkeiten, dem eigentlich angestrebten Traumberuf näherzukommen. Erfahrungsgemäß ändern sich solche Wünsche aber auch im Laufe einer Karriere. Eine Bewerbung auf eine Sondergerichtsbarkeit (im Verwaltungs-, Steuer-, Arbeits- oder Sozialrecht) sollte indes meist separat erfolgen, auch wenn Wechsel von oder zur ordentlichen Gerichtsbarkeit möglich sind. Die Anforderungen hierfür sind oft höher. Finanzrichter werden meist aus der Finanzverwaltung rekrutiert.

Im mündlichen Auswahlgespräch erwarten die Bewerber:innen Vertreter:innen des Justizministeriums, des Oberlandesgerichts und der Personalvertretung. Teils werden auch Assessment-Center vorgeschaltet. Typische Fragen reichen vom Werdegang über die persönliche Motivation bis hin zu Fachfragen. Ausgewählte Kandidat:innen müssen ihre Dienstfähigkeit beim Gesundheitsamt attestieren lassen. In den meisten Ländern wird die Auswahl, die teils durch einen Wahlausschuss erfolgt, durch die Exekutive, oft sogar die Regierung, bestätigt. Neue Richter:innen oder Staatsanwält:innen auf Probe werden dann einer Behörde oder einem Gericht zugewiesen, wo sie ihre Ernennungsurkunde erhalten und vereidigt werden.

Arbeitsbelastung

Richter:innen und Staatsanwält:innen werden durch den Geschäftsverteilungsplan des Gerichts jährlich vorab bestimmte Fälle zugeordnet. Die zuständigen Präsidien sind dabei um Gleichbehandlung bemüht. Um dies zu gewährleisten, bewerten sie jedes Verfahren und schauen auf die Zahlen aus dem abgelaufenen Jahr, um die mögliche Anzahl im nächsten Jahr zu prognostizieren. Ein Katalog namens PEBB§Y weist abstrakt jedem erledigten Verfahren einen Wert zu. Daraus errechnen sich die „erforderlichen" Erledigungen pro Monat und die Anzahl neuer Verfahren nach Turnus. Richter:innen müssen zum Beispiel im Jahr etwa 1.300 Owi-Verfahren, oder aber 600 Zivilverfahren am Amtsgericht oder 120 Zivilverfahren am Landgericht oder 180 Schöffenverfahren bewältigen, um den Bestand ihres Dezernats gleich zu halten. In der Praxis werden Richter:innen oft mehr Verfahren als nach PEBB§Y berechnet zugewiesen: Belastungszahlen jenseits der 110 Prozent sind keine Seltenheit. Wegen der richterlichen Unabhängigkeit sind diese Werte nicht bindend, sie können jedoch als Richtmaß bei Beurteilungen gelten. Die Arbeitsbelastung hängt neben den Neueingängen auch stark vom Bestand ab.

Einstieg in die Justiz

Die ersten Monate in der Justiz können sich als Probe darstellen: Probleme bereitet meist die ungewohnte Arbeitsweise (Verfügungstechnik, Prozessrecht und Verhandlungsführung). Nur wenige Stellen gewähren eine Anlernphase, ein reduziertes Pensum oder Mentor:innen. Aber allgemein helfen alle Kolleg:innen gern dem Neuling. Tipps zu allgemeinen Abläufen kann auch die Geschäftsstelle geben. Bestimmte Tätigkeiten dürfen Assessor:innen gar nicht (Vorsitz einer Kammer) oder erst nach dem ersten Dienstjahr (Vorsitz beim Schöffengericht, Unterbringungen) ausüben. Aber ansonsten gibt es für junge Richter:innen kaum Erleichterungen. Junge Staatsanwält:innen stehen in den ersten Monaten unter Aufsicht und Abzeichnungspflicht ihrer Abteilungsleiter:innen.

Beurteilung

Die erste Beurteilung erfolgt meist nach sechs, eine weitere nach 15 Monaten und eine vor der Ernennung auf Lebenszeit. Danach erfolgen die Beurteilungen in Perioden von drei bis fünf Jahren. Bei Bewerbungen auf höhere Ämter sind diese Beurteilungen entscheidend. Bewertet werden neben dem Gesamteindruck Teilbereiche wie Fachwissen, Belastbarkeit und Erledigungszahlen. Zuständig ist bei der Staatsanwaltschaft der Leiter, bei größeren Amtsgerichten dessen Präsident:in, bei kleineren Amtsgerichten und beim Landgericht dessen Präsident:in. Präsident:innen des Oberlandesgerichts bzw. Generalstaatsanwält:innen haben ein Kontroll- und Vetorecht, das sie ausüben werden, um einheitliche Standards zu gewährleisten. Die Notenvergabe wird landesrechtlich oft durch eine Beurteilungs-Allgemeinverfügung konkretisiert.

Zur Bewertung werden die Beurteiler:innen Akten einsehen. Sie prüfen formelle Kriterien wie Aktenführung, Klarheit, Sinnhaftigkeit und Form der Verfügungen. Im Fokus stehen die „großen" Entscheidungen: Anklagen, Urteile und begründete Beschlüsse. Wegen der richterlichen Unabhängigkeit wird der Inhaltskern der Entscheidungen nicht bewertet - wohl aber die Frage, ob die Entscheidungen in sich schlüssig, sauber aufgebaut und ausformuliert sowie mit Rechtsprechung und Literatur belegt sind. Zudem wird die Zahl der erledigten Verfahren in die Wertung einfließen. Die mündlichen Leistungen und das Auftreten prüfen die Beurteiler:innen als Zuschauer:innen von Sitzungen. Etikette, Effizienz, Durchsetzungsvermögen, Wortgewandtheit, Sicherheit im Prozessrecht und die Qualität der mündlichen Begründung von Entscheidungen sind hier gefragt. Die Ernennung auf Lebenszeit erfolgt spätestens nach fünf Jahren. In vielen Ländern ist die Assessoren-Regelzeit auf vier Jahre verlängert worden. Nicht-Übernahmen bleiben die absolute Ausnahme. Besondere Leistungen und Zeiten in der Anwaltschaft werden auf Antrag verkürzend angerechnet. Durch die Ernennung wird aus „Richter:in" „Richter:in am Amtsgericht/Landgericht" auf Lebenszeit; sie dürfen nicht mehr gegen ihren Willen versetzt werden.

Vergütung und Beförderung

Die Bezahlung ist Ländersache. Die Einstiegsstufe R 1 entspricht zunächst etwa der Stufe A 13, also der Gehaltsgruppe von Lehrer:innen am Gymnasium. Die Bezüge steigen in R 1 aber ohne Beförderung deutlich schneller, sodass bei der Endstufe die R 1 eher der A 15 gleichsteht. Zwei Beförderungen sind also automatisch eingepreist. Zwischenzeitlich ist die Eingangsbesoldung für Assessor:innen abgesenkt worden. Das Bundesverfassungsgericht (Urteil vom 5. Mai 2015 - 2 BvL 17/09) hat die Grenzen der amtsangemessenen Besoldung aufgezeigt - zwischenzeitlich wurde die abgesenkte Eingangsbesoldung daher teils wieder revisiert. Die Beförderung in die Gehaltsgruppe R 2, etwa als Richter:in am Oberlandesgericht, Vorsitzende:r einer Kammer beim Landgericht, Amtsgerichtsdirektor:in oder Oberstaatsanwältin oder -anwalt, ist im Laufe der Karriere nicht jedem vergönnt. Regelmäßig setzt die Beförderung eine erfolgreiche Erprobung bei einem Obergericht voraus, sei es am OLG oder als Mitarbeiter:in beim BGH oder BVerfG. Die Details sind in Beförderungs-Allgemeinverfügungen geregelt. Positiv wirken sich vor allem Verwaltungserfahrung (etwa bei einer Abordnung oder als Präsidialrichter:in) und neuerdings Managementkompetenzen aus.

Abordnungen und Wechsel in der Justiz

Abordnungen sind in vielerlei Gestalt möglich. Typisch ist der Ruf an ein Ministerium oder in die Staatskanzlei, zu Obergerichten oder zu Behörden des Bundes. Die Dauer beträgt meist zwei bis drei Jahre. Bei Gerichten arbeiten die Abgeordneten als wissenschaftliche Mitarbeiter:innen einem Richter oder einer Richterin zu. Im BMJ werden Abgeordnete in ein Referat eingegliedert. Diese Abordnungen genießen ein hohes Prestige, sind jedoch mit persönlichem Aufwand verbunden. Exotischer, aber möglich, sind Abordnungen zur EU-Kommission oder zu internationalen Organisationen. Wechsel innerhalb der ordentlichen Justiz (vom Zivilrecht ins Strafrecht, vom Gericht zur Staatsanwaltschaft) sind auf gleicher Besoldungsstufe leicht durchführbar. Zwischen ordentlicher Justiz, Sozial- und Arbeitsgerichtsbarkeit sind sie je nach Bundesland nicht unüblich; ein Wechsel zur Verwaltungs- oder Finanzgerichtsbarkeit bleibt die Ausnahme. In der Assessorenzeit erfolgen Wechsel meist ohne Zutun des Betroffenen; die Ministerien können so Lücken schließen.

Fazit

In der Justiz können sowohl Karrierist:innen als auch Familienmenschen ihre berufliche Heimat finden. Den Jurist:innen steht es zudem frei, eine beschauliche Karriere zu verfolgen oder sich auf Stellen in der Justiz, der Verwaltung und auf Abordnungsstellen im In- und Ausland zu bewerben. Insgesamt ist die Justiz eine gute Karriereentscheidung für Menschen, die Optionen und Sicherheit in Ausgleich bringen wollen und denen das große Geld nicht ganz so wichtig ist.

Einstieg und Aufstieg in Wirtschaftskanzleien

von Dr. Oliver Michael Hübner

Im Folgenden werden die vielfältigen Einstiegsmöglichkeiten, die bestehenden Aufstiegsperspektiven und die zahlreichen Fortbildungsangebote in Wirtschaftskanzleien aufgezeigt. Dabei sind unter Wirtschaftskanzleien im Sinne dieses Kapitels die im Wirtschaftsrecht beratenden Kanzleien mit stark internationaler Ausrichtung zu verstehen, unter anderem die in den üblichen Rankings (z. B. *JUVE*, *azur* oder *Legal 500*) vertretenen Kanzleien.

Der Einstieg

Die meisten Wirtschaftskanzleien bemühen sich, frühzeitig Kontakt zu ihren zukünftigen Mitarbeiterinnen und Mitarbeitern aufzunehmen. So bieten fast alle großen Wirtschaftskanzleien - zumindest in den Sommersemesterferien - Praktika für Studierende der Rechtswissenschaften an. Diese - meist unbezahlten - Praktika sind üblicherweise jedoch nur in den deutschen Büros der Wirtschaftskanzleien möglich. Solche Praktika bieten neben ersten Einblicken in die alltägliche Berufspraxis vor allem die Chance, einen ersten Kontakt zu einer Wirtschaftskanzlei herzustellen, der dann durch weitere Praktika bzw. die Ableistung einer Referendariatsstation aufrechterhalten werden kann. Als Einstieg eignet sich auch die Tätigkeit als studentische Hilfskraft. Die bezahlten studentischen Hilfskräfte werden von den Wirtschaftskanzleien u. a. für die juristische Recherche, in den Abendsekretariaten oder den Bibliotheken eingesetzt. Auch unterstützen immer mehr Wirtschaftskanzleien unmittelbar die universitäre Ausbildung der Studierenden, z. B. durch ergänzende Lehrveranstaltungen oder praxisnahe Seminare, die von Mitarbeitenden der Wirtschaftskanzleien gehalten werden. Manche Wirtschaftskanzleien fördern sogar die universitäre Lehre durch Stiftungsprofessuren oder die Finanzierung von Fachbereichsbibliotheken.

Die Ableistung einer Referendariatsstation bei einer Wirtschaftskanzlei stellt eine weitere Einstiegsmöglichkeit dar, die von den Wirtschaftskanzleien meist – zusätzlich zum eigentlichen Referendarsgehalt – attraktiv vergütet wird. Als Stationen kommen dabei sowohl die Anwaltsstation als auch die Wahlstation infrage. Viele internationale Wirtschaftskanzleien bieten sogar an, zumindest einen Teil der Referendariatsstation an einem ausländischen Standort zu absolvieren. Im Rahmen der Referendarstätigkeit bekommt man insbesondere die Gelegenheit, unmittelbar im Mandat mitzuarbeiten, was gerade bei größeren Wirtschaftskanzleien meist im Team erfolgt. Nach erfolgreicher Beendigung des juristischen Vorbereitungsdienstes werden die ehemaligen Referendarinnen und Referendare nicht selten fest von den Wirtschaftskanzleien angestellt. Die Ableistung einer Referendariatsstation bei einer Wirtschaftskanzlei kann auch der Impulsgeber sein, eine Promotion zu beginnen und diese durch eine promotionsbegleitende Tätigkeit bei der Wirtschaftskanzlei zu finanzieren.

Die Voraussetzungen für einen beruflichen Einstieg als Rechtsanwalt oder Rechtsanwältin bewegen sich bei den Wirtschaftskanzleien überwiegend im selben Rahmen. Man benötigt überdurchschnittliche Staatsexamina (zumindest „vollbefriedigend") und sehr gute Englischkenntnisse, die bevorzugt durch ausbildungs- bzw. berufsspezifische Auslandsaufenthalte nachgewiesen sein sollten. Weitere Zusatzqualifikationen, wie z. B. eine Promotion oder ein LL.M.-Abschluss, sind gerne gesehen. Diese hohen Einstiegsvoraussetzungen werden von den Wirtschaftskanzleien mit überdurchschnittlich hohen Gehältern vergütet. Daneben sind bei einigen Wirtschaftskanzleien derzeit auch Tendenzen zu erkennen, Diplomjuristinnen und-juristen – jedoch mit beschränkten Karriereperspektiven – als sogenannte Paralegals, Professional Support Lawyers oder Transaction Lawyers einzustellen. Neben dem Einstieg zum Berufsstart finden gerade im Segment der Wirtschaftskanzleien viele Mitarbeiterwechsel nach einige Jahren Berufserfahrung statt. Zu welchem Zeitpunkt ein Wechsel zu empfehlen ist, lässt sich nicht verallgemeinern und ist im Einzelfall zu analysieren.

Der Aufstieg

Grundsätzlich gibt es in Wirtschaftskanzleien vier Karrierestufen: Associate, Senior Associate bzw. Principle Associate, Fixed Share Partner bzw. Salary Partner und Equity Partner. In fast allen Wirtschaftskanzleien ist der Karriereweg auf das Erreichen der Equity Partnerschaft ausgerichtet. Die Kehrseite ist, dass man beim Nichterreichen der nächsten Karriereebene die Kanzlei verlassen muss (sogenanntes Up-or-Out). Manche Wirtschaftskanzleien haben als notwendige Alternative zur Partnerwerdung (sogenannter Partner-Track) auch Positionen wie die des Counsel geschaffen, die eine durchgehende Beschäftigung als angestellte:r Rechtsanwalt oder -anwältin ermöglichen. In den letzten Jahren ist zu beobachten, dass ein nicht unbeachtlicher Anteil der Associates eine Counsel-Position anstrebt, um das unternehmerische Risiko eines Partners zu umgehen. Zu beachten ist, dass sich die vier genannten Karrierestufen bei allen Wirtschaftskanzleien unterscheiden. Dies betrifft nicht nur die Bezeichnungen, sondern auch die üblichen Zeiträume, die zur Erreichung der nächsten Karrierestufe erforderlich sind, sowie die dahinterstehenden Befugnisse und Verpflichtungen. Deshalb sollte beim Einstieg in eine Wirtschaftskanzlei immer genau analysiert werden, wie die einzelnen Karrierestufen definiert werden. Aus diesem Grund kann im Folgenden lediglich eine grobe - dennoch für die meisten Wirtschaftskanzleien gültige - Skizzierung des Karrierewegs erfolgen.

Zum Berufsanfang steigt man als sogenannter Associate ein. Associates sind ein angestellte Rechtsanwältinnen und -anwälte, die unter der Führung von Partnern bei der Bearbeitung von Mandaten beteiligt ist. Nach ca. drei Jahren werden die Associates meist zu sogenannten Senior Associates bzw. Principle Associates, die nun schon mit der Organisation und der teilweise selbstständigen Durchführung von Mandaten - meist unter Hinzuziehung von Associates - betraut werden. Entscheidend ist aber, dass die Associates (zumindest im Außenverhältnis) nur an der Seite eines Partners beraten, was sich schon allein durch die Haftung begründet.

Nach etwa fünf Jahren steht bei den meisten Wirtschaftskanzleien die Ernennung zur ersten Stufe der Partnerschaft an. Die Zeiträume für die Partnerernennung sind jedoch nicht starr, sondern vielmehr Richtwerte. Letztlich sind für die Partnerernennung der aktuelle Beratungsmarkt, die Entwicklung des Tätigkeitsbereichs und der im Jahr der Ernennung tatsächliche Bedarf der Kanzlei an neuen Partnern entscheidend. Dieser Bedarf hängt stark von der Kanzleistruktur ab, d.h. von der Anzahl der Associates im Verhältnis zur Anzahl der Partner (sogenannter Leverage). Eine Übersicht über die verschiedenen Karrierestufen im Segment der Partner und deren Befugnisse und Verpflichtungen ist schwierig, da nahezu jede Wirtschaftskanzlei ein eigenes System hat. So unterscheiden z.B. einige Wirtschaftskanzleien zwischen Fixed Share Partner bzw. Salary Partner und Equity Partner. Kennzeichnend für den Partnerstatus ist, dass die Partner Mitbestimmungsrechte an der Kanzleiführung haben und am Umsatz beteiligt sind. Jedoch sind sie für die Mandatsführung, die Mandatsgenerierung und den organisatorischen Ablauf verantwortlich.

Die Fortbildung

Neben den Aufstiegsperspektiven sind die Fortbildungsmöglichkeiten für die Freude an der beruflichen Tätigkeit und auch die Qualität des Arbeitsplatzes und des Arbeitgebers maßgebend. Außerdem erhöht eine gute und nachhaltige Fortbildung die Karrierechancen in der Kanzlei, in der man beschäftigt ist, aber auch bei einem potenziellen zukünftigen Arbeitgeber. Die meisten Wirtschaftskanzleien bieten eine Vielzahl von Fortbildungsmöglichkeiten an. So existieren in nahezu allen Wirtschaftskanzleien interne fachspezifische Schulungen und Soft-Skills-Kurse (z.B. Verhandlungsmanagement oder Präsentationsführung). Daneben ist bei den meisten Wirtschaftskanzleien der Besuch von externen Fortbildungen obligatorisch. So fördern auch einige Wirtschaftskanzleien - insbesondere in bestimmten Beratungsfeldern (z.B. Arbeitsrecht und Verwaltungsrecht) - den Erwerb des Fachanwaltstitels. Schließlich bieten gerade Wirtschaftskanzleien aufgrund ihrer personellen Stärke und ihres hohen Organisationsgrads die Möglichkeit, individuelle Fortbildungswünsche wie Aufbaustudiengänge zu ermöglichen. Dabei kommt es jedoch immer auf den Einzelfall an. Die Möglichkeit der Absolvierung eines solchen Programms ist umso wahrscheinlicher, je mehr diese Fortbildungsmaßnahme die ausgeübte Beratungspraxis ergänzt, die Mandatsakquisition erleichtert und je größer die langfristigen Vorteile sind, die die Kanzlei sich davon erhofft.

Da die meisten Wirtschaftskanzleien eine Vielzahl von nationalen und ausländischen Standorten haben, besteht meist die Möglichkeit eines sogenannten Secondments. Dies bedeutet, dass die Mitarbeitenden für eine Zeit von meist drei bis sechs Monaten an einen anderen nationalen oder ausländischen Standort der Kanzlei versetzt wird. Diese „Verschickung" bietet nicht nur interessante Einblicke in die Arbeitsweise an einem anderen Standort und gegebenenfalls in einem anderen Rechtsgebiet bzw. einer anderen Jurisdiktion, sondern erleichtert auch langfristig die Kommunikation und die Positionierung innerhalb der Kanzlei. Oft finden solche Secondments auch bei Mandanten der Wirtschaftskanzleien statt, was die Zusammenarbeit zwischen Kanzlei und Mandant langfristig stärken soll. Abschließend ist noch anzumerken, dass insbesondere die großen Wirtschaftskanzleien mehr und mehr bemüht sind, die sich durch die Besonderheiten der Beschäftigung in einer Wirtschaftskanzlei langfristig ergebenden strukturellen Nachteile auszugleichen, mit dem Ziel, Familie und Beruf in Einklang zu bringen. Derzeit versuchen einige Wirtschaftskanzleien, dieses Ziel z. B. durch flexible Arbeitszeitmodelle, durch die Einführung von obligatorischen Sonderurlauben (sogenannte Sabbaticals), Teilzeitpartnerschaften oder Krippen und Kindergärten für Kinder der Mitarbeiter:innen zu verwirklichen.

Fazit

Der Einstieg in eine Wirtschaftskanzlei beginnt nicht erst mit dem ersten Job. Diejenigen, die Interesse an der Tätigkeit in einer Wirtschaftskanzlei haben, sollten bereits durch die Ableistung von Praktika bzw. Referendariatsstationen Einblicke in den Berufsalltag von Wirtschaftsanwältinnen und -anwälten suchen und erste Kontakte knüpfen. Auch ist die Mitarbeit in verschiedenen Wirtschaftskanzleien während des Studiums und des juristischen Vorbereitungsdienstes zu empfehlen, um so die unterschiedlichen Kanzleikulturen kennenzulernen. Eine breite juristische Ausbildung und ein hohes Maß an Allgemeinbildung sind jedoch für eine langfristige Tätigkeit in einer Wirtschaftskanzlei unverzichtbar, neben Soft Skills, zu denen unter anderem soziale Kompetenz, Teamfähigkeit und kulturelle Offenheit gehören. Diese Fähigkeiten sind die unerlässliche Basis, um in einer Wirtschaftskanzlei Karriere zu machen. Die Aufstiegschancen in einer Wirtschaftskanzlei sind zwar beschränkt, aber immer noch vorhanden.

Wechsel zwischen Wirtschaft und Staatsdienst

von Dr. Olaf Weber

Ein Wechsel zwischen Wirtschaft und Staatsdienst ist vor allem in Richtung Staat nicht mehr unüblich, doch findet die Durchlässigkeit der Systeme Grenzen in sozialversicherungsrechtlichen Erwägungen und – noch immer – im Alter.

Work-Life-Balance

Kostendruck und Sparmaßnahmen sind an Gerichten und Staatsanwaltschaften nicht spurlos vorbeigegangen. Das vereinigte Deutschland hat heute etwa so viele Richter:innen wie Westdeutschland 1989. Die Verfahrensstatistik ist Maßgröße für richterliche Leistung geworden: Im sogenannten PEBB§Y-System wird jedem Verfahren eine durchschnittliche Soll-Arbeitszeit zugewiesen und auf die etwa 100.000 Arbeitsminuten einer vollen Stelle im Jahr umgelegt. Richter:innen mit voller Arbeitszeit und 100 Prozent Belastung erhalten nach diesem System im Zivilrecht am Amtsgericht ca. 600 und am Landgericht 120 neue Verfahren im Jahr. Die tatsächliche Belastung liegt oft nahe 110 Prozent dieser Zahlen. Anders als in Kanzleien oder der Wirtschaft sind die meisten Dezernate zeitlich flexibel – im Guten wie im Schlechten: Einerseits können eilige Fälle, z. B. einstweilige Verfügungen, oder eine punktuell schlechte Vergleichsquote zu hohen Spitzenbelastungen führen. Umgekehrt ist es meist möglich, Freizeit- und Arbeitsphasen selbstständig zu koordinieren. Abgesehen von den Sitzungstagen gibt es kaum feste Termine. Lediglich in bestimmten Dezernaten wie bei Betreuungs- oder Ermittlungsrichtern ist eine dauerhafte Anwesenheit am Gericht erforderlich. Eine Schonzeit beim Einstieg gibt es nicht. Viele junge Staatsjurist:innen berichten daher von einem nicht unerheblichen Druck. Wegen strengerer Anforderungen an den Bereitschaftsdienst kommt es vermehrt zu Nacht- und Wochenendarbeit.

In der Wirtschaft bestimmen Mandate und Sachzwänge die Dauer der Arbeit und deren Ausgestaltung. In größeren Kanzleien korreliert die hohe Belastung oft mit einem höheren Gehalt; in kleineren Kanzleien ist dem trotz hoher Belastung nicht immer so. In den im Vergleich zu Kanzleien etwas ruhigeren Rechtsabteilungen kann es je nach Branche Spitzen geben. Immer ist der Mikrokosmos – also die Ausgestaltung der betreffenden Abteilung – entscheidend. 70 oder 80 Wochenstunden wie im M&A werden in anderen Bereichen, wie etwa im „grünen" Bereich oder im Kartellrecht, allenfalls in Spitzenzeiten gefordert.

Familien- und Kinderfreundlichkeit

Die meisten Unternehmen und Kanzleien bemühen sich um familienfreundliche Arbeitszeitmodelle. In Kanzleien erfordern Teilzeitarbeit oder Elternzeit einen hohen Einsatz aller Beteiligten, weil es schwierig ist, im Deal des Jahres zum Kindergartenschluss zu gehen oder in großen Verfahren einen Personalwechsel vorzunehmen. In Unternehmen gibt es dagegen oft eine gute soziale Absicherung und teilweise betriebseigene Betreuungsangebote. Im Staatsdienst ist die Vereinbarkeit von Beruf und Familie weitgehend unproblematisch und wird durch Ansprüche auf Teilzeitarbeit, Kinderkrankenscheine für Erziehungsberechtigte, langfristige Urlaubsplanung sowie Ehe- und Kinderzulagen gefördert.

Arbeitsumfeld und Extras

PC-Ausstattung, Personal und Dienstleistungen am Arbeitsplatz sind in den meisten Kanzleien und Unternehmen gut. Die Ausstattung der Justiz variiert. Statt einer eigenen Sekretärin gibt es oft Schreibpools oder sogar den Wunsch des Dienstherrn, per Texterkennung zu diktieren. Auch sind die Mitarbeiter:innen nicht immer gut geschult. Extras wie Dienstfahrzeuge gibt es teilweise in größeren Unternehmen und Kanzleien, nicht aber in der Justiz. Die Kleidung am Arbeitsplatz ist paradigmatisch: Für Anwält:innen und Unternehmensjurist:innen sind Anzug oder Kostüm Pflicht. Zwar sehen auch Gerichtspräsident:innen ihr Personal gerne derart schick gekleidet; in der Praxis fallen Richter:innen und Staatsanwält:innen mit Schlips außerhalb der Sitzungstage in der Kantine aber eher auf.

Vergütung

Finanziell ist die Justiz gehobene Mittelklasse. Die Gehaltsgruppe R 1 entspricht zunächst in etwa der von Gymnasiallehrer:innen (A 13), steigt dann aber schneller an und endet in etwa bei A 15. Beförderungsstellen (R 2) sind rar; noch höhere Posten sind oft nur für Ausnahmetalente und politisch Vernetzte verfügbar. Aus finanziellen Gründen ist ein Wechsel zum Staat allenfalls ob der Planbarkeit des Gehaltseingangs attraktiv, obschon sich die Gehaltsunterschiede nach Steuern und auf Stunden gerechnet relativieren. In der Kanzlei von nebenan oder in kleinen Unternehmen werden jedoch auch keine exorbitanten Gehälter gezahlt. Zudem ist die Bezahlung durch den Staat sicher - auch in Zeiten von Flauten und Stellenabbau. Boni und Zulagen gibt es in der Justiz nicht. Nebentätigkeiten und deren Vergütung sind beschränkt; Pensionen und Sozialleistungen hingegen (noch) gut. Aufgrund von Kürzungen bei diversen Leistungen und weil Gehaltssteigerungen nicht dem Tempo der Wirtschaft folgten, hat das BVerfG schon die Verfassungsgemäßheit der Richtervergütung geprüft; für die meisten Länder dürfte die Bezahlung allerdings den vom BVerfG aufgestellten Kriterien entsprechen. Anwält:innen und teilweise auch Unternehmensjurist:innen profitieren von der Absicherung durch Versorgungswerke. Teils von Unternehmen gewährte Leistungen wie Betriebsrente oder Dienstwagen machen das Paket attraktiv.

Sicherheit

Ein ernannter Richter kann, anders als z. B. eine Staatsanwältin, nicht mehr gegen seinen Willen versetzt werden. Bei beiden ist das Gehalt nicht erfolgsabhängig, und eine Kündigung ist ausgeschlossen. In der Wirtschaft weht ein deutlich schärferer Wind. In größeren Unternehmen und Anwaltsbüros mit mehreren Standorten können Transfers infrage kommen. Auch Kündigungen sind sowohl in Unternehmen als auch in Kanzleien möglich und üblich.

Fortbildung

Kanzleien bieten teils intensive Fortbildungsangebote wie Kanzleiakademie oder Mini-MBA an. Im Unternehmen werden Jurist:innen hausintern in typischen Fragen der Branche ausgebildet und dürfen daneben oft Angebote professioneller Seminaranbieter wahrnehmen. In der Justiz ist jährlich zumindest eine größere Fortbildung vorgesehen. Die einzelnen Länder und die deutsche Richterakademie in Trier und Wustrau bieten ein breites Angebot an Seminaren. Zudem sind Fachrichter:innen oft kostenlos zu Veranstaltungen der Anwaltschaft eingeladen. Inzwischen gibt es auch internationale Fortbildungen und Austauschprogramme.

Zeitpunkt für einen Wechsel

Dank der Vorgaben aus Brüssel sollte die Altersgrenze beim Wechsel in den Staatsdienst keine Rolle mehr spielen. Bis zu einem Alter von 35 Jahren ist ein Wechsel in die Justiz auch praktisch gut, bis 40 noch teilweise möglich. Ältere Semester sollten den direkten Kontakt zur Justizverwaltung suchen. Der Staat ist an anwaltlichen Vorkenntnissen interessiert. Für den umgekehrten Wechsel in die Wirtschaft gibt es formell keine zeitlichen Grenzen. Jedoch werden die meisten Kanzleien oder Unternehmen an älteren Bewerbern nur dann interessiert sein, wenn diese sich z. B. in der Wissenschaft einen Namen gemacht haben oder Spezialkenntnisse mitbringen.

Praktische Details des Wechsels

Bewerber:innen sollten sich Stillschweigen über die Bewerbung ausbedingen. Wer ernsthaft wechseln will, sollte zuvor die Risiken minimieren. Die Kündigungsfrist ist hierbei ein Problem, das man dem neuen Arbeitgeber gegenüber offen ansprechen sollte. Auch ist der Wechsel zum Staat erst dann sicher, wenn man die Urkunde in den

Händen hält. Eine Zusage ist nichts mehr wert, wenn der Gesundheitscheck negativ ausfällt. Wer umgekehrt seine Lebenszeitverbeamtung aufgibt, sollte sich vom neuen Arbeitgeber entsprechende finanzielle Garantien geben lassen, insbesondere, was die Altersvorsorge angeht.

Sozialversicherungsrechtliche Fragen sind ernsthafte Hindernisse. In der Krankenversicherung ist ein Wechsel zwischen den allgemeinen Tarifen oder der gesetzlichen Kasse und den Beamtentarifen erforderlich. Da viele private Versicherungsunternehmen beides anbieten, sollte man sich beim Abschluss die Anwartschaft ausbedingen, zu gleichen Bedingungen in die andere Tarifgruppe wechseln zu dürfen. Für Rente oder Pension bringt ein Wechsel Probleme: Wer aus Versorgungswerk oder BfA in die Justiz übertritt, hat vielleicht bereits Versorgungsansprüche erworben. Oft gibt es dann ein Wahlrecht zwischen der Auszahlung der bereits entrichteten Beiträge und der Inanspruchnahme der Leistung (sprich: Rente). Beamtenrechtliche Anrechnungsvorschriften und verlorene, weil solidaritätsgebundene Beitragsteile gefährden die persönliche Absicherung jedoch erheblich. Alle Wechselwilligen sollten sich das zuvor durchrechnen lassen.

Von der Wirtschaftskanzlei in die Wirtschaft

von Dr. Lutz Kniprath

Ein Wechsel von einer Wirtschaftskanzlei in die Wirtschaft kann sinnvoll sein und ist keineswegs unüblich. Die Wechselnden profitieren im Unternehmen von Kanzleierfahrungen, das Unternehmen erhält auch in der Praxis sehr gut ausgebildete Mitarbeitende mit breiter Branchenkenntnis, und die Kanzlei mag sich Hoffnungen auf Fürsprache im Unternehmen machen. Typisches Ziel solcher Wechsel sind Rechtsabteilungen (je nach Vorwissen des Wechselnden und Organisation des Zielunternehmens eine allgemeine oder eine spezialisierte Rechtsabteilung) oder auch das Personalwesen.

Die folgenden Ausführungen gelten tendenziell für den Wechsel von Wirtschaftskanzleien jeder Größe in Rechtsabteilungen jeder Größe. Hier soll exemplarisch der Wechsel von einer Großkanzlei in die Rechtsabteilung eines großen Unternehmens behandelt werden. Der Sprung zurück vom Unternehmen in eine Kanzlei kommt seltener vor und erfordert andere Überlegungen.

Die Arbeit in einer Kanzlei unterscheidet sich – bei allen Gemeinsamkeiten – letztlich doch deutlich von der Arbeit in einer Rechtsabteilung. Manche Unterschiede sind Triebfedern für einen Wechsel, andere halten Jurist:innen eher im Anwaltsleben, je nach persönlichen Prioritäten und Neigungen.

Der Zeitaspekt

Welche Anwält:innen haben nicht schon neidvoll davon gehört, dass der Syndikus oder die Syndika ihres Mandanten abends um sieben die Bürolampe ausknipst? Unterm Strich bieten Rechtsabteilungen in der Tat mehr Chancen auf ein verwertbares Stück Abend außerhalb des Büros als viele große Kanzleien. Hier wie dort gibt es jedoch Unterschiede. Im Unternehmen hängen sie vom Auftrag der Rechtsabteilung im Unternehmen, von den Zielen ihrer Leitung, vom Personalbudget und vielen weiteren Faktoren ab. Und die Arbeitsbelastung schwankt phasenweise – wie in einer Kanzlei. In Spitzenzeiten, etwa auf der Zielgeraden eines M&A-Deals, bieten manche Rechtsabteilungen dem Wechselnden Gelegenheit, sich in die gute alte Kanzleizeit zurückversetzt zu fühlen.

Die materielle Seite

Bot die große Kanzlei viel Geld, aber keine Zeit, um es überlegt auszugeben, so folgen dem Wechsel in eine Rechtsabteilung im Regelfall immer noch ein gut auskömmliches Gehalt und manchmal auch einige erfreuliche Zusatzleistungen wie z. B. Betriebsrente oder Geschäftswagen mit Tankkarte, aber kein Überfluss. Auch reist man gewöhnlich als Industriesyndika oder -syndikus nicht häufig Business Class oder versinkt in den weichen Sesseln der Bahn wie Anwält:innen in der Großkanzlei, und man steigt auch nur eher zufällig einmal in Fünf-Sterne-Herbergen ab. Dieser Verzicht schmerzt indes kaum, denn die Nähe zu den produzierenden Abteilungen und zu der großen Mehrzahl von Kolleg:innen, die ein geringeres Gehalt und schmalere Spesenkonten haben als die Syndizi, helfen dabei, die eigenen Möglichkeiten im rechten Verhältnis zu sehen. Und schließlich bieten auch Rechtsabteilungen Aufstiegsmöglichkeiten, wenn auch gestreckter und mit moderateren Gehaltssprüngen.

Die Mandantenseite

Anwält:innen in Wirtschaftskanzleien beraten wechselnde Mandanten, Syndizi nur einen, ihr Unternehmen. Im Konzern gibt es immerhin zusätzlich Konzerngesellschaften. Die ungleich intensivere Mandantenbeziehung hat eine intime Kenntnis des Mandanten und seiner internen Vorgänge zur Folge – und der Mandant erwartet sie auch. Wenngleich manche Wirtschaftskanzleien etwa über die Bildung mandantenspezifischer Client-Relationship-Teams ihre Vertrautheit mit einzelnen Mandant:innen steigern können, werden sie den Vorteil der ins Unternehmen eingegliederten Inhouse-Jurist:innen nicht aufholen können. So sitzen diese täglich im Unternehmen, sind teils mit Routineaufgaben des Unternehmens befasst, knüpfen persönliche Kontakte mit nicht juristischen Abteilungen und Kolleg:innen, werden in den verschiedensten Alltagsfragen zurate gezogen und sind einfach mittendrin.

Die monopolartige Stellung der Rechtsabteilung im Unternehmen erspart die Akquise. Die Kehrseite dieser komfortablen Position ist allerdings, dass die Mandate aus dem Zuständigkeitsbereich nicht abgelehnt werden können, auch nicht wegen Überlastung oder weil eine Anfrage zu unbedeutend erscheint.

Die Karriereseite

Große Kanzleien haben in jüngerer Zeit vielfältige Karrierestufen und wohlklingende Titel zwischen dem Associate und dem Equity Partner eingeführt. Damit haben sie sich den komplexen Hierarchien angenähert, nach denen viele große Unternehmen strukturiert sind. Die Rechtsabteilung ist in deren Hierarchie eingefügt, nutzt vom gesamten Spektrum jedoch üblicherweise nur zwei bis fünf Hierarchiestufen. Der Aufstieg innerhalb einer Rechtsabteilung hängt stark von verfügbaren Planstellen und Budgetfragen ab und erscheint daher zuweilen zäh. Hingegen reagieren Kanzleien insoweit flexibler auf das aktuelle Mandatsaufkommen. Dies kann zur zügigen Schaffung zusätzlicher Stellen, aber ebenso zur plötzlichen Einschränkung der Aufstiegsmöglichkeiten führen. Anders als bei Kanzleien ist es in Rechtsabteilungen unüblich, bewährten Mitarbeitenden im Stil eines Up-or-Out nach dem Ablauf einer gewissen Zeit den Ausstieg nahezulegen.

Das berufliche Selbstverständnis

Der deutsche Rechtsanwaltsberuf als freier Beruf wandelt sich: In einer großen Wirtschaftskanzlei sind die meisten Anwält:innen nur Angestellte, arbeiten unter verschieden gestalteter Aufsicht, erlangen erst allmählich Zeichnungsbefugnis und sind vielfältig in fachliche und hierarchische Strukturen eingebunden. Von dort ist der Schritt in die Strukturen eines Unternehmens nicht weit. Gleichwohl berührt es das Selbstverständnis von Jurist:innen, ob sie als Rechtsanwält:innen zugelassen sind und wie ihnen ihre Mandant:innen gegenübertreten.

Zulassung

Auch wenn Syndizi zugleich als Rechtsanwält:innen zugelassen werden können, betrifft diese Zulassung nur ihre Nebentätigkeit. Wichtige Privilegien der Rechtsanwält:innen werden Syndizi in Deutschland bislang vorenthalten, etwa das Recht, den Unternehmensmandanten vor staatlichen Gerichten zu vertreten und der Schutz des anwaltlichen Berufsgeheimnisses gegen staatliche Ermittlungen.

Verhältnis zu Mandanten

Mandanten konsultieren Rechtsanwält:innen, die Syndizi schalten sie ein. Umgekehrt müssen Rechtsanwält:innen ihre Mandate akquirieren, Syndizi lassen sie auf sich zukommen. Rechtsanwält:innen haben wechselnde Mandanten, Syndizi sind an den einen gebunden. Rechtsanwält:innen kostet Geld, in vielen großen Kanzleien sogar besonders viel, der Rat von Syndizi ist kostenlos, wenn das Unternehmen kein internes Anrechnungssystem nutzt. Die nach Stunden abrechnenden Rechtsanwält:innen werden häufig erst gerufen, wenn der Zug schon fährt, und im nächsten Bahnhof schleunigst wieder abgesetzt, während Syndizi zusätzlich die Entstehung und Abwicklung von Projekten mitgestalten. Was folgt daraus? Syndizi sind feste Bestandteile eingespielter Teams, während die Anwält:innen auf vielen Spielfeldern unterwegs sind. Wegen ihrer umfassenden Erfahrung sind Anwält:innen respektierte Gäste, während der Syndizi gleichberechtigt zur Mannschaft gehören.

Fazit

Zumeist gilt, dass eine Rechtsabteilung eine Kanzlei eigener Art ist. Sie bietet ebenfalls spannende rechtliche Beschäftigungsfelder, je nach Modell und Größe mit einem „breiten Schreibtisch“ oder einer hohen Spezialisierung. Sobald Anwält:innen genügend Erfahrung im Umgang mit Mandant:innen und anwaltlichen Techniken gesammelt haben, kann ein Wechsel sinnvoll sein. In der Regel erweisen sich mindestens zwei Jahre Berufserfahrung in einer guten Kanzlei als sehr nützlich. Die zeitliche Obergrenze liegt dort, wo die anvisierte Rechtsabteilung sie sieht. Einige große Kanzleien bieten Berufseinsteiger:innen ein so hervorragendes Ausbildungsprogramm, wie es bei Unternehmen eher unwahrscheinlich ist. Schon deswegen lohnt sich eine erste Berufsphase in einer guten Kanzlei.

Übrigens: Der Weg wieder zurück in die Anwaltschaft, den der Autor nach dreieinhalb Jahren Intermezzo im Unternehmen gewählt hat, mag steinig sein. Die Erfahrung im Unternehmen ist jedoch ausgesprochen nützlich für den Wieder-Anwalt, sowohl wegen des erworbenen Fachwissens als auch wegen des Perspektivwechsels.

Vorbereitung auf die Bewerbung

von Dr. Florian Stork

Tipps für die Bewerbung

Ein Bewerbungsprozess folgt immer dem gleichen Ablauf, unabhängig davon, ob der Sprung in den (internationalen) Öffentlichen Dienst, die Karriere in Kanzlei oder Unternehmen oder eine Fortbildung (im Ausland) angestrebt wird: Am Anfang steht die Suche, gefolgt vom Versand der Bewerbungsunterlagen und dem Vorstellungsgespräch.

Die Suche – Stellenanzeigen, Messen und die Initiativbewerbung
Der klassische Weg zum ersten Job oder zur Referendarstation führt immer noch über Stellenanzeigen. Juristische Stellen werden in Jobbörsen von großen überregionalen Zeitungen wie der *FAZ* oder der *Süddeutschen Zeitung* angeboten. Akademische Anzeigen wie Ausschreibungen für Professuren sowie Postdoc- und Promotionsstellen werden insbesondere in der *ZEIT*, auf www.academics.de sowie unter www.e-fellows.net/stellenmarkt veröffentlicht. Daneben finden sich Stellenanzeigen auf der e-fellows.net-Website im Bereich „Jobs“ sowie in juristischen Fachzeitschriften wie z. B. der *NJW* oder dem *JUVE Rechtsmarkt* und auf großen Internet-Portalen wie www.stepstone.de, www.indeed.com oder www.monster.de.

Abseits der klassischen Stellenanzeige führen auch andere Wege zum Ziel, beispielsweise juristische Kontaktmessen. Dort präsentieren sich vor allem internationale Wirtschaftskanzleien, z. B. auf dem Karriere-Event e-fellows.net Perspektive Wirtschaftskanzlei oder bei den JURAcon-Veranstaltungen.

Ähnlich wie bei der Bewerbung auf einer Jobmesse wendet man sich auch mit einer Initiativbewerbung unaufgefordert an einen Arbeitgeber seiner Wahl. Die Möglichkeit, sich auf diese Art vorzustellen, sollte man nutzen, auch weil man dabei größere Freiheiten als bei bereits ausgeschriebenen Stellen und kaum Mitbewerber:innen hat. Allerdings ist das unaufgeforderte Versenden von Bewerbungsunterlagen erfolgversprechender, wenn man dafür einen Aufhänger nutzt (wie z. B. aktuelle Informationen über den Wunscharbeitgeber aus den Medien oder von der Unternehmenswebsite) und dabei eine Brücke zu seinen eigenen Qualifikationen schlägt.

Als Bewerber:in sollte man auch das eigene Netzwerk, den Freundes-, Bekannten- und Kollegenkreis in die Stellensuche einbeziehen, z. B. über die eigenen Profilseiten in einem sozialen Netzwerk, wie z. B. Xing oder LinkedIn. Dabei gilt: Je konkreter das eigene Netzwerk über das Berufsziel und die eigenen Vorstellungen informiert ist, desto eher kann es helfen.

Exkurs: der Telefonanruf
Oft ist es hilfreich, vor Versand seiner Bewerbungsunterlagen zum Telefon zu greifen – egal, ob man sich initiativ oder auf eine ausgeschriebene Stelle bewirbt. Ein Anruf beim potenziellen Arbeitgeber hat in der Regel mehrere Vorteile: Man kann seine Bewerbung an eine:n konkrete:n Ansprechpartner:in adressieren (z. B. wenn in der Stellenanzeige kein Name genannt ist), weitere Informationen sammeln und nicht zu-

letzt seine Kommunikationsfähigkeit unter Beweis stellen. Gute Vorbereitung und ein Lächeln während des Gesprächs erleichtern die telefonische Kommunikation übrigens ungemein. Denn auch wenn man sich an verschiedenen Orten aufhält, fühlen Menschen intuitiv, ob sich die Person am anderen Ende der Leitung freut, weil ein Lächeln die Stimm-Melodie, die Atmung und den Sprachrhythmus positiv beeinflusst.

Die Suche – Ausland und Aufbaustudium

Teilzeit- und Vollzeitjobs im englischsprachigen Ausland lassen sich z. B. über sogenannte Legal Staffing Agencies finden. Organisationen wie die Deutsch-Amerikanische oder die Deutsch-Britische Juristenvereinigung können in der Regel bei der Vermittlung von Referendarstellen im jeweiligen Kontaktland helfen. Für internationale Jobs lohnt ein Blick auf die Seiten des Auswärtigen Amts unter www.auswaertiges-amt.de/de/karriere.

Aufbaustudiengänge (mit wirtschaftlichem oder juristischem Schwerpunkt; in Deutschland oder im Ausland) findet man auf den Websites von e-fellows.net oder llm-guide.com sowie über spezifische Kontaktmessen wie den e-fellows.net MBA Day oder LL.M. Day. Entsprechende Stipendien vergibt in erster Linie der DAAD, aber auch hier lohnt eine intensive Recherche, beispielsweise über die Stipendiendatenbank von e-fellows.net unter www.stipendiendatenbank.de.

Versand der Bewerbungsunterlagen

In welcher Form man seine Bewerbung versendet, hängt in erster Linie von den Wünschen des potenziellen Arbeitgebers ab: klassisch auf dem Postweg, per E-Mail oder über ein Online-Formular.

Exkurs: die E-Mail-Bewerbung

Wenn möglich, sollte man auf die E-Mail-Bewerbung setzen. Diese ist für den Arbeitgeber einfach zu bearbeiten und erspart ihm die Rücksendung der Unterlagen. Sie ist zudem kostengünstig für den Bewerber. Im Gegensatz zum Online-Formular lässt sie mehr Freiraum für die eigene Präsentation und muss nicht jedes Mal von Grund auf neu erstellt werden. Selbstverständlich muss eine E-Mail-Bewerbung von einer seriösen Adresse abgeschickt werden. Mit „jurababe@e-mail.de" erfreut man seine Kommiliton:innen, mit „jmusterfrau@e-mail.de" die Personaler:innen.

Den E-Mail-Text selbst sollte man sehr kurz (zwei Zeilen) halten, an eine:n konkrete:n Ansprechpartner:in adressieren und auf die Anlage (Anschreiben, Lebenslauf und Anlagen, alle zusammengefasst in einer Datei) verweisen. Die Anlage sollte im PDF-Format geschickt werden und eindeutig benannt sein, z. B. also nicht „hanna5.doc", sondern „Bewerbung_Johanna Musterfrau.pdf". Falls das Dateivolumen sehr groß ist, empfiehlt es sich, den Anhang in einer ZIP-Datei zu komprimieren.

Achtung: Viele private E-Mail-Anbieter fügen Werbung als Signatur ein, was bei einer Bewerbung nie gut aussieht. Um auch bei der Formatierung auf Nummer sicher zu gehen, sollte man die E-Mail vor dem endgültigen Absenden an sich selbst und eine:n Freund:in mit anderem E-Mail-Provider verschicken, um den Gesamteindruck zu überprüfen.

Alle Bewerbungsformen erfordern ein gleich hohes Maß an Sorgfalt und Präzision. Mögliche Stolpersteine wie Rechtschreib- und Grammatikfehler gilt es daher um jeden Preis zu vermeiden. Fehlerfreiheit und Lesefreundlichkeit sind oberstes Gebot, weil sich die Bearbeiter:innen in der Regel nur ein paar Minuten für die Durchsicht der Unterlagen nehmen wird (in deren Vorbereitung man Bewerber dagegen viele Stunden investiert haben sollte). Und ganz wichtig: Jurist:innen brauchen eine geschliffene Sprache und Ausdrucksweise, um zu überzeugen. Denn wie wird jemand, dessen Bewerbungsunterlagen bereits zahlreiche Tippfehler, Schachtelsätze und Substantivierungen enthalten, später einen klaren und möglichst fehlerfreien Vermerk schreiben? Ein Mittel gegen „Sprach-Diarrhö“ halten Michael Schmuck mit seinem Klassiker *Deutsch für Juristen*, Eva Engelken mit ihrem *Klartext für Anwälte* sowie Roland Schimmel mit seinem praktischen Übungsbuch *Juristendeutsch?* bereit. Die Zeit für das Durcharbeiten eines der Bücher ist bestens investiert.

Weiterer Ablauf

Erhält man dann die Einladung zum Vorstellungsgespräch, kann man sich gratulieren: Die Unterlagen haben den potenziellen Arbeitgeber neugierig gemacht und damit ihren Zweck erfüllt. Jetzt kommt der nächste Abschnitt, und auch der bedarf einer sorgfältigen Vorbereitung. Ist eine Kopie der Bewerbungsunterlagen bei den eigenen Akten? Wer frei nach Konrad Adenauers Worten: „Was interessiert mich mein Geschwätz von gestern?“ zum Bewerbungsgespräch geht, wirkt nicht nur unvorbereitet.

Eine eventuelle Absage sollte unter keinen Umständen persönlich genommen werden, sondern eher Ansporn sein. Positiv denken, Vorstellung schafft Wirklichkeit! Vielleicht gab es noch 300 andere Bewerber:innen? Wer möchte, kann versuchen, die Gründe für die Absage bzw. die Auswahlkriterien in Erfahrung zu bringen. Davon sollte man sich allerdings nicht zu viel versprechen: Seit Inkrafttreten des Allgemeinen Gleichbehandlungsgesetzes geben Arbeitgeber in der Regel keine oder nur nichtssagende Gründe für ihre Ablehnung an, um Schadensersatzansprüche zu vermeiden.

Die Bewerbungsunterlagen

In die Zusammenstellung der eigenen Bewerbungsunterlagen kann man nicht zu viel Zeit investieren. Dabei ist es wichtig, sich die Erwartungshaltung des Arbeitgebers deutlich zu machen: Die Bewerbung ist die erste Arbeitsprobe der Kandidat:innen. Zwei Aspekte stehen im Vordergrund: Formal müssen Bewerber:innen darstellen, dass sie genau die Voraussetzungen mitbringen, die für die jeweilige Stelle erforderlich sind. Deshalb sieht die Bewerbung für jede Stelle etwas anders aus. Darüber hinaus muss die Bewerbung beim Arbeitgeber die nötige Aufmerksamkeit erwecken, damit dieser zum Vorstellungsgespräch lädt.

„Vollständige“, bzw. „aussagekräftige“ oder „komplette“ Bewerbungsunterlagen umfassen das Anschreiben, den Lebenslauf und die Anlagen. Von einer Kurzbewerbung, die nur aus Lebenslauf und/oder Anschreiben besteht, sollte man absehen. Zu sehr drängt sich der Eindruck eines „Schnellschusses“ bzw. eines Bewerber-Rundschreibens auf. Während das Anschreiben im besten Fall nur eine Seite umfasst, soll der Lebenslauf nicht mehr als zwei Seiten beanspruchen (drei, wenn ein Deckblatt beigelegt wird). Für die Unterlagen verwendet man weißes Papier, damit sie auch nach dem Einscannen leserlich bleiben. Ansonsten gilt frei nach Goethe: Erlaubt ist, was gefällt. Man sollte jedoch berücksichtigen, dass die meisten Arbeitgeber aus der Rechtsbranche einen klassisch-konservativen Stil bevorzugen.

Das Anschreiben

Das Anschreiben bietet eine Plattform zur Darstellung der Motivation des Kandidaten. Es ist nicht mit einem bloßen Begleitbrief zu verwechseln. Vielmehr soll es eine Brücke zwischen Lebenslauf und Persönlichkeit auf der einen sowie Anforderungsprofil und Unternehmenswerten auf der anderen Seite schlagen. Gerade die Gestaltung eines knappen (nicht mehr als eine Seite), aber doch umfassenden Anschreibens kostet Zeit. Das sah schon Goethe so, als er schrieb: „Heute schreibe ich Dir einen langen Brief, denn ich habe keine Zeit."

In erster Linie geht es im Anschreiben um die Stärken und um die Motivation. Warum soll es gerade diese Stelle bei gerade diesem Arbeitgeber sein? Die Kunst besteht darin, den richtigen Ton zu treffen. Plattheiten oder übertriebenes Lob wirken so authentisch wie auswendig gelernte Begeisterung. Man sollte deshalb von beidem absehen. Der Arbeitgeber will nicht gebauchpinselt werden, sondern wissen, warum er den Kandidaten oder die Kandidatin braucht und wie diese zum Geschäftserfolg beitragen können. Auch reine Wiederholungen des Lebenslaufs sind nicht angebracht. Es gilt vielmehr, die eigenen Fähigkeiten zum Arbeitgeber bzw. zur Stelle in Beziehung zu setzen. Warum passt gerade diese:r Kandidat:in in das Anforderungsprofil der Stelle? Warum passen gerade diese:r Bewerber:in und der Arbeitgeber so gut zueinander? Dabei können auch aktuelle Meldungen über den Arbeitgeber in das Anschreiben einfließen. Es ist ohne Zweifel schwierig, auf einem Blatt Papier Begeisterung und Motivation zu vermitteln. Aber es geht. Mit kurzen, prägnanten Sätzen, aktiven, dynamischen Formulierungen, bildhafter Sprache und Beispielen, aus denen die persönliche Eignung hervorgeht. Achtung: Die eigenen Fähigkeiten nur beschreiben, nicht bewerten.

Der Lebenslauf

Bewerber:innen sind kein Buchhalter:innen ihrer vergangenen Erfolge, sondern Werber:innen für eine gemeinsame Zukunft. Sie sollen sich „bewerben" und im besten Fall – natürlich meistbietend – „verkaufen". Insbesondere guter Kandidat:innen können es sich leisten, sich kurz zu fassen und brauchen daher für ihren Lebenslauf nur eine, höchstens zwei Seiten. Während eine internationale Wirtschaftskanzlei in der Regel nicht an einem Zertifikat zum Familienrecht interessiert sein wird, kann genau das in einer regional tätigen und einschlägig spezialisierten Kanzlei den Ausschlag geben. Während die Erwähnung im ersten Fall den Lebenslauf überfrachten würde, ist sie im zweiten Fall unbedingt angezeigt. Ein Lebenslauf, der sich über mehr als zwei Seiten (drei mit Deckblatt) erstreckt, ist in der Regel ein Indiz dafür, dass man sich nicht auf das Wesentliche beschränken kann.

Im Lebenslauf geht es nicht wirklich ums Leben, sondern um den berufsbezogenen Werdegang. Es empfiehlt sich, alle persönlichen Daten (Name, Titel, gegebenenfalls Berufsbezeichnung, Anschrift, Telefon, E-Mail, Geburtsdatum und -ort) samt (optionalem) Foto auf ein Deckblatt auszulagern. Das Deckblatt sollte auch den Arbeitgeber und die angestrebte Stelle nennen. Das Wort „Lebenslauf" auf der folgenden Seite ist überflüssig. Es geht vielmehr direkt los mit der umgekehrt chronologischen Darstellung der bisherigen Ausbildung bzw. bisheriger Tätigkeiten. Der umgekehrt chronologische Lebenslauf ist mittlerweile Standard, weil hier der Ausbildungsstand und die letzte Tätigkeit direkt ersichtlich sind. Die Anti-Chronologie muss für jeden Abschnitt konsequent beibehalten werden. Eine Publikationsliste, wenn vorhanden, gehört in die Anlagen.

In Deutschland ist das Beilegen eines Fotos optional. Den Kandidat:innen steht es frei, sich mit oder ohne Foto zu bewerben. Auch wenn das Foto kein ausschlaggebendes Kriterium sein wird, so rundet es doch einen positiven Gesamteindruck vom Bewerber ab und erzeugt gegebenenfalls sogar Sympathie. Jedenfalls vermittelt es neben den Freizeitinteressen einen ersten persönlichen Eindruck. Will man diese Chance für sich nutzen, muss das Foto qualitativ hochwertig und aktuell sein und soll einen mit einem freundlichen Gesichtsausdruck und in angemessener Kleidung zeigen. Tabu sind Ganzkörper-, Party- und Automatenfotos. Schwarz-Weiß-Fotos sind eine Spur konservativer, wirken klassischer und sind oft eleganter.

Ein Arbeitgeber wird in der Regel von sich aus keine Fotos oder bestimmte andere Angaben verlangen, um bereits den Anschein einer Diskriminierung zu vermeiden. Verschiedene Unternehmen, Behörden und Kommunen verwenden sogenannte anonymisierte Bewerbungsverfahren, bei denen auf ein Foto sowie auf die Angabe von Name, Adresse, Geburtsdatum, Alter, Familienstand oder Herkunft verzichtet wurde. Es bleibt abzuwarten, ob sich diese Praxis durchsetzen wird. Im Rahmen eines solchen Bewerbungsverfahrens sind die Vorgaben zur Anonymisierung unbedingt zu beachten, will man sich nicht bereits formal disqualifizieren. Es ist jedoch grundsätzlich davon abzuraten, sich ohne arbeitgeberseitige Aufforderung „anonymisiert“ zu bewerben.

Die Nennung von Freizeitinteressen bzw. Hobbys im Lebenslauf ist umstritten. In der Regel ergibt sich durch ihre Erwähnung jedoch ein Gesprächsaufhänger, im besten Fall eine Gemeinsamkeit. Gemeinsamkeiten führen zu Sympathien, Gleich und Gleich gesellt sich eben gern. Man sollte diese Chance daher nutzen, um einen – wenn auch begrenzten – Einblick in seine Interessen und seine Persönlichkeit außerhalb der Arbeitswelt zu geben, insbesondere wenn man den Freizeitinteressen in organisierter Form, z. B. in Vereinen, nachgeht. Die Angabe von Hobbys kann auch dazu dienen, die eigene Team- und Führungsfähigkeit zu unterstreichen, z. B. wenn ein Mannschaftssport ausgeübt und vielleicht noch das Kapitänsamt gehalten wird. Nichtssagende Angaben wie „Lesen“ oder „Reisen“ entweder weglassen oder präzisieren, z. B. in „klassische Literatur“ oder „Rucksackreisen in Südostasien“, aber natürlich nur, wenn dies der Wahrheit entspricht.

Die Anlagen

Die Anlagen umfassen insbesondere Fotokopien von Zeugnissen (mindestens letzter Ausbildungsabschluss und Abitur), Referenzschreiben und Fortbildungszertifikate. Liegt das Ergebnis der Ersten Juristischen Prüfung noch nicht vor, reicht – neben dem Abiturzeugnis – auch ein Notenspiegel über die im Studium erbrachten Leistungen.

Die Anlagen sind nach Relevanz zu sortieren. Falls die Anlagen umfangreicher sind, sollte ihnen ein Anlagenverzeichnis vorangestellt werden, in dem die einzelnen Dokumente mit Verweis auf die jeweilige Seite aufgeführt werden. Das erleichtert die Auffindbarkeit einzelner Dokumente enorm.

Falls kein Referenzschreiben vorhanden ist, kann es sich anbieten, den Anlagen eine Seite mit Referenzpersonen beizufügen. Dort nennt man die betreffenden Personen, z. B. Ausbilder:innen, Vorgesetzte oder Professor:innen mit Namen und Kontaktdaten. Zumindest eine Referenzperson sollte aus der Sphäre des bisherigen Arbeitgebers stammen, es sei denn, man bewirbt sich aus einem bestehenden Beschäftigungsverhältnis heraus, und der derzeitige Arbeitgeber weiß nichts von den Wechselabsichten. Insbesondere als Nachwuchsjurist:in bietet es sich an, einen Professor oder eine Professorin als Referenzperson anzugeben. Selbstverständlich muss die Einwilligung der angegebenen Personen vorliegen. Will man keine Referenzen angeben oder hat keine Zeit, die Zustimmung einzuholen, kann man - auch schon im Lebenslauf - darauf verweisen, dass Referenzen auf Anfrage vorgelegt werden.

Bewerben im Ausland

Der Bewerbungsprozess im Ausland folgt dem gleichen Grundmuster wie in Deutschland. Jedoch gibt es länderspezifische Abweichungen, die man kennen muss. Denn jedes Land stellt hinsichtlich der Formalitäten unterschiedliche Anforderungen. Weiterführende Tipps zur internationalen Bewerbung bietet die e-fellows.net-Website im Bereich „Karriere".

Bewerben in Europa: der Europass-Lebenslauf

Die Europäische Union hat einen sogenannten Europass-Lebenslauf sowie weitere Dokumente, darunter einen sogenannten Sprachenpass, entwickelt, um Kandidat:innen bei der Bewerbung im europäischen Ausland zu unterstützen und Arbeitgebern die Beurteilung der jeweiligen Fähigkeiten und Qualifikationen zu erleichtern. Im Vergleich zum deutschen Lebenslauf stehen Sprachen und Soft Skills im Vordergrund. Die Vorlage für den Europass-Lebenslauf ist abrufbar unter: europass.cedefop.europa.eu.

Der Europass-Lebenslauf ist insbesondere praktisch für die Bewerbung in einem anderen EU-Mitgliedstaat, mit dessen Konventionen man nicht vertraut ist. Auch für Bewerbungen bei europäischen Institutionen ist er geeignet, soweit nicht das Ausfüllen eines Online-Formulars verlangt wird.

Bewerben weltweit: USA und Commonwealth

Innerhalb des alten Commonwealth (d. h. Großbritannien, Kanada, Südafrika, Australien und Neuseeland) sind die Anforderungen an einen Lebenslauf grundsätzlich ähnlich.

Die USA nehmen unter den englischsprachigen Ländern eine gewisse Sonderrolle ein. Neben dem aus Deutschland bekannten umgekehrt chronologischen Lebenslauf wird dort insbesondere der Skills-based-Lebenslauf verwendet, bei dem die persönlichen Fähigkeiten und Kenntnisse im Vordergrund stehen. Weiter wird in den USA zwischen einem Resume und einem Curriculum Vitae (CV) unterschieden. Ein Resume (auch: résumé oder resumé) ist ein bis zwei Seiten lang und soll dementsprechend eine Zusammenfassung sein, während ein CV zwei oder mehr Seiten umfassen kann und eine ausführlichere Darstellung der Person enthält. Während die Wirtschaft das kürzere Resume bevorzugt, sollte man sich mit einem CV bewerben, wenn die betreffende Stelle akademischer oder wissenschaftlicher Natur ist bzw. man sich für einen Master, ein Stipendium o. Ä. bewirbt. Der US-Lebenslauf ist z. T. aggressiver in der Selbstvermarktung als ein Commonwealth-Lebenslauf, auch wenn die Unterschiede im juristischen Bereich geringer ausfallen dürften als in anderen Branchen. Wegen der Unterschiede bei der Formatierung von numerischen Datumsangaben sollte man Daten einfach ausschreiben. Zwischen amerikanischer und englischer Rechtschreibung ist zu unterscheiden. Grundsätzlich darf ein Lebenslauf im angelsächsischen Raum kein Foto enthalten und sollte folgende Abschnitte umfassen:

Kontaktdaten – contact details: Dazu gehören Name, Anschrift, Telefon und E-Mail-Adresse, nicht dagegen Geburtsdatum und -ort sowie Familienstand.

Persönliche Karriereziele – objective, career target, career objective, goal etc.: Dieser Abschnitt ist nicht zwingend, kann aber dazu dienen, dem Arbeitgeber einen schnellen Überblick über die eigenen Ziele und den Grund für dessen Bewerbung zu liefern. Ein solcher Abschnitt ist bei Berufsanfänger:innen oder Karrierewechsler:innen angebracht sowie bei Bewerbungen bei Legal Staffing Agencies.

Fähigkeiten und Kenntnisse – skills and abilities: Hier sind Fähigkeiten, Eigenschaften, Sprachkenntnisse etc. darzustellen. Es darf sich jedoch nicht lediglich um Behauptungen handeln, vielmehr muss man anhand von Beispielen erklären, wieso man zu Recht von sich sagen kann, die jeweiligen Fähigkeiten und Eigenschaften zu haben. Dieser Abschnitt ist für Bewerbungen in der Wirtschaft sehr wichtig. Ein Arbeitgeber im angelsächsischen Raum wird in der Regel viel mehr Gewicht auf die glaubhaft dargestellten Fähigkeiten der Bewerber:innen legen als auf die akademische Ausbildung.

Arbeitserfahrung – work experience, professional experience etc.: Hierhin gehören Arbeitgeber, Dauer und Art der Arbeit. Es ist wichtig – genau wie im deutschen Lebenslauf – konkrete Aufgaben und Leistungen zu nennen.

Ausbildung – education: Dazu gehören z. B. Name und Ort der Bildungseinrichtung, Studiengebiet, Noten, Stipendien etc.

Besondere Erfolge und Leistungen – achievements, accomplishments etc.: In diesen Abschnitt gehören Stipendien, Auszeichnungen und Ehrungen (Publikationen dagegen wiederum in die Anlage) sowie sonstige Informationen, die die eigenen Qualitäten unterstreichen. Hat man nur wenig vorzuweisen, können diese Punkte auch in andere Abschnitte integriert werden.

Interessen – interests, hobbies: Wie bei einem deutschen Lebenslauf sollte man kurz solche Interessen aufführen, die Hinweise auf die Persönlichkeit geben können.

Referenzen – references: In der Regel zwei oder drei Referenzen (Einwilligung einholen) mit Namen und Kontaktdaten nennen. Der zukünftige Arbeitgeber wird sich dann gegebenenfalls an diese Referenzpersonen wenden, um sich gezielt zu informieren.

Vorbereitung auf das Bewerbungsgespräch

Die Einladung zum Bewerbungsgespräch zeigt, dass man Bewerber:innen den Job fachlich zutraut. Nun kommt es neben den Inhalten auch auf die Präsentation an. Sicheres Auftreten, Haltung, Gestik und Tonlage, und damit die Kommunikationsfähigkeit und Ausstrahlung sind ausschlaggebend dafür, wie man vom Gesprächspartner eingeschätzt wird. Die Tipps der Bewerbungsratgeber für diese Situation sind unüberschaubar. Eine Regel ist aber immer gültig: Authentizität. Wer versucht, eine Rolle zu spielen, wird scheitern.

Vorbereitung

Die richtige Vorbereitung auf das Bewerbungsgespräch umfasst zwei Aspekte: zum einen die individuelle Vorbereitung. Dazu gehören die innere Haltung und Einstellung genauso wie das äußere Erscheinungsbild, also Dresscode und Auftreten. Zum anderen gehört dazu die inhaltliche Vorbereitung, d. h., man muss Eckdaten und aktuelle Informationen über den Arbeitgeber und die Branche präsent haben.

Der Arbeitgeber sieht sein Unternehmen bzw. seine Behörde als einzigartig an, ist von seiner Organisationskultur überzeugt und mit der Geschäfts- bzw. Verwaltungstätigkeit vertraut. Man sollte daher alle wichtigen Informationen über den Wunscharbeitgeber kennen. Die Kenntnis aktueller Probleme und Projekte kann im Gespräch hilfreich sein, auch wenn man kritische Punkte in der Regel nicht selbst ansprechen sollte.

Gibt es Schwachstellen im Lebenslauf, wie z. B. Lücken? Zum Glück ist ja noch ein Exemplar der Bewerbungsunterlagen zu Hause (siehe oben, Stichwort „Was interessiert mich mein Geschwätz von gestern?"), das man zur Vorbereitung noch einmal durchgehen sollte, um entsprechende Fragen im Vorstellungsgespräch – so ehrlich wie möglich und so strategisch wie nötig – beantworten zu können. Umgekehrt freut sich auch der Arbeitgeber über kluge Fragen zur angestrebten Stelle bzw. zu Unternehmen, Behörde oder Kanzlei. Jetzt, d. h. vor dem Gespräch, ist die Zeit, diese vorzubereiten. Und schließlich sollte man sich auf das bevorstehende Gespräch freuen. Das ist die Chance! Einstellung schafft Wirklichkeit! Positives Visualisieren kann in diesem Zusammenhang eine sehr hilfreiche Technik für das eigene Selbstbewusstsein sein. Die darin liegende Macht hat bereits Henry Ford schön auf den Punkt gebracht: „Whether you think you can or you can't, you're usually right." Positive Visualisierung bedeutet, dass man das Vorstellungsgespräch vorab detailliert gedanklich durchgeht und sich dabei einen erfolgreichen Verlauf vorstellt. Auch wenn das nicht jedermanns Sache sein mag: Eine positive Grundstimmung ist – neben Authentizität und Selbstvertrauen – enorm wichtig für die eigene Ausstrahlung. Welche Methode man dafür wählt, ist zweitrangig.

Dresscode

Es gibt keinen zweiten ersten Eindruck – und für den hat man gerade einmal ein paar Sekunden. Jeder weiß, dass der Kredit am (Turn-)Schuh scheitern kann und der Job an der Jeans. Kleidung und Frisur haben Signalcharakter, sie sind eine Entscheidungshilfe bei der Einschätzung eines Fremden: An den Federn erkennt man den Vogel.

Richtig kommuniziert man mit einem klassischen, dezenten und gepflegten Kleidungsstil, der weder für einen selbst noch für sein Gegenüber wie eine Verkleidung wirkt. Dunkler Anzug mit wahrnehmbarer Bügelfalte, ein weißes oder blaues Hemd sowie eine elegante Krawatte (keine Experimente mit „lustigen" Mustern/Motiven) sind für Männer ein Muss; Frauen sollten zum Hosenanzug greifen und mit Schmuck und Make-up zurückhaltend umgehen (weniger ist mehr). Während in London der Spruch gilt: „No brown in the city", wird das in Deutschland entspannter gesehen. Wenn man aber ohnehin lieber Anthrazit anzieht, umso besser. Wer als Mann das Haar lang trägt, darf das selbstverständlich auch im Vorstellungsgespräch tun, aber unbedingt gepflegt. Die Garderobe übrigens am besten schon am Abend vorher aussuchen und bereitlegen.

Generell gilt: Finger weg von Fliege und Einstecktüchern, das wirkt übertrieben (Letzteres zumindest, wenn man schon eine Krawatte trägt). Manschettenknöpfe sind Geschmackssache; ihre Verwendung ist von der eigenen Position und der angestrebten Stelle abhängig. Insbesondere als Nachwuchsjurist sollte man sich jedoch von Gold- und XXL-Versionen eindeutig fernhalten. Ein (Dreitage-)Bart ist nicht generell verboten, kann aber schnell ungepflegt wirken und Sympathien kosten.

Auftreten

Wie auch sonst im Leben sollte man im Vorstellungsgespräch versuchen, abseits der Sachebene eine gute Beziehung zum Gesprächspartner aufzubauen. Faktoren auf der Beziehungsebene sind Mimik, Gestik, Blickkontakt, Körpersprache und Humor. Ein beherzter Händedruck am Anfang und ein Lächeln, vielleicht auch mal ein Schuss Selbstironie im Gespräch, machen immer einen guten Eindruck. Augenkontakt und ein Mindestmaß an Körperspannung (aufrecht sitzen!) signalisieren Respekt und Aufmerksamkeit. Wie in allen sozialen Situationen gilt auch im Vorstellungsgespräch der alte Satz von Paul Watzlawick: „Man kann nicht nicht kommunizieren."

Auch Arroganz und prätentiöses Auftreten können helfen - wenn man den Job nicht will. Es ist bekannt, dass arrogantes Verhalten u. a. auch ein untrügliches Zeichen für Unsicherheit ist. Trotzdem provoziert man damit nicht Mitleid, sondern Ablehnung. Um Missverständnissen vorzubeugen: Natürlich darf und soll man selbstbewusst auftreten - ein Bewerbungsgespräch ist nicht der Platz, um allzu bescheiden und ruhig zu erscheinen, schließlich will man sich nicht nur „bewerben", sondern auch „verkaufen".

Typischer Ablauf

Auch im Bewerbungsgespräch gilt: Der erste Eindruck entscheidet und der letzte bleibt. Diese Effekte kann man gezielt für den eigenen Erfolg einsetzen.

Beginnen wir mit einer Selbstverständlichkeit: Der Gesprächstermin ist in zeitlicher Hinsicht unbedingt einzuhalten. Hier sollte man sich unter gar keinen Umständen Verspätungen erlauben. Lieber einen früheren Zug nehmen oder die Wohnung eine halbe Stunde früher verlassen, als den potenziellen Arbeitgeber auch nur fünf Minuten warten zu lassen. Auch ein Anruf, dass man es - natürlich wegen unverschuldeter Umstände - nicht rechtzeitig schafft, ist noch in Ordnung. Sonst liegen die Bewerbungsunterlagen bald wieder im Briefkasten. Kommt man doch einmal zu spät, gilt: „Wenn du in Eile bist, gehe langsam." Zu spät kommt man sowieso, da lohnt es sich nicht, durch Hetze und Eile noch ein weiteres Malheur zu provozieren oder seine Ruhe und Souveränität zu verlieren.

Ein Bewerbungsgespräch beginnt in der Regel mit der Begrüßung und Vorstellung der Beteiligten. Natürlich besteht dabei auf beiden Seiten erhöhte Aufmerksamkeit. Es kommt darauf an, Sicherheit auszustrahlen, lächelnd einen festen Händedruck zu geben und den prüfenden Blicken entspannt standzuhalten. Nach dem Vorgeplänkel folgt dann meist eine Kurzvorstellung des Arbeitgebers. Im Anschluss sollte man darauf vorbereitet sein, den eigenen Lebenslauf in freier Rede kurz darzustellen. Warum will man diesen Job? Wer gelassen und in einfachen Sätzen vorträgt, ohne sich in Details zu verlieren, wirkt selbstsicher.

Den weiteren Dialog bestimmt der potenzielle Arbeitgeber. In der Regel konfrontiert er die Bewerber:innen mit vielerlei Fragen zu Fach und Person. Die üblichen Standardfragen sind in jedem Bewerbungsratgeber oder auf der e-fellows.net-Website im Bereich „Karriere" zu finden, z. B. „Warum wollen Sie gerade zu uns? Haben Sie sich auch auf andere Stellen beworben? Warum sind Sie der Richtige für uns? Was sind Ihre Stärken/Schwächen? Wie gehen Sie mit Kritik/Stress um? Wo sehen Sie sich in fünf Jahren?" „Spontane" Antworten, die so ehrlich wie möglich und so strategisch wie nötig sind, lassen sich so in aller Ruhe planen. Die Antworten sollten, wo möglich, mit Beispielen unterlegt werden.

Während des Gesprächs sollte man die Gelegenheit ergreifen, Fragen zu stellen. Dies zeugt von Interesse an der Stelle und signalisiert Aufmerksamkeit. Besonders geeignet sind Fragen, die für die Entscheidungsfindung wichtig sind und noch nicht im Gespräch geklärt wurden, z. B. mit wem man zusammenarbeiten wird oder wie es um die persönlichen Entwicklungsmöglichkeiten bestellt ist. Sich Notizen zu machen oder Unterlagen dabeizuhaben wirkt übrigens nicht unsicher, sondern professionell.

Das Ende des Gesprächs sollte dazu genutzt werden, sich noch einmal positiv in Szene zu setzen, z. B. durch eine höfliche Verabschiedung und einen festen Händedruck. Denn der letzte Eindruck bleibt, er hallt nach, das Gedächtnis der Interviewer:innen speichert ihn unbewusst ab.

Exkurs: die Videokonferenz
Personaler:innen setzen für ein erstes Bewerbungsgespräch oder für „Junior"-Stellen, wie Praktika oder Referendariatsstationen, zunehmend Videotechnik ein, wie Skype, Teams, Zoom etc. Die Vorteile liegen auf der Hand: Insbesondere spart die Videokonferenz Aufwand und Kosten, während sie für Bewerber:innen auch Fallstricke parat hält.

Vor Beginn der Videokonferenz gilt es, die Infrastruktur vorzubereiten und zu testen. Dies umfasst die Installation der App und die Funktionsprüfung von Meeting-Link, Mikrofon und Akustik. Am besten in der Videokonferenz-App eine Probe-Konferenz anlegen, um zu checken, ob alles technisch funktioniert und die nachfolgenden Punkte umgesetzt sind. Für die gute Tonqualität empfiehlt sich die Verwendung von Kopfhörern. Um einen guten Eindruck zu hinterlassen, gilt es auch, akustische Störquellen im Umfeld (Babygeschrei, Hundegebell, Verkehr etc.) so weit wie möglich zu minimieren und eine räumliche Ausweichmöglichkeit in der Hinterhand zu haben.

Als Hintergrund des Bewerbers kann entweder ein neutraler Bereich der Wohnung verwendet werden, alternativ auch ein in der App bereitgestellter Hintergrund-Weichzeichner oder gleich ein virtueller Hintergrund. Vorzuziehen ist ein echter Hintergrund, um persönliche Nähe und Authentizität zu vermitteln. Welchen Hintergrund man auch verwendet, er sendet Signale aus, z. B. die volle Bücherwand (zu professoral? Messie?), das herumliegende Baby-Spielzeug (überfordert?) oder die Wäsche (unprofessionell).

Der Dresscode ist ebenso zu wählen, wie er im Live-Gespräch ausfallen würde. Seriös wirkt ein Outfit in dunklen, gedeckten Farben mit hellem Shirt oder Hemd darunter. Muster (schmale Streifen, Fischgrat, kleine Karos) und harte Kontraste (schwarzer Anzug vor weißem Hintergrund) gilt es zu vermeiden, die Kleidung von Fernsehmoderatoren gibt gute Anhaltspunkte.

Beim Thema Make-up lesen bitte auch Männer weiter: Videokonferenz-Profis mattieren ihr Gesicht, um glänzende Stellen zu vermeiden, die den Gesprächspartner:innen Aufregung, Stress oder Unsicherheit vermitteln. Dafür gibt es im Handel einfache Pudertücher, die Wunder wirken. Für Frauen ist zudem dezentes Make-up zu empfehlen.

Auch Licht und Kamera helfen dabei, professionell und persönlich zu wirken. Die Kamera sollte unbedingt auf Augenhöhe installiert werden, gegebenenfalls sollten ein paar Bücher unter den Laptop gelegt werden. Sie darf ruhig einen halben Meter vom Körper entfernt sein, damit der sichtbare Ausschnitt größer ist, die Gesprächspartner:innen den ganzen Oberkörper und damit auch die Körpersprache der Bewerber:innen sehen kann. Beim Sprechen schaut man in die Kamera, dadurch entsteht direkter Blickkontakt aus Sicht des Gegenübers. Schaut man dagegen auf die Gesprächspartner:inen auf dem Bildschirm, wirkt dies im Auge der Betrachter:innen so, als schaue man auf dessen Mund oder Hals. Die Kamera sieht übrigens mehr als man denkt, also unbedingt den Sichtbereich bei der Vorbereitung prüfen, damit nicht doch die Wäsche in den Blick des Gegenüber gerät. Das Licht sollte so ausgerichtet sein, dass man weder von oben angestrahlt wird (Augenschatten), noch von hinten (Blendung der Kameralinse). Die frontale Bestrahlung von vorne kann einen Verhöreffekt oder Überbelichtung auslösen. Am besten wählt man einen hellen Raum mit genügend Tageslicht und unterstützt gegebenenfalls mit flächigem Licht von vorne oder von der Seite, z. B. mittels Stehlampe oder ähnlichen Hilfsmitteln. Wie im persönlichen Gespräch auch, gilt es in der Videokonferenz auf den ersten und letzten Eindruck zu achten, zu lächeln, natürliche Gestik einzusetzen und Authentizität zu bewahren. Es ist empfehlenswert, die Technik so weit wie möglich mental auszublenden, bis auf die Kamera, auf die sich der eigene Blick stets fokussieren sollte.

Das Dankesschreiben

Nach einem Bewerbungsgespräch sollte zeitnah ein Dankesschreiben verschickt werden. Das gilt besonders für Bewerbungen im angelsächsischen Raum. Man bedankt sich noch einmal für das Gespräch und das entgegengebrachte Vertrauen. Hüten sollte man sich, wie schon im Anschreiben, vor Plattheiten und übertriebenem Lob. Ein freundliches, knappes Dankschreiben rundet den positiven und professionellen Eindruck aus dem Bewerbungsgespräch ab. Zudem richtet es erneut die Aufmerksamkeit auf die eigene Bewerbung und hebt sie damit von der Konkurrenz ab.

LITERATUR-TIPPS:

Bewerbungsunterlagen

- Hesse, Jürgen/Schrader, Hans Christian (2014): *Die perfekte Bewerbungsmappe: Die 50 besten Beispiele erfolgreicher Kandidaten,* Hallbergmoos.
- Hesse, Jürgen/Schrader, Hans Christian (2015): *Training Schriftliche Bewerbung: Anschreiben - Lebenslauf - E-Mail- und Online-Bewerbung,* Hallbergmoos.
- Püttjer, Christian/Schnierda, Uwe (2011): *Die besten Bewerbungsvorlagen für Hochschulabsolventen: 222 Formulierungshilfen für individuelle Unterlagen. Diplom - Magister - Bachelor - Master - Staatsexamen - Promotion,* Frankfurt am Main.
- Püttjer, Christian/Schnierda, Uwe (2014): *Perfekte Bewerbungsunterlagen für Hochschulabsolventen: Erfolgreich zum Traumjob - auch für Online-Bewerbungen. Bachelor - Master - Diplom - Magister - Staatsexamen - Promotion,* Frankfurt am Main.

Vorstellungsgespräch

- Eßmann, Elke (2015): *111 Arbeitgeberfragen im Vorstellungsgespräch: Absichten erkennen - Pluspunkte sammeln - Stolpersteine vermeiden,* München.
- Heragon, Claus (2012): *Das Vorstellungsgespräch: Bewerbungsfragen in 50 x 2 Minuten* (Lernkarten), Berlin.
- Hesse, Jürgen/Schrader, Hans Christian (2014): *Training Vorstellungsgespräch: Vorbereitung - Fragen und Antworten - Körpersprache und Rhetorik,* Hallbergmoos.
- Püttjer, Christian/Schnierda, Uwe (2013): *Das überzeugende Bewerbungsgespräch für Hochschulabsolventen: Bachelor - Master - Diplom - Magister - Staatsexamen - Promotion,* Frankfurt am Main.

Bewerben auf Englisch

- Neuhaus, Karsta/Neuhaus, Dirk (2013): *Das Bewerbungshandbuch Englisch. Erfolgreiche Jobsuche in aller Welt: Deutsch-englische Sprachbausteine, Musterbriefe und -lebensläufe, Expertentipps für die Arbeitssuche,* Bochum.
- Püttjer, Christian/Schnierda, Uwe/Williams, Steve (2013): *Das überzeugende Vorstellungsgespräch auf Englisch: Die 200 entscheidenden Fragen und die besten Antworten,* Frankfurt am Main.
- Schürmann, Klaus/Mullins, Suzanne (2014): *Die perfekte Bewerbungsmappe auf Englisch: Anschreiben, Lebenslauf und Bewerbungsformular,* Freising.

Musterdokumente

Auf den folgenden Seiten finden sich einige deutsch- und englischsprachige Musterdokumente für die Bewerbung, die Ihnen als Anregung dienen können:

- Beispiel für ein deutschsprachiges Anschreiben
- Beispiel für einen deutschsprachigen Lebenslauf
- Beispiel für ein englischsprachiges Anschreiben
- Beispiel für einen englischsprachigen Lebenslauf (Skills-based CV)
- Beispiel für einen englischsprachigen Lebenslauf (Experience-based CV)
- Beispiel für eine Zeugnisübersetzung

Muster: Anschreiben

Felix Muster
Stud. jur.
Alpenstraße 8
80802 München
Mobil: 01 23 / 45 67 89 10
E-Mail: f.muster@campus.uni-muenchen.de

ABC LLP
Herr Dr. Abis Zeh
Königsallee 17–19
40212 Düsseldorf

8. November 2020

Bewerbung für ein Sommerpraktikum in der Fachgruppe „M&A Corporate" der ABC LLP am Standort Düsseldorf

Unser Treffen auf der Veranstaltung ABC am 04.11.2020

Sehr geehrter Herr Dr. Zeh,

im Anschluss an unser Treffen auf der Veranstaltung ABC in dieser Woche [Anm.: dem Anschreiben sollte im besten Fall ein persönliches Treffen, zumindest aber ein Telefonat vorausgehen] übersende ich Ihnen anbei meinen Lebenslauf samt Anlagen. [Anm.: Bei Messebesuchen sollten Sie stets daran denken, mehrere Exemplare Ihrer Bewerbung dabeizuhaben; das nachträgliche Übersenden ist die zweitbeste Lösung.]

Die ABC LLP bietet fachlich starken und ökonomisch interessierten Studenten die Gelegenheit zur Mitarbeit im Rahmen eines Sommerpraktikums. Durch den damit verbundenen Einblick in die Tätigkeit einer internationalen Sozietät erhoffe ich mir wichtige Impulse für mein weiteres Studium. [Anm.: Erläutern Sie in knapper und glaubhafter Form Ihre Motivation.]

Ich studiere derzeit im dritten Semester Rechtswissenschaften an der LMU München. Zudem belege ich im laufenden Semester eine Zusatzveranstaltung an der wirtschaftswissenschaftlichen Fakultät. [Anm.: Zeigen Sie, dass Sie fachlich über den Tellerrand blicken.] Meinem Lebenslauf können Sie entnehmen, dass ich mich seit meiner Schulzeit in verschiedenen Initiativen sozial engagiert habe. Entsprechend versuche ich, ganzheitlich zu denken und bei juristischen Fragen die wirtschaftlichen und sozialen Zusammenhänge zu berücksichtigen. [Anm.: Das ist eine starke Aussage, die aber durch die vorhergehenden beiden Sätze belegt wird; machen Sie sich darauf gefasst, dies in einem späteren Vorstellungsgespräch noch einmal erläutern zu müssen.]

Seit meinem Abitur und auch während des Grundstudiums zähle ich kontinuierlich zu den stärksten Kandidaten. Die Mehrzahl der bisherigen Lehrveranstaltungen an der LMU habe ich mit Prädikat [Anm.: verwenden Sie positive Schlagworte] abgeschlossen. Während meines neunmonatigen Aufenthalts bei einer Gastfamilie in Knoxville/Tennessee und des damit einhergehenden Besuchs der „Senior Class" einer Highschool habe ich nicht nur verhandlungssichere Englischkenntnisse erworben, sondern auch internationale Erfahrung gesammelt. [Anm.: Verhandlungssichere Englischkenntnisse sind ein wichtiges Pfund, mit dem Sie wuchern sollten.] Flexibilität in zeitlicher und örtlicher Hinsicht ist dementsprechend für mich selbstverständlich.

Einen Ausgleich zu meinen professionellen Aktivitäten finde ich schon seit der Schulzeit in meinen sportlichen Interessen, wie z. B. Skifahren und Schwimmen. [Anm.: Geben Sie auch etwas Persönliches von sich preis, damit Sie nicht als „Juramaschine" erscheinen.]

Über ein persönliches Vorstellungsgespräch und ein damit verbundenes Wiedersehen in Düsseldorf würde ich mich sehr freuen.

Mit freundlichen Grüßen

[Unterschrift]
Felix Muster

Muster: Lebenslauf

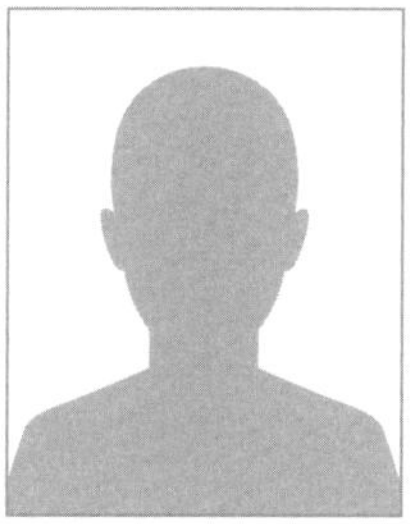

Johanna Musterfrau, LL.M. (NYU)
Dipl.-Juristin, Ass. Jur.

Geburtstag und -ort: 19. Oktober 1994, Düsseldorf
Staatsangehörigkeit: deutsch

Am Hügel 9
43211 Düsseldorf
Mobil: 0123/45 67 89 10
E-Mail: jmusterfrau@e-mail.de

BERUFSPRAXIS

Juni 2020 – Aug. 2020	**Black & White LLP (M&A Practice Group), New York** Aufgaben: Erstellung von Schriftsätzen aus dem Bereich des Handels- und Gesellschaftsrechts, Wahrnehmung von Gerichtsterminen, Teilnahme an Mandantengesprächen; M&A Due Diligence: *sehr gut*
April 2018 – Mai 2020	**Rechtsreferendariat (Düsseldorf/Frankfurt am Main/ Berlin/New York);** 2. Jur. Prüfung: *vollbefriedigend (10,3 Punkte)*
	Jan. 2020 – März 2020 **Deutsches Generalkonsulat, New York** Aufgaben: Zusammenstellung von Informationen zur deutschen Wirtschaft, Mitarbeit in den Bereichen Kultur sowie Presse- und Öffentlichkeitsarbeit: *sehr gut*
	März 2019 – Dez. 2019 **Deutsche Börse AG, Frankfurt am Main** Aufgaben: Erstellung von Schriftsätzen aus dem Bereich des Kapital- und Finanzrechts, Beratung zu allg. Vertragsrecht, Kapitalmarkt-Compliance, M&A: *sehr gut*
	Dez. 2018 – Feb. 2019 **Bundesministerium der Justiz, Berlin** Aufgaben: Analyse nationaler Gesetzgebung; Vorbereitung von und Teilnahme an Konferenzen und Sitzungen von Ministerium, Parlament und Ausschüssen; Erstellung von Länderberichten; Analyse von Urteilen: *sehr gut*
	Sept. 2018 – Nov. 2018 **StA Kleve (Allg. Dezernat)** Aufgaben: Verfassen von Anklageschriften und Verfügungen; Sitzungsvertretungen vor Strafrichter und Schöffengericht; Durchsuchungen; Beschuldigtenvernehmungen: *gut*
	April 2018 – Aug. 2018 **LG Wuppertal (IV. Zivilkammer)** Aufgaben: Verfassen von Urteilen, Voten, Beschlüssen sowie Anfertigung von Gutachten für den Vorsitzenden; Begleitung und Durchführung mündlicher Verhandlungen: *gut*
April 2017 – März 2018	**Swift Planck & Partner, Düsseldorf** Aufgaben: Recherche und Verfassen von Vermerken zum deutschen Gesellschaftsrecht; regelmäßige Präsentation zu aktuellen gesellschaftsrechtlichen Entwicklungen; Unterstützung bei einer Due Diligence: *sehr gut*
Aug. 2013 – Dez. 2013	**Au-pair in Nanterre/Frankreich** Betreuung und Versorgung von zwei Kleinkindern

AUSBILDUNG

Sept. 2020 – Juni 2021	**Master of Laws** (LL.M., New York University School of Law), Schwerpunkt: Corporation Law; *magna cum laude*
April 2014 – Feb. 2018	**Rechtswissenschaften,** Universität Düsseldorf Schwerpunkt: Gesellschaftsrecht; 1. Jur. Prüfung: *vollbefriedigend (9,6 Punkte)*
Jan. 2017	**Märchen-Moot-Court,** European Law Students Association, Münster
Aug. 2015 – März 2016	**13th Annual Willem C. Vis International Commercial Arbitration Moot Court** mit einem Team der Universität Düsseldorf: *sehr gut*
Sept. 2014	**Universitäts-Moot-Court,** Universität Düsseldorf
Juni 2013	**Abitur** (1,4); **Klassensprecherin** in Oberstufe und 10. Klasse

SPRACHEN

Deutsch:	Muttersprache
Englisch:	verhandlungssicher (u. a. 15 Monate in New York)
Französisch:	gute Kenntnisse (u. a. fünf Monate in Frankreich)

STIPENDIEN & PREISE

Sept. 2020 – Juni 2021	**Fulbright-Stipendium** (LL.M.-Förderung)
April 2017	**Düsseldorfer Universitäts-Preis**
April 2014 – Feb. 2018	**e-fellows.net** (Online-Stipendium und Karrierenetzwerk)

EHRENAMT

April 2015 – Feb. 2018	**European Law Students Association** (ELSA), Düsseldorf; stv. Vorsitzende

SPORT & FREIZEIT

Jogging; SCUBA-Diving; klassische Literatur

[Unterschrift]
Düsseldorf, im Juli 2021 Johanna Musterfrau, LLM. (NYU)

Muster: Cover Letter

JOHANNA MUSTERFRAU
Address Am Huegel 9, 43211 Duesseldorf, Germany | **Telephone** +49 123 456 78 910
E-mail jmusterfrau@e-mail.de | **Visa** Green Card

April 29, 2021

Mr. Jonathan Goodfellow
Head of Human Resources
Black & White LLP
29 Maplewood Avenue
New York, NY 30658

Dear Mr. Goodfellow:

As agreed upon in our telephone call on April 28, 2021, I am writing to express my interest in joining Black & White's M&A practice group in New York in June 2020 for a period of three months before I begin the LL.M. program at New York University School of Law on a Fulbright scholarship.

M&A has been my main area of interest since law school and I also have relevant work experience in this area.

- Following my graduation, I worked at Swift Planck & Partner in Duesseldorf, Germany, for six months. As part of the M&A practice group, I was involved in many cross-border deals for some of Germany's and the world's largest companies.
- I specialized in German company law while at university and also participated in a seminar on US company law, in which I compared the German limited company (GmbH) to the US LLC.

I learned of Black & White while researching which New York law firms combine an excellent international M&A practice with a work environment that fosters both the professional as well as the personal growth of its employees. Black & White came out on top of the list. I believe that a law firm's long-term success depends not only on having professionally excellent people, but also on having a team that enjoys working together and one that clients enjoy working with. I believe that I am perfectly suited to these requirements.

Thank you for your time and the review of my enclosed resume. I very much look forward to hearing from you.

Sincerely yours,

Johanna Musterfrau

Muster: Skills-based CV

JOHANNA MUSTERFRAU
Address Am Huegel 9, 43211 Duesseldorf, Germany | **Telephone** +49 123 456 78 910
E-mail jmusterfrau@e-mail.de | **Visa** Green Card

OBJECTIVE

Join the Black & White LLP M&A practice group in New York in June 2018 for three months before beginning an LL.M. at NYU on a Fulbright scholarship.

SKILLS AND ABILITIES

Communication
Excellent written skills
- Drafted legal memos on German company law while working for Swift Planck & Partner, which were regularly passed on verbatim to clients.
- Wrote three 20 page research papers (time limit: one month) and nine 16 page exams (time limit: three hours) every semester while at university.

Excellent oral presentation skills
- Held a presentation on legal developments every three weeks while at Swift Planck & Partner.
- Tried over 30 criminal law cases while working at the Kleve District Attorney's office.
- Participated in three university-held moot courts.

Hard-working
- Regularly worked up to 70 hours a week while at Swift Planck & Partner during fast-paced projects that needed to be completed before a certain date.

Attention to detail
- Natural eye for detail, which was further trained at university and while working at Swift Planck & Partner.

Interpersonal skills and intercultural awareness
- Successfully worked in multi-national project teams at Swift Planck & Partner.
- Have friends and family from different cultures.

Languages
- Fluent German; very good English; conversational French.

WORK EXPERIENCE

Legal traineeship, Germany April 2019 – May 2021

Legal trainee

- Stages: German Ministry of Justice; Regional Court of Wuppertal; District Attorney of Kleve; German Consulate in New York; Deutsche Boerse (German Stock Exchange) in Frankfurt am Main.
- Final bar exam with 10.3 points (top 10 % of class).

Swift Planck & Partner, Duesseldorf, Germany April 2018 – March 2019

Legal support – M&A practice group

- Legal research on German company law – my memos were regularly incorporated into reports for clients, many of which are leading corporations in Germany and worldwide.

EDUCATION

University of Duesseldorf, Germany April 2015 – February 2019

Erstes Juristisches Staatsexamen (LL.B./J.D. equivalent)

- Specialized in company law.
- Received a university scholarship for "outstanding academic achievements".
- Participated in three university-held moot courts.
- Graduation with 9.6 points (top 12 % of class).

INTERESTS

- Vice president European Law Students' Association, Duesseldorf chapter.
- Jogging, classical literature and SCUBA diving.

REFERENCES

- Mr. Max Muster, Swift Planck & Partner, Duesseldorf; e-mail: max.muster@spr.de
- Ms. Martina Muster, District Attorney in Kleve; e-mail: m.muster@justiz.nrw.de
- Professor Dr. Michael Mustermann, Chair of Commercial Law, University of Duesseldorf; e-mail: mmustermann@uni-duesseldorf.de

Muster: Experience-based CV

JOHANNA MUSTERFRAU
Address Am Huegel 9, 43211 Duesseldorf, Germany | **Telephone** +49 123 456 78 910
E-mail jmusterfrau@e-mail.de | **Visa** Green Card

WORK EXPERIENCE

Legal traineeship, Germany April 2019 – May 2021
Legal trainee

- Stages: German Ministry of Justice; Regional Court of Wuppertal; District Attorney of Kleve; German Consulate in New York; Deutsche Boerse (German Stock Exchange) in Frankfurt am Main.
- Final bar exam with 10.3 points (top 10 % of class).
- Skills gained: Excellent oral presentation skills through trying over 30 criminal law cases while working at the Kleve District Attorney's office.

Swift Planck & Partner, Duesseldorf, Germany April 2018 – March 2019
Legal Support – M&A practice group

- Legal research on German company law – my memos were regularly incorporated into reports for clients, many of which are leading corporations both in Germany and worldwide.
- Regular presentations on legal developments.
- Support on a due diligence operation.
- Skills gained: Excellent team-working skills through working with and supporting a team of lawyers. Memos and research tasks honed my legal writing skills.

EDUCATION & QUALIFICATIONS

2015 – 2019 **University of Duesseldorf**
Erstes Juristisches Staatsexamen (LL.B. equivalent) 9.6 Points (top 12 % of class)

- Specialization in company law.
- University scholarship for outstanding academic achievements (selected as one of two top students).
- Participation in three university-held moot courts.

2006 – 2015 **Goethe-Gymnasium Duesseldorf**
Abitur (A-level equivalent) 1.4 GPA (top 2 % of class):
Biology (12/15), English (13/15), German (11/15)

- Class representative for four consecutive years.

SKILLS & INTERESTS

- Fluent English and German (native) speaker, conversational French.
- President of the Duesseldorf Chapter of the European Law Students' Association.
- Jogging, classical literature and SCUBA diving.

REFERENCES

Available upon request.

Muster: Zeugnisübersetzung

North Rhine-Westphalia
Ministry of Justice
Federal Examination Office for Lawyers

The legal candidate

Ms/Mr …,
born on …,

passed on February 18, 2021,
at the local Federal Examination Office for Lawyers the

State Examination in Law
with the grade
Satisfactory (8.8 points)

and on April 10, 2017
at the University of Duesseldorf the

University Specialization Examination
with the grade
Fully Satisfactory (10.4 points).

The
First Exam
has therefore been passed with the grade
Fully Satisfactory (9.6 points).

(Signature)
Duesseldorf, February 26, 2021
President of the Federal Examination Office for Lawyers in Duesseldorf

Bewerbung bei internationalen Organisationen

von Ditmar Königsfeld

Als Alternative zum traditionellen Anwaltsberuf oder zu einer Tätigkeit bei nationalen staatlichen Institutionen stehen internationale Organisationen bei Absolvent:innen des Studiums der Rechtswissenschaften seit Langem im Fokus der Aufmerksamkeit. Hier konkurrieren die Jurist:innen mit international ausgebildeten und ausgerichteten Absolvent:innen vornehmlich aus den Bereichen der Wirtschafts- und Sozialwissenschaften, aber auch aus den Naturwissenschaften um die begehrten Positionen.

Bei welchen internationalen Organisationen können sich Jurist:innen bewerben?
Bereits im Rahmen des Rechtsreferendariats können angehende Jurist:innen eine Verwaltungs- oder Wahlstation bei einer internationalen Organisation ableisten. Grundsätzlich können sich erfolgreiche Absolvent:innen eines rechtswissenschaftlichen Studiums bei nahezu allen internationalen Organisationen um eine Mitarbeit bemühen. Natürlich gab und gibt es internationale Organisationen, die aufgrund ihrer Ziele und Aufgaben als „Hochburgen" für juristisch ausgebildetes Personal gelten. Zu nennen sind hier vor allem die verschiedenen internationalen Gerichtshöfe (Internationaler Gerichtshof, Internationaler Strafgerichtshof und die Sonderstrafgerichtshöfe für das ehemalige Jugoslawien und für Ruanda, der Internationale Seegerichtshof, der Europäische Gerichtshof, der Europäische Gerichtshof für Menschenrechte), Institute wie UNIDROIT, das sich mit der Vereinheitlichung des Privatrechts beschäftigt, die Welthandelsorganisation WTO, die Weltorganisation für geistiges Eigentum WIPO, die Kommission der Vereinten Nationen für internationales Handelsrecht UNCITRAL, der Europarat und die EU-Agentur für Grundrechte, wenn es um Menschenrechte geht. In internationalen Friedensmissionen werden häufig erfahrene Richter:innen und Staatsanwält:innen zur Unterstützung beim Aufbau nationaler Justizsysteme gebraucht. Die EU-Kommission führt Auswahlverfahren (Concours) für Jurist:innen durch. Darüber hinaus verfügt jedoch nahezu jede internationale Organisation aufgrund ihrer Organisationsstruktur über Arbeitsbereiche, in denen Jurist:innen traditionell einen interessanten Wirkungskreis finden. Dies gilt insbesondere für die Rechtsabteilung, die allgemeine Verwaltung, die Personalabteilung und die interne Korruptionsbekämpfung. Der Internationale Stellenpool des Auswärtiges Amtes (www.jobs-io.de) bietet einen sehr guten Überblick über aktuelle Ausschreibungen der internationalen Organisationen.

Fachliche Voraussetzungen
Entscheidend für eine auch langfristig erfolgreiche Positionierung im System der internationalen Organisationen ist für Jurist:innen zunächst, dass sie zum Zeitpunkt des Einstiegs im Rahmen ihrer juristischen Ausbildung und ersten berufspraktischen Erfahrung (Referendariat) fachliche Schwerpunkte gesetzt haben, die sich in den Zielsetzungen und Aufgaben der internationalen Organisation wiederfinden. Der fachlichen Ausdifferenzierung sind hier nahezu keine Grenzen gesetzt, wie gerade auch das große Angebot an LL.M.-Programmen zeigt. Juristische Fachkenntnisse sind in den Bereichen Menschenrechte, nachhaltige Entwicklung, humanitäre Hilfe, Migrations- und Flüchtlingshilfe ebenso unerlässlich wie beispielsweise Spezialkenntnisse im Recht internationaler Organisationen, im internationalen Patentrecht oder dem Weltraumrecht - die Liste ließe sich beliebig fortsetzen.

Sprachen und mehr

Zu den Mindestanforderungen zählen sehr gute Fremdsprachenkenntnisse von in der Regel zwei offiziellen VN-Sprachen (diese sind: Englisch, Französisch, Spanisch, Russisch, Chinesisch und Arabisch). Fließende Englischkenntnisse sind fast immer ein absolutes Muss. Hinzu kommt, dass die Arbeit in einem interkulturellen Umfeld ohne ein hohes Maß an sozialer Kompetenz nicht erfolgreich zu gestalten ist. Die Bereitschaft, gerade auch in Regionen abseits der großen Standorte von internationalen Organisationen zu arbeiten, rundet ein internationales Profil ab, das auf diesem kleinen aber feinen Arbeitsmarkt (Größenordnung dieses Arbeitsmarktsegments: ca. 90.000 Mitarbeiter:innen in dem höheren Dienst vergleichbaren Positionen) eher die Regel als die Ausnahme bildet.

Wie laufen Bewerbungsverfahren ab?
Nachwuchsprogramme der internationalen Organisationen

Aufgrund der Vielzahl an Aufgaben und Arbeitsgebieten gibt es kein einheitliches Rekrutierungs- und Bewerbungsverfahren, das bei allen internationalen Organisationen Anwendung findet. Grundsätzlich ist festzuhalten, dass der Bewerbungsprozess ebenso wie die Veröffentlichung der Stellen – von wenigen Ausnahmen abgesehen – unabhängig von den Hierarchieebenen auf elektronischem Wege abläuft. Die Bewerbung erfolgt in der Regel immer konkret auf ein individuelles Programm einer internationalen Organisation bzw. auf eine konkrete Vakanz. Dies bedeutet im Umkehrschluss, dass Initiativbewerbungen bei den meisten internationalen Organisationen nicht von Erfolg gekrönt sind.

Klar umrissen sind die Bewerbungsvoraussetzungen und das Bewerbungsprozedere insbesondere bei standardisierten Auswahlverfahren. Hier ist vor allem das Young Professional Programme (YPP) des Sekretariats der Vereinten Nationen zu nennen. Da am YPP nur Angehörige aus unterrepräsentierten Mitgliedsstaaten teilnehmen können, empfiehlt es sich, jeweils im Frühjahr auf der Website des VN-Sekretariats zu prüfen, ob Deutschland am Verfahren teilnehmen wird. Die europäischen Institutionen Kommission, Ratssekretariat und Parlament rekrutieren ihr Personal in der Regel durch spezielle Auswahlverfahren. Die EU hat die Organisation und Durchführung dieser Verfahren zentral dem Europäischen Institut für Personalauswahl übertragen. Eine Reform der Wettbewerbe (Concours) hat dazu geführt, dass die Verfahren verkürzt werden, regelmäßig stattfinden und stärker fähigkeitsorientiert sind. Das mehrstufige Auswahlverfahren der EU ist ebenso wie das YPP durch besondere Bewerbungsabläufe gekennzeichnet, über die die entsprechenden Websites detailliert informieren. Eine andere interessante Alternative für Jurist:innen sind die Führungsnachwuchsprogramme einzelner internationaler Organisationen wie des IWF, der OECD, UNICEF oder auch der UNIDO.

Grundsätzlich gilt für diese standardisierten Programme, dass ohne eine gezielte Vorbereitung sowohl auf die schriftlichen Tests als auch auf die Assessments die Aussichten, einen der begehrten Plätze zu erhalten, nicht sehr groß sind. Und noch etwas muss man beachten: Die Verfahren selbst sowie die nachfolgenden Entscheidungsabläufe der internationalen Organisationen erfordern nicht selten ein hohes Maß an Geduld. Bis man als erfolgreiche:r Absolvent:in eines solchen Auswahlverfahrens auf eine entsprechende Position in der Organisation berufen wird, können durchaus ein bis zwei Jahre vergehen.

Noch ein wichtiger Hinweis: Mit dem Carlo-Schmid-Programm und dem Mercator Kolleg für internationale Aufgaben gibt es für Studierende und Absolvent:innen der Rechtswissenschaften zwei hervorragende Programme, die deutschen Bewerber:innen im Rahmen der Förderung eines Praktikums bzw. im Zuge eines Trainee-Programms die Gelegenheit geben, internationale Organisationen auf dem Weg eines Internship näher kennenzulernen.

Bewerbung auf Einzelausschreibungen

Immer wieder bieten internationale Organisationen auch für Hochschulabsolvent:innen mit in der Regel zwei- bis dreijähriger relevanter Berufserfahrung Vakanzen im Einsteigerbereich (P1-/P2-Level im System der VN bzw. AD 7 im Bereich der EU) an. Die Konkurrenz in diesem Nachwuchssegment ist sehr hoch, da sich auf solche Einzelausschreibungen in der Regel weltweit eine Vielzahl von hoch qualifizierten Interessent:innen bewirbt. Zuweilen sind die Stellenausschreibungen im Hinblick auf die geforderten fachlichen Qualifikationen oder auch spezifischen Regionalkenntnisse sehr detailliert. Diese Angaben sollten die Bewerber:innen ernst nehmen – die einzelnen Anforderungspunkte der jeweiligen Vakanz sind nicht verhandelbar, und aufgrund des qualifizierten Bewerberangebots besteht aufseiten der internationalen Organisationen keine Notwendigkeit, hier irgendwelche Abstriche – beispielsweise im Bereich Fremdsprachenkenntnisse – zu machen.

Wie sieht eine Bewerbung bei einer internationalen Organisation aus?

Das Anschreiben (Cover Letter)

Im Zuge des elektronischen Rekrutierungsverfahrens bedienen sich die meisten internationalen Organisationen eines im Internet auszufüllenden Bewerbungsformulars. Abgerufen wird dieses Formular entweder auf der Website der Organisation oder auch schon als Supplement einer Vakanz. Die Ausgestaltung eines solchen elektronischen Formulars variiert je nach Organisation. Wichtig ist, dass zu allen Fragen dieses Formulars präzise Stellung genommen wird. Bei den Ausbildungsstationen werden die gängigen internationalen Bezeichnungen verwandt (etwa Admission to the Bar). Bevor dieses elektronische Bewerbungsformular die Personal- bzw. Fachabteilung der jeweiligen Organisation erreicht, hat oft bereits ein sogenanntes elektronisches Prescreening stattgefunden. Hierbei wird die Bewerbung auf relevante Schlüsselbegriffe durchforstet. Um nicht bereits in diesem Stadium der Bewerbung auf die Verliererseite zu geraten, empfiehlt es sich deshalb, die zentralen Begriffe der Stellenausschreibung in das Bewerbungsformular bzw. in die Beschreibung der Tätigkeiten und der akademischen Ausbildung mit einzubeziehen.

Vielfach haben Bewerber:innen die Gelegenheit, der elektronischen Bewerbung ein Bewerbungsschreiben (Cover Letter, Motivation Letter) beizufügen. Hier müssen auf engstem Raum das Interesse an der Position dokumentiert und die besonderen Alleinstellungsmerkmale als Jurist:in prägnant hervorgehoben werden. Das Anschreiben sollte nicht mehr als eine Seite umfassen und überzeugend darstellen, weshalb die zukünftige Beschäftigung für die Organisation einen nachweislichen Mehrwert erbringt.

Der Lebenslauf (CV)

In vielen Fällen besteht bei Bewerbungen bei internationalen Organisationen auch die Möglichkeit, einen Lebenslauf bzw. ein Curriculum Vitae (CV) beizufügen. Um sicherzustellen, dass das beigefügte CV in formaler und inhaltlicher Hinsicht den Anforderungen der betreffenden internationalen Organisation genügt, sind einige wesentliche Dinge zu beachten. Ein aussagekräftiger Lebenslauf beantwortet kurz und prägnant die entscheidenden Fragen: „Was wurde wann, in welcher Funktion, durchaus auch mit welchem Erfolg und wo (in welchen Bereichen) geleistet?" Die Erwartungen der internationalen Organisationen in puncto CV werden durch folgenden Aufbau gut bedient:

- Angabe der persönlichen Kontakt- und Adressdaten
- prägnante Zusammenfassung der Qualifikationen und Erfolge
- Beschreibung der akademischen Ausbildung und Berufserfahrung
- Nennung relevanter Qualifikationen
- Angaben zu Sprachkenntnissen und IT-Kompetenzen

Bei der Aufzählung der akademischen Qualifikationen gilt – ebenso wie bei der Nennung der Berufserfahrung – das Prinzip der umgekehrten chronologischen Reihenfolge. Internationale Organisationen sind bei der Lektüre der CVs daran interessiert zu erfahren, welche beruflichen Tätigkeiten mit welchem Erfolg (Zielerreichung) ausgeübt wurden und wie sich der Verantwortungsbereich (z. B. für Projekte, Personal oder Budget) entwickelt hat. Hier helfen in der Regel konkrete Beispiele zur Beschreibung des individuellen Profils.

Die heiße Phase der Bewerbung: schriftliche Tests und Auswahlgespräche

Viele internationale Organisationen sind dazu übergegangen, vor den eigentlichen Bewerbungsgesprächen schriftliche Prüfungen durchzuführen. Dies gilt insbesondere für die Nachwuchsprogramme bei der EU und den Vereinten Nationen. Aber auch für zahlreiche Führungspositionen ist es mittlerweile Usus, unter Nutzung des Internets Bewerber:innen einer schriftlichen Vorprüfung zu unterziehen. Üblicherweise stehen Fach- und Sprachkenntnisse sowie logisches Denken und Abstraktionsvermögen im Vordergrund.

Internationale Organisationen möchten mit solchen Testverfahren klare Aussagen über die Fähigkeit von Bewerber:innen erhalten, unter Zeitdruck Problemlösungen in angemessener Form zu entwickeln. Erste Hinweise auf mögliche Themen des schriftlichen Verfahrens lassen sich sowohl aus Aufgaben und Zielsetzung der jeweiligen internationalen Organisation als auch insbesondere aus der konkreten Stellenausschreibung herauslesen. Auch hier gilt: Eine gründliche Vorbereitung ist für das erfolgreiche Bestehen des schriftlichen Tests unerlässlich. Im Internet sowie im Printbereich gibt es eine Vielzahl von Publikationen, die als Hilfsmittel für eine sinnvolle Vorbereitung dienen können. Insbesondere Fragenkataloge aus früheren Auswahlverfahren bieten Bewerber:innen einen wichtigen Anhaltspunkt dafür, was in der schriftlichen Auswahlrunde zu erwarten ist.

Das Erreichen dieser letzten Etappe des Bewerbungsprozesses ist zunächst einmal ein großer Erfolg. Internationale Organisationen laden nur jene Bewerber:innen ein, die es erfolgreich auf die sogenannte Shortlist geschafft haben. Bedenkt man die große Zahl der Bewerbungen auf eine Vakanz, stellt das Erreichen dieser Shortlist schon einmal einen bemerkenswerten Erfolg dar. Und unabhängig vom Ausgang des Verfahrens bleibt den Bewerber:innen auf jeden Fall die Gewissheit, dass ihre Biografie im Kontext des Beschäftigungsfeldes internationale Organisationen marktfähig ist – kein schlechtes Zwischenergebnis.

Das entscheidende Auswahlgespräch kann aufgrund der zuweilen großen Distanzen und zur Vermeidung von Reisekosten häufig im Rahmen einer Telefon- oder Videokonferenz stattfinden. Für viele Bewerber:innen ist dies ein eher unbekanntes und ungewohntes Verfahren, weshalb es sich empfiehlt, eine solche Situation im Vorfeld einmal zu üben. Es ist sicherzustellen, dass zum vereinbarten Zeitpunkt das Gespräch störungsfrei durchgeführt werden kann und die technischen Voraussetzungen auch aufseiten der Bewerber:innen eine optimale Gesprächsdurchführung gestatten.

Das Panel, also die Auswahlkommission, besteht bei Telefon- und Videointerviews ebenso wie bei persönlichen Interviews aus mehreren Personen. Die Interviewer:innen kommen in der Regel aus der relevanten Fachabteilung und werden fast immer von einem Vertreter oder einer Vertreterin der Personalabteilung begleitet. Der Zeitrahmen für das Auswahlgespräch ist vorgegeben, die Dauer kann je nach Organisation erheblich variieren. Von den Bewerber:innenn wird erwartet, dass sie den Mitgliedern der Auswahlkommission ihren akademischen und beruflichen Werdegang präzise und in der gebotenen Kürze vorstellen können. Häufig steht dieser Themenkomplex am Beginn des Auswahlgesprächs. Ebenso wichtig ist, dass sich Bewerber:innen bereits im Vorfeld intensiv mit der Organisation und der individuellen Aufgabenbeschreibung der in Rede stehenden Vakanz auseinandergesetzt haben.

Die Liste der möglichen Gesprächsthemen in einem Auswahlgespräch bei internationalen Organisationen ist sehr breit gefächert, deshalb folgt an dieser Stelle nur eine kurze Auswahl:

- fachliche Fragen zu der konkreten Vakanz der internationalen Organisation
- Fragen zur Führungs- und Teamfähigkeit, die häufig nicht direkt getestet, sondern vielmehr im Rahmen von Szenarien überprüft werden. Hier empfiehlt es sich, konkret erlebte Situationen aus dem eigenen beruflichen und privaten Umfeld parat zu haben.
- Fragen zur gegenwärtigen Tätigkeit bzw. zu früheren Funktionen
- Fragen zur Motivation und Qualifikation im Hinblick auf die konkrete Bewerbung

Da die Mitglieder der Auswahlkommission die Bewerbungsunterlagen in der Regel vorab intensiv studiert haben, werden sie nicht zögern, gegebenenfalls während des Interviews in die im CV angegebenen Fremdsprachen zu wechseln. Spätestens hier würden sich zu optimistische Angaben hinsichtlich der Fremdsprachenkenntnisse als nachteilig herausstellen. Deshalb sei an dieser Stelle der an sich selbstverständliche Hinweis erlaubt: Alle Angaben, die man im Rahmen des Bewerbungsprozesses macht, sollten jederzeit einer substanziellen Überprüfung standhalten.

An dieser Stelle soll auch auf die in der Regel geforderten Referenzen eingegangen werden. Diese Referenzen werden von internationalen Organisationen meist geprüft, deshalb versteht es sich von selbst, dass nicht nur das Einverständnis der Referenzgeber eingeholt, sondern auch die entsprechende Person über den aktuellen Fortgang der jeweiligen Bewerbung informiert werden sollte. Wichtig ist, dass die Referenzgeber aussagekräftige Hinweise geben können. Dies betrifft sowohl berufliche Tätigkeiten als auch persönliche Eigenschaften.

Ein besonderer Weg in internationale Organisationen: das Programm Beigeordnete Sachverständige

Beigeordnete Sachverständige (BS) sind international bekannt unter der Bezeichnung Junior Professional Officer (JPO), Associate Expert (AE) oder Associate Professional Officer (APO). Die Bundesregierung hat mit mehr als 30 internationalen Organisationen Abkommen über die Förderung von Beigeordneten Sachverständigen abgeschlossen. Die Federführung des Programms liegt beim Bundesministerium für wirtschaftliche Zusammenarbeit und Entwicklung (BMZ). Hochschulabsolvent:innen mit erster Berufserfahrung, die im Besitz der deutschen Staatsangehörigkeit sind, bietet sich mit dem JPO-Programm eine einzigartige Möglichkeit, um das Beschäftigungsfeld internationale Organisationen bereits zu einem frühen Zeitpunkt intensiv kennenzulernen. Tätigkeiten als JPO/Beigeordnete Sachverständige finden entweder am Sitz der jeweiligen Organisation oder in den Regional- und Feldbüros in Afrika, Asien, Lateinamerika oder Europa statt. Die Tätigkeitsgebiete decken alle wesentlichen Bereiche der multilateralen Entwicklungszusammenarbeit ab: Armutsbekämpfung, Demokratie und Menschenrechte, Flüchtlingshilfe und Krisenprävention, Umweltschutz, Gesundheitsvorsorge, Arbeitsschutz, Beschäftigungs- und Wirtschaftsförderung, Bildung sowie ländliche Entwicklung und Ernährungssicherung.

Das Programm richtet sich an Bewerber:innen mit erster Berufserfahrung nach einem Hochschulstudium. Vorteilhaft sind hier insbesondere sowohl akademische als auch berufspraktische Erfahrungen, die während oder nach dem Studium im Ausland erworben wurden. In sprachlicher Hinsicht müssen die Bewerber:innen neben fließendem Englisch eine weitere offizielle VN-Sprache sicher beherrschen. Gerade auch für Absolvent:innenen der Rechtswissenschaften bieten sich innerhalb des JPO-Programms kontinuierlich interessante Einsatzmöglichkeiten in den unterschiedlichsten Rechtsgebieten und Politikbereichen. Zu Anfang eines jeden Jahres werden die von der Bundesregierung zur Besetzung ausgewählten Positionen im Rahmen des JPO-Programms auf der Website des BFIO (Büro Führungskräfte zu Internationalen Organisationen) veröffentlicht.

Auf Grundlage der schriftlichen Bewerbung entscheidet das BFIO gemeinsam mit dem BMZ und den übrigen Ressorts der Bundesregierung, welche Bewerber:innen zum Auswahlverfahren nach Bonn eingeladen werden. Im Anschluss an dieses Auswahlverfahren auf deutscher Seite schlägt das BFIO den internationalen Organisationen mehrere Kandidat:innen pro Position vor (Shortlist). Die abschließende Entscheidung liegt bei den internationalen Organisationen selbst. Während ihres Einsatzes sind die JPOs/Beigeordneten Sachverständigen Bedienstete der internationalen Organisationen. Sie werden gleichwohl von deutscher Seite auf ihren Einsatz vorbereitet und während der Tätigkeit begleitet. Für deutsche Nachwuchsführungskräfte bietet das JPO-Programm eine hervorragende Gelegenheit, den ersten erfolgreichen Schritt zu einer langfristigen Positionierung im System der internationalen Organisationen zu tun.

4. Erfahrungsberichte und Fallstudien

Enis Arkat
Senior Legal Counsel
N26

Anwalt in einem Start-up: Mehr als Tischtennis und Club Mate

Die immer stärker wachsende Start-up-Szene in Deutschland bietet auch für (angehende) Juristinnen und Juristen spannende Möglichkeiten. Insbesondere für solche, die gerne früh in interdisziplinären Teams arbeiten und sich nicht auf ein ganz bestimmtes Rechtsgebiet spezialisieren wollen, kann die Arbeit in einem der vielen Start-ups interessant sein.

Ich kam als Praktikant zur Mobile-Bank N26 (damals noch Number26) und habe in den Jahren darauf als wissenschaftlicher Mitarbeiter und später als Legal Counsel (Anwalt) in der Rechtsabteilung das Wachstum von 70 auf 1.500 Mitarbeiter miterlebt. Dabei habe ich nicht nur an bankrechtlichen Themen gearbeitet, sondern Kolleginnen und Kollegen auch im Datenschutz-, Arbeits-, Gesellschafts- und IT-Recht beraten. Insbesondere die Mitarbeit am erfolgreichen Banklizenzantrag sowie an zahlreichen Finazierungsrunden war fachlich herausfordernd, extrem lehrreich und hat großen Spaß gemacht.

Start-up als Alternative zur Großkanzlei

In der Vorstellung vieler Studierenden gibt es nach dem Ersten Staatsexamen im wesentlichen zwei Optionen: Entweder eine Promotion wagen oder die Wartezeit zum Referendariat in einer (Groß-)Kanzlei überbrücken und dabei gutes Geld verdienen. Dabei wird übersehen, dass auch viele Inhouse-Rechtsabteilungen qualifizerte Juristinnen und Juristen mit Erstem Examen suchen. Auch bei Assessorinnen und Assessoren gilt die Großkanzlei nach wie vor als erste Adresse für den Berufseinstieg. Die Arbeit im Start-up hat den großen Vorteil, dass man sich nicht für eine Praxisgruppe entscheiden muss, sondern sämtliche im Geschäftsalltag anfallenden juristischen Fragen beantworten darf. Zudem ist gerade in einem Start-up der Altersdurchschnitt deutlich niedriger als in der Kanzlei – oftmals ist selbst die Geschäftsführung erst Ende 20. Für mich war es bei der Arbeit hier stets inspirierend, wie eine Gruppe junger, relativ unerfahrener Menschen hart daran arbeitet, ein komplexes Problem zu lösen (im Fall von N26 das Bankgeschäft komplett über eine Smartphone-App abzuwickeln) oder eine bestehende Industrie zu revolutionieren („disrupten“). Diese gemeinsame Mission erschafft einen Teamgeist, den ich als externer Berater nicht in gleicher Weise erleben könnte.

Dabei ist die juristische Arbeit inhaltlich keinesfalls anspruchslos. Häufig wird man bei digitalen Geschäftsmodellen vor Rechtsfragen gestellt, die bislang kein Gericht oder Kommentar beantwortet hat. In diesen Fällen hilft das juristische Werkzeug, welches die universitäre Ausbildung mitgegeben hat, anhand des Gesetzeswortlauts vertretbare Lösungen zu entwickeln. Insbesondere in hochregulierten Bereichen wie der HealthTech-, FinTech- oder InsurTech-Industrie hat man zudem oft die Möglichkeit, bei ungeklärten Fragen gestalterisch zu wirken. Denn bestenfalls akzeptiert und übernimmt die Aufsicht die zuvor durch Inhouse-Rechtsabteilungen entwickelte Gesetzesauslegung.

Was macht ein Inhouse Legal Counsel bei einem Start-up?

Die Arbeit bei einem Start-up unterscheidet sich teilweise stark von der in einer Kanzlei – im Positiven wie im Negativen. So muss man sich zunächst bewusst sein, dass fast alle Kolleginnen und Kollegen juristische Laien sind (auch wenn das in BWL unter Verweis auf eine Vorlesung im „Wirtschaftsprivatrecht" oft anders gesehen wird). Dementsprechend sind die eigenen Arbeitsergebnisse für diese Zielgruppe verständlich zu formulieren. Das heißt, dass man selten lange Gutachten schreibt, sondern den Input vor allem durch kurze E-Mails, mündlich in Meetings oder durch Slides in Managementpräsentationen kommuniziert. Dabei ist es stets wichtig, eine konkrete Handlungsanweisung zu geben, damit alle wissen, was sie aufgrund der rechtlichen Beurteilung tun sollen. Da Inhouse-Anwältinnen und -Anwälte im Gegensatz zu denen in Kanzleien keinem direkten Haftungsrisiko ausgesetzt sind, können sie oftmals direkter sein und ggf. Empfehlungen in Graubereichen aussprechen. Schließlich sind manchmal auch Projektmanagement-Skills gefragt, z.B. bei der Koordinierung von externen Rechtsanwältinnen und -anwälten für Spezialthemen, bei Lizenzanträgen oder bei Venture-Capital-Finanzierungsrunden.

Wer es allerdings liebt, sich in juristische Probleme zu vertiefen, tagelang zu recherchieren und eine perfekte (wasserdichte) Empfehlung abzugeben, dem ist von der Arbeit im Start-up eher abzuraten. Aufgrund der Vielzahl von Fragen und Problemen und der hohen Unternehmensdynamik bleibt oft wenig Zeit für die Recherche. Zudem sind die Zugriffe auf Datenbanken wie beck-online (wenn überhaupt vorhanden) aus Kostengründen stark eingeschränkt. Daher gibt man komplexe Einzelfragen mit hohem Risiko oftmals eher extern ab. Auch geht es in Start-ups manchmal chaotisch zu, viele Personalwechsel und fehlende Dokumentation führen zu der Notwendigkeit, manches doppelt und dreifach zu erklären. Auch Ruhe zum Nachdenken findet sich in den lebendigen Großraumbüros eher selten, dafür aber umso mehr Gelegenheit für anregenden Austausch und Späße mit Kolleginnen und Kollegen. Dazu gehören natürlich auch das obligatorische Bier und und die Pizza am Kickertisch nach Feierabend.

Start-up, Scale-up, IPO und dann ...?

Natürlich muss man bei der Wahl des Berufseinstiegs auch langfristig denken. Was macht man, wenn das Startup pleite geht? Was passiert im „best case" nach dem erfolgreichen IPO, wenn man keine Lust hat, in einem großen, langsamen Unternehmen zu arbeiten?

Mein Eindruck ist, dass der Einstieg bei einem Start-up keine Türen verschließt – im Gegenteil. Inhouse-Expertise ist immer mehr gefragt, und auch der Weg in die Kanzlei oder den Staatsdienst steht einem nach wie vor offen. Dabei ist besonders zu betonen, dass man sich durch die Arbeit im Start-up in kurzer Zeit ein extrem großes Netzwerk an talentierten jungen Kolleginnen und Kollegen aufbaut, die später in anderen erfolgreichen Start-ups oder sonstigen Unternehmen arbeiten. Dort können sie einen entweder als Inhouse Counsel empfehlen oder als externen Rechtsanwalt oder externe Rechtsanwältin in einer Kanzlei mandatieren. Denkbar ist auch, nach ein paar Jahren Start-up einen LL.M. zu absolvieren. Die Berufserfahrung in Tech-Companies ist vor allem bei Universitäten in den USA gern gesehen und hebt die eigene Bewerbung aus der Masse der Promovierenden und Kanzleianwältinnen und -anwälten ab.

Dr. Tobias Bauerfeind LL.M. (Oxf. Brookes)

Associate, Rechtsanwalt

Ashurst LLP

Anwalt im Aufsichtsrecht – Finanzkrise, Brexit & Co.

An dieser Stelle zunächst einmal die hard facts: Ich bin 30 Jahre alt und arbeite als 3rd Year Associate in der britisch-australischen Wirtschaftskanzlei Ashurst am Standort Frankfurt am Main im Bereich „Financial Regulation & Funds" bei Dr. Detmar Loff. Ich habe an der Johannes Gutenberg-Universität (JGU) Mainz studiert und im europäischen Bankaufsichtsrecht promoviert, letzteres bei Prof. Dr. Josef Ruthig. Im Anschluss hieran habe ich das Referendariat am Oberlandesgericht Frankfurt absolviert. Die insgesamt zehnjährige Ausbildung komplettierte ein berufsbegleitender LL.M.-Studiengang an der englischen Oxford Brookes University. Im Rahmen der Dissertation hatte ich zuvor bereits einen Auslandsaufenthalt einbinden können und verbrachte einige schöne Monate im Norden Kaliforniens, an der University of California, Berkeley, School of Law (was einen eigenen Beitrag wert wäre).

Wege ins Aufsichtsrecht

Mein Weg ins Aufsichtsrecht begann im dritten oder vierten Semester an der Uni Mainz mit einer Seminar-Ausschreibung meines späteren Doktorvaters zu den europa- und aufsichtsrechtlichen Nachwehen der zu diesem Zeitpunkt noch gar nicht so lange zurückliegenden Weltfinanzkrise von 2007/2008 im österreichischen Graz. Bestand die universitäre Ausbildung bis dahin vor allem aus den Grundzügen des Zivil-, Straf- und öffentlichen Rechts, ging es nun also um internationales und europäisches Finanzaufsichtsrecht. Als Öffentlichrechtler:in mag man einwerfen, Aufsichtsrecht ist am Ende des Tages auch bloß besonderes Gefahrenabwehr- bzw. Ordnungsrecht. Das stimmt zwar, wird in dieser Apodiktik der Tiefe und Bedeutung des Rechtsgebiets doch nicht gerecht.

Während der Dreh- und Angelpunkt im Aufsichtsrecht das öffentliche Recht ist, gibt es häufig auch mit dem Privatrecht Überschneidungen, wobei die überspannende Klammer in der Regel das Europarecht bildet. Vielfach bestehen Anknüpfungspunkte auch zu anderen Rechtsgebieten, wie etwa zum Gesellschafts-, Insolvenz-, Datenschutz- und Steuer- bzw. Bilanzrecht.

Da ich unter dem Eindruck des endlosen Lernens für das Erste Staatsexamen danach zunächst wenig Muße aufbringen konnte, unmittelbar ins Referendariat und das Zweite Staatsexamen zu starten, entschied ich mich für die Promotion „dazwischen" – ehrlicherweise auch, um erst einmal etwas Abstand vom Examen zu gewinnen. Die grobe Themenfindung hierfür gestaltete sich verhältnismäßig einfach, hatte sich das Finanzaufsichtsrecht doch seit dem Grazer Seminar wieder erheblich weiterentwickelt. Letztlich wurden es die seit der Finanzkrise vielfach beachteten Ratingagenturen und die Einbettung externer Ratings in das europäische Finanzmarktaufsichtsrecht.

Die Promotion empfand ich als eine sehr schöne und bereichernde, wenn auch oft herausfordernde Lebensphase. Eine Dissertation ermöglicht das erste Mal eine echte juristische Auseinandersetzung mit einem Thema, die im Studium so nicht möglich ist (wo sich die Themenbefassung eher auf „examensrelevant" und „nicht examensrelevant" beschränkt). Auch genießt man als Promovend:in grundsätzlich viele inhaltliche Freiheiten, weil es gerade nicht darum geht, eine vorgefertigte Lösungsskizze unter einen bestimmten Sachverhalt subsumieren zu müssen. Das mag kurz nach dem Ersten Examen dann und wann überfordern, ist aber mit der Unterstützung des

Doktorvaters oder der Doktormutter zu meistern. Vier Wochen, nachdem ich meine Dissertation abgegeben hatte, startete ich ins Referendariat.

Theorie und Praxis

Die Promotionsphase war mein maßgeblicher Wegbereiter für alles Weitere. Als externer Doktorand war ich nicht am Lehrstuhl selbst, sondern promotionsbegleitend für mehrere Tage pro Woche in einer ebenfalls britischen Kanzlei in Frankfurt tätig. Dort erlernte ich – learning by doing – das Aufsichtsrecht in der (Anwalts-)Praxis. Es war schließlich dieses wechselseitige Spiel aus Theorie und Praxis, das mir den Zugang zu dieser komplex wirkenden Materie ebnete.

Und es war die Faszination für die immense Themenbreite und Aktualität des Fachs, die mich bis heute nicht mehr losgelassen hat. Diese führte im Folgenden dazu, auch die verschiedenen Stationen des Referendariats maßgeblich am Aufsichtsrecht auszurichten. So verbrachte ich einen Teil der Verwaltungsstation beispielsweise bei der Europäischen Zentralbank, einen anderen Teil der Anwaltsstation bei der Deutschen Bank. Generell plädiere ich dafür, sich in dieser Phase möglich viel und möglichst Unterschiedliches anzusehen. So findet man nicht nur im besten Fall „sein" Thema, sondern lernt zudem mannigfaltige Arbeits-, Herangehens- und Verhaltensweisen kennen, die man für sich übernehmen kann (oder eben nicht übernimmt – auch das ist insoweit lehrreich).

Als Promotion und vor allem das Zweite Staatsexamen überstanden waren, ging es nach so langer Zeit endlich um den Berufseinstieg. Aufgrund des langen Anlaufs war ich mir zu diesem Zeitpunkt bereits sehr sicher, das Aufsichtsrecht mit dem Anwaltsberuf verbinden zu wollen.

Als Aufsichtsrechtler im Anwaltsberuf

Es war eine gute Entscheidung. Im Vergleich zu vielen anderen Rechtsgebieten in der Großkanzlei ist das Aufsichtsrecht ein immer noch sehr juristisches. Zum Beispiel besteht ein nicht unerheblicher Teil unseres Alltagsgeschäfts im Anfertigen von Gutachten – wie man es an der Uni gelernt hat – wenn auch meist in englischer Sprache aufgrund der Internationalität der Mandantschaft. Diese besteht mehrheitlich aus Banken, FinTechs, Versicherern, Finanz- und Wertpapierdienstleistern, Fondsmanagern, Zahlungsdienstleistern sowie institutionellen Investoren.

Während junge M&A-Kolleg:innen vor allem Post-Closing-Checklisten in Excel pflegen, sind Berufseinsteiger:innen im Aufsichtsrecht auch zu Beginn schon mit den großen Themen der Zeit befasst. Dieser Satz ist so verkürzt wie überspitzt – und doch nicht unwahr.

Ob Brexit, Verbraucherschutz, virtuelle Währungen (wie Bitcoin), Blockchain, Erlaubnisfragen, Geldwäsche, Bankeninsolvenzen, Eigenkapitalausstattung oder Fondsstrukturierung – die interessanten Fragen des Fachs können häufig noch selbst beantwortet und der Diskurs darüber aktiv mitgestaltet werden. Und wegen des hohen Gewichts regulatorischer Entscheidungen steht man auch als Berufseinsteiger:in regelmäßig direkt mit der Führungsetage des Mandanten in Kontakt.

Wer nach alledem mehr über das Aufsichtsrecht in der Anwaltspraxis erfahren möchte, dem sei der Beitrag in *JuS 2020, 1100* empfohlen.

Dr. Daniel Berneith

Referent

Städteverband Schleswig-Holstein, Schleswig-Holsteinischer Landkreistag

Interessenvertretung mal anders – die Arbeit bei kommunalen Landesverbänden (KLV)

Im März 2019 wurde ich vom Ministerpräsidenten des Landes Schleswig-Holstein zum Regierungsrat ernannt, war seitdem aber lediglich zwei Monate in der Landesverwaltung tätig. Die restliche Zeit war ich abgeordnet, zunächst an den Schleswig-Holsteinischen Landkreistag und im Rahmen einer erneuten Abordnung zugleich auch an den Städteverband Schleswig-Holstein. Für beide verwalte ich seit November 2020 die „Koordinierungsstelle Öffentlicher Gesundheitsdienst".

Landkreistag und Städteverband vertreten die Interessen der Kreise und Städte Schleswig-Holsteins, etwa durch Beratung und fachlichen Austausch, insbesondere aber auch durch die Abgabe von Stellungnahmen gegenüber dem Land, dem Landtag und sonstigen Behörden. Schließlich gehört auch die aktive Ausarbeitung von Vorschlägen und Anregungen insbesondere zur Änderung von Rechtsvorschriften zu den Aufgaben der Verbände. Über ihre Bundesverbände nehmen Städteverband und Landkreistag die Aufgaben auch auf Bundesebene wahr.

Unverhofft kommt oft

Tatsächlich hatte ich mir jedenfalls die erste Abordnung zum Landkreistag nicht wirklich ausgesucht. Das Nachwuchskräfte-Programm des Landes Schleswig-Holstein sieht für die ersten zwei Jahre die Tätigkeit in verschiedenen Bereichen vor, bisweilen auch auf kommunaler Ebene. In meinem Fall stand dabei frühzeitig fest, dass ich bereits mit Dienstantritt an den Schleswig-Holsteinischen Landkreistag abgeordnet werde und dort für ein Jahr das Referat „Integration, Wirtschaft und Europa" übernehme. Zwar wurde ich insofern formal gefragt, ob ich mir dies vorstellen kann. Gleich zu Beginn der beruflichen Tätigkeit aber um eine andere Stelle zu bitten, kam nicht wirklich in Betracht.

Begeistert war ich von der Aussicht aber keineswegs. Zum einen, weil das Kommunalrecht sowohl im Studium als auch im Referendariat bekanntlich ein Schattendasein führt und ich mich deshalb für die Tätigkeit nicht genügend vorbereitet gefühlt habe. Zum anderen aber auch, weil ich von den KLV bisher allenfalls am Rande etwas gehört hatte und weder Aufgaben, noch Strukturen oder Arbeitsabläufe kannte. So waren die ersten Tage von einem eher unguten Gefühl geprägt, zumal ich schnell gemerkt habe, dass meine Stelle durchaus mit einiger Verantwortung und Entscheidungsfreiheit verbunden ist.

Allerdings wurde ich hinsichtlich meines Gefühls schon bald eines Besseren belehrt. Bereits nach kurzer Zeit hat sich die Arbeit beim Schleswig-Holsteinischen Landkreistag als wahnsinnig spannend und vor allem abwechslungsreich erwiesen. Zwar sind die meisten Arbeitstage gleich gestrickt – Telefonate, E-Mails, Gesprächsrunden (derzeit meist nur digital). Allerdings kommen sie mit immer neuen Inhalten daher, schon weil das Aufgabenspektrum der Kreise und (kreisfreien) Städte breit ist. Während meiner ersten Abordnung war ich mit der Integration von Geflüchteten ebenso beschäftigt wie mit der Finanzierung des ÖPNV, einer Radverkehrsstrategie, den Kosten der Signalplanung einer Lichtsignalanlage oder Aspekten der Nachhaltigkeit. Ziel war es stets, die gemeinsamen Interessen der von mir vertretenen Kommunen im Blick zu behalten und möglichst durchzusetzen – sei es proaktiv durch eigene Anregungen, reaktiv auf die Pläne von anderen Beteiligten oder kooperativ. In rein juristischer Hinsicht geht es dabei vielfach um die Fragen, was das Land sowie andere Beteiligte im Verhältnis zu Kreisen und Städten regeln dürfen, müssen und können (Selbstverwaltungsrecht der Kommunen).

Koordinierung in Zeiten von Corona

Angesichts dieser positiven Erfahrungen habe ich mich im November 2020 erneut abordnen lassen, nachdem ich gebeten wurde, die im Zuge der SARS-Covid-Pandemie geschaffene „Koordinierungsstelle Öffentlicher Gesundheitsdienst" zu übernehmen. Die Stelle sollte insbesondere zur Wahrnehmung der Interessen der (nicht nur, aber vor allem jetzt) mit der Umsetzung des Infektionsschutzgesetzes betrauten Gesundheitsämter der elf Kreise und vier kreisfreien Städte in Schleswig-Holstein dienen. Wesentliche Punkte dabei waren etwa die Fragen nach der Sicherstellung und Finanzierung von ausreichend Personal, sei es kurzfristig betrachtet für die Kontaktpersonennachverfolgung oder auch im Sinne eines nachhaltigen Personalaufbaus. Daneben ging es aber auch darum, die Abläufe bei der Nachverfolgung von Infektionsketten zu optimieren. So haben wir etwa eine Allgemeinverfügung erarbeitet, nach der sich positiv getestete Personen sowie enge Kontaktpersonen schon vor einer expliziten Anordnung des Gesundheitsamtes häuslich absondern müssen. Zudem haben wir alle Gesundheitsämter an eine App für die digitale Kontaktnachverfolgung angeschlossen, um einer „Zettelwirtschaft" entgegenzuwirken.

Einen wesentlichen Teil meiner Arbeitszeit nahmen Aufbau und Betrieb von insgesamt 28 Impfzentren ein. Zwar lag die Gesamtverantwortlichkeit für die Impfzentren beim Land Schleswig-Holstein. Sie wurden aber von den Kreisen und kreisfreien Städten mit großem eigenem Personalanteil betrieben, wobei ich eine vermittelnde Rolle zwischen kommunaler Ebene und dem Land einnahm. Das war natürlich schon grundsätzlich spannend, aber zudem auch geprägt von immer wieder neu aufkommenden Problemen: Wer haftet bei Unfällen in den Zentren? Wie ist die Impfverordnung des Bundes auszulegen? Wie gehen wir mit dem kurzzeitigen Impfstopp für AstraZeneca um? Es kam eine Vielzahl solcher Fragen auf, deren vollständige Wiedergabe *Perspektive Jura* allein füllen könnte.

Herausfordernd war auch eine vom Kreis Segeberg betriebene und allen Kreisen und kreisfreien Städten zur Verfügung gestellte Einrichtung zur zwangsweisen Unterbringung von Personen, die wiederholt gegen Absonderungsanordnungen verstoßen haben. Interessant war – neben dem medialen Echo – insbesondere, dass es an einem Vorbild hierfür fehlte und die Einrichtung in allen Details (Konzept, Räumlichkeiten, Personal) neu aufzustellen war, was ich tatsächlich wie rechtlich begleiten durfte.

Nach jetzigem Stand werde ich im November 2021 in die Landesverwaltung zurückkehren, worauf ich mich sehr freue. Dennoch möchte ich angehenden Jurist:innen empfehlen, nach Möglichkeit einen Blick in die wirklich spannende Arbeit der KLV zu werfen.

Hasti Feriduni, LL.M.

Paralegal
DACH & FRANCE

LimeBike Germany
GmbH

Ein unkonventioneller Weg in die Juristenwelt

Heute bin ich als Paralegal in der Rechtsabteilung von Lime tätig – ein kalifornisches Tech-Unternehmen für urbane Mobilität. Der Weg bis hierher gestaltete sich jedoch nicht ohne Hürden. Geboren in einer persischstämmigen Familie aus Berlin, war ich immer angezogen von Internationalität. Das Ferne, das Jonglieren zwischen Jurisdiktionen und die Nutzung verschiedener Sprachen in einer idealen juristischen Tätigkeit waren Leitmotive, die mich auf meinem Weg begleitet haben.

Beängstigend war die Entscheidung, das Staatsexamen nicht zu absolvieren. Während des traditionellen juristischen Studiums wurde mir rasch klar, dass ich anders denke als die meisten meiner Professor:innen und Kommiliton:innen. Das Fehlen anderer Fächer wie BWL stellte sich als Nachteil für mich heraus. Ich hatte das Bedürfnis, die Rechtswissenschaft mit anderen Disziplinen zu kombinieren. Anfangs zögerlich, aber dennoch gut überlegt, habe ich mein Studium mit dem LL.B. abgeschlossen, um direkt danach in New York City mein Traumstudium zu beginnen.

New York City – mein Zuhause
Bereits vier Jahre vor meinem LL.M.-Studium in New York City war mir klar, dass ich das Studium absolvieren werde. Dank unermüdlicher Unterstützung von Frau Professorin Dr. Kirstin Drenkhahn, Herrn Professor Dr. Martin Schwab sowie Herrn Professor Dr. Marcus Schladebach wurde mein Traum wahr. Angekommen in NYC konnte ich mein Glück kaum fassen. Zum ersten Mal war ich nicht mehr nur zu Besuch in der Stadt! Student:innen der Fordham University School of Law haben den Vorteil, im Herzen von Manhattan zu studieren, unweit der südwestlichen Ecke des Central Park. Aus der deutschen Perspektive ist das US-amerikanische Rechtssystem zunächst gewöhnungsbedürftig. Das Case-Law-System verlangt das Lesen und Einprägen bekannter Fälle samt Entscheidungen – das kennen wir so nicht in Deutschland.

Fordham bietet Vorlesungen namhafter Professor:innen, nützliche Verbindungen in die Wirtschaft und organisiert Veranstaltungen, auf denen Student:innen Kontakte knüpfen können. Während meines Studiums hatte ich das Privileg, als „Ally" in der Black Law Students Association aufgenommen zu werden, wurde Mitglied der Business and Financial Affinity Group sowie des Fashion Law Institute. Heute bin ich Vice President of the European Chapter der Fordham Law Alumni. New York City ist mein zweites Zuhause geworden.

Zurück in Deutschland: „Wo ist das Prädikatsexamen?"
Während meines New-York-Aufenthaltes habe ich meinen späteren Vorgesetzen kennengelernt, einen Partner von Clifford Chance in Frankfurt am Main. Er bot mir meine erste Vollzeittätigkeit als Transaction Lawyer an. Auch danach habe ich stets in weltweit bekannten Unternehmen gearbeitet. Ungeachtet dessen stutzen bis heute fast alle Interviewer:innen, sobald mein akademischer Werdegang thematisiert wird.

Mein Profil ist außergewöhnlich: sechs Sprachen, Perserin, LL.B. und LL.M., techaffin, selbstbewusst. Ich muss in Deutschland nicht selten erläutern, aus welchem Grund ich diesen speziellen Weg gegangen bin. Kein Staatsexamen zu haben stößt leider auf Unverständnis – meine Vision von einem modernen juristischen Studium ebenfalls. „Schön, dass Sie diese Erfahrungen gesammelt haben, wo ist aber das Prädikatsexamen?"

Heute, zum Zeitpunkt der Niederschrift

Als Paralegal für DACH und Frankreich bin ich zuständig für alle juristischen Angelegenheiten, die sich in den operativen Bereichen der Länder ergeben. Spannend ist, dass der gesetzliche Rahmen rund um das Thema der Elektromobilität und der Micro-Mobility kaum ausgestaltet ist. Daher darf ich viel recherchieren und in nicht regulierten Situationen argumentieren. Der Jobantritt gestaltete sich aufgrund der Pandemieumstände virtuell: Bis jetzt habe ich kein Teammitglied persönlich kennengelernt, die Arbeit findet von zu Hause statt, ich lebe das bekannte „Zoom-Leben". Dabei sind Konferenzen knapp durchgetaktet, jede Minute zählt, der Anspruch ist hoch, die Bezahlung entspricht dagegen nicht meiner Leistung. In Wahrheit arbeite ich extrem viel, dazu gehören ausnahmslos Überstunden.

Tabu! Das Gehalt.

Das traditionelle System rund um das deutsche Jurastudium suggeriert Staatsexamina als Voraussetzung für eine stabile finanzielle Situation. Ohne Staatsexamen erscheint es unmöglich zu sein, seinen Lebensunterhalt zu finanzieren. Kurz nach meinem Master-Studium wusste ich nicht, welche Möglichkeiten mir offenstehen. Das Einstiegsgehalt für Absolvent:innen mit Staatsexamina ist nicht zwingend höher als das Einstiegsgehalt mit einem LL.M. Juraabsolvent:innen ohne Examina können also durchaus attraktiv entschädigt werden. Dabei spielen andere Qualitäten ebenfalls eine Rolle: Das Selbstbewusstsein, die sogenannten Soft Skills, Arbeitserfahrung und das Gesamtpaket des Profils.

Der rote Faden ist der Faden, den man selbst vorgibt

Transaction Lawyer, Paralegal, Legal Advisor oder Associate – Titel haben mich nie beeindruckt. Stattdessen empfehle ich Student:innen, an ihrer Persönlichkeit zu arbeiten. Gerade in einer technisch-digitalen Welt ist es von Vorteil, über den Tellerrand schauen zu können und offen für neue Lösungen zu sein. Es schadet nicht, sich auszuprobieren und sich an neue Ideen heranzutasten. Individualität hat sich auf meinem Weg bisher ausgezahlt.

Wissenschaftliche Mitarbeiterin an der Universität

Lissa Gerking
Wissenschaftliche Mitarbeiterin
Leibniz Universität Hannover

Nach dem Abschluss meines Ersten Staatsexamens habe ich die Möglichkeit erhalten, als wissenschaftliche Mitarbeiterin an meiner Universität zu bleiben und für einen Lehrstuhl zu arbeiten. Ich habe mich also zunächst gegen den Einstieg ins Referendariat und für eine Promotion entschieden. Möglich ist es natürlich auch, erst Studium und Referendariat zu beenden und anschließend zu promovieren; da kommt es ganz auf die eigene Planung und Präferenz an.

Dieser Job bietet mir eine Verbindung von Arbeit und Freizeit, Theorie und Praxis, Selbstbestimmung und Anleitung. Mir fiel der Absprung vom Studium ins „Arbeitsleben" in der gewohnten Umgebung deutlich leichter. Die generellen Abläufe an der Universität sind mir durch mein Studium noch vertraut, und viele Menschen in meinem Kolleg:innenenkreis kannte ich bereits. Zudem kann ich vor dem nächsten Lern-Marathon für das Zweite Staatsexamen noch einmal durchatmen und die Zeit nutzen, mich weiterzubilden und weiterzuentwickeln.

Kein geregelter Alltag

Ich bin an der Leibniz Universität in Hannover mit einer halben Stelle angestellt, vertraglich arbeite ich also ca. 20 Stunden pro Woche. Auf die Frage, was ich in meiner Arbeitszeit genau mache, habe ich jeden Tag eine neue Antwort. Ich kümmere mich z. B. um die inhaltliche Vorbereitung der Lehre, organisiere und halte Seminare, führe europäische Kooperationsprojekte durch, verfasse wissenschaftliche Aufsätze und Stellungnahmen oder beschäftige mich mit den studentischen Teams für internationale Wettbewerbe, die bei uns am Lehrstuhl betreut werden. Semester für Semester, Tag für Tag gibt es wiederkehrende, alte und neue, spannende und manchmal auch eintönige Aufgaben, die zu erledigen sind.

Doch auch wenn Korrekturlesen nicht zu meinen Lieblingsbeschäftigungen gehört, weiß ich: Spätestens nächste Woche kümmere ich mich vorwiegend wieder um etwas anderes. Dann sitze ich mit einer Kollegin Eis essend auf Zypern und lausche einer Besprechung des neuesten EU-Projektes. Treffe in Paris die letzten Vorbereitungen mit dem Studierendenteam für einen internationalen Mediationswettbewerb. Oder diskutiere in Bayreuth auf einer Tagung während eines Brauereibesuches mit anderen wissenschaftlichen Mitarbeiter:innen über KI in privatrechtlichen Verträgen. Das ist für mich der größte Pluspunkt meiner Arbeit: Es bleibt immer spannend, und ich lerne stetig dazu. So kann ich mich weiterentwickeln und komme mit inspirierenden Menschen in Kontakt.

Die Wissenschaft als Traumjob?

Weitere Vorteile, die ich in meiner Arbeit sehe, sind die hohe Flexibilität der Arbeitszeit und die vielseitige inhaltliche Tätigkeit, aber auch die persönlichen Kontakte, die ich knüpfen und vertiefen kann. Innerhalb unseres Lehrstuhls und auch zu anderen Mitarbeiter:innen der Universität habe ich ein sehr freundschaftliches Verhältnis. Außerdem nehme ich als Weiterbildung regelmäßig an Konferenzen teil, auf denen ich mich mit anderen (jungen) Wissenschaftler:innen austauschen und so neue Kontakte knüpfen kann. Durch meine Promotion und das Verfassen von wissenschaftlichen Texten beschäftige ich mich vielschichtiger mit juristischen Komplexen und konnte andere Perspektiven einnehmen. Durch den fast täglichen Austausch mit Professor:innen lerne ich außerdem noch viel dazu und baue mir ein vertieftes Wissensgeflecht auf. Dadurch, dass ich selbst AGs leite und Seminare gebe, kommt noch die didaktische Vermittlung von Wissen dazu. Der Kontakt mit Dozent:innen aus der Praxis ermöglicht mir zudem einen realistischen Einblick in verschiedene juristische Berufe.

Es ist nicht alles Gold, was glänzt

Neben aller Euphorie ist die Arbeit als wissenschaftliche Mitarbeiterin nicht für alle ein Traumjob. Wer stringent eine Promotion vorantreiben möchte, könnte sich durch die verschiedenen Tätigkeiten an einem Lehrstuhl leicht aufgehalten fühlen. Dazu kommt, dass teilweise neben der Lehre noch weitere Veranstaltungen zu stemmen sind, die Zeit kosten. Eine Art Promotionsstipendium ist eine Anstellung als wissenschaftliche:r Mitarbeiter:in also nur in den wenigsten Fällen. Das sollte einem bewusst sein, idealerweise bevor man sich für diese Tätigkeit entscheidet. Die zeitlichen Einschränkungen wiegen für mich nicht die Vorteile auf, die ich genieße; aber die Entscheidung muss jeder selbst treffen!

Je nach Lehrstuhlschwerpunkt wird man außerdem nicht jede Woche in einer anderen Stadt auf einer Tagung oder bei einer Konferenz verbringen. Bei einem Großteil an Lehre, wie es an vielen Lehrstühlen üblich ist, fallen teilweise häufiger eintönige Aufgaben an.

Die ersten Schritte

Die Arbeit an einer Universität kommt zuallererst für Personen infrage, die Interesse an Lehre und Wissenschaft haben. Ich hatte das Privileg, sozusagen „Wissenschaft light" zu erleben, als ich als studentische Hilfskraft angestellt war. Wer sich noch im Studium befindet und unschlüssig ist, ob eine Promotion und/oder eine Tätigkeit als wissenschaftliche:r Mitarbeiter:in das Richtige ist, sollte sich um eine HiWi-Stelle bemühen. Über die Tätigkeiten und Einblicke hinaus knüpft man dort regelmäßig Kontakt zu den wissenschaftlichen Mitarbeiter:innen und kann besser abschätzen, inwieweit man Lust hat, selbst dort zu arbeiten.

Freiheit und Herausforderung

In der Theorie kann ich die Zeit neben meiner halben Stelle für die Anfertigung meiner Dissertation nutzen. Das gelingt jedoch neben vielen Veranstaltungen und Abgabefristen für Verlage nicht immer so, wie ich es mir wünschen würde. Trotzdem liegt es an einem selbst und der eigenen Motivation, die Promotion voranzutreiben, auch mal in der Freizeit.

Obwohl die Tätigkeit als wissenschaftliche Mitarbeiterin von außen betrachtet wenig abwechslungsreich und recht theorielastig scheint, erlebe ich sie täglich als sehr vielschichtig und bereichernd. Für meine wissenschaftliche und berufliche Zukunft habe ich wertvolle Erfahrungen gesammelt und der stetige Austausch über materielles und prozessuales Recht wird mir im Referendariat behilflich sein. Ich möchte meine Zeit am Lehrstuhl und insbesondere die geknüpften Kontakte und gewonnenen Erfahrungen nicht auf meinem weiteren Berufsweg missen. Wer ebenfalls das Beste aus beiden Welten, die Freiheit eines Studiums und die Herausforderungen und Kompetenzen eines juristischen Berufes, sucht, liegt mit dem Job als wissenschaftliche:r Mitarbeiter:in höchstwahrscheinlich goldrichtig

Juliane Koch

Richterin,
Große Strafkammer

Justiz Sachsen –
Landgericht Leipzig

Vom Tellerwäscher zum Millionär – harte Wege lohnen sich

Mit diesem Seitenwink kommentierte neulich ein Kollege meinen bisherigen Lebensweg. Ganz der Wahrheit entspricht dies zugegebenermaßen nicht. Aber ein Funken steckt drin: Nach dem Abitur entschied ich mich für eine Ausbildung zur Rechtsanwaltsfachangestellten, um - wie man in meiner Heimat sagen würde - erstmal einen bodenständigen Beruf erlernt zu haben. Studium? Viel zu risikoreich und unsicher. Doch wenn man ausgelernt hat und mit 21 Jahren weiß, wie die nächsten 40 Jahre Berufsalltag aussehen, entscheidet man sich plötzlich doch für das Risiko. Nach der Ausbildung, zwei Jahren Berufstätigkeit als Rechtsanwaltsfachangestellte, der Aufnahme als Stipendiatin für das Aufstiegsstipendium, dem innerhalb kürzester Zeit durchgezogenen Studium, Freischuss, Referendariat, zweitem Examen und der ersten eineinhalbjährigen Berufserfahrung als Projektjuristin in einer Großkanzlei bin ich nun stolz darauf, früh morgens im Landgericht meine Bürotür mit dem Schild „Koch - Richterin - 5. Strafkammer“ aufschließen zu dürfen.

Großkanzlei vs. Justiz

Die Vor- und Nachteile der Tätigkeit in der Justiz im Vergleich zur Großkanzlei sollte jede:r für sich selbst durchdenken. Mir gefällt an meinem Beruf, dass ich keine Mandant:innen von einem Partner oder einer Partnerin vorgesetzt bekomme und als Interessenvertreterin für die alleinigen Interessen dieser Mandant:innen zu agieren habe. Vielmehr bringt die Arbeit für die Justiz eher das gute Gefühl mit sich, für Gerechtigkeit zu sorgen und die Welt ein bisschen besser zu machen. Dass auch hier nicht alles perfekt ist, muss niemandem vorgegaukelt werden: Kapazitätsengpässe, Personalmangel, kistenweise Ordner mit Ermittlungsakten - jeder Beruf hat seine eigenen Herausforderungen, die gemeistert werden wollen und müssen. Und doch ist der Arbeitsalltag in der Strafkammer so vielseitig wie spannend. Hinter den etwas „trocken“ klingenden Hauptinhalten des Berufsalltags wie Vorbereitung der Hauptverhandlung, Abfassen von Urteilen, Bearbeitung von Beschwerden und Bewährungsaufsicht verbergen sich zumeist abwechlungsreiche Fälle, vor allem aber individuelle Persönlichkeiten der Täter:innen und Schicksale, bei denen ein rein juristisches Herangehen weder zielführend noch ausreichend ist.

Der Berufsalltag von Strafrichter:innen am Landgericht

Der typische Berufsalltag von Richter:innen ist größtenteils geprägt vom Aktenstudium und dem Verfassen/Formulieren von Verfügungen, Beschlüssen, Urteilen nebst Literatur- und Rechtsprechungsrecherche. Die Möglichkeit zu Beratungen und Austausch mit den Richterkolleg:innen ist dank des Kammerprinzips in der Großen Strafkammer sowohl vorgegeben als auch notwendig, um nicht allein in seinem Kämmerchen tagtäglich nur Akten von rechts nach links zu schieben. Unterbrochen werden diese eintönig erscheinenden Arbeiten durch nicht selten den ganzen Tag andauernde Hauptverhandlungen, deren Verlauf zumeist unvorhersehbar und überraschend ist. Die Kombination diverser Anklagesachverhalte, verschiedenster Verteidigungsstrategien, dem Bedürfnis einer prozessökonomischen Verfahrensführung, der komplexen Fachexpertise der Sachverständigen, dem Umgang mit Zeug:innen und Geschädigten und dem eigenen Anspruch, eine gerechte tat- und schuldangemessene Strafe zu finden, bezeichnen dabei nur einige Aspekte der zu meisternden Hürden. Gerade diese Spannungsfelder machen den Beruf so vielseitig und spannend. Nicht verheimlicht werden darf jedoch, dass die begangenen Taten auch an Richter:innen nicht spurlos vorübergehen. Die dahinter stehende Schicksale und Lebenseinschnitte – sowohl bei Opfern als auch Täter:innen – müssen auch Richter:innen verarbeiten (können).

Der Weg ist das Ziel

Wünschen würde ich mir, dass der Berufseinstieg in der Justiz bei den Berufsanfänger:innen mehr Beachtung finden würde und dass sich gerade Studierende von Anfang an bewusst sind, welche Noten für den Einstieg bei der Justiz abzuliefern sind und dass es sich lohnt, Studium und Referendariat gewissenhaft durchzuziehen mit dem Ziel vor Augen, Richter:in oder Staatsanwältin oder -anwalt zu werden. Sich damit einhergehend fortlaufend dem Erfordernis und dem Druck der Notwendigkeit von zwei Prädikatsexamina bewusst zu sein, stellt dabei eine weitere Hürde da. Zugegebenermaßen kann nicht jede:r mit diesem Druck umgehen.

Hat man dann schließlich die begehrten Noten, klopfen Headhunter und Großkanzleien an und locken mit Gehältern und Boni, mit denen die Justiz nicht mithalten kann. Zu Beginn der Karriereleiter ist gegen ein paar Monate oder Jahre mit einer 60-Stunden-Arbeitswoche nichts einzuwenden. Doch allein das Schlagwort der Work-Life-Balance führt einem spätestens, wenn die Familienplanung im Raum steht, vor Augen, dass man sein noch so viel verdientes Geld nicht ausgeben kann, wenn man hierfür einfach keine Zeit findet, da man täglich von 8 bis 20 Uhr im Büro hockt. Familiäre Kontakte, Freunde, Hobbys werden zurückgestellt. Zudem muss man mit der bereits oben angeführten Eigenschaft als Dienstleister:in leben können.

Im Gegensatz hierzu ist die richterliche Unabhängigkeit ein nicht zu unterschätzender Vorteil, ebenso wie die Absicherung im Alter und die Beständigkeit des Arbeitsplatzes auch in Krisensituationen. Selbstverständlich gibt es neben Kanzlei und Justiz noch zahlreiche weitere Berufsfelder, denen man weder im Studium noch im Referendariat begegnet.

Probieren geht über studieren

Die meisten (mich eingeschlossen) haben bis nach dem Abschluss des Zweiten Juristischen Examens keinen blassen Schimmer, wie ihr konkreter Berufsweg aussehen soll. Unter anderem weil immer noch allein die Noten entscheidend sind – und wer wiegt sich hierbei schon in Sicherheit?! Meist bleibt nur die Möglichkeit, sich alle Optionen offen zu halten und sich neben den im Referendariat getesteten Stationen auch nach dem Examen auszuprobieren. In verschiedenen Bereichen Berufserfahrung zu sammeln, hat noch niemandem geschadet, und die Justiz hat sehr wohl (auch) Interesse an erfahrenen Jurist:innen, die nicht direkt vom Referendariat auf die Richterbank stolpern.

Dr. Florentine Katharina Schulte-Rudzio

Associate

Freshfields Bruckhaus Deringer

It Is a Good Time to Be a Woman!

Hätte mich jemand am Anfang meines Jurastudiums gefragt, ob ich glaube, dass gezielte Programme für Frauen Karriereöffner sein können, hätte ich nur müde gelächelt. Heute bin ich nicht zuletzt durch das Karriere-Mentoring-Programm „Anwältin sucht Referendarin" Associate bei Freshfields Bruckhaus Deringer. Das Programm eröffnete mir schon während des Referendariats die Möglichkeit, in meiner jetzigen Praxisgruppe Konfliktlösung, Schwerpunkt Wirtschaftsstrafrecht und Internal Investigation, tätig zu sein. Mir wurde bereits in der Anwaltsstation klar: Hier willst du bleiben!

Mein Interesse für das Strafrecht bestand bereits seit dem ersten Semester, und doch sah mein Lebenslauf für sämtliche HR-Abteilungen in keinster Weise danach aus. Wie bin ich also in meinem jetzigen Team gelandet, und was macht die Arbeit dort so spannend?

Viele Wege führen nach Rom – oder in meinem Fall nach Düsseldorf

Von Anfang an reizte mich am Studium der Rechtswissenschaften die Vielzahl an Einsatzmöglichkeiten. Nach dem Ersten Staatsexamen wollte ich neben dem Verfassen meiner Dissertation erst einmal so viel wie möglich ausprobieren. Stationen waren der Wissenschaftliche Dienst des Deutschen Bundestages, das Bundesministerium der Justiz und für Verbraucherschutz, das Bundesministerium des Innern, für Bau und Heimat, die Kanzlei Gleiss Lutz und sogar die EnBW AG in Karlsruhe. Einen Bezug zum Strafrecht wies weder meine Dissertation noch eine dieser Stationen auf, und auch sonst wirkte meine Wahl nicht gerade stringent. Als Beispiel: Bei der EnBW AG durfte ich ein firmenweites Software-Rollout begleiten und mir kreative Gedanken zu dessen Umsetzung machen. Anmerkungen wie „Sie wissen aber auch noch nicht, wo sie wirklich hinwollen" war ich also gewohnt. Dann hatte ich das Vorstellungsgespräch für das Programm „Anwältin sucht Referendarin" bei der Partnerin aus meinem Team, und sie sagte zu mir: „Ihr Lebenslauf gefällt mir. Finde ich spannend, dass Sie so viele verschiedene Stationen ausprobiert haben."

Natürlich vertieft und erweitert man seine fachlichen Kenntnisse, wenn man von Anfang an eine bestimmte (Fach-)Richtung einschlägt. Und dies soll auch keine Aufforderung sein, dies nicht zu tun. Es gibt jedoch auch andere Qualifikationen als das bloße Fachwissen, die meines Erachtens ebenso bedeutsam sind. Zwei seien an dieser Stelle hervorgehoben: Die Fähigkeit, sich neue Themenbereiche und Rechtsgebiete zu erschließen, und die Zusammenarbeit mit einer Vielzahl von Menschen mit unterschiedlichen Hintergründen.

In meinem jetzigen Berufsumfeld sind neben Fachwissen genau diese Fähigkeiten gefragt: die schnelle Einarbeitung in neue unbekannte Sachverhalte und Themen sowie die einwandfreie Zusammenarbeit und Spaß an der Arbeit im Team.

Baker Street, Berlin und back to basics

Baker Street? Sherlock Holmes ist wohl der bekannteste private Ermittler. Kurz danach folgt jedoch mein Team. Es besteht der Verdacht eines Fehlverhaltens einzelner Personen in einem Unternehmen. Das Unternehmen möchte herausfinden, was genau passiert ist? Dann kommen wir ins Spiel. Es werden Interviews mit Mitarbeiter:innen geführt, eine Vielzahl an Dokumenten ausgewertet, und am Ende wird dem Unternehmen ein Ermittlungsergebnis präsentiert.

Berlin – Zentrum der politischen Macht. Wo ist also der Bezug zu meiner Tätigkeit? Politik und Recht sind in vielen Bereichen miteinander eng verzahnt. Mein Team konnte schon des Öfteren Berliner Politikluft schnuppern, z. B. im Rahmen der Zeugenbegleitung von parlamentarischen Untersuchungsausschüssen. Diese Themen sind stets herausfordernd, manchmal zeitsensibel, vor allem aber unfassbar spannend und direkt am Puls der Zeit!

Back to basics – macht ihr eigentlich auch noch „richtig“ Jura? Was auch immer „richtig“ Jura tatsächlich bedeuten soll, die Antwort lautet: Ja! Es geht sowohl um die individuelle Verteidigung in Straf- oder Ordnungswidrigkeitenverfahren als auch um ganz dogmatische Fragestellungen. Hinsichtlich des zweiten Punktes kann es sich auch schon mal um das Erstellen eines komplexen Gutachtens handeln, dessen Abfassung mehrere Wochen in Anspruch nimmt. Neue technische Entwicklungen treffen auf die Frage, was eigentlich das „alte“, nicht an die neue Technologie angepasste Recht dazu sagt. Gearbeitet wird primär mit den grundlegenden juristischen Auslegungsmethoden: Telos, Historie, Systematik und Wortlaut.

Zusammenfassend kann ich für mich sagen, dass mich dieser bunte Blumenstrauß an Aufgaben jeden Tag aufs Neue für meinen Job begeistert und Langeweile bisher an keinem Tag aufgekommen ist.

Last but not least

Es ist kein Geheimnis, dass die Arbeit in einer Großkanzlei viel Zeit fordert. Das ist bei mir auch nicht anders. Absolvent:innen, die sich für die Sache begeistern, sollten sich davon aber nicht abschrecken lassen. Das Referendariat bietet die optimale Möglichkeit, für sich selbst herauszufinden, ob man sich das Berufsleben in einer Großkanzlei vorstellen kann.

Des Weiteren kann man im Referendariat enorm gut herausfinden, ob man ins Team passt oder, andersherum formuliert: das Team zu einem selbst. Denn gerade bei auch mal längeren Arbeitszeiten sollte der eigene Wohlfühlfaktor mit den Menschen in unmittelbarer Umgebung nicht unterschätzt werden. Neben den spannenden inhaltlichen Themen war das für mich der ausschlaggebende Punkt, in meinem jetzigen Team als Associate anzufangen.

Absolvent:innen und Studierende sollten Möglichkeiten und Chancen wahrnehmen, wenn sie ihnen geboten werden – das kann eben auch ein speziell für Jurastudentinnen oder Absolventinnen angebotenes Karriereprogramm sein. Vor allem aber sollte man auch seine eigenen Erfahrungen sammeln und sich nicht von Vorurteilen über Lebensläufe, Großkanzleien und typische Jurist:innen beeinflussen lassen.

Dr. Elena Seiser (B.Sc.)

Leiterin Abteilung Recht, Bereich Banken

Finanzmarktaufsicht Liechtenstein

Bankenaufsicht: Für Jurist:innen mit Interesse an Wirtschaft

Als (Voll-)Juristin in die Bankenaufsicht? Nicht gerade der Standard-Karriereweg nach einem Jurastudium. Aber mit folgenden Vorlieben wird diese Stelle zum Traumberuf: Interesse an Wirtschaft und im Besonderen am Bankwesen, Präferenz für Teamwork und sehr gute Kenntnisse im öffentlichen Wirtschaftsrecht.

Die Rolle und Aufgaben der FMA

Jedes europäische Land verfügt über eine (Verwaltungs-)Behörde, die für die Aufsicht über Finanzmarktakteure wie etwa Banken, Versicherungsunternehmen, Zahlungsinstitute und Wertpapierfirmen zuständig ist. Wie in Deutschland die Bundesanstalt für Finanzdienstleistungsaufsicht (BaFin), ist in Liechtenstein die Finanzmarktaufsicht (FMA) die dafür kompetente Behörde. Die FMA ist ein öffentliches Unternehmen mit eigener Rechtspersönlichkeit und sorgt in Liechtenstein für die Stabilität und die Glaubwürdigkeit des Finanzmarktes, den Schutz der Kunden sowie die Vermeidung und Bekämpfung von Missbräuchen. Bedeutendster Akteur auf dem Finanzplatz Liechtenstein sind die Banken. Ein funktionierendes Bankwesen ist für die Leistungsfähigkeit einer Volkswirtschaft unverzichtbar. Daher ist auch eine wirksame Bankenaufsicht notwendig. Somit wird sichergestellt, dass die gesetzlichen Regelungen, die Banken vorgeben, was sie während des Geschäftsbetriebs zu beachten haben, auch eingehalten werden.

Die FMA beschäftigt (per Ende 2020) 114 Mitarbeiter:innen aus Liechtenstein, der Schweiz, Österreich, Deutschland und weiteren Ländern mit hohem Anteil an Akademiker:innen. 51 Prozent der Mitarbeiter:innen sind Jurist:innen, 32 Prozent sind Spezialist:innen wie Wirtschaftsprüfer:innen, Bankfachexpert:innen, Ökonom:innen oder Versicherungsmathematiker:innen. Wie in den meisten Finanzmarktaufsichtsbehörden gibt es auch in der FMA Liechtenstein mehrere Organisationseinheiten, die für die Aufsicht über die einzelnen Finanzintermediärskategorien zuständig sind. Der Bereich Banken beaufsichtigt Banken, Wertpapierfirmen, E-Geld-Institute und Zahlungsinstitute.

Aufgaben von Jurist:innen in der FMA

In den Kompetenzbereich der Rechtsabteilung im Bereich Banken fallen sämtliche juristische Agenden, unter anderem die Erteilung und der Entzug von Bewilligungen, die Leistung und Durchführung von Amtshilfe, die Bekämpfung des unerlaubten Betriebs, die Führung von Aufsichts- und Verwaltungsstrafverfahren gegenüber bewilligten Instituten sowie die Unterstützung in der Regulierungsarbeit.

Jurist:innen in der FMA können treffenderweise als Generalist:innen bezeichnet werden: für ein Tätigkeitsgebiet, wofür es in größeren Partnerbehörden wie beispielsweise der BaFin ganze Abteilungen gibt, sind in der FMA – aufgrund des vergleichsweise kleinen Finanzplatzes – gerade mal ein oder zwei Personen verantwortlich. Dies erfordert ein hohes Maß an Flexibilität, schafft jedoch eine unglaubliche Vielfalt an möglichen Aufgaben, rechtlichen Fragestellungen und ein hohes Maß an Mitwirkungsmöglichkeiten und Verantwortung.

So ist es auch nicht weiter verwunderlich, dass in der FMA kein Arbeitstag mit dem vorherigen vergleichbar ist und es auch keinen „typischen Arbeitsalltag“ gibt, der Jurist:innen in der Rechtsabteilung erwartet. Darf man beispielsweise an einem Tag noch in Paris als Vertreter:in Liechtensteins bei der Europäischen Bankenaufsichtsbehörde an einer Sitzung eines Ständigen Ausschusses teilnehmen, ist man am darauffolgenden Tag schon mit der Umsetzung einer neuen EU-Richtlinie befasst und konzipiert den Gesetzestext. Daraus folgt natürlich, dass es auch längere und kürzere Arbeitstage gibt, wobei die FMA flexibles Arbeiten mit Homeoffice nicht erst seit Ausbruch der Corona-Pandemie anbietet.

Genau diese Vielfalt stellt aus meiner Sicht den Reiz dieser Tätigkeit dar, nämlich in einer kleineren Behörde mit einem so großen Aufgaben- und Verantwortungsbereich zu arbeiten. Ich selbst habe mich schon während meiner Studienzeit dazu entschieden, im Bereich der Bankenaufsicht zu arbeiten, da dieser Job meine zwei großen Interessensgebiete, Wirtschaft und Recht, vereint. Durch die Tätigkeit bei der FMA kann ich mein Wissen aus beiden Studien einsetzen und auch mein Know-how im Bereich der Bankenaufsicht stetig weiterentwickeln, was mir sehr große Freude bereitet. Aufgrund dessen sammelte ich zunächst erste praktische Erfahrungen in Banken sowie in klassischen juristischen Berufen (Anwaltei, Steuerberatung), bevor ich mich nach Abschluss des Doktoratsstudiums bei der FMA als juristische Spezialistin bewarb. Bereits nach neun Monaten durfte ich die stellvertretende Leitung der Rechtsabteilung übernehmen, gut ein Jahr später übernahm ich die Leitung der Rechtsabteilung im Bereich Banken.

Teamwork statt Einzelkämpfer:in

In der FMA liegt der Fokus auf Teamwork, und so ist neben viel Eigenverantwortung aller Mitarbeiter:innen gleichermaßen auch der ständige Austausch mit Vorgesetzten und Kolleg:innen ein wichtiger Teil des Jobs. Dies erfolgt durch regelmäßig stattfindende interne Sitzungen und stellt den notwendigen Informationsaustausch sicher. Die gegenseitig gelebte Wertschätzung samt einer gesunden Erfolgskultur sorgen für einen kollegialen Umgang miteinander. Wer allerdings die Einzelarbeit ohne ständigen Austausch mit Vorgesetzten und Kolleg:innen bevorzugt, wird in der FMA nicht seinen Traumjob finden. Denn einer Behörde ist es immanent, dass Entscheidungen zumindest im Vier-Augen-Prinzip erst diskutiert und dann auch gemeinsam getroffen werden.

Karrieremöglichkeiten innerhalb der FMA

Die FMA wird nach den Regeln und Praktiken der verantwortungsvollen und modernen Unternehmensführung geleitet. Für Absolvent:innen eines juristischen Studiums bietet die FMA die Möglichkeit, als juristische Junior Spezialist:innen erste juristische Berufserfahrung in einer Behörde zu sammeln. In dieser Funktion darf man die für das jeweilige Schwerpunkt-Aufgabengebiet (z. B. Bewilligungen oder Verfahren) verantwortlichen juristischen Spezialist:innen unterstützen und mit diesen gemeinsam auch größere Projekte umsetzen. Bei ausreichender Expertise und Berufserfahrung besteht innerhalb der FMA sodann die Möglichkeit zur Beförderung zu juristischen Spezialist:innen und weiter zu juristischen Senior Spezialist:innen.

Anwalt seit Tag eins …

Markus Strauch

Rechtsanwalt

Stein & Partner
Rechtsanwälte mbB

… und kein Fisch im Innern eines riesigen Schwarms der großen Offices. Das war das, was ich nach meiner langjährigen Ausbildung letztlich sein wollte. Deswegen habe ich mich gegen den Berufseinstieg in einer Großkanzlei und für eine Tätigkeit in einer überschaubaren, mittelständischen Kanzlei abseits der großen Ballungsräume wie beispielsweise Düsseldorf oder Frankfurt entschieden. Diesen Schritt habe ich bisher nicht bereut.

Mein Berufsalltag

Meine Arbeitstage beginne ich in der Regel um 8 Uhr und starte diese meist mit einem kurzen Gespräch mit meinem Chef. In diesen Gesprächen geben wir uns gegenseitig Updates über wichtige Termine und sonstige Ereignisse. Danach rufe ich meine E-Mails ab, prüfe neue Entwicklungen in den von mir betreuten Fällen und plane meinen Tagesablauf. Während meines Arbeitstages stehen sodann Besprechungen und Telefonate mit Mandant:innen, der Gegenseite sowie Kolleg:innen auf dem Plan, ich prüfe Rechtsfragen und verfasse Schriftsätze. Aufgrund meiner hauptsächlichen Tätigkeit im Handels- und Gesellschaftsrecht entwerfe ich regelmäßig und eigenständig Vertragstexte, bereite notarielle Urkunden vor und gehe gelegentlich auch zu Gericht. Den Heimweg trete ich in der Regel zwischen 18 und 19 Uhr an, oft nachdem ich zuvor mit einem meiner Kolleg:innen noch ein paar Pfeile auf das Dartboard in meinem Büro geworfen habe.

Im Übrigen startet die Woche in unserem sechsköpfigen Dezernats-Team grundsätzlich mit einer Besprechung, in der wir uns gegenseitig über den aktuellen Stand der Mandate unterrichten, Interna besprechen und sonstige Fragen klären. Zusätzlich steht die Tür aller Kolleg:innen – egal aus welchem Rechtsbereich – jederzeit offen. Ich empfinde es als großen Vorteil in unserer „überschaubaren" Kanzlei, dass jeder jeden kennt und die Wege entsprechend kurz sind. Habe ich eine Frage im Arbeitsrecht, suche ich eine:n Arbeitsrechtler:in auf, habe ich eine Frage im Erbrecht, eine:n Erbrechtler:in usw. Da wir mit der Kanzlei ebenfalls einen „Full Service" anbieten, ist jedes Rechtsgebiet vertreten. Mindestens zwei Mal im Jahr findet zudem auch eine große Anwaltsbesprechung statt, in der alle Anwält:innen vertreten sind und auf denen beispielsweise Mandats-, Kosten- sowie Personalfragen und weitere Dinge besprochen werden.

Mittelstand oder Großkanzlei?

So wie jeder Job, egal ob in einer Großkanzlei, als Selbstständige:r, im Unternehmen oder im öffentlichen Dienst, bringt die Tätigkeit in einer mittelständischen Kanzlei sowohl Vor- als auch Nachteile mit sich – wobei die Vorteile aus meiner Sicht überwiegen: Viele möchten nach der jahrelangen Ausbildung zum Volljuristen möglichst viel verdienen. Der Gesamtverdienst in einer mittelständischen Kanzlei fällt im Verhältnis zur Großkanzlei natürlich geringer aus. Andererseits darf man das Verhältnis zur Arbeitszeit nicht aus den Augen verlieren. Auch hinsichtlich des Arbeitsumfeldes lässt sich sagen, dass dieses in einer kleineren Kanzlei nahezu familiär ist. Da ich mit allen Mitarbeiter:innen gut auskomme, freue ich mich jeden Morgen darauf, ins Büro zu fahren. Interessante Arbeit und herausfordernde Mandate runden das gute Gesamtbild ab, auch wenn man z. B. mit Blick auf Literaturquellen im Vergleich zu Großkanzleien natürlich anders aufgestellt ist. Je nach Ausrichtung der Kanzlei und ihrer Mandantschaft – so ist es jedenfalls bei mir, wohl auch wegen der Grenznähe zu den Benelux-Staaten – fehlt es auch nicht am internationalen Bezug. Seit meinem Einstieg im Dezember 2020 befasse ich mich u. a. mit einer grenzüberschreitenden Verschmelzung innerhalb der EU sowie der Betreuung eines deutsch-amerikanischen Joint Ventures in Amerika. Von großem Vorteil für mich ist außerdem, dass ich einen kurzen Draht zu meinen Chefs und Kolleg:innen habe. Diese nehmen sich immer Zeit für mich, beantworten meine Fragen und erklären mir alles, was ich wissen möchte und wissen muss. Gleichzeitig wird dabei auch meine Meinung geschätzt, wir diskutieren Probleme und ich kann mich gestaltend einbringen. Alle sind dabei offen für meine Ideen und Vorschläge. Meine Chefs binden mich zudem in ihre Mandate nach innen und außen unmittelbar als ihren Partner mit ein. Dabei bin nicht nur Zuarbeiter, sondern regelmäßig auch eigenständig tätig. Dies ist ein weiterer Vorteil: Seit Tag eins bin ich Anwalt im klassischen Sinne und trete als solcher nach außen auf. Ich sitze nicht in meinem Büro und recherchiere ausschließlich spezifische Rechtsfragen, bin allein zuständig für einen Teilbereich in einem Gesamtvertrag oder reiner Zuarbeiter. Im Gegenteil: Ich trete gegenüber den Mandant:innen und der Gegenseite auf, verfasse Verträge sowie Schriftsätze in Gänze selbst und gehe alleine zu Verhandlungen. Dabei gibt mir eines auch stets Sicherheit: Von mir entworfene Verträge und Schriftsätze werden anfangs noch von meinen Chefs abgesegnet. Diese geben mir tagtäglich Feedback und helfen mir so, mich stets weiterzuentwickeln.

Auch perspektivisch ist man oft gut aufgestellt: Mittelständische Kanzleien leben von einer langfristigen Bindung ihrer Anwältinnen und Anwälte. Anders als oft in Großkanzleien hat man hier keine hohe Fluktuation. Mein Arbeitgeber investiert in mich, er versucht mich zu fördern und mich zu binden, um auf lange Sicht von mir zu profitieren und eine gemeinsame Perspektive zu schaffen. Der Weg in eine Partnerschaft ist dabei oft einfacher, wenn auch nicht weniger anspruchsvoll als in den großen Offices.

Wie kam ich zu meinem Beruf?

Während meines Studiums und Referendariats habe ich mich oft gefragt, welchem Beruf ich nach dem Zweiten Examen nachgehen möchte. Schon nach dem Ersten Examen habe ich in einer internationalen Großkanzlei in Düsseldorf als wissenschaftlicher Mitarbeiter gearbeitet. Weitere Großkanzleien aus Düsseldorf und London sowie das Auswärtige Amt habe ich dann während meines Referendariats kennengelernt. In diesem habe ich aber auch in jeder anderen Station versucht, möglichst viel praktische Erfahrung zu sammeln, um abwägen zu können, was mich begeistert und auf lange Sicht glücklich machen kann. In der Wahlstation war ich für meinen jetzigen Arbeitgeber tätig und konnte bereits die oben beschriebenen Eindrücke sammeln. Kurzum: Ich habe mir einige Einblicke verschafft. Zum Ende des Referendariats habe ich mir immer mehr Gedanken darüber gemacht, was ich auf lange Sicht anstrebe: Natürlich möchte man für seine lange Ausbildung auch entsprechend entlohnt werden. Andererseits wollte ich nicht regelmäßig bis tief in die Nacht und am Wochenende am Schreibtisch sitzen, sondern auch Zeit für Freund:innen, Familie und Hobbys finden. Ich mag es, im familiären Umfeld zu arbeiten und das klassische Bild eines Anwalts, der neben Handels- und Gesellschaftsrecht auch andere Themen bearbeitet, abzudecken. Allen künftigen Absolvent:innen kann ich nur empfehlen, sich insbesondere im Referendariat möglichst viel anzuschauen!

Als Jurist zum Zoll

Dr. Philipp Streckenbach

LL.M.

Sachgebietsleiter Abgabenerhebung

Generalzolldirektion/ Hauptzollamt

Seit 2020 leite ich das Sachgebiet Abgabenerhebung in einem Hauptzollamt. Dieses Sachgebiet ist dafür zuständig, Zölle und die Steuern zu erheben, für die der Bund zuständig ist, es fungiert also als eine Art Finanzamt des Bundes. Außerdem bearbeitet mein Sachgebiet Rechtsbehelfe gegen Verwaltungsakte des Hauptzollamts und überwacht Ausfuhrverbote und ähnliche Regelungen. Insgesamt arbeiten in diesem Sachgebiet ungefähr 135 Beschäftigte.

Wege zum Zoll

Nach Studium und Referendariat habe ich zuerst zu einem steuerrechtlichen Thema promoviert und parallel dazu in Teilzeit als Rechtsanwalt einer wirtschaftsrechtlichen Kanzlei gearbeitet, auch hier mit einem inhaltlichen Schwerpunkt im Steuerrecht. Beim Zoll habe ich mich beworben, um nicht mehr ausschließlich juristisch zu arbeiten, sondern eine abwechslungsreiche Mischung aus Organisation, Personalführung und Jura zu haben.

Wer den Zoll schon vorab kennenlernen möchte, kann im Referendariat eine Station in einem Hauptzollamt absolvieren. Leider ist es derzeit nicht in jedem Bundesland möglich, die Verwaltungsstation beim Zoll zu verbringen, weil der Zoll in manchen Prüfungsordnungen nicht als Ausbildungsstelle für die Verwaltungsstation anerkannt wird. Referendar:innen können aber die Wahlstation in einem Hauptzollamt verbringen. Kenntnisse im Steuerrecht sind dafür genauso wenig nötig wie für einen späteren Berufseinstieg beim Zoll.

Grundsätzlich bietet der Zoll für Jurastudierende auch die Möglichkeit, ein Praktikum in einem Hauptzollamt zu absolvieren. Hier gelten bei den einzelnen Hauptzollämtern unterschiedliche Regelungen. Um Einzelheiten, freie Plätze und mögliche Termine in Erfahrung zu bringen, sollten sich Interessent:innen am besten an das Hauptzollamt in ihrer Nähe wenden.

Organisation, Verhandlungen und Reden halten

Den größten Teil meiner Arbeitszeit verbringe ich mit Personal- und Organisationsfragen. Ich überlege zum Beispiel gemeinsam mit meinen Kolleg:innen, wie Nachwuchskräfte im Sachgebiet verteilt werden oder wer für welche fachlichen Themen zuständig sein soll. Dazu kommen noch andere Aufgaben eines Vorgesetzten, also etwa Beurteilungen vorbereiten und Ansprechpartner für ganz unterschiedliche Fragen aus meinem Sachgebiet sein, Reden zur Verabschiedung für Kolleg:innen in den Ruhestand halten und vieles mehr.

Typisch für meine Arbeit ist, dass ich nicht jeden Tag bestimmte Tätigkeiten erledige und auch nur selten vorgegebene Arbeitsaufträge habe, sondern spontan ständig neue Aufgaben auftauchen, die erledigt werden müssen. Dabei kann ich weitgehend selbst entscheiden, was ich an einem konkreten Tag erreichen will. Die meiste Zeit macht diese Arbeit viel Spaß, weil sie sehr abwechslungsreich ist. Aber es gibt natürlich auch Tage, an denen Dinge schiefgehen oder scheinbar unlösbare Probleme oder Konflikte auftauchen. Zwar gibt es beim Zoll für Neueinsteiger:innen im höheren Dienst grundsätzlich viele Weiterbildungsangebote, die Sachgebietsleiter:innen auf viele dieser Herausforderungen vorbereiten. Die Ausbildung leidet im Moment aber unter der Corona-Pandemie.

Neben organisatorischen Dingen beschäftige ich mich auch mit fachlichen Fragen aus dem Zoll- und Steuerrecht. Meistens gibt es dann innerhalb des Sachgebiets Abgabenerhebung verschiedene Meinungen dazu, wie ein bestimmtes juristisches Problem zu lösen ist. Dann arbeite ich mich in dieses Problem ein und versuche, gemeinsam mit den beteiligten Kolleg:innen eine für alle vertretbare Lösung zu finden. Dass ich mich eigenständig in einen konkreten Fall einarbeite, kommt dagegen eher selten vor. Dazu kommt es vor allem bei finanzgerichtlichen Verfahren. Dann feile ich gemeinsam mit meinen Kolleg:innen an Schriftsätzen und gehe auch mit den zuständigen Sachbearbeiter:innen in die Verhandlungen am Finanzgericht. Hier unterscheidet sich meine Arbeit auch von der Arbeit der anderen Sachgebietsleiter:innen. Während ich relativ regelmäßig beim Finanzgericht bin, ist zum Beispiel der Leiter der Sachgebiets Finanzkontrolle Schwarzarbeit (auch ein Jurist) regelmäßig in Uniform unterwegs und leitet Durchsuchungen und andere Ermittlungseinsätze.

Da es in jedem Hauptzollamt nur ein paar Jurist:innen gibt, gerät man auch schnell in die Rolle der allgemeinen Rechtsberatung für das Hauptzollamt. So war ich in den letzten Wochen zum Beispiel zusätzlich zu meinen eigentlichen Aufgaben damit beschäftigt, zu Hausrecht und Hausverboten zu recherchieren, zu verschiedenen zivilrechtlichen Schadensersatzansprüchen und zu strafprozessualen Akteneinsichtsrechten.

Vielseitige Zukunftsperspektiven beim Zoll

Im Moment bin ich noch in meiner Probezeit, wurde also noch nicht zum Beamten auf Lebenszeit ernannt. In dieser grundsätzlich dreijährigen Probezeit, die bei Berufserfahrung aber reduziert wird, werde ich noch mindestens ein halbes Jahr an einer anderen Dienststelle verbringen. Jurist:innen im höheren Dienst absolvieren diese Zweitverwendung meistens bei einer Dienststelle der Generalzolldirektion, also zum Beispiel bei der für Finanzkontrolle Schwarzarbeit zuständigen Direktion in Köln oder bei der Direktion für Allgemeines Zollrecht in Hamburg. Danach kann ich entweder zurück auf meine Stelle oder mich auf eine Stelle als Leiter eines anderen Sachgebiets bewerben. Alternativ könnte ich auch bei einer Generalzolldirektion oder sogar im Bundesfinanzministerium in Berlin arbeiten, die Zollverwaltung bietet für Jurist:innen im höheren Dienst viele unterschiedliche Karrieremöglichkeiten. Langweilig wird es dabei nie.

Yvonne Zwiener

LL.M.

Leiterin Bereich Steuern

AHK Frankreich

Vive la France – als Juristin in Paris

Ich arbeite seit vier Jahren als Juristin in der AHK (Auslandshandelskammer) in Paris. Dort bin ich Teil des zwölfköpfigen Teams der Rechts- und Steuerabteilung, das vor allem kleine und mittelständische deutsche Unternehmen bei ihrer Entwicklung auf dem französischen Markt unterstützt. Auslandshandelskammern gibt es an mehr als 140 Standorten in 92 Ländern. Sie haben das Ziel, die deutsche Wirtschaft weltweit zu fördern und für ausländische Firmen eine Brücke nach Deutschland zu schlagen. Auch wenn sich die nachfolgenden Erfahrungen nur auf Frankreich beziehen, so können diese sicherlich in vielen Punkten auch auf die AHK in anderen Ländern übertragen werden.

„Oh gut, Sie sprechen auch Deutsch" – juristische Arbeit in mehreren Sprachen

In dem von mir betreuten Bereich des Steuerrechts werden vor allem Fragen aus dem Bereich des Umsatzsteuerrechts geklärt, die entsprechenden Steuererklärungen abgegeben und die dazugehörige Korrespondenz mit dem Finanzamt auf Französisch geführt. Auch wenn gerade im Bereich des Umsatzsteuerrechts vieles durch europäische Rechtsvorschriften einheitlich geregelt ist, so gibt es dennoch viele landesspezifische Besonderheiten, die man kennen muss, um die aufkommenden Fragen beantworten zu können.

Daneben wenden sich aber auch Unternehmen an uns, die allgemeine Fragen zur Rechtslage in Frankreich oder zum Prozedere der französischen Verwaltung haben. Die Fragestellungen sind sehr breit gefächert und betreffen beinahe alle Bereiche des Wirtschaftsrechts. Dies geht von den Voraussetzungen für den Import von Bier über die Etikettierungspflicht von Kleidung bis hin zu in Frankreich geltenden Regelungen für Glücksspiele. Dies macht die tägliche Arbeit mitunter sehr abwechslungsreich.

Neben der Kenntnis beider Rechtsordnungen ist für mich auch der sprachliche Aspekt ein Faktor, der meine Arbeit interessant macht. Für deutsche Kund:innen ist es oft eine Erleichterung, wenn sie eine Ansprechpartnerin vor Ort haben, die ihre Muttersprache spricht und der sie ihr Problem erstmal auf Deutsch schildern können. Zudem sind Französinnen und Franzosen allgemein dafür bekannt, sich mit Fremdsprachen etwas schwer zu tun. Daher stoßen viele deutsche Unternehmen schnell an ihre Grenzen, wenn sie versuchen, mit französischen Unternehmen auf Englisch zu kommunizieren. Durch meine Fremdsprachenkenntnisse kann diese Grenze überwunden werden.

Wie die meisten AHK gliedert sich die AHK Frankreich neben der Rechtsabteilung in weitere Bereiche, mit denen andere Aspekte des Wirtschaftslebens gefördert werden sollen. So gibt es etwa einen Bereich, der die Aus- und Fortbildung fördert, und einen anderen, der Unternehmen bei ihrem Markteintritt in Frankreich unterstützt. Da alle Bereiche im gleichen Gebäude zusammengefasst sind, kommt man daher zwangsläufig mit vielen Themen und Menschen aus den verschiedensten Bereichen der deutsch-französischen Zusammenarbeit in Kontakt.

Wie ich in Frankreich gelandet bin

Nachdem ich nach dem Abitur für ein Jahr als Au-pair in der Nähe von Paris gearbeitet habe, stand für mich fest, dass ich meine Fremdsprachenkenntnisse auf jeden Fall weiter nutzen und ausbauen wollte. Aus diesem Grund habe ich mich dafür entschieden, das Studium der Rechtswissenschaften im Rahmen eines deutsch-französischen Doppelstudiengangs zu beginnen, bei dem neben den deutschen Grundlagenfächern auch das Wissen eines französischen LL.B. (licence) vermittelt werden. Als ich im Anschuss daran dann vor der Frage stand, in Frankreich zu bleiben und dort noch einen Master-Abschluss zu machen oder nach Deutschland zurückzukehren und die beiden Staatsexamina abzulegen, ist mir die Entscheidung wirklich schwer gefallen. Auf der einen Seite stand die Faszination, die vom binationalen Arbeiten ausgeht, und die Aussicht, in einer aufregenden Stadt wie Paris zu leben, und auf der anderen die Angst, ohne deutschen Abschluss nicht mehr nach Deutschland zurückkehren zu können. Am Ende hat die Vernunft gesiegt und ich habe mich unter der Devise „aufgeschoben ist nicht aufgehoben“ für die zwei Staatsexamen entschieden, fest entschlossen, danach nach Frankreich zurückzugehren. Daher habe ich mich schon während des Referendariats darum bemüht, einen möglichst großen Frankreichbezug herzustellen. Ich habe also meine Ausbildungsstationen entsprechend gewählt und hatte dabei die Gelegenheit, die AHK als Referendarin kennenzulernen. Bei dieser Station ist mir klar geworden, dass diese Tätigkeit für mich genau das Richtige ist, weil sie mein Interesse für das Wirtschaftsrecht mit meiner Faszination für die französische Sprache miteinander verbindet.

Wenn man bei Paris drei Buchstaben hinzufügt, heißt es Paradies!
So interessant und vielseitig es ist, in einer Stadt wie Paris zu leben und in einem internationalen Umfeld zu arbeiten, so gibt es natürlich auch Nachteile, die man gründlich abwägen sollte, bevor man sich dazu entscheidet, Deutschland den Rücken zu kehren.

Zum einen sind das die Aspekte, die generell mit dem Auswandern verbunden sind: viel Papierkram bei der Anmeldung, eine andere Mentalität, Probleme bei der Wohnungssuche, das Gefühl, immer „fremd“ zu sein, Heimweh, etc. Gerade in Paris sind die Mieten hoch, die Metros immer voll und neben dem Arbeiten komme ich (auch außerhalb von Corona) leider viel zu selten dazu, die Stadt so zu genießen, wie ich es gerne würde.

Zum anderen muss man sich auch bewusst machen, dass einem auch Deutschland immer fremder wird, je länger man nicht mehr dort wohnt. Bei jedem Besuch in Deutschland entdecke ich die deutschen Tugenden (Pünktlichkeit, Gründlichkeit, Gehorsamkeit) wieder, die mir gar nicht mehr so bewusst waren. Und jedes Mal denke ich wieder: „Ach ja, so macht man das ja in Deutschland“.

Schließlich stellt mich auch die Arbeit in einem internationalen Team immer wieder vor neue Herausforderungen. Dadurch, dass nicht alle Kolleg:innen die gleiche (deutsche) Ausbildung haben oder auf eine andere Art sozialisiert worden sind, können Schwierigkeiten auftreten, die es so in einem rein deutschen oder rein französischen Team wahrscheinlich nicht gäbe. Hier ist dann Verständnis für die andere Kultur gefragt und die Bereitschaft, zu akzeptieren, dass andere Länder andere Sitten haben. Denn am Ende kommt es darauf an, dass Beste aus beiden Kulturen zu verbinden.

Eine Tätigkeit in einer AHK ist vor allem für Jurist:innen mit wirtschaftsrechtlicher Ausrichtung und Kenntnissen in der Landessprache und dem Landesrecht interessant. Da das Zweite Staatsexamen in der Regel keine zwingende Voraussetzung ist, kann eine solche Tätigkeit auch für Jurist:innen mit Master-Abschluss eine interessante Option sein.

Bankaufsichtsrecht bei Clifford Chance

Dr. Christian Hissnauer
Counsel
Clifford Chance

Bankaufsichtsrecht ist ein Schwerpunkt in der Beratungspraxis von Clifford Chance und eines der spannendsten und vielfältigsten Beratungsfelder. Clifford Chance berät globale Finanzinstitute zu allen Aspekten des Bankaufsichtsrechts. Hierzu gehören insbesondere:

- Gründungen von Kredit- und Finanzdienstleistungsinstituten im In- und Ausland sowie die Durchführung der Erlaubnisverfahren
- M&A-Transaktionen im Finanzsektor
- Beratung von Fintechs
- Beratung zu Compliance- und Geldwäscheregelungen
- Umstrukturierungen und Sitzverlegungen im Finanzsektor
- Zahlungsverkehrsrecht
- Beratung bei Verfahren mit Aufsichtsbehörden (EZB und BaFin)
- Sanierung und Abwicklung von Kreditinstituten
- Beratung zu Eigenkapitalfragen und Kreditrisikominderungsanforderungen
- Beratung von Vorständen und Aufsichtsräten zu ihren regulatorischen Pflichten.

Für Associates bietet die anwaltliche Tätigkeit im Bankaufsichtsrecht ein anspruchsvolles und dynamisches Tätigkeitsfeld sowie direkten Mandantenkontakt vom ersten Tag an. Aufgrund der sich ständig ändernden rechtlichen Vorgaben stehen im Bankaufsichtsrecht beratende Anwältinnen und Anwälte häufig vor der Herausforderung, Finanzinstitute sowie deren Organe zu rechtlichen Fragestellungen zu beraten, die noch nie Gegenstand behördlicher oder gerichtlicher Entscheidungen waren. Die Freude an einer tiefgründigen juristischen Analyse ist dabei ebenso notwendig wie der Blick für die praktische Umsetzbarkeit.

Da die bankaufsichtsrechtliche Beratung Schnittstellen zu vielen anderen Rechtsgebieten hat und ihr oft ein internationaler Sachverhalt zugrunde liegt, arbeiten Associates vom ersten Tag an eng mit Kolleg:innen aus anderen Fachbereichen im In- und Ausland zusammen. Wie die Arbeit eines Associates im Bankaufsichtsrecht konkret aussehen kann, soll nachfolgend anhand der Gründung einer Bank in Deutschland dargestellt werden.

Das Mandat

Die Mandantin ist eines der größten britischen Kreditinstitute und in allen banktypischen Geschäftsbereichen aktiv. Im Zuge einer konzerninternen Reorganisation hatte die Mandantin entschieden, alle europäischen Corporate-Banking-Aktivitäten (insbesondere das Kreditgeschäft) in einer neu zu gründenden Bank zu bündeln. Anders als bei vielen Brexit-bedingten Standortverlagerungen handelt es sich bei der zu gründenden Bank um ein Institut, das bereits zum Geschäftsstart über eine substanzielle Bilanzsumme verfügen soll.

Das Projekt ist für Anwältinnen und Anwälte im Bankaufsichtsrecht insoweit interessant, da es eine Vielzahl von Bereichen abdeckt. So beraten wir die Mandantin zu ihrer gesamten Europastrategie, die auch die Berücksichtigung neuer rechtlicher Anforderungen wie die Gründung von Zwischenholdings (IPUs) für den neuen europäischen Teilkonzern sowie die Errichtung von Niederlassungen in verschiedenen europäischen Ländern beinhaltet.

Clifford Chance übernimmt zudem weitere Aufgaben, wie beispielsweise die Schulung von Vorstandsmitgliedern, Anti-Geldwäsche- und Compliance-Beratung sowie die Beratung zu Vergütungsanforderungen.

Projekte wie dieses sind im Wesentlichen in drei Schritte gegliedert:
a. Beratung zur Standortwahl
b. Durchführung des Erlaubnisverfahrens mit ECB und BaFin
c. Beratung zur Geschäftsaufnahme

Beratung zur Standortwahl
Am Anfang jedes Projektes zur Gründung einer Bank steht zunächst die Suche und Wahl des geeigneten Standortes. Wichtige Aspekte, die in diesem Zusammenhang berücksichtigt werden müssen, sind regelmäßig die Erfahrung der nationalen Aufsichtsbehörde, der Zugang zur Finanzmarktinfrastruktur (Zugang zu Clearinghäusern, TARGET-2-Zugang etc.) sowie die Nähe zum Kunden. Neben Deutschland werden regelmäßig auch Frankreich, Irland und Luxemburg als kontinentaleuropäische Standorte gewählt.

Erlaubnisverfahren
Nachdem Deutschland als Standort ausgewählt worden war, wurde mit dem Erlaubnisverfahren der zentrale Aspekt des Projektes gestartet.

Dabei gilt der Grundsatz, dass wer in Deutschland gewerbsmäßig oder in einem kaufmännischen Umfang Bankgeschäfte betreiben will, noch vor der Aufnahme der Geschäftstätigkeit eine schriftliche Erlaubnis der Aufsichtsbehörden benötigt. Sollen das Einlagen- und das Kreditgeschäft betrieben werden, entscheidet die Europäische Zentralbank (EZB) in Zusammenarbeit mit der BaFin als nationaler Aufsichtsbehörde über die Erlaubniserteilung. Die Zusammenarbeit der EZB mit der BaFin ist durch die SSM-Verordnung sowie durch die SSM-Rahmenverordnung geregelt. Gemäß SSM-Verordnung erstellt die BaFin einen Beschlussvorschlag über die Erteilung einer Erlaubnis, wenn der Antragsteller alle nach nationalem und europäischen Recht bestehenden Voraussetzungen für die Erlaubniserteilung erfüllt. Die BaFin ist als „single point of contact“ während des gesamten Erlaubnisverfahrens alleinige Ansprechpartnerin des Antragstellers.

Mit der vollständigen Einreichung eines Erlaubnisantrags durch den Antragsteller beginnt eine Frist von sechs Monaten, binnen der die BaFin dem Antragsteller mitteilen muss, ob die Erlaubnis erteilt oder versagt wird. Die Dauer des gesamten Erlaubnisverfahrens ist jedoch einzelfallabhängig und wird maßgeblich von der Komplexität des geplanten Geschäftsmodells sowie der Qualität und der Vollständigkeit der eingereichten Unterlagen bestimmt.

Zur Klärung der wechselseitigen Erwartungen und ersten Fragen (z. B. in Bezug auf die einzureichenden Antragsunterlagen, die Qualität der als Anfangskapital und als Eigenmittel vorgesehenen Kapitalbestandteile oder die fachliche Eignung der als Geschäftsleitung vorgesehenen Personen) wurde in unserem Projekt vor der formalen Einreichung des Erlaubnisantrags ein Erstgespräch mit der BaFin vereinbart.

Nachdem die gegenseitigen Erwartungen in einem Erstgespräch geklärt wurden, wurde der Erlaubnisantrag zusammen mit den notwendigen Unterlagen eingereicht. Dazu gehören beispielsweise der Geschäftsplan, Zuverlässigkeitserklärungen, Lebensläufe, Führungszeugnisse, Gewerbezentralregisterauszüge sowie amtlich beglaubigte Kopien von Gründungsdokumenten, Satzungen, Registerauszügen und Ausweiskopien. Die Arbeit der involvierten Anwältinnen und Anwälte besteht dabei darin, gemeinsam mit der Mandantin die erforderlichen Unterlagen zu erstellen. Besonders spannend ist dabei die Erstellung des Geschäftsplans. Der einzureichende Geschäftsplan muss nicht nur das bestehende Geschäft beschreiben, sondern auch eine mit Planzahlen belegte Darstellung strategischer Ziele und Pläne für die ersten drei Jahre enthalten. Anhand dieser Faktoren wird deutlich, dass im Bankaufsichtsrecht beratende Anwältinnen und Anwälte Kenntnisse von allgemeinen wirtschaftlichen Rahmenbedingungen und ein Verständnis für wirtschaftliche Zusammenhänge haben sollten.

Nachdem alle Unterlagen vollständig bei der BaFin eingereicht wurden, war es unsere Aufgabe, der BaFin und der EZB als Ansprechpartner für etwaige Rückfragen zur Verfügung zu stehen und die Mandantin bei der Beantwortung der entsprechenden Fragen zu unterstützen. Im Sinne einer schnellen und positiven Bescheidung des Erwerbs ist eine gute Zusammenarbeit zwischen Aufsichtsbehörde und Mandantin in diesem Verfahrensstadium unerlässlich. Als beratende Anwältinnen und Anwälte können wir die Beteiligten dabei maßgeblich durch offene und transparente Kommunikation unterstützen

Neben der Prüfung von BaFin und EZB unterzog auch der Prüfungsverband deutscher Banken e. V. im Auftrag der Entschädigungseinrichtung deutscher Banken GmbH die Mandantin einer vergleichbaren Prüfung, da die Mandantin mit Erlaubniserteilung der Entschädigungseinrichtung deutscher Banken GmbH zugeordnet wird, die die Aufgabe hat, im Fall der Insolvenz der Bank oder eines sonstigen Entschädigungsfalles die Gläubiger für nicht zurückgezahlte Einlagen zu entschädigen. Sinn und Zweck einer solchen Prüfung ist es, zu beurteilen, ob der Geschäftsplan der Bank tragfähig und ein Entschädigungsfall insoweit unwahrscheinlich ist.

Beratung zur Geschäftsaufnahme

Nach Abschluss des Erlaubnisverfahrens mit Erlaubniserteilung besteht der Fokus auf der Vorbereitung der Geschäftsaufnahme. Bankaufsichtsrechtlich relevant ist dabei insbesondere die Einrichtung der internen Geschäftsorganisation, der Abschluss aller wesentlicher Verträge (insbesondere der Auslagerungsverträge), der Zugang zu wesentlicher Finanzmarktinfrastruktur (Börsen, Clearinghäuser, TARGET 2) etc.

Fazit

Zusammenfassend lässt sich festhalten, dass das Bankaufsichtsrecht für engagierte Berufsanfänger:innen eine anspruchsvolle und vielseitige Tätigkeit bietet. Die Abwechslung zwischen transaktionsbezogener und klassisch beratender Tätigkeit erfordert organisatorisches Talent, Verständnis für wirtschaftliche Zusammenhänge und juristische Urteilskraft, die sich in der täglichen Zusammenarbeit mit erfahrenen Kolleg:innen schnell einstellt. Die Sachverhalte haben überwiegend einen grenzüberschreitenden Bezug, sodass Berufsanfänger:innen vom ersten Tag an mit Kolleg:innen aus ausländischen Büros zusammenarbeiten. Gute Kenntnisse der englischen Sprache sind insoweit unerlässlich. Die fortlaufenden gesetzlichen Regulierungsvorhaben auf nationaler und internationaler Ebene sorgen zudem dafür, dass Rechtsanwältinnen und Rechtsanwälte im Bankaufsichtsrecht sich schnell in neue rechtliche Rahmenbedingungen einarbeiten müssen und oft mit Sachverhalten konfrontiert sind, die bislang weder von einem Gericht noch von einer Aufsichtsbehörde entschieden worden sind. Das ist herausfordernd und bereitet sehr viel Freude!

Massenverfahren und Legal Tech

Dr. Stephan Hillenbrand
Principal Associate
Freshfields Bruckhaus Deringer

Dr. Dominik Flaig
Principal Associate
Freshfields Bruckhaus Deringer

Lange Zeit wurde als der „technische Fortschritt“ in der Welt der Anwaltschaft bereits die Nutzung von E-Mails oder eines elektronischen Datenraums verstanden. Die ZPO nähert sich erst langsam den Möglichkeiten des digitalen Zeitalters an und hat auch trotz mittlerweile erfolgter Einführung der Musterfeststellungsklage weiterhin überwiegend das einzelne Verfahren im Blick.

Wie geht man vor diesem Hintergrund mit einem Mandat um, das Zehntausende gleichzeitig anhängige Gerichtsverfahren sowie Tausende mündliche Verhandlungen pro Monat umfasst, wenn zu diesen Herausforderungen dann auch noch mit der Musterfeststellungsklage eine völlig neue Klageart kommt, mit Hunderttausenden einzelnen Anmeldern? Wie gelingt der Spagat zwischen der inhaltlichen Betreuung des einzelnen Verfahrens, des einzelnen Anspruchsstellers auf der einen Seite, und einer Mandatswelt mit über 50 Partnerkanzleien und 6.500 mit dem Mandat in Deutschland befassten Personen?

Die konsequente Digitalisierung und das ständige konsequente Neudenken in technischen Lösungen sind dabei ebenso unerlässlich wie die fortwährende juristische Überprüfung, Anpassung und Umsetzung der Gesamtstrategie.

Die Herausforderung

Das Mandat stellte die Kanzlei bei der Bearbeitung der Einzelverfahren und Koordination des Gesamtmandats vor verschiedenste Herausforderungen. Neben juristisch komplexen und anspruchsvollen Rechtsfragen der Gesamtstrategie verging kein Tag, an dem nicht in mindestens einem der Zehntausenden parallelen Verfahren eine Entwicklung das Team mit neuen Anforderungen konfrontierte. Gleichzeitig ist ein über Standorte und Kanzleien hinweg arbeitsteiliges Vorgehen auch im einzelnen Verfahren zwingende Voraussetzung für eine effiziente Verfahrensführung.

Für die Bearbeitung eines Masseverfahrens ist es daher unerlässlich, einen aktuellen und genauen Datenstand zu haben. Über verschiedene Server, Mailboxen und digitale Datenräume verteilte Excel-Listen sind zur Koordinierung einer übergeordneten Strategie ebenso gänzlich ungeeignet wie der alleinige Austausch über E-Mails, Telefonkonferenzen oder Verfahrensakten.

Die Beteiligung Tausender Menschen und mehr als 50 Kanzleien erforderte zudem eine effiziente Wissensverteilung und Koordination. Schließlich stellte der Umfang des Mandats auch die kanzleiinterne IT-Abteilung vor etliche Herausforderungen, die sich nicht nur auf die Datenmenge beschränkten, sondern auch so mutmaßlich banale Dinge umfassten wie den direkten Zugang anderer Wirtschaftskanzleien zu einer zentralen On-Premise-Datenbanklösung in unserem Firmennetzwerk – ein noch bis vor kurzem in der Anwaltswelt undenkbarer Vorgang.

Zudem erwartet der Mandant zu Recht, dass Reportinganfragen peinlich genau – und vor allem auch schnell – beantwortet werden (Analytics & Big Data). Schließlich verlangt der Mandant berechtigterweise, dass die Mandatsbearbeitung durch den Einsatz von Legal-Tech-Lösungen so effizient wie möglich erfolgt. Dies kann beispielsweise die automatisierte Erstellung von Schriftsatzentwürfen aus den jeweils aktuellen Schriftsatzmustern sein oder der Einsatz von künstlicher Intelligenz (Artificial Intelligence) zum Auslesen und Analysieren von gegnerischen Schriftsätzen.

Die Lösung

Letztlich bedeuteten die Anforderungen an eine effiziente Bearbeitung dieses Mandats einen Kickstart für die radikale Digitalisierung eines im Vergleich noch weitgehend analogen Berufsstandes.

Erforderlich ist der Einsatz einer innovativen, effizienten und schnellen Datenbank als sogenannte „Single Source of Truth". Nur der Einsatz einer zentralen, für alle stets zugänglichen Anlaufstelle als „One Stop Shop" für alle mandatsrelevanten Informationen ermöglicht die gemeinsame und gleichzeitige Bearbeitung des Masseverfahrens (Collaboration). Es muss nicht nur der Überblick über jedes einzelne Verfahren mit Fristen und mündlicher Verhandlung gewahrt werden, sondern auch die Umsetzung der Strategie im größeren Kontext des Gesamtmandats muss gewährleistet sein.

Für die Verfahrensbearbeitung hat dieser Ansatz zahlreiche Vorteile. So ermöglicht die strukturierte Erfassung aller maßgeblichen Parameter eines Verfahrens die rasche und effiziente Erfassung der jeweiligen Besonderheiten des Einzelfalls. Besonders bei der Vielzahl ähnlich gelagerter Fälle besteht sonst die Gefahr, dass gerade die entscheidenden Details übersehen werden. Zudem erfolgt damit die Sachverhaltsaufbereitung nur einmal - gegnerische Schriftsätze müssen nur einmal „angefasst" werden. Das Ergebnis der strukturierten Datenerfassung fließt in die gesamtstrategischen Entscheidungen ein. Gleichzeitig erleichtert es den Verfahrensbearbeiterinnen und Verfahrensbearbeitern das Leben, indem die erfassten Daten als Grundlage für die automatische Erstellung von Schriftsatzentwürfen dienen. Schließlich ermöglicht dieser Ansatz die zügige Vorbereitung von mündlichen Verhandlungen in Verfahren, die eigentlich von Kolleginnen und Kollegen eines anderen Standortes oder einer Partnerkanzlei betreut werden. Nur so kann eine effiziente, arbeitsteilige und nicht zuletzt auch ökologische Bearbeitung des Mandats erfolgen, indem Reiseaufwände zu mündlichen Verhandlungen reduziert werden.

Core Functions

Interdisziplinäres Arbeiten und iterative Vorgehensweise

Die Herausforderungen des Mandats ließen sich nur durch den konsequenten Einsatz digitaler Lösungen bewältigen. Da es ein vergleichbares Mandat in der Rechtsgeschichte noch nicht gegeben hat, erforderte dies auch die Entwicklung individueller Lösungen. Es gab schlichtweg nichts auf dem Markt, das diese vielfältigen Anforderungen hätte erfüllen können.

In einem iterativen Entwicklungsprozess begleiteten wir in einem agilen Umfeld die Entwicklung der Mandatsverwaltungssoftware Case Management Tool Pro (CMTPro). Eine der Hauptaufgabe bestand darin, die rechtlichen Anforderungen, die sich aus der Mandatsbearbeitung ergaben, für die Entwickler zu „übersetzen". Die Entwicklung im SCRUM Framework gab dabei die notwendige Flexibilität, auf sich schnell ändernde Anforderungen und Anpassungen der Gesamtstrategie zu reagieren. Wir waren hierbei in einem ständigen Austausch mit Entwicklern, Security- und Infrastruktur-Spezialisten. Das CMTPro stellt das „Herzstück" der Gesamtkoordination des Mandats dar. Es ist Grundlage für alle strategischen Entscheidungen, die tägliche Mandatsbearbeitung und den Wissenstransfer über Partnerkanzleien hinweg. Es wird flankiert vom Einsatz von Automatisierungslösungen wie Robotic Process Automation (RPA): Zahlreiche virtuelle Roboter ahmen menschliche Arbeitsschritte nach und arbeiten repetitive Prozesse ab. So können sich nicht nur die Anwältinnen und Anwälte, sondern auch die zahlreichen Business Services auf die wichtige Arbeit fokussieren, die tatsächlich ein Mensch erledigen muss.

Ergebnis/Fazit

Das Denken nur in Schriftsätzen und Paragraphen wird den Anforderungen und Chancen der Digitalisierung nicht mehr gerecht. Gefragt sind innovative, smarte Lösungen für die sich stellenden Herausforderungen, die in enger Zusammenarbeit in multidisziplinären Teams erarbeitet werden. Der Kreativität jedes einzelnen Teammitglieds sind hierbei keine Grenzen gesetzt.

Wer Interesse an der Erarbeitung innovativer digitaler Lösungen in einem interdisziplinären Team mitbringt und gerne in einem agilen internationalen Umfeld arbeitet, findet gerade an der Schnittstelle Legal Tech zahlreiche spannende Herausforderungen, die weit über das im Jura-Studium Erlernte hinausgehen!

Verkauf von Verlustbringern

Dr. Frank Burmeister
Partner
Hengeler Mueller Partnerschaft von Rechtsanwälten mbB

Dr. Martin Tasma
Partner
Hengeler Mueller Partnerschaft von Rechtsanwälten mbB

Der Zusammenschluss oder der Kauf von Unternehmen – neudeutsch M&A (Mergers & Acquisitions) – wird häufig als Königsdisziplin der wirtschaftsrechtlichen Beratung bezeichnet. Berufseinsteiger:innen verbinden damit in der Regel große Transaktionen wie jüngst den grenzüberschreitenden Zusammenschluss von Linde mit Praxair oder die Übernahme von innogy durch E.ON. M&A-Anwält:innen sind aber häufig auch mit der Veräußerung von weniger erfolgreichen Unternehmen befasst, was dennoch rechtlich herausfordernd und daher spannend sein kann und für den Mandanten oft von großer ökonomischer Bedeutung ist. Einer dieser Fälle aus der Praxis von Hengeler Mueller ist die Veräußerung einer verlustbringenden Tochtergesellschaft eines internationalen Konzerns, bei der nicht nur die Transaktionsexpertise der M&A-Anwälte gefragt war, sondern auch vertiefte Kenntnisse des Finanzierungs- und Insolvenzrechts. Die Firmennamen in dieser Fallstudie sind fiktiv.

Liquidation oder Verkauf

Die Mandantin war die Konzernspitze einer global diversifizierten Unternehmensgruppe, der TotalReturn-Gruppe. Eine ihrer deutschen Tochtergesellschaften, die Paperworks GmbH, produzierte und vertrieb Kartonagen der Premiumqualität in einer Fabrik mit ca. 600 Angestellten. Die Mandantin hatte die Paperworks GmbH rund zehn Jahre zuvor erworben, bereute den Kauf aber mittlerweile, weil sie den Wettbewerbsdruck innerhalb der Papierbranche sowie den damit einhergehenden Preisverfall unterschätzt hatte. Hinzu kamen hausgemachte Probleme wie eine zu große Mitarbeiterzahl und sehr hohe Pensionslasten. Die Folge war, dass die Konzernmutter die Verluste der Paperworks GmbH über Jahre ausgleichen musste und das Management vor der Frage stand, die Tochter zu verkaufen oder abzuwickeln. Die Umsetzung des von externen Unternehmensberater:innen ausgearbeiteten Sanierungskonzeptes, das die Sanierung der Paperworks GmbH im Verbund der TotalReturn-Gruppe vorsah, brachte nicht den von der Beratung prognostizierten Erfolg. Da man davon ausging, dass eine Insolvenz der Paperworks GmbH auf die TotalReturn-Gruppe zurückfallen und deren Reputation bei Kunden und Geschäftspartnern belasten würde, kam es nicht in Betracht, die Paperworks GmbH in die Insolvenz fallen zu lassen.

Im Zuge der Analyse der zur Verfügung stehenden Optionen stellte sich dann aber rasch heraus, dass die Abwicklung der Paperworks GmbH im Verbund der TotalReturn-Gruppe sehr teuer geworden wäre: Die Pensionsansprüche hätten zu hohen Kosten ausgegliedert werden müssen, und die Abfindungskosten für die aktiven Arbeitnehmer:innen wären ebenfalls signifikant gewesen. Damit blieb der Mandantin nur noch die Veräußerung der Paperworks GmbH an einen Wettbewerber oder an einen Finanzinvestor. Diese Lösung hatte zudem den Vorteil, zeitlich kalkulierbar zu sein und im besten Fall mit einem klaren Schnitt zugunsten der Mandantin zu enden. Voraussetzung hierfür war allerdings, dass es der Mandantin mithilfe ihrer Anwält:innen gelang, im Unternehmenskaufvertrag einen nicht zu umfassenden Gewährleistungskatalog, geringe Haftungshöchstgrenzen und kurze Verjährungsfristen zu vereinbaren.

Als Gegenleistung musste die Mandantin allerdings einen „negativen Kaufpreis" akzeptieren, d.h. sie musste dem Käufer – sozusagen als „Mitgift" für die verlustbringende Paperworks GmbH – einen Geldbetrag zahlen. Hierzu war die Mandantin auch deshalb bereit, weil ihr zum Schutze ihrer eigenen Reputation daran gelegen war, die

Überlebensfähigkeit der Paperworks GmbH zu sichern. Der Verkauf der Handy-Sparte von Siemens an BenQ, der mit der Insolvenz der verkauften Sparte endete, war zum Verkaufszeitpunkt noch in schlechter Erinnerung. Verkäufer von Verlustbringern sind daher oftmals bereit, im Interesse erhöhter Sanierungschancen auf eine Optimierung des (negativen) Kaufpreises zu verzichten.

Risiko aus verkauften Gesellschafterdarlehen

Vor dem Verkauf waren jedoch noch einige rechtliche Hürden zu überwinden, da die Paperworks GmbH vor der Veräußerung in erheblichem Umfang von finanziellen Zuwendungen der Konzernmutter abhängig war. Diese Zuwendungen waren in Form von sogenannten Gesellschafterdarlehen erfolgt, die der Tochter von einer anderen Gesellschaft der TotalReturn-Gruppe in nicht unerheblichem Umfang gewährt worden waren. Diese Finanzierungsform barg für die Mandantin ein beträchtliches Risiko, wenn es dem Käufer nicht gelingen sollte, die Paperworks GmbH profitabel zu machen, und diese innerhalb eines Jahres Insolvenz anmelden müsste.

Um dieses Risiko zu verstehen, muss man ein wenig ausholen: Im Fall der Insolvenz der Tochtergesellschaft hat der Insolvenzverwalter das Recht und die Pflicht, im Vorfeld der Insolvenz erfolgte Zahlungen oder Lieferungen der Tochter an die Mutter bzw. andere Konzerngesellschaften anzufechten. Die Rechtsfolgen der Insolvenzanfechtung sind gravierend: Der Anfechtungsgegner muss die erhaltenen Zahlungen oder Leistungen zur Insolvenzmasse zurückgewähren, erhält im Gegenzug aber nur eine einfache Insolvenzforderung, d. h. er wird nur in Höhe der Insolvenzquote befriedigt. Diese ist in der Praxis in der Regel sehr gering.

Von besonderer Relevanz ist das Risiko der Insolvenzanfechtung bei Gesellschafterdarlehen: Selbst wenn das Gesellschafterdarlehen – was die Regel ist – im Unternehmenskaufvertrag an den Käufer mitveräußert wird, besteht nach einem vielbeachteten Urteil des Bundesgerichtshofs (BGH) aus dem Jahr 2013 das Risiko einer gesamtschuldnerischen Mithaftung des Verkäufers auf Rückerstattung von Zahlungen auf das Gesellschafterdarlehen zur Insolvenzmasse, wenn sich der Käufer das Darlehen innerhalb eines Jahres nach Vollzug der Transaktion zurückzahlen lässt und in diesem Zeitraum ein Insolvenzantrag gestellt wird. Obwohl der Verkäufer in diesem Fall gar nicht in den Genuss der Darlehensrückzahlung kommt, kann er vom Insolvenzverwalter auf Erstattung der Rückzahlung in Anspruch genommen werden. Wenngleich in dem vom BGH entschiedenen Fall nur das Gesellschafterdarlehen veräußert worden war und der als Gesamtschuldner herangezogene Veräußerer seine Gesellschafterstellung aufrechterhalten hatte, wird die Entscheidung gemeinhin so gelesen, dass der Verkäufer auch dann mithaftet, wenn er zusammen mit den Gesellschafterdarlehen auch seine Beteiligung an der darlehensnehmenden Gesellschaft veräußert. Die Mandantin stand deshalb vor der Frage, wie dieses Risiko ausgeschlossen bzw. vermindert werden konnte.

Zum Schutz des Verkäufers hat die Praxis verschiedene Transaktionsstrukturen entwickelt, die jedoch stets Nachteile für Käufer oder Verkäufer bergen: Die in technischer Hinsicht einfachste Lösung ist, dass sich der Käufer im Unternehmenskaufvertrag verpflichtet, das Gesellschafterdarlehen mindestens ein Jahr nach dem Vollzug der Transaktion stehenzulassen. Ob diese Konstruktion den Verkäufer tatsächlich nachhaltig schützt, hängt von der Bonität des Käufers ab: Handelt es sich hierbei nur um ein Akquisitionsvehikel (sogenannte Special Purpose Vehicle) ohne robuste Bilanz, führt ein Verstoß gegen die vertragliche Verpflichtung bei einer Inanspruchnahme des

Verkäufers durch den Insolvenzverwalter zu einem Freistellungsanspruch des Verkäufers gegen den Käufer, der nicht werthaltig ist und den Verkäufer daher schutzlos lässt.

Besser – aber technisch aufwendiger – kann sich der Verkäufer schützen, indem er den Rückzahlungsanspruch aus dem Gesellschafterdarlehen vor Vollzug des Unternehmensverkaufs in die Kapitalrücklage der Tochtergesellschaft einbringt. Diese bewirkt das Erlöschen der Ansprüche aus dem Gesellschafterdarlehen. Dabei gilt es jedoch zu beachten, dass die Einbringung auf Ebene der Tochtergesellschaft grundsätzlich einen steuerbaren außerordentlichen Ertrag in Höhe des nicht werthaltigen Teils des Gesellschafterdarlehens auslöst. Das ist bei unprofitablen Tochtergesellschaften problematisch, weil Ansprüche aus Gesellschafterdarlehen gegen eine sich in Schieflage befindende Gesellschaft regelmäßig nicht vollwertig sind. Sofern in dieser Situation keine Verlustvorträge genutzt werden können, um einen infolge der Forderungseinbringung ansonsten entstehenden außerordentlichen Ertrag zu absorbieren, scheidet die Einbringung häufig aus – denn weder der Verkäufer noch der Käufer werden in dieser Situation bereit sein, für die mit einer Forderungseinbringung einhergehenden Steuerverbindlichkeiten aufzukommen.

Im vorliegenden Fall handelte es sich bei dem Käufer glücklicherweise nicht um ein bloßes Akquisitionsvehikel, sondern um eine operative und profitable Gesellschaft, sodass die Mandantin die einfache Lösung wählen konnte. D. h. der Käufer verpflichtete sich, dafür zu sorgen, dass das mitverkaufte Gesellschafterdarlehen innerhalb eines Jahres nach Vollzug des Kaufvertrages nicht zurückgezahlt wurde.

„Ringfencing" des negativen Kaufpreises

Im Hinblick auf die Mechanik der Zahlung des negativen Kaufpreises war zum Schutz der Mandantin noch zu verhindern, dass sich der Käufer mit dem Kaufpreis aus dem Staub macht und die Paperworks GmbH ohne die ihr eigentlich zugedachten Mittel in die Insolvenz abrutschen lässt. Dieses Szenario wurde dadurch vermieden, dass der Verkäufer den negativen Kaufpreis in Ratenzahlungen erbracht hat, die an das Erreichen bestimmter Zwischenziele auf dem Weg zur endgültigen Sanierung (sogenannte „Milestones") geknüpft waren. Zudem musste sich der Käufer verpflichten, bestimmte Maßnahmen wie z. B. Ausschüttungen von Dividenden oder Rücklagen nicht vor Erreichen der Profitabilitätsschwelle durchzuführen. Ursprünglich war noch daran gedacht worden, diese Verpflichtungen stärker abzusichern, indem die Mandantin auch nach dem Vollzug noch mit einer Restbeteiligung an der Paperworks GmbH beteiligt bleibt und die Verpflichtungen des Käufers Eingang in die Satzung der Paperworks GmbH finden. Der Käufer wollte sich hierauf jedoch nicht einlassen, und letztlich war die Mandantin dann auch daran interessiert, sämtliche Bande zu ihrer ehemaligen Tochtergesellschaft abzuschneiden.

Fazit

Es sind nicht immer nur die großen M&A-Transaktionen, die rechtlich spannend und herausfordernd sind. Für Konzerne werterhöhend – und aus Beratersicht hochinteressant – kann auch der Verkauf von Verlustbringern sein, werden dadurch doch Ressourcen für zukunftsfähige Investitionen freigesetzt. Als rechtliche Beraterin oder rechtlicher Berater ist es jedoch wichtig, bei einem Verkauf nicht nur die üblichen Transaktionsthemen im Auge zu behalten, sondern auch über den M&A-Tellerrand zu schauen und sich mit den einschlägigen, nicht selten komplexen und daher hoch spannenden Finanzierungs- und Insolvenzthemen zu befassen.

5. Unternehmensporträts

Clifford Chance

Standorte in Deutschland: Düsseldorf, Frankfurt am Main, München

Standorte weltweit: 34 Büros in 23 Ländern

Spezialisierungen: Arbeitsrecht, Bank- und Kapitalmarktrecht, Energierecht, Gewerblicher Rechtsschutz, Gesellschaftsrecht/ M&A, Healthcare, Immobilienrecht, Insolvenzrecht/ Restrukturierung, Kartellrecht, Öffentliches Wirtschaftsrecht, Patent- und Markenrecht, Private Equity/Venture Capital, Prozess- und Schiedsverfahrensrecht, Steuerrecht, Telekommunikations- und Medienrecht/IT-Recht, Versicherungsrecht, Wirtschaftsrecht

Berufsträger:innen in Deutschland: ca. 300

Berufsträger:innen weltweit: ca. 3.500

Geplante Neueinstellungen 2022: 40–50

Internationalität ist bei Clifford Chance mehr als nur ein Schlagwort. Als weltweit tätige Sozietät mit 34 Büros auf fünf Kontinenten ist das Zusammenspiel verschiedener Werte und Kulturen unser Erfolgsrezept. Wir beraten national und international tätige Unternehmen, Institutionen und öffentliche Stellen in allen Fragen des Wirtschaftsrechts. Teamwork, offene Kommunikation, Toleranz sowie ein freundlicher und kollegialer Umgang sind bei Clifford Chance eine Selbstverständlichkeit und bilden die Basis hervorragender juristischer Arbeit.

CLIFFORD
CHANCE

Junghofstraße 14
60311 Frankfurt am Main
www.YourCareerStartsWithC.com

Nicola von Tschirnhaus
Head of Recruitment & Employer Branding
+49 69 7199-4477
karriere@cliffordchance.com

Was zeichnet Ihre Unternehmenskultur aus? Wir sind Teamplayer und glauben, dass optimale Ergebnisse nur dann erreicht werden, wenn alle ihr Potenzial einbringen. Dabei investieren wir ebenso gezielt in junge Talente, wie wir auch unsere erfahrenen Rechtsanwältinnen und Rechtsanwälte auf ihrem individuellen Karriereweg unterstützen. Immer ein offenes Ohr für Fragen, ein wertschätzender Umgang miteinander und regelmäßiges Feedback sind dabei zentrale Werte, die unsere Teamarbeit ausmachen. Außerdem sind wir stolz auf die Vielfalt in unserer Sozietät und nutzen sie bewusst als Stärke. Das leben wir vor und wollen so eine Unternehmenskultur schaffen, in der sich jede:r wohlfühlt und entsprechend den individuellen Fähigkeiten einbringen kann. Wir legen großen Wert auf einen respektvollen Umgang miteinander, offene Kommunikation und Toleranz. Wir engagieren uns aktiv für das Gemeinwesen. So gibt es ein unternehmensweites Corporate-Responsibility-Programm ebenso wie eine Pro-bono-Rechtsberatung. Dabei ist uns das persönliche Engagement unserer Mitarbeiter:innen sehr wichtig. Jeder kann sich bei Projekten seiner Wahl einbringen. Wir fördern Mitarbeiter:innen mit Migrationshintergrund auf ihrem Bildungsweg ebenso wie wir uns für den Erhalt und die Weiterentwicklung kultureller Institutionen einsetzen. Ob mit fachlicher Expertise oder handwerklichem Einsatz – mit ihrem individuellen Engagement bewegen unsere Mitarbeiter:innen viel.

Welche Möglichkeiten zur Weiterqualifizierung bieten Sie? Praktikant:innen, wissenschaftliche Mitarbeiter:innen und Referendar:innen können neben dem täglichen Training-on-the-Job an den Seminartagen der ReferendarAcademy teilnehmen. Dort erhalten sie einen umfassenden Einblick in alle Rechtsgebiete, in denen Clifford Chance tätig ist, sowie eine Einführung in relevante Business Skills wie Präsentationstechnik, Verhandlungsführung und Legal English. Damit neben der täglichen Arbeit die Vorbereitung auf das Zweite Staatsexamen nicht zu kurz kommt, bieten wir in Zusammenarbeit mit den renommierten Repetitoren Kaiserseminare und Hemmer ganztägige Intensivkurse an. Hinzu kommen Examensvorbereitungskurse im öffentlichen Recht, Zivilrecht und Strafrecht. Ein Klausurenkurs und ein Aktenvortragstraining inklusive Videoanalyse runden das Programm der ReferendarAcademy ab. Auch nach dem Berufseinstieg bieten wir unseren Rechtsanwältinnen und Rechtsanwälten mit der Clifford Chance Academy ein umfassendes Aus- und Weiterbildungsprogramm, das sowohl fachliche Fähigkeiten und betriebswirtschaftliches Know-how als auch Business Skills vermittelt – Kenntnisse, die für den Weg junger Anwältinnen und Anwälte zur Beraterpersönlichkeit entscheidend sind.

Welche internationalen Einsatzmöglichkeiten bieten Sie? Für Anwältinnen und Anwälte besteht die Möglichkeit, während eines mehrmonatigen Secondments in einem ausländischen Clifford Chance-Büro oder bei einem Mandanten tätig zu sein. Auch im Rahmen des Referendariats ist es möglich, eine Station bei Clifford Chance im Ausland zu verbringen. Voraussetzung ist hier allerdings, dass vorher eine Station in einem unserer deutschen Büros absolviert wurde.

Wie läuft das Bewerbungsverfahren ab? Das erste Gespräch führen Bewerber:innen in der Regel mit den Recruitment-Partner:innen des Bereichs. Das zweite Interview findet mit den potenziellen Mentor:innen der Bewerber:innen statt. Im Anschluss haben die Bewerber:innen natürlich auch die Gelegenheit, das Team kennenzulernen und sich mit zukünftigen Kolleg:innen auszutauschen. Sie können sich gerne über unsere Karriereseite online bewerben oder Ihre Bewerbungsunterlagen per E-Mail an den jeweiligen Recruitment Advisor senden.

Matthias Christian Forster

Jahrgang 1989

Associate

Kanzleikultur is King

Wie kam deine Entscheidung zustande, Rechtsanwalt in einer Großkanzlei zu werden?

Bereits in den ersten Semestern meines Studiums an der Georg-August-Universität in Göttingen war mir bewusst, dass ich nach dem Zweiten Staatsexamen in einer renommierten Großkanzlei arbeiten möchte. Unmittelbar nach dem Ersten Staatsexamen arbeitete ich deshalb als wissenschaftlicher Mitarbeiter (Bereich Project/Asset Finance) bei Clifford Chance Düsseldorf und konnte meine Erwartungen voll und ganz bestätigen. Mich faszinierte es, von Anfang an in einem internationalen und hoch motivierten Umfeld tätig zu sein, das großen Wert auf die fachliche und persönliche Entwicklung der Mitarbeiter:innen legt. Umso mehr hat es mich dann gefreut, bereits in der Anwaltsstation bei Clifford Chance Düsseldorf meinen späteren Arbeitsvertrag als Associate unterschreiben zu können.

Was macht für dich die Kanzleikultur/Clifford Chance aus?

In meinen Augen ist die Kanzleikultur von Clifford Chance das wichtigste Unterscheidungsmerkmal zu anderen Großkanzleien. Die Zusammenarbeit im Team ist von einer offenen und ehrlichen Atmosphäre geprägt, die alle neuen Kolleg:innen herzlich willkommen heißt. Trotz hoher Auslastung kommen die menschlichen Aspekte nicht zu kurz. Insbesondere bei den jüngeren Associates ist der Umgang sehr freundschaftlich. Rückfragen oder Unklarheiten werden stets auf dem kurzen Dienstweg geklärt; das gilt auch für die unmittelbare Zusammenarbeit mit den Partnern. Je nach Arbeitsbelastung wird innerhalb des Team auch viel Zeit in die Fort- und Ausbildung der Junior Associates investiert und Projekte werden gemeinsam besprochen.

Warum hast du dich für den Bereich Corporate/M&A entschieden?

Die Entscheidung für den Bereich Corporate/M&A war schnell getroffen. Im Studium gefielen mir die zivilrechtlichen Nebengebiete, insbesondere das Handels- und Gesellschaftsrecht, am besten. Die Arbeit im M&A hat mich dann durch seine Vielseitigkeit überzeugt. Bei einer Transaktion sind die verschiedensten Rechtsbereiche beteiligt. Dabei ist es Kernaufgabe des M&A-Teams, den Überblick bei der Projektkoordination zu behalten und Problembereiche frühzeitig zu erkennen. Durch die Zusammenarbeit mit verschiedenen Teams erhält man oftmals Einblicke in eigentlich unbekannte Rechtsbereiche.

Was empfiehlst du jungen/zukünftigen Kolleg:innen?

Ich würde vor allem empfehlen, das Studium und Referendariat mit all seinen Möglichkeiten voll auszuschöpfen und viele verschiedene Eindrücke und Erfahrungen zu sammeln. Insbesondere das Referendariat bietet Ihnen die einzigartige Chance, sich über einen Zeitraum von zwei Jahren eine Vielzahl von Berufen anzusehen. Dabei sollten Sie eine Station stets nur dann wählen, wenn Sie sich dafür wirklich interessieren, und nicht als Dekoartikel für Ihren Lebenslauf.

CMS Deutschland

Standorte in Deutschland: Berlin, Düsseldorf, Frankfurt am Main, Hamburg, Köln, Leipzig, München, Stuttgart

Standorte weltweit: Brüssel, Hongkong, Moskau, Peking und Shanghai sowie mehr als 70 internationale Büros innerhalb des CMS-Netzwerks

Spezialisierungen: CMS in Deutschland berät mittelständische und Großunternehmen in allen Fragen des Wirtschaftsrechts – von Arbeitsrecht über Banking & Finance, Corporate/M&A, Dispute Resolution, Gewerblicher Rechtsschutz bis hin zu Kartellrecht, Real Estate & Public, Steuerrecht, TMC – Technology, Media & Communications u. v. m.

Berufsträger:innen in Deutschland: ca. 600

Berufsträger:innen weltweit: ca. 5.000

Geplante Neueinstellungen 2022: 80–90

Die Rechtswelt stellt sich einem tiefgreifenden Wandel – wird immer komplexer, umfassender, muss schneller reagieren. Wir glauben: Wer diese Welt gestalten will, muss etwas wagen. Um neue Lösungen zu entwickeln für unerwartete Fragestellungen. Um weiter zu gehen als jemals zuvor. Die neuen Herausforderungen verlangen mutige, unabhängig denkende Persönlichkeiten, die in der Gemeinschaft so vielfältig sind wie die Problemstellungen unserer Mandant:innen. Während sich die Welt neu erfindet, bringen wir uns ein. Wir formen sie mit – gemeinsam mit Ihnen.

CMS
law·tax·future

Lennéstraße 7
10785 Berlin
career.cms-hs.com

Dinah Ahad
Human Resources
+49 30 20360-1251
karriere@cms-hs.com

Warum sollten Absolvent:innen gerade bei Ihnen einsteigen? Bei CMS in Deutschland profitieren Sie von Anfang an durch direkten Kontakt zu Mandant:innen und durch das Mentoring erfahrener Anwältinnen und Anwälte. Ob als Praktikant:in, Referendar:in oder Associate: Sie werden von Anfang an umfassend in die anwaltliche Tätigkeit einbezogen. Dabei stehen Ihnen alle unsere Geschäftsbereiche offen. Uns ist wichtig, dass Sie in unserer starken Gemeinschaft Ihre individuellen Stärken einbringen können.

Kann man bei Ihnen auch schon während des Studiums Erfahrungen sammeln? Wir legen Wert darauf, dass Sie auch schon während Ihres Studiums die Möglichkeit haben, CMS kennenzulernen. Sie können an allen unseren Standorten ein Praktikum absolvieren, um unsere Sozietät und damit auch die anwaltliche Arbeit kennenzulernen. Meist ist auch eine Tätigkeit als wissenschaftliche:r Mitarbeiter:in möglich.

Welchen Abschluss sollten Bewerber:innen haben? Grundsätzlich zählt bei uns das „Gesamtpaket". Wir vertreten die Philosophie, dass ein Prädikatsexamen allein keine Topjurist:innen ausmacht. Insbesondere bei Referendar:innen ist die erprobte Zusammenarbeit für uns wichtiger als ihre Endnote. Praktika in anderen Kanzleien, ein LL.M. oder eine Promotion sind uns willkommen, aber keine Voraussetzung.

Welche Möglichkeiten zur Weiterqualifizierung bieten Sie? Die CMS Academy bietet maßgeschneiderte, qualitativ hochwertige Weiterbildung – vom Einstiegsprogramm für Associates bis zu spezialisierten Trainings für unsere erfahrenen Anwältinnen und Anwälte. Dabei können Sie sich sowohl fachlich weiterqualifizieren als auch Ihre persönlichen Kompetenzen durch u. a. Präsentations- oder Verhandlungstrainings stärken. Bei unseren Onboarding- und Karrieretagen erhalten Sie genau das Training, das zu Ihnen passt. Zusätzlich bieten wir für Referendar:innen in Zusammenarbeit mit den Kaiserseminaren die Möglichkeit, an Seminaren zur Vorbereitung auf das Zweite Staatsexamen teilzunehmen sowie einen umfangreichen Klausurenkurs zu schreiben..

Haben Sie Insider-Tipps für die Bewerbung? Eine Bewerbung ist wie ein erstes Kennenlernen, daher lohnt es sich, etwas Zeit und Mühe zu investieren. Insbesondere Ihr Lebenslauf sollte klar strukturiert sein und alle relevanten Daten enthalten – von den Kontaktdaten bis zu Ihren Stationen im Referendariat. Lassen Sie zugunsten der Übersichtlichkeit weniger Wichtiges weg. Im Anschreiben können Sie deutlich machen, warum die ausgeschriebene Stelle Sie interessiert und warum Sie dazu passen. Für das Interview informieren Sie sich am besten über Ihre Gesprächspartner:innen und den Geschäftsbereich, so können Sie gezielte Fragen stellen. Sollten die Interviewfragen einmal kniffelig werden: Einmal tief durchatmen und sich nicht aus der Ruhe bringen lassen, dann fällt Ihnen sicher eine gute Antwort ein. Je natürlicher Sie bleiben, desto schneller wissen Sie und auch Ihr Gegenüber, ob die Stelle zu Ihnen passt.

Was zeichnet Ihre Unternehmenskultur aus? Wir sind First Mover und Innovationstreiber im Rechtsmarkt und gestalten die Zukunft aktiv mit. Dieser Ansatz spiegelt sich auch in unserem Handeln als Arbeitgeber wider. Mit mobilem Arbeiten, flexiblen Arbeitszeitmodellen und attraktiven Karriereperspektiven geben wir bei CMS allen Mitarbeitenden die nötige Flexibilität, die es für ein modernes und arbeitnehmerfreundliches Arbeitsumfeld benötigt. Das mobile und flexible Arbeiten ist fester Bestandteil unserer Unternehmenskultur und Zeichen gegenseitigen Vertrauens.

Dr. Veronika Hefner

Jahrgang 1985

Senior Associate, Restructuring and Insolvency

Einblicke in den Arbeitsalltag bei CMS

Warum ich mich für CMS entschieden habe

CMS bietet mir die Möglichkeit, juristisch spannende und komplexe Mandate mit kompetenten und sympathischen Kolleg:innen im Team zu bearbeiten. Die Tätigkeit als Referendarin hat mich davon überzeugt, dass der Bereich und das Team zu mir passen – obwohl ich vorher dachte, dass eine Tätigkeit in einer Großkanzlei für mich nicht erstrebenswert ist.

Was mich am Anwaltsberuf fasziniert

In der Krisenberatung geht es darum, für das Unternehmen und die übrigen Beteiligten eine rechtssichere und gute Lösung zu finden. Hier gilt es verschiedene Blickwinkel einzunehmen, betriebswirtschaftliche Konzepte nachzuvollziehen und Risiken einzuschätzen. Das Gefühl, mit meinem juristischen Wissen dazu beitragen zu können, Unternehmen Zukunftsperspektiven zu eröffnen und Arbeitsplätze zu erhalten, ist großartig. In Legal500 bekam unser Team die folgende Bewertung: „Alexandra Schluck-Amend und ihr Team glänzen durch Fachkompetenz verbunden mit Empathie, Schnelligkeit, Flexibilität und Leistungsorientiertheit." Es macht mich stolz, zu diesem Team zu gehören.

Wie sieht ein typischer Arbeitstag aus

Um einen guten Überblick über die anstehenden Aufgaben zu haben, starten wir morgens mit einer gemeinsamen Teambesprechung – wegen Corona derzeit virtuell. Dies bietet die Möglichkeit, über Mandatsthemen gemeinsam zu diskutieren und Aufgabenpakete aufzuteilen. Abhängig von den laufenden Projekten und Mandaten finden pro Tag ein bis zwei größere Telefonate mit den Mandant:innen statt, die meiste Kommunikation läuft per E-Mail. In heißen Phasen erfolgt die Abstimmung natürlich enger. Auch vor Corona war der Reiseanteil gering. Die übrige Zeit nutze ich z. B. für die Ausarbeitung von Vertragsentwürfen, Prüfung von Sanierungskonzepten, Erarbeitung von juristischen Stellungnahmen. Auch die Vorbereitung von Vorträgen und Veröffentlichungen sowie Marketingmaßnahmen gehören zum Arbeitsalltag.

Wie mir eine gute Work-Life-Balance gelingt

Für mich persönlich bedeutet Work-Life-Balance, dass ich die Nachmittage vornehmlich mit meinen beiden Kindern verbringe. In der Regel arbeite ich daher nachmittags weniger und dafür abends. Das ist sicher nicht für jeden eine gute Work-Life-Balance, aber für mich und unsere Familie vereint es das Beste aus zwei Welten.

Mein Ratschlag an junge Menschen, die einmal Anwältin oder Anwalt werden möchten

Praktika und Stationen im Referendariat in interessanten Bereichen absolvieren, um einen guten Einblick in die zukünftige Tätigkeit und bei möglichen Arbeitgebern zu bekommen.

CMS
law·tax·future

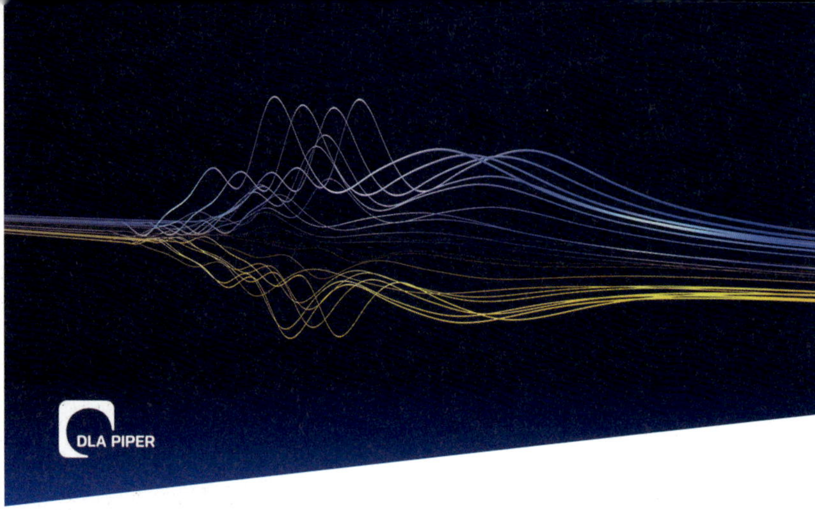

DLA Piper UK LLP

Standorte in Deutschland: Frankfurt am Main, Hamburg, Köln, München

Standorte weltweit: mehr als 100 Büros in über 40 Ländern

Spezialisierungen: Arbeitsrecht, Bank- und Finanzierungsrecht, Betriebliche Altersversorgung, Compliance, Gesellschaftsrecht/M&A, Gewerblicher Rechtsschutz, Handels- und Vertriebsrecht, Immobilienwirtschaftsrecht, Informationstechnologie und Telekommunikation, Insolvenzrecht und Restrukturierung, Kartellrecht, Medien- und Urheberrecht, Öffentliches Wirtschaftrecht/EU-Recht, Outsourcing und IT Projekte, PPP/Privatisierung, Private Equity und Venture Capital, Prozessführung und Schiedsverfahren, Regulatory und Government Affairs, Steuerrecht, Vergaberecht, Versicherungs- und Rückversicherungsrecht, Wirtschaftsstrafrecht

Berufsträger:innen in Deutschland: über 250

Berufsträger:innen weltweit: ca. 5.000

Geplante Neueinstellungen 2022: 40–60 Volljurist:innen

Für unsere mehr als 250 Anwältinnen und Anwälte an unseren vier deutschen Standorten – Frankfurt, Hamburg, Köln und München – stehen die Bedürfnisse und Herausforderungen unserer Mandant:innen täglich an erster Stelle. Gemeinsam mit ihnen entwickeln wir individuell zugeschnittene Lösungskonzepte und sichern so ihren unternehmerischen Erfolg. Wir schaffen ein zeitgemäßes Kanzleikonzept, das auf unseren Werten basiert und von neuen Ideen lebt. Um unsere Leistung weiter zu verbessern, fördern wir unsere Mitarbeiter:innen und geben ihnen Raum für Kreativität und Innovation.

Augustinerstraße 10
50667 Köln
www.dlapipercareers.de

Leonie Heumüller
Recruitment Deutschland
+49 221 277277-846
leonie.Heumueller@dlapiper.com

Was zeichnet Ihre Unternehmenskultur aus? Unsere Werte werden bei uns wirklich gelebt und prägen unser tägliches Handeln. Wir sind zudem stolz auf die Vielfalt der unterschiedlichen Persönlichkeiten unserer Kolleg:innen. Alle unsere Mitarbeiter:innen haben besondere Stärken und Talente, die bei DLA Piper eingebracht werden können. Unser weltweites Engagement gegen Diskriminierung jeglicher Art ist ein zentraler Teil unserer Kultur. Eins zeichnet uns ganz besonders aus: Arbeiten in einem internationalen Kontext ist bei DLA Piper gelebte Realität. Grenzüberschreitende Zusammenarbeit ist bei uns nicht nur Anspruch, sondern auch Teil unserer Kultur. Wir kombinieren eine nationale Fokussierung mit einer globalen Vision.

Welche Möglichkeiten zur Weiterqualifizierung bieten Sie? Unsere internationale Mandatsstruktur ermöglicht frühzeitig, in globalen Mandaten mit Anwält:innen aus anderen DLA Piper Büros zu arbeiten und sich global zu vernetzen. Es besteht die Möglichkeit, an nationalen Trainings aus den Bereichen Legal Excellence und Economic Skills, Management und Leadership Skills, People Skills sowie Legal Tech teilzunehmen. Wir verfügen zusätzlich über eine neue weltweite Learning Academy mit einem umfangreichen Trainingsangebot mit über 1.800 Lernplänen, welche sich in über 7.000 virtuelle Live-Trainings, Webinare und z. B. Präsenztrainings strukturiert. Ergänzt wird dieses Angebot durch gezielte globale Managementprogramme zur Vorbereitung auf die Counsel- oder Partnerlaufbahn. Unseren juristischen Nachwuchskräften bieten wir von Anfang an ein umfassendes Angebot mit verschiedensten Inhalten. In Kooperation mit Kaiser finden examensvorbereitende Kurse für das Zweite Staatsexamen statt. DLA Piper bietet darüber hinaus ein Intensivtraining in Kleingruppen zum Aktenvortrag an, der in fast allen Bundesländern Teil der mündlichen Assessorprüfung ist. Unsere Nachwuchskräfte werden auch on-the-Job durch Mentor:innen unterstützt und können durch die Teilnahme an Seminaren – z. B. Grundlagen der Ökonomie – über den Tellerrand schauen. Englischkurse, Knowledge Management und IT-Trainings runden das Programm ab.

Wie sind die Verdienstmöglichkeiten in Ihrem Unternehmen? Trainees können bei DLA Piper im Rahmen unterschiedlichster Anstellungsformen tätig werden – hier legen wir besonderen Wert auf faire und transparente Vergütung. Wissenschaftliche Mitarbeiter:innen und Referendar:innen erhalten bei uns 800 Euro pro Wochenarbeitstag (sofern dies die jeweils geltenden Regelungen des Bundeslands ermöglichen). Jurist:innen mit zwei abgeschlossenen Staatsexamina werden bei DLA Piper als Wissenschaftliche Referent:innen beschäftigt, wenn sie z. B. neben ihrer Promotion arbeiten möchten. Diese Tätigkeit vergüten wir mit 1.000 Euro pro Wochenarbeitstag. Das Vergütungssystem ist bei DLA Piper ein essenzielles Element, um die Leistung unserer Anwält:innen vom ersten Tag an anzuerkennen und sie zu unternehmerischem Handeln zu motivieren. Die Vergütungsstruktur besteht bei DLA Piper aus zwei Komponenten: Einem fixen Grundgehalt, das monatlich zur Auszahlung kommt, und einem Bonus, der einmal pro Jahr ausgezahlt wird. Die Höhe des Einstiegsgehalts richtet sich nach der formalen Qualifikation der Bewerber:innen. Dies kann bei entsprechender Qualifikation bis zu 115.000 Euro betragen. Zudem besteht die Möglichkeit, bereits ab dem ersten Jahr an unserem Bonusprogramm teilzunehmen. Sofern diese Option gewählt wird, startet der Associate mit 5.000 Euro weniger, hat aber die Möglichkeit, bei entsprechender Leistung zusätzlich zu seinem Grundgehalt einen Bonus von bis zu 25.000 Euro zu erhalten. Akquiseerfolge und außergewöhnliches Engagement werden on top mit einem freiwilligen Bonus honoriert.

Miray Kavruk
LL.M.
Counsel,
Intellectual Property
und Technology (IPT)

Be part of… DLA Piper

Ich habe mich für DLA Piper entschieden, weil mich die Internationalität und insbesondere die Praxisgruppe IPT überzeugt haben, vor allem aber natürlich die persönliche Atmosphäre in meinem Team.

Was DLA Piper auszeichnet

DLA Piper ist sehr international und die allermeisten Mandate sind länderübergreifend und haben Bezug zu mindestens zwei Jurisdiktionen. Die Zusammenarbeit mit Kolleg:innen aus den unterschiedlichsten Ländern und Kulturen ist ein wesentlicher Faktor, der die Arbeit so spannend, herausfordernd und abwechslungsreich macht.

Diese Zusammenarbeit und das internationale Netzwerk werden von der Kanzlei auch gefördert. So finden unterschiedliche Veranstaltungen statt, sowohl juristischer als nichtjuristischer Art, bei denen man seine Kolleg:innen kennenlernen und sich aktiv in das internationale Netzwerk einbringen kann. Angefangen bei den DLA Piper internen „Academies" bis zu den internationalen Praxisgruppentreffen bekommt man die Möglichkeit, Anwält:innen der unterschiedlichsten Büros zu treffen und sich mit diesen auszutauschen, was nicht nur fachlich, sondern auch persönlich sehr bereichernd ist.

Vor allem ist DLA Piper sehr divers. Allein in den deutschen Büros arbeiten Mitarbeiter:innen unterschiedlichster Herkunft, Religionszugehörigkeit und sexueller Orientierung. Die Kanzlei ist nicht nur stolz auf diese Diversität, sondern unterstützt und fördert sie auch aktiv. So gibt es z. B. unterschiedliche Initiativen, wie Iris, das DLA Piper interne LGBTQ+ Netzwerk, oder die „One Voice Made of Many"-Kampagne, bei der Mitarbeiter:innen aus allen Büros ihre eigene Story teilen.

Mein Arbeitsalltag

Ich bin im IP tätig, mit Fokus auf dem Contractual und Transactional IP. Hierunter fällt insbesondere die Strukturierung und Gestaltung von Lizenzverträgen, Forschungs- und Entwicklungsverträgen, IP Asset Transfers sowie die Beratung zu Joint Ventures für die Entwicklung neuer Technologien und Innovationen und im Rahmen von M&A-Transaktionen.

Meistens arbeite ich parallel an unterschiedlichen Mandaten und Projekten, sodass sich der Arbeitstag abwechslungsreich gestaltet. An manchen Tag bin ich sehr oft in Telefonkonferenzen, z. B. um die wirtschaftlichen Hintergründe und Interessen zu einem Projekt oder Vertrag und dementsprechend auch die Strategie mit dem Mandanten zu besprechen, oder für Vertragsverhandlungen mit der Gegenseite. An anderen Tagen erstelle ich Verträge und koordiniere Projekte mit den Kolleg:innen aus den deutschen und internationalen Büros. Häufig besprechen wir komplexe rechtliche Themen und Strategien für Projekte und Verträge und erarbeiten Lösungen gemeinsam. Bei meiner Tätigkeit arbeite ich vor allem mit unterschiedlichen Fachbereichen zusammen, z. B. Corporate, Banking & Finance und Employment. Kurzum: Meine Arbeit ist sehr facettenreich und somit auch immer spannend.

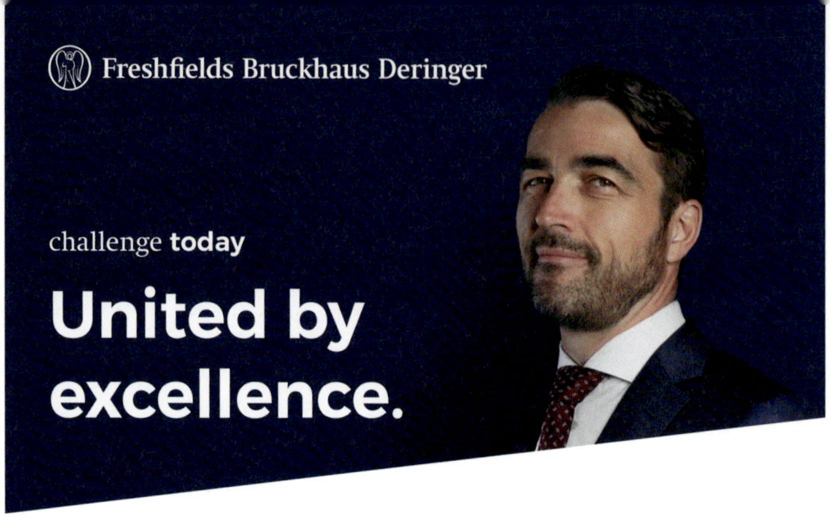

Freshfields Bruckhaus Deringer

Standorte in Deutschland: Berlin, Düsseldorf, Frankfurt am Main, Hamburg, München

Standorte weltweit: über 25 Büros in 16 Ländern, u. a. in Brüssel, London, New York und Hongkong

Spezialisierungen: Arbeitsrecht, Bank und Finanzrecht, Gesellschaftsrecht und M&A, Geistiges Eigentum und Informationstechnologie, Immobilienwirtschaftsrecht, Kartellrecht und Außenhandel, Konfliktlösung, Öffentliches Wirtschaftsrecht und Steuerrecht

Berufsträger:innen in Deutschland: über 500

Berufsträger:innen weltweit: rund 2.800

Geplante Neueinstellungen 2022: Wir suchen immer qualifizierte Berufseinsteiger:innen für alle Bereiche an allen Standorten. In der Regel stellen wir jährlich rund 100 Associates ein.

Freshfields Bruckhaus Deringer LLP ist eine globale Anwaltssozietät. Wir unterstützen erfolgreich die führenden Industrie- und Finanzunternehmen, Institutionen und Regierungen bei ihren komplexen rechtlichen Fragestellungen. In Deutschland gilt Freshfields Bruckhaus Deringer mit ihrer bis 1840 zurückreichenden Tradition als die herausragende internationale Wirtschaftskanzlei, die höchste Anerkennung für die fachliche Breite und Qualität genießt.

Freshfields Bruckhaus Deringer

Hohe Bleichen 7
20354 Hamburg
karriere.freshfields.de

Dr. Norman Bade
Head of Recruiting CE
+49 40 3690-60
norman-patric.bade@freshfields.com

Was zeichnet Sie als Freshfields Bruckhaus Deringer aus? Bei uns arbeiten Sie gemeinsam mit fachlich hervorragenden Kolleginnen und Kollegen an den anspruchsvollsten Mandaten. Wir decken die gesamte Bandbreite des Wirtschaftsrechts ab und gehören in allen Bereichen, in denen wir aktiv sind, zu den international führenden Kanzleien. Unsere Praxisgruppen arbeiten Hand in Hand und teamübergreifend, sodass jede Person den für sie passenden fachlichen Fokus findet.

Unser freundschaftlich geprägtes Arbeitsumfeld ist die Basis für unseren Erfolg. Diversity and Inclusion sind wesentliche Bestandteile unserer Firmenkultur. Geschlecht, sexuelle Identität oder Herkunft spielen keine Rolle, bei uns zählen ausschließlich Qualifikation und Engagement. Die Wertschätzung der Persönlichkeit jeder und jedes Einzelnen und die jeweilige individuelle Weiterentwicklung sind für uns essenziell – dafür wurden wir mit dem azur Diversity Award ausgezeichnet.

Welche Einstiegsmöglichkeiten gibt es? Im Rahmen unseres zweimal jährlich stattfindenden fünfwöchigen **Praktikantenprogramms** erhalten Sie einen Einblick in den Arbeitsalltag unserer Sozietät und begleiten unsere Associates bei ihrer täglichen Arbeit. Das abwechslungsreiche Rahmenprogramm beinhaltet interne Fortbildungsveranstaltungen zur fachlichen und persönlichen Entwicklung sowie verschiedene Social Events.

Als **Referendar oder Referendarin** bei Freshfields, ganz gleich ob in der Anwalts- oder Wahlstation, finden Sie am besten heraus, wie sich der Arbeitsalltag in unserer Sozietät anfühlt. Während Ihres Referendariats bieten wir Ihnen ein maßgeschneidertes Weiterbildungsprogramm, welches Sie zu einer runden Anwaltspersönlichkeit ausbildet – das Freshfields College. Es bietet einen Einblick in den Arbeitsalltag bei Freshfields, ein umfangreiches Kursangebot für Ihre fachliche und persönliche Entwicklung sowie die Möglichkeit zum Netzwerken mit unseren Partnern und Partnerinnen sowie Associates. Dabei profitieren Sie unter anderem von individuellem Mentoring, der Teilnahme an Kaiser oder Hemmer Seminaren, diversen Trainings sowie regelmäßigen Social Events.

Als **Associate** arbeiten Sie bei uns von Beginn an selbstständig und mit direktem Mandantenkontakt. So international wie wir beraten, so international ist auch Ihr Arbeitsalltag. Sie arbeiten von Anfang an in einer unserer weltweit agierenden Praxisgruppen mit und nehmen regelmäßig an internationalen Konferenzen und Seminaren teil. Wir erwarten dabei nicht, dass Sie bereits als in einem bestimmten Rechtsgebiet ausgebildete:r Spezialist oder Spezialistin zu uns kommen. Wir begleiten und fördern Sie in Ihrer Entwicklung dorthin: Vom ersten Tag an steht Ihnen ein Mentor oder eine Mentorin und ein Team aus erfahrenen Associates zur Seite, mit denen Sie im regelmäßigen Austausch über Ihre Arbeitsergebnisse stehen und die Sie durch konstruktives Feedback stetig fördern.

Bei uns erwartet Sie ein kollegiales, offenes Umfeld, in dem das „Wir" zählt. Regelmäßige Unternehmungen im Team, z. B. gemeinsame Mittagessen und After-Work-Aktivitäten sowie Team-Events, tragen zu einer guten Teamatmosphäre bei.

Welche internationalen Einsatzmöglichkeiten bieten Sie? Durch die Zusammenarbeit in länderübergreifenden Teams wird bei uns Internationalität im Alltag aktiv gelebt. Zudem ermöglichen wir Associates regelmäßig mehrmonatige Auslandsaufenthalte an unseren internationalen Standorten, z. B. in Brüssel, London, New York oder Hongkong.

Inwiefern unterstützt Freshfields Bruckhaus Deringer flexible Arbeitsmodelle? Für eine erfolgreiche Karriere ist auch die richtige Balance zwischen Berufs- und Privatleben entscheidend. Unser Ziel ist es, dass Sie im Rahmen Ihrer anspruchsvollen Anwaltstätigkeit zeitliche Freiräume bestmöglich ausschöpfen können.

Durch unser Konzept „Smart Working“ können Sie für sich planen und kurzfristig flexibel sein, durch beispielsweise Home-Office-Unterstützung und flexible Zeitplanung im Team.

Durch „Flexible Working“ ermöglichen wir karrierekompatible Teil- und Auszeiten. Wir stellen sicher, dass auch mit einer Teilzeitregelung oder nach einem Sabbatical die Karriereentwicklung weitergeht wie geplant. Flexible Working geht bei uns weit über bloße Stundenreduzierung hinaus. Wir bieten verschiedene Formen flexibler Teilzeit – angepasst an Ihre jeweilige Lebenssituation.

Welche Karriereaussichten gibt es? Unsere Mitarbeitenden erhalten ein maßgeschneidertes Karriere-Entwicklungsprogramm. Dieses vereint individuell angepasste fachliche und persönliche Weiterbildungsmodule, die Sie zu einer ausgereiften Anwaltspersönlichkeit entwickeln. Darunter fallen beispielsweise Englisch-Intensivtrainings in London, Praxiswissen Gesellschaftsrecht, Trainings zu Präsentations- und Verhandlungstechniken, Executive-Education-Kurse an der Universität St.Gallen und individuelles Coaching.

Klar definierte Karrierestufen geben transparente Anforderungskriterien vor, die für Sie im Verlauf Ihrer Karriereentwicklung bis zur Aufnahme in die Partnerschaft entscheidend sind. Nach vier Jahren können Sie zum Principal Associate aufsteigen. Die Entscheidung zur Aufnahme in die Partnerschaft steht in der Regel nach sechs bis sieben Jahren an.

Welche Rolle spielt soziales Engagement bei Freshfields Bruckhaus Deringer? Wir übernehmen nicht nur Verantwortung in unserer Mandatsarbeit, sondern auch für Gesellschaft und Umwelt. Einer unserer Schwerpunkte ist dabei die Pro-bono-Rechtsberatung. Wir beraten honorarfrei internationale Nichtregierungsorganisationen, lokale Vereine sowie nationale Organisationen und unterstützen Law Clinics.

Gibson, Dunn & Crutcher LLP

Standorte in Deutschland:
Frankfurt am Main, München

Standorte weltweit: Brüssel, Century City, Dallas, Denver, Dubai, Hongkong, Houston, London, Los Angeles, New York, Orange County, Palo Alto, Paris, Peking, San Francisco, São Paulo, Singapur, Washington D.C.

Spezialisierungen: Antitrust, Banking & Finance, Compliance/White Collar, Corporate/M&A/Private Equity, Data Protection, Insolvency & Restructuring, Labor & Employment, Litigation & Arbitration, Real Estate, Tax, Technolgy & IP

Berufsträger:innen in Deutschland:
50–60

Berufsträger:innen weltweit: über 1.400

Geplante Neueinstellungen 2022: 10

Gibson Dunn gehört zu den führenden internationalen Kanzleien mit über 1.400 Anwältinnen und Anwälten an 20 Standorten in neun Ländern. Beratungsschwerpunkte an unseren deutschen Standorten bilden die Bereiche Compliance und White Collar Investigations, Gesellschaftsrecht, M&A und Private Equity sowie Arbeitsrecht, Bank- und Finanzrecht, Datenschutz, Technology & IP, Kartellrecht, Prozessführung und Schiedsgerichtsbarkeit, Real Estate, Restrukturierung und Insolvenz sowie Steuerrecht. Wir betreuen Blue-Chip-Konzerne, mittelständische Unternehmen, Finanzinstitute sowie Private-Equity- und sonstige Finanz- und Immobilieninvestoren.

GIBSON DUNN

Taunustor 1, 60310 Frankfurt am Main
Marstallstraße 11, 80539 München
www.gibsondunn.com

Dr. Wilhelm Reinhardt, Frankfurt am Main
Dr. Markus Nauheim, LL.M. (Duke), München
bewerbungen@gibsondunn.com

Was bietet Ihre Kanzlei? Wir bieten von Anfang an die Einbindung in anspruchsvolle Mandate in einem internationalen Umfeld sowie individuelle Entwicklungsmöglichkeiten in einem hochkarätigen Team. Eine offene und partnerschaftliche Kultur und flache Hierarchien bieten eine hervorragende Plattform zur beruflichen und persönlichen Entfaltung. Wir bieten unseren Associates sehr gute Aufstiegschancen und begleiten sie auf ihrem Karriereweg mit regelmäßigem Feedback, bieten interne und externe Fortbildungsmaßnahmen und fördern nicht nur die fachliche Entwicklung, sondern auch die Beraterpersönlichkeit. Berufsanfänger:innen erhalten bei uns im ersten Jahr ein Einstiegsgehalt von 125.000 Euro mit einer marktüblichen Gehaltsentwicklung in den folgenden Jahren sowie einen leistungsbezogenen Bonus.

Was ist das Besondere an Gibson Dunn? Unsere Unternehmenskultur ist geprägt von gegenseitigem Respekt, Kollegialität und Enthusiasmus. Das ist jeden Tag in der Zusammenarbeit mit den Kolleg:innen spürbar. Uns ist eine ausgezeichnete Arbeitsatmosphäre sehr wichtig, die man nur erreicht, wenn auch die Zusammenarbeit zwischen Partner:innen und Associates reibungslos funktioniert und jeder stets bereit ist, den anderen – auch über Büro- und Ländergrenzen hinweg – zu unterstützen. Auch Diversity ist ein Aspekt, dem wir bei Gibson Dunn besonderen Wert beimessen – gelebte Vielfalt erachten wir in einer globalen Welt als essenziell für einen kontinuierlichen Erfolg. Neben unserem beruflichen Einsatz ist es uns jedoch ebenfalls sehr wichtig, dass ausreichend Zeit für Privatleben, Familie und gesellschaftliches Engagement verbleibt.

Wie fördern Sie Berufsanfänger:innen? Sie werden von Anfang an integriert und arbeiten nicht nur an komplexen und spannenden Mandaten mit, sondern haben auch direkten Mandantenkontakt. Unsere Partner:innen engagieren sich für die Aus- und Weiterbildung unserer jungen Kolleginnen und Kollegen. Dazu führen wir regelmäßige Veranstaltungen durch. Daneben unterstützen wir auch die Teilnahme an externen Fortbildungsmaßnahmen. Neben der Mandatsarbeit lernen Sie uns auch bei unseren regelmäßigen Social Events und der in den USA stattfindenden New Lawyers Academy kennen. Des Weiteren unterstützen wir unsere Anwältinnen und Anwälte von Beginn an beim Aufbau eines eigenen beruflichen Netzwerks durch die Bereitstellung entsprechender Budgets.

Wen suchen Sie? Wir suchen hochmotivierte Persönlichkeiten als Praktikant:innen, Referendar:innen, wissenschaftliche Mitarbeiter:innen und Berufsanfänger:innen, die neben ihren überdurchschnittlichen juristischen Qualifikationen sowie hervorragenden Englischkenntnissen auch Interesse an wirtschaftlichen Zusammenhängen und der Arbeit in einem internationalen Umfeld mitbringen – und die gut zu unserer Kultur und in unser Team passen.

Wie sehen die Karriereaussichten/Langzeitperspektiven bei Ihnen aus? Wir begleiten Sie auf Ihrem Karriereweg mit regelmäßigem Feedback. Mittels eines eingehenden Review-Prozesses gewährleisten wir für jeden Einzelnen die Einschätzung der eigenen Leistungen und Entwicklungsmöglichkeiten. Durch diesen ständigen und international einheitlichen Dialog erreichen wir eine hohe Transparenz über den individuellen Leistungsprozess. Neben der juristischen Mandatsarbeit fördern wir auch Ihre Beraterpersönlichkeit und führen Sie frühzeitig an die Mandantenakquise heran. Nachdem Sie als Associate wichtige Praxiserfahrungen gesammelt haben, besteht die Möglichkeit, Ihren Karriereweg als Partner:in oder Counsel fortzusetzen.

Was tun Sie für die Work-Life-Balance? Wir sprechen nicht von Work-Life-Balance, sondern von Work-Life-Synergy. Uns ist es sehr wichtig, dass ausreichend Zeit für Privatleben, Familie und gesellschaftliches Engagement verbleibt. Neben einem einzigartigen Global Wellness Program bieten wir auch individuelle Lösungen wie z. B. Teilzeitverträge oder flexible Elternzeitregelungen an.

Wie sieht es bei Ihnen mit Karrierechancen speziell für Frauen aus? Gibson Dunn hat sich in besonderem Maße dem Thema Diversity verpflichtet. Unsere Kolleginnen werden von Anfang an durch spezielle Weiterbildungs- und Mentoringprogramme begleitet und gefördert. Die gezielte Förderung von Frauen zeigt sich auch in der Besetzung von wesentlichen Kanzleipositionen: als Mitglieder in den wichtigsten Führungsgremien der Kanzlei, als Leiterinnen der Büros Hongkong, Peking, Washington, D.C. und São Paulo sowie als globale Praxisgruppenleiterinnen. Weiterhin hat Gibson Dunn einen bemerkenswert hohen Anteil an erfolgreichen Anwältinnen, die regelmäßig von internationalen Publikationen ausgezeichnet werden.

Welche Rolle spielen Pro-bono-Mandate für Sie? Seit jeher fühlen wir uns auch speziell der Pro-bono-Arbeit verpflichtet und unterstützen eine Vielzahl von gemeinnützigen Organisationen und hilfsbedürftigen Einzelpersonen bei der Durchsetzung ihrer Interessen. Von Law360 wurde Gibson Dunn als eine der 20 Top-Pro-bono-Kanzleien des Jahres ausgezeichnet. In Deutschland unterstützen wir u. a. die Plant-for-the-Planet Initiative e. V. bei unterschiedlichen rechtlichen Fragestellungen. Es gibt aber auch die Möglichkeit, an internationalen Projekten, z. B. für Lawyers without Borders mitzuarbeiten und so Kolleg:innen aus anderen Büros kennenzulernen.

Wie sieht der Bewerbungsprozess aus? Bewerbungen erreichen uns in der Regel per E-Mail (bewerbungen@gibsondunn.com). Nach Sichtung der Unterlagen melden wir uns kurzfristig und vereinbaren mit den Bewerber:innen einen oder zwei Termine für Gespräche mit unseren Anwältinnen und Anwälten zum gegenseitigen Kennenlernen. Alles Weitere ergibt sich dann meist sehr schnell.

Warum sollte man sich für Sie entscheiden? Gibson Dunn ist nicht nur eine internationale Anwaltskanzlei, die für erstklassige Qualität steht und weltweit von Mandanten geschätzt und für ihre Arbeit ausgezeichnet wird. Wir bieten mit unserer Kultur auch eine hervorragende Arbeitsatmosphäre und mit dem weiteren Ausbau der deutschen Praxis sehr gute Entwicklungschancen.

Gleiss Lutz

Standorte in Deutschland: Berlin, Düsseldorf, Frankfurt am Main, Hamburg, München, Stuttgart

Standorte weltweit: Brüssel

Spezialisierungen: Arbeitsrecht, Bank- und Finanzrecht, Commercial, Compliance & Investigations, Gesellschaftsrecht/M&A, Immobilienrecht, Informationstechnologie, Kapitalmarktrecht, Kartellrecht, Konfliktberatung, Prozessführung und Schiedsverfahren, Lebensmittelrecht, Markenrecht, Nachfolge/Vermögen/Stiftungen, Öffentliches Recht, Patentrecht, Private Equity, Produkthaftung/-sicherheit, Restrukturierung, Steuerrecht, Subventionen und Beihilfen, Umweltrecht, Venture Capital, Vergaberecht, Wettbewerbsrecht, Wirtschaftsstrafrecht

Berufsträger:innen in Deutschland: über 350

Berufsträger:innen weltweit: über 350

Geplante Neueinstellungen 2022: ca. 50

Gleiss Lutz ist eine der erfolgreichsten international tätigen Kanzleien in Deutschland. Als Full-Service-Kanzlei mit über 350 Anwältinnen und Anwälten an sieben Standorten deckt Gleiss Lutz sämtliche Gebiete des Wirtschaftsrechts ab. Sie erhalten bei uns eine Top-Ausbildung sowie schnell große Expertise in ihrem Beruf durch die enge Zusammenarbeit mit den Partnerinnen und Partnern. Wir legen großen Wert auf ein kollegiales Miteinander und schätzen den schnellen und flexiblen Austausch untereinander.

Gleiss Lutz

Taunusanlage 11
60329 Frankfurt am Main
www.gleisslutz.com

Natascha Frankl/Sofia Jung
Co-Director Human Resources Legal
+49 69 95514-632/-631
karriere@gleisslutz.com

Warum sollten Absolvent:innen gerade bei Ihnen anfangen? Wir sind nicht die größte Kanzlei im Land, gehören aber zu den Besten. Wenn Sie alle Vorteile einer Großkanzlei für sich beanspruchen wollen, ohne Ihre Individualität, Ihre ganz persönlichen Stärken und Vorstellungen einzubüßen, sind wir die richtige Kanzlei für Sie. Bei uns arbeiten Sie in kleinen Teams auf höchstem juristischen Niveau. Zudem legen wir größten Wert auf Ihre Ausbildung, Fortbildung und Entwicklung.

Was bieten Sie Referendar:innen und Praktikant:innen? Neben einem Praktikantenprogramm bieten wir kanzleiweit auch unser umfangreiches One Step AHEAD Programm für Referendarinnen und Referendare sowie für wissenschaftliche Mitarbeiterinnen und Mitarbeiter an. Dieses beinhaltet examensrelevante Fachvorträge, einen wöchentlichen Englischkurs, ein virtuelles Recherchetraining, ein monatliches Aktenvortragstraining, einen Klausurenkurs in Kooperation mit Kaiserseminare, ergänzend dazu ein Klausurencoaching, sowie regelmäßige After-Work-Veranstaltungen. Darüber hinaus bieten wir den Referendarinnen und Referendaren im Rahmen unseres „Retreats" weitere Trainings zur Vorbereitung auf das Examen und den Berufseinstieg an. Hier werden Soft Skills und Resilienzfähigkeit trainiert.

Welche Karrierechancen bieten Sie? Ihre Karriere folgt einem klaren Verlauf und ist transparent. Nach einem Jahr erfolgt die Aufnahme auf unseren Briefkopf, nach dreieinhalb Jahren die Entscheidung über die assoziierte Partnerschaft und nach sieben Jahren über die Vollpartnerschaft. Ist die Partnerschaft nicht Ihr Ziel, können Sie als Counsel dauerhaft auf juristisch höchstem Niveau tätig sein und Ihre eigene Mandatsarbeit aufbauen.

Welchen Menschentyp suchen Sie? Seien Sie engagiert. Seien Sie überzeugend. Seien Sie zielstrebig. Denn als Anwältin oder Anwalt bei Gleiss Lutz müssen Sie mehr als nur vertrauensvoll und partnerschaftlich mit Mandantinnen und Mandanten, Kolleginnen und Kollegen sowie Mitarbeiterinnen und Mitarbeitern zusammenarbeiten: Sie müssen eine Unternehmerpersönlichkeit sein. Dazu gehören für uns persönliche Integrität, eine stark ausgeprägte Kommunikations- und Teamfähigkeit sowie große Leidenschaft für das, was Sie tun.

Welche internationalen Einsatzmöglichkeiten bieten Sie? Als eine der größten unabhängigen und international tätigen Full-Service-Kanzleien in Deutschland baut Gleiss Lutz auf ein flexibles und erprobtes internationales Netzwerk zu Kanzleien, die in ihren Ländern führend sind. Bereits Referendarinnen und Referendaren wird bei Interesse und vorhandener Kapazität eine Wahlstation bei einer befreundeten Kanzlei im Ausland ermöglicht. Dabei werden sie regelmäßig auch finanziell unterstützt.

Daneben wächst die Bedeutung von Secondments im internationalen Umfeld. So repräsentieren Anwältinnen und Anwälte die Kanzlei im Ausland als Botschafter und etablieren ein persönliches Netzwerk, das sowohl ihnen als auch der Kanzlei zugutekommt. Die Secondments können zum Beispiel von drei Monaten in England, sechs Monaten oder einem Jahr in den USA bis hin zu zwei Jahren in Japan reichen.

Dr. Daniela Drixler

Jahrgang 1990

Rechtsanwältin/ Associate im Kartellrecht

Ich kam, sah und blieb: vom Praktikum zum Berufseinstieg bei Gleiss Lutz

Kommen – ein erster Ausflug in die Welt der Großkanzlei

Während des Sommerpraktikums im Jahr 2013 erhielt ich einen ersten Einblick in die Anwaltstätigkeit bei Gleiss Lutz in Stuttgart. Aufgrund meines universitären Schwerpunkts im Wirtschafts- und Europarecht hatte ich mir damals die Praxisgruppe Kartellrecht ausgesucht. Ich wurde dem Team von Herrn Karl zugeteilt – ohne zu ahnen, dass ich sechs Jahre später in derselben Kanzlei, am selben Standort, im selben Fachbereich und sogar im selben Team als Anwältin arbeiten würde.

Das Praktikum bot eine hervorragende Gelegenheit, die Arbeitsweise in einer als unerreichbar scheinenden international tätigen Großkanzlei kennenzulernen. Das Rahmenprogramm bestand aus Englisch- und Rhetorikkursen, After-Work-Events, einer standortübergreifenden Fallstudie und einer zentralen Auftakt- und Abschlussveranstaltung. Dadurch wurde neben fachlichen Eindrücken auch die Gelegenheit zum persönlichen Kennenlernen und Austausch ermöglicht. Ich war von der professionellen und dennoch familiären Atmosphäre bei Gleiss Lutz begeistert. Doch da das Examen noch vor mir stand, waren meine auf ein hoffentlich baldiges Wiedersehen gerichteten Worte bei der Verabschiedung von meinem Tutor mehr Wunsch als Wirklichkeit.

Sehen – vertiefte Einblicke in die Kartellrechtspraxis

Tatsächlich sollte es dann so kommen. Keine zwei Jahre später begann ich meine Tätigkeit als wissenschaftliche Mitarbeiterin bei Gleiss Lutz. Während meiner Promotionszeit arbeitete ich zwei Tage pro Woche in der Kanzlei. Dabei konnte ich erste Erfahrungen in der Mandatsarbeit und vor allem praktische kartellrechtliche Kenntnisse erlangen. Ganz besonders habe ich die enge Einbindung in das Team, den persönlichen Austausch mit anderen wissenschaftlichen Mitarbeiterinnen und Mitarbeitern und die Nutzung der herausragenden Infrastruktur, insbesondere der großen Bibliothek, geschätzt.

Bleiben – mein Berufseinstieg als Rechtsanwältin

Nach Abschluss des Zweiten Staatsexamens stand sodann die große Frage des Berufseinstiegs bevor. Trotz der scheinbar vorgezeichneten Karriere bei Gleiss Lutz habe ich mir die Entscheidung nicht leicht gemacht.

Meine Wahl für Gleiss Lutz war letztlich eine Bauchentscheidung. Ich war mir sicher und kann dies inzwischen bestätigen, bei Gleiss Lutz all das zu finden, was mir für eine qualitativ anspruchsvolle und gleichzeitig kollegiale (Team-)Arbeit als Anwältin wichtig ist: die Bearbeitung spannender Mandate in einem professionellen Umfeld, Forderung und Förderung sowie die Möglichkeit, mich anwaltlich, wissenschaftlich und persönlich weiterzuentwickeln und das Wichtigste: eine Arbeitsatmosphäre, die geprägt ist von gegenseitigem Respekt und Wertschätzung auch für die jüngsten Teammitglieder, in der ich Verantwortung übernehmen und früh an vorderster Front in Interaktion mit den Mandantinnen und Mandanten anwaltlich tätig sein darf.

Und so habe ich ziemlich genau sechs Jahre nachdem ich das erste Mal Kartellrechtsluft bei Gleiss Lutz schnuppern durfte, im Jahr 2019 als Anwältin am Standort Stuttgart zu arbeiten begonnen. Ich kam, sah und blieb.

GÖRG Partnerschaft von Rechtsanwälten mbB

Standorte in Deutschland: Berlin, Frankfurt am Main, Hamburg, Köln, München

Spezialisierungen: Aktien- und Kapitalmarktrecht, Arbeitsrecht, Bank- und Bankaufsichtsrecht, Compliance, Datenschutz, Energiewirtschaftsrecht, Gesellschaftsrecht, Gesundheitsrecht, Handels- und Vertriebsrecht, Immobilienwirtschaftsrecht, Insolvenzverwaltung, IP, IT & Outsourcing, Kartellrecht, M&A, Notariat, Öffentliches Wirtschaftsrecht, Private Equity, Venture Capital, Prozessführung, Restrukturierung und Beratung in der Krise, Steuerrecht, Vergaberecht, Wirtschaftsprüfung und -beratung

Berufsträger:innen in Deutschland: ca. 300

Geplante Neueinstellungen 2022: 45

Bundesweit führend bei Insolvenz und Sanierung, auf Top-Positionen in sämtlichen Kernbereichen des Wirtschaftsrechts. Der Grund sind die Menschen: Denn GÖRG besteht aus rund 300 versierten Fachanwältinnen und -anwälten, die engagiert und teamorientiert zusammenarbeiten, um jeden unserer Mandanten persönlich, pragmatisch, partnerschaftlich und mit hoher Kompetenz zu beraten.

Zu unseren Mandanten zählen viele namhafte in- und ausländische Gesellschaften, mittelständische Unternehmen sowie Finanzinvestoren und börsennotierte Konzerne aus allen Bereichen der Wirtschaft und der öffentlichen Hand.

GÖRG
IHRE WIRTSCHAFTSKANZLEI

Kennedyplatz 2
50679 Köln
karriere.goerg.de

Aline Geigner
Personalreferentin
+49 221 33660-176
recruiting@goerg.de

Welche Einstiegsmöglichkeiten bieten Sie? Egal ob noch angehend oder bereits mit dem Zweiten Examen in der Tasche: Jurist:innen, die sich Ziele nicht nur setzen, sondern sie auch erreichen wollen, sind bei GÖRG an der richtigen Adresse. Denn wir bieten nicht nur attraktive Konditionen und interessante Mandate. Wir investieren auch einiges, damit Sie sich kontinuierlich beruflich und persönlich weiterentwickeln. Machen Sie Ihren Weg bei GÖRG, ob im Rahmen eines Praktikums, für eine wissenschaftliche Mitarbeit, das Referendariat oder den Berufseinstieg!

Welche Angebote zur Examensvorbereitung gibt es? Unsere Referendar:innen und wissenschaftlichen Mitarbeiter:innen erhalten ein Weiterbildungsbudget von 500 Euro, das sie nach Belieben für die Angebote unserer Kooperationspartner Kaiserseminare und Hemmer einsetzen können, mit diesen Partnern bieten wir auch regelmäßige Inhouse-Seminare an. Um auch soziale und persönliche Kompetenzen trainieren zu können, haben wir im Rahmen unserer GÖRG Akademie verschiedene Workshops speziell für die Bedürfnisse unserer Nachwuchsjurist:innen konzipiert. Ergänzend bieten wir Englischkurse und eine Jahresmitgliedschaft für das Online-Repetitorium Jura Online an.

Welche Möglichkeiten zur Weiterqualifizierung bieten Sie an? Die GÖRG Akademie by Bucerius ermöglicht maßgeschneiderte, qualitativ hochwertige Weiterbildungen, vom Einstiegsprogramm für Associates bis hin zu spezialisierten Trainings für unsere erfahrenen Anwält:innen. Ergänzend hierzu unterstützen wir auch Ihre Teilnahme an externen Seminar- und Lehrveranstaltungen und bieten wöchentliche Englischkurse an. Wertvolle zusätzliche Berufserfahrung können Sie im Rahmen eines Secondments bei einer befreundeten Kanzlei im Ausland oder an einem anderen GÖRG Standort sammeln. Sie wollen einen Fachanwaltstitel erlangen, haben ein Promotionsvorhaben oder möchten einen LL.M. absolvieren? Wir unterstützen Sie gerne finanziell und mit flexiblen Freistellungsmöglichkeiten dabei, Ihr Ziel zu erreichen.

Sind Beruf und Familie wirklich vereinbar? Engagiertes Teamwork braucht faire Konditionen und flexible Lösungen. Deshalb achten wir darauf, dass unsere Mitarbeiter:innen Beruf, Familie und Freizeit gut miteinander vereinbaren können – z.B. durch mobiles Arbeiten, individuelle Teilzeitvereinbarungen und die Vermittlung von Kita-Plätzen.

Gibt es Social Events? Wir bei GÖRG gehören zusammen. Darum veranstalten wir neben unserer alljährlichen Associate-Fahrt, die uns u.a. schon nach Amsterdam, Lissabon und Barcelona geführt hat, regelmäßig gemeinsame Freizeitaktivitäten und Social Events – sowohl an den einzelnen GÖRG Standorten als auch standortübergreifend: von Skifreizeiten über Firmenläufe bis zu Fußballturnieren u.v.m.

Wie kann ich mich bewerben? Wenn Sie denken, dass Sie zu uns passen und wir zu Ihnen, dann bewerben Sie sich über das Karriereportal auf unserer Website. Bei Fragen steht Ihnen unser Recruitingteam gerne zur Verfügung.

Wo finde ich weitere Informationen? Alle wichtigen Informationen, vielfältige Einblicke in den Arbeitsalltag unserer Mitarbeiter:innen oder anstehende Workshops und Veranstaltungen finden Sie auf unserer Karriereseite karriere.goerg.de

Claus Christopher Schiller

Jahrgang 1989

Assoziierter Partner

Soft Skills im Anwaltsberuf

Immer noch werden die sogenannten Soft Skills im Vergleich zur juristischen Fachexpertise, die selbstverständlich sein sollte, für eine erfolgreiche anwaltliche Karriere allzu oft unterschätzt. Hervorragende Staatsexamina und Zusatzqualifikationen sind schön, machen einen aber nicht zwangsläufig zu einem guten Anwalt bzw. einer guten Anwältin. Wichtig sind hierfür sowohl der richtige Umgang mit sich selbst, also Selbstkompetenz, als auch mit anderen, Sozialkompetenz.

Unerlässlich ist Begeisterung für die eigene Tätigkeit

Wesentlich, aber leider nicht wirklich zu erlernen, ist die Begeisterungsfähigkeit für die eigene Tätigkeit. Gerade im Anwaltsberuf, der - nicht nur in einer Großkanzlei - auch mit viel Stress und gelegentlich unchristlichen Arbeitszeiten verbunden ist, kann man langfristig nur erfolgreich sein, wenn man mit Spaß und Energie hinter dem steht, was man tut.

Daneben sind gerade in Verhandlungen oder Konfliktsituationen Empathie, um angemessen reagieren und lösungsorientierte Vorschläge unterbreiten zu können, sowie ein gutes Durchsetzungsvermögen erforderlich. Letzteres sollte aber nicht dahingehend missverstanden werden, dass man immer das letzte Wort haben und seine Ansichten um jeden Preis durchboxen muss. Vielmehr geht es um authentische Überzeugungskraft, was manchmal eben auch bedeutet, an gewissen Stellen nachzugeben.

„Wir machen das jetzt so!"

Verantwortungsbereitschaft sowie Entscheidungsfähigkeit und -willigkeit sind ebenso unerlässlich, denn man kann seinen Mandanten nicht immer nur etliche Lösungswege vorstellen und sie dann mit der Entscheidung alleine lassen. Man sollte nicht übermäßig risikoavers sein und immer die Inanspruchnahme der Berufshaftpflicht fürchten, sondern sich auch mal ein Herz fassen und sagen: „Wir machen das jetzt so!" Schließlich ist ein wenig Pragmatismus durchaus hilfreich.

GÖRG
IHRE WIRTSCHAFTSKANZLEI
„DIE WAHRE KUNST LEBT VOM BLICK FÜRS DETAIL."
Im Wirtschaftsrecht machen oft die kleinen Dinge den großen Unterschied. GÖRG fokussiert sich deshalb ganz auf Talente, die ebenso scharf analysieren wie kreativ denken können – und dabei ein feines Gespür für Menschen und Situationen haben.
Entwickeln Sie sich weiter. Bewerben Sie sich jetzt:
karriere.goerg.de
ANNE SCHÖNFLEISCH, LL.B.
ASSOZIIERTE PARTNERIN

GSK Stockmann Rechtsanwälte Steuerberater Partnerschaftsgesellschaft mbB

Standorte in Deutschland: Berlin, Frankfurt am Main, Hamburg, Heidelberg, München

Spezialisierungen: Anlagenbau, Arbeits- und Vergütungsrecht, Bank- und Finanzaufsichtsrecht, Compliance, Datenschutzrecht, Dispute Resolution, Energiewirtschaftsrecht, Finanzierung, Geldwäscheprävention, Gesellschaftsrecht, Handelsrecht, Immobilien-Asset-Management, Immobilientransaktionen und Investments, Infrastrukturplanung, Investmentfonds, IP/IT, Kapitalmarktrecht, M&A, Notartätigkeiten, Öffentliches Bau- und Planungsrecht, Umweltrecht, Öffentliches Recht/Regulierung, Private Equity/Venture Capital, Privates Bau- und Architektenrecht, Projektentwicklung, Restrukturierung und Insolvenz, Steuerrecht, Vergabe- und Beihilferecht, Wettbewerbs- und Kartellrecht, Zahlungsverkehr und Electronic Banking

Berufsträger:innen in Deutschland: 197

Berufsträger:innen weltweit: 28

Geplante Neueinstellungen 2022: 200

GSK Stockmann ist eine der führenden unabhängigen Wirtschaftskanzleien in Deutschland und Luxemburg. Wir ermöglichen eine Karriere, in der Hierarchien flach, Teams stark, Entwicklungsmöglichkeiten maßgeschneidert und Aufstiegschancen realistisch sind. Wir sehen die Welt mit Ihren Augen, für Ihren Erfolg in Ihrer Karriere. Das ist unser Markenzeichen – und das ist, was hinter unserem Leitsatz steht: „Your perspective". Wer seine Karriere selbst gestalten möchte und nicht für alles einen standardisierten Plan aus der Schublade benötigt, der ist bei GSK richtig.

GSK
STOCKMANN

Mohrenstraße 42
10117 Berlin
career.gsk.de

HR Team
+49 30 203907-0
jobs@gsk.de

Was macht es besonders, für GSK zu arbeiten? Unterschiedliche Mandanten benötigen unterschiedliche Anwält:innen - das gehört zur GSK-Kultur. Wir arbeiten auf höchstem Niveau, handeln dabei stets pragmatisch sowie lösungsorientiert und setzen auf Individualität statt Uniformität. Diversity ist daher in all ihren Facetten elementarer Bestandteil unserer Kanzlei und trägt zu vielfältigen Denkweisen, Perspektiven und Lösungsansätzen bei. Unser Arbeitsklima ist geprägt von Kollegialität, Freundlichkeit sowie einer Open-Door-Policy. Wir agieren flexibel, unbürokratisch und haben kurze Entscheidungswege. Der Spaß an der Arbeit und ein hohes Engagement unserer Mitarbeitenden machen einen wesentlichen Teil unseres Erfolges aus.

Welche Einstiegsmöglichkeiten gibt es bei GSK? Berufseinsteigende finden bei GSK die Vorteile einer führenden unabhängigen Wirtschaftskanzlei, welche regionale, bundesweite und internationale Mandate betreut und so herausfordernde Aufgaben bietet. Wir geben Nachwuchstalenten die Möglichkeit, berufliche Erfahrungen zu sammeln und Einblicke in die tägliche Arbeit einer Wirtschaftskanzlei zu gewinnen. Bei GSK werden Nachwuchsjurist:innen entsprechend ihrem individuellen Ausbildungsstand im Rahmen von Praktika, Referendariaten oder einer Tätigkeit neben dem Studium gefördert. Dabei arbeiten sie schnell eigenverantwortlich in kleinen, hoch spezialisierten Teams, werden unmittelbar in die Mandatsarbeit integriert und können ihre Ideen einbringen. Der Fokus liegt dabei auf der persönlichen und praxisnahen Ausbildung im Austausch mit einem Mentor oder einer Mentorin.

Welche Möglichkeiten zur Weiterqualifizierung bieten Sie? GSK bietet allen Mitarbeitenden individuelle Entwicklungsperspektiven mit der Möglichkeit, ihre Karriere aktiv mitzugestalten. Im Rahmen der GSK Academy rücken wir die Entwicklung von fachlichen, methodischen und sozialen Kompetenzen in den Fokus und unterstützen diese mit einem qualitativen, umfangreichen Angebot an Seminaren und Workshops. Dabei wird auch das bereichsübergreifende Lernen durch interne Seminare gefördert, in welchen sich sowohl Partner:innen als auch Associates mit ihrem Wissen einbringen und selbstständig Seminare leiten. Zudem fördern wir die Weiterentwicklung unserer Associates mit Fachanwaltskursen und Aufbaustudiengängen. Unser Ziel ist es, die Partnerschaft zu verstärken und Associates zu Mitunternehmer:innen zu entwickeln. Daneben gibt es auch die Möglichkeit, unserer Kanzlei als berufserfahrener, hochqualifizierter Counsel verbunden zu bleiben.

Was sind Ihre Einstellungskriterien? Wir suchen nach herausragenden Talenten, die ihre Karriere mitgestalten möchten. Gefragt sind Nachwuchsjurist:innen, die über mindestens zwei vollbefriedigende Examina und gute englische Sprachkenntnisse verfügen. Abschlüsse allein sind aber nicht ausschlaggebend. Sie sollten auch menschlich zu GSK passen. Dabei sind lösungsorientiertes Arbeiten und ausgeprägtes unternehmerisches Denken ebenso wichtig wie persönliches Engagement, Teamfähigkeit, selbstsicheres Auftreten und Kreativität. Weitere Fremdsprachenkenntnisse, eine Promotion oder andere wirtschaftswissenschaftliche Zusatzqualifikationen runden Ihr Profil idealerweise ab.

Wie läuft das Bewerbungsverfahren ab? Für die Wahl der richtigen Kandidat:innen ist ein persönliches Kennenlernen essenziell. Daher laden wir Sie direkt zu einem digitalen oder persönlichen Gespräch mit ein bis zwei Partner:innen in unserer Kanzlei ein. Zu einem eventuellen Zweitgespräch ermöglichen wir das Kennenlernen unserer Associates im Rahmen eines gemeinsamen Mittagessens.

Alisa Mößinger

Associate im Bereich Immobilienrecht

Your Perspective.

Mein Berufseinstieg und Arbeitsalltag bei GSK

Mein Berufseinstieg bei GSK war durchweg positiv. Kennengelernt habe ich GSK im Rahmen des Referendariats. Während meiner Wahlstation konnte ich erste Erfahrungen im Immobilienwirtschaftsrecht sammeln und bei zahlreichen Kanzleiveranstaltungen, wie zum Beispiel dem Skiausflug, meine jetzigen Kolleg:innen kennenlernen. Als mir von GSK angeboten wurde, langfristig ein Teil des Münchner Immobilienteams zu werden, musste ich nicht lange überlegen.

Rückblickend war dies genau die richtige Entscheidung. Der Beruf als Rechtsanwältin im Immobilienrecht bietet so viele Schnittmengen mit anderen Rechtsbereichen wie kaum ein anderer Fachbereich. Dadurch ist er vielseitig und abwechslungsreich. So sind etwa beim Immobilienerwerb, neben den kaufrechtlichen Fragen im Grundstückskaufvertrags, alle Bereiche des Immobiliarsachenrechts berührt. Dazu zählen Grundbuchverfahren, Dienstbarkeiten oder Grundpfandrechte. Ist die Immobilie vermietet, muss darüber hinaus eine mietrechtliche Prüfung erfolgen. Bei einer Ankaufprüfung sind die baurechtliche Situation des Gebäudes in privatrechtlicher und öffentlich-rechtlicher Hinsicht sowie steuerrechtliche Aspekte zu berücksichtigen, sodass die Zusammenarbeit mit anderen Expertenteams erforderlich ist.

Wer denkt, dass meine Beratungspraxis mit dem Erwerb von Immobilien abgebildet ist, täuscht sich. Zu meinem Arbeitstag gehören ebenso die Gestaltung und Verhandlung von Mietverträgen und Nachträgen, die Beratung im laufenden Asset Management sowie die Betreuung von gerichtlichen Streitigkeiten.

Mein erstes eigenes Mandat bei GSK

Die anwaltliche Ausbildung bei GSK erfolgt direkt am Mandat, sodass ich seit meinem ersten Arbeitstag direkten Mandantenkontakt habe. Besonders spannend und beeindruckend empfand ich jedoch die Arbeit an meinem ersten eigenen Mandat.

Im Rahmen eines Get-togethers lernte ich den Vertreter eines Immobilienunternehmens kennen. Aus diesem Kontakt ergab sich ein erstes kleines Mandat. Inzwischen mandatiert das Unternehmen GSK regelmäßig zur Beratung im laufenden Asset Management. Das Vertrauen des Mandanten in meine Fähigkeiten und die Möglichkeit zur eigenverantwortlichen Mandatsbetreuung schätze ich dabei sehr.

Mein Ausgleich zum Arbeitsalltag

So spannend und abwechslungsreich der Arbeitstag ist, so ist er dennoch eine Herausforderung. Ein angemessener Ausgleich neben dem Job ist für mich daher sehr wichtig. Ein geselliges Zusammensein mit Freund:innen bei gutem Essen und Wein, aber auch völlige Ruhe beim Wandern oder Yoga genieße ich sehr. Am Münchner Standort bietet GSK eine wöchentliche Yogastunde und auch sonst viele Aktivitäten wie zuletzt ein gemeinsames Wine Tasting an.

Hengeler Mueller

Standorte in Deutschland: Berlin, Düsseldorf, Frankfurt am Main, München

Standorte weltweit: Brüssel, London

Spezialisierungen: Arbeitsrecht, Bank- und Kapitalmarktrecht, Bankaufsicht, Compliance/Internal Investigations, Dispute Resolution, Finanzierung, Gesellschaftsrecht, Gewerblicher Rechtsschutz, Immobilienrecht, IT, Kartellrecht, Fusionskontrolle, Mergers & Acquisitions, Öffentliches Wirtschaftsrecht, Regulierung, Restrukturierung/Insolvenz, Steuerrecht, Wirtschaftsstrafrecht

Berufsträger:innen in Deutschland: ca. 300

Berufsträger:innen weltweit: 320

Geplante Neueinstellungen 2022: Wir suchen immer qualifizierte Berufsanfänger:innen für alle Tätigkeitsgebiete und Standorte. Erfahrungsgemäß stellen wir jährlich 50 bis 70 Jurist:innen ein.

Wir sind Anwältinnen und Anwälte aus Leidenschaft. Uns verbindet die Begeisterung für spannende Fragestellungen, ein hoher Anspruch an die Qualität unserer Arbeit und die Freude, diesen in einem starken, engagierten und kollegialen Team zu verfolgen. Uns geht es um die Sache, nicht um Hierarchien. So entsteht eine Verbindung von persönlichem Stil, engagierter Dienstleistung und verantwortlichem Handeln, die Hengeler Mueller ausmacht.

HENGELER MUELLER

Benrather Straße 18–20
40213 Düsseldorf
www.hengeler.com/karriere

Samuel Loschert
Director HR Legal
samuel.loschert@hengeler.com

Worin besteht der Tätigkeitsschwerpunkt Ihrer Kanzlei? Hengeler Mueller berät umfassend in allen Bereichen des Wirtschaftsrechts in einer großen Bandbreite von Branchen. Schwerpunkte unserer Tätigkeit sind Mergers & Acquisitions, Private Equity, Gesellschaftsrecht sowie Bank-, Finanz- und Kapitalmarktrecht ebenso wie Fragen des Kartellrechts, Steuerrechts, Arbeitsrechts, Öffentlichen Wirtschaftsrechts und des Gewerblichen Rechtsschutzes. Das Führen von Prozessen und Schiedsverfahren, insbesondere mit internationalem Bezug, ist ebenfalls einer unserer Schwerpunkte. Wir begleiten unsere Mandanten bei grenzüberschreitenden Transaktionen und arbeiten in integrierten Teams mit führenden Anwaltssozietäten zusammen. An vier Standorten in Deutschland sowie in Brüssel und London sind heute ca. 320 Rechtsanwält:innen beschäftigt. In den letzten Jahren waren wir in über 70 Ländern tätig.

Was zeichnet Ihre Kultur aus? Im Mittelpunkt unserer Kultur stehen die Werte Partnerschaftlichkeit, Loyalität und Verantwortung. Sie erklären Haltung und Handeln unserer Kolleg:innen ebenso wie Stellenwert und Strukturen unserer Personalentwicklung. Wir verstehen uns als echte Partnerschaft. Teamarbeit sehen wir als Schlüssel zum Erfolg, und große Kollegialität und Hilfsbereitschaft sind häufig das, was neue Kolleg:innen bei Hengeler Mueller am meisten beeindruckt. Gleichzeitig bedeutet es uns viel, Freiräume für Individualität zu schaffen und zu bewahren.

Warum sollten Absolvent:innen gerade bei Ihnen einsteigen? Wir bieten einen professionellen und verlässlichen Rahmen, der Freiraum für individuelle Entwicklung lässt. Wir fördern unterschiedliche Persönlichkeiten, Interessen und Arbeitsstile. Die Vielfalt verschiedener Anwaltspersönlichkeiten und deren partnerschaftlicher Umgang miteinander machen die Stärke unserer Sozietät aus. Hengeler Mueller verspricht eine erstklassige Ausbildung, einen transparenten Karriereweg, Internationalität, ein hohes Maß an Kollegialität, Zusammenarbeit und Spaß im Team, Freiraum für Flexibilität und Balance sowie Wertschätzung von Vielfalt.

Wodurch zeichnet sich eine Referendariatsstation bei Ihnen aus? Mit „Hengeler Mueller Young Talents“ bieten wir ein strukturiertes Programm speziell für das Referendariat und die wissenschaftliche Mitarbeit. Dieses besteht aus den vier Elementen „Ausbildung und Mitarbeit“, „Internationale Erfahrung“, „Weiterbildung“ und „Netzwerk“ und kann nach den eigenen Interessen mitgestaltet werden. Unser Anspruch ist es, dadurch einen realistischen Einblick in die Tätigkeit als Wirtschaftsanwält:in sowie die Kanzleikultur zu vermitteln. So ist es möglich, einzuschätzen, ob das, was wir tun, eine berufliche Perspektive ist – und wir lernen unsere Young Talents ebenfalls gut kennen. Oft ergibt sich daraus mehr: rund zwei Drittel unserer Associates waren bereits im Referendariat oder im Rahmen einer wissenschaftlichen Mitarbeit bei uns tätig. Weitere Informationen finden Sie unter www.hengeler.com/young-talents.

Kann man bei Ihnen auch schon während des Studiums Erfahrungen sammeln? Zweimal im Jahr bieten wir im Rahmen des Frühjahrs- und Sommerpraktikums fortgeschrittenen Studierenden die Gelegenheit, die Atmosphäre und den Arbeitsalltag bei Hengeler Mueller kennenzulernen. Unsere Praktikant:innen werden direkt in die Mandatsarbeit eingebunden, arbeiten intensiv mit den Teams zusammen und haben über die konkrete Mandatsarbeit hinaus viel Gelegenheit zum Austausch. Unser Ziel ist es, im Praktikum einen authentischen Eindruck von der Tätigkeit in einer Wirtschaftskanzlei und der Kultur bei Hengeler Mueller zu vermitteln.

Dr. Sarah Milde

Jahrgang 1984

Senior Associate

Von Kollegen und Freunden

Dr. Sarah Milde war nach dem Ersten Staatsexamen promotions- und referendariatsbegleitend als wissenschaftliche Mitarbeiterin im Düsseldorfer und Brüsseler Büro sowie im Rahmen ihrer Wahlstation im Londoner Büro tätig. Mittlerweile arbeitet sie als Rechtsanwältin im Düsseldorfer Büro von Hengeler Mueller.

Warum haben Sie sich für Hengeler Mueller entschieden?
Meine erste Entscheidung für Hengeler Mueller liegt schon weiter zurück, nämlich für einen Workshop im Kartellrecht für interessierte Absolvent:innen. Das Thema fand ich interessant, und über Hengeler Mueller hatte ich verschiedene Meinungen von Bewerber:innen gehört. Beides reizte mich. Ich bin dann auf ein extrem abwechslungsreiches Rechtsgebiet und ein Umfeld gestoßen, das mich sehr positiv überrascht hat: Es war herzlich, ohne oberflächlich zu sein, direkt und trotzdem diplomatisch, und ich merkte, dass die Leute hier nicht nur Spaß haben, sondern auch noch fachlich extrem kompetent sind, sodass ich viel von ihnen lernen kann.

Jede weitere Entscheidung – für eine Nebentätigkeit, eine Station im Referendariat und schließlich den Berufseinstieg – baute auf dieser Erfahrung auf. Vor meinem Berufseinstieg habe ich mich gefragt: Passt diese Einschätzung noch? Ich hatte das Gefühl, dass dies die Bedingungen sind, unter denen ich mich wohlfühle und gute Leistungen bringen kann.

Wie war der Einstieg als Associate?
Es gab keinen „Welpenschutz". Ich wurde sofort voll in die Mandatsarbeit eingebunden. Das bedeutet: keine Arbeit im Backoffice, sondern die Rolle, das Mandat direkt mitzuorganisieren und Ansprechpartnerin für den Mandanten zu sein. Das ist eine große Herausforderung und erfordert von Beginn an eine gute Selbstorganisation. Ich fühlte mich mit dieser Verantwortung aber nie alleingelassen, es gab immer eine helfende Hand oder jemanden mit einem hilfreichen Tipp.

Was macht für Sie die Kanzleikultur aus?
Vor allen Dingen ein hohes Maß an Kollegialität. Ich habe in meiner Zeit als wissenschaftliche Mitarbeiterin nicht nur sehr nette Kolleg:innen kennengelernt, sondern hier auch sehr enge Freund:innen gefunden. Es ist unbezahlbar, wenn man sich mit den Kolleg:innen nicht nur den Flur teilt, sondern zu ihnen ein echtes Vertrauensverhältnis aufbauen kann und die Gewissheit hat, dass sie mit einem guten Ratschlag weiterhelfen können. Für mich ist dieser Aspekt besonders wichtig, da man nun einmal einen großen Teil seiner Zeit mit den Kolleg:innen verbringt.

HENGELER MUELLER
Wir sind Vieles.
Wir verstehen uns als echte Partnerschaft. Uns verbindet, dass wir Anwälte aus Leidenschaft sind. Uns geht es um die Sache, nicht um Hierarchien. Teamarbeit sehen wir als Schlüssel zum Erfolg. Wir suchen keinen einheitlichen Anwaltstyp, sondern fördern unterschiedliche Persönlichkeiten, Interessen, Arbeitsstile.
Wir freuen uns, wenn Sie dieser Ansatz anspricht – für ein Praktikum, das Referendariat, eine wissenschaftliche Mitarbeit oder eine Festanstellung.
www.hengeler.com/karriere

Heuking Kühn Lüer Wojtek

Standorte in Deutschland: Berlin, Chemnitz, Düsseldorf, Frankfurt am Main, Hamburg, Köln, München, Stuttgart

Standorte weltweit: Zürich

Spezialisierungen: alle Bereiche des nationalen und internationalen Wirtschaftsrechts

Berufsträger:innen in Deutschland: über 400

Berufsträger:innen weltweit: über 400

Geplante Neueinstellungen 2022: 30–40

Heuking Kühn Lüer Wojtek ist eine der großen wirtschaftsberatenden deutschen Sozietäten mit nationalem und internationalem Mandatsgeschäft. Wir fördern Persönlichkeiten, die sich bei uns weiterentwickeln und mit uns gemeinsam wachsen wollen. Sie treffen bei uns auf flache Hierarchien und ein kollegiales Miteinander. Unsere Kanzlei erkennt die individuellen Fähigkeiten unseres juristischen Nachwuchses und bietet beste Voraussetzungen für die berufliche Entwicklung mit einer reellen Chance auf eine Partnerschaft. Gestalten Sie Ihre Karriere gemeinsam mit uns!

HEUKING KÜHN LÜER WOJTEK

Georg-Glock-Straße 4
40474 Düsseldorf
www.heuking.de

Recruiting Team
Human Resources
+49 211 60055-511
karriere@heuking.de

Was zeichnet Ihre Unternehmenskultur aus? Im Fokus unserer Kanzleikultur stehen die Individualität eines und einer jeden Einzelnen und die Freiheiten, die sie als Berufsträger:innen ausleben können und auch sollen. Flache Hierarchien und ein kollegiales Umfeld machen dies möglich. Wir fördern Ihren Unternehmergeist und die stetige Weiterentwicklung Ihrer Persönlichkeit.

Welche Karrieremöglichkeiten bieten Sie? Wir bieten Ihnen Einstiegsmöglichkeiten im Rahmen eines Praktikums, einer wissenschaftlichen Mitarbeit (gerne auch promotionsbegleitend) und im Referendariat. Zudem suchen wir stetig qualifizierte Volljurist:innen, die bereit sind, Verantwortung zu übernehmen und den Wunsch haben, in einem internationalen Umfeld tätig zu sein. Als große Wirtschaftssozietät decken wir die gesamte Bandbreite von A wie Aktienrecht bis Z wie Zivilprozessrecht ab und ermöglichen Ihnen den Einblick in eine Vielzahl von Rechtsgebieten. Sie profitieren von der großen Erfahrung unserer Partner:innen, die Ihnen stets als Ansprechpartner:innen zur Seite stehen. Sie werden aktiv in nationale und internationale Mandate eingebunden und stehen direkt in Kontakt mit den Mandant:innen.

Welche Möglichkeiten zur Weiterqualifizierung bieten Sie? Wir wollen täglich gemeinsam besser werden. Darauf ist unser Weiterbildungsangebot der Heuking Academy ausgerichtet. Sie richtet sich an unsere Referendar:innen, wissenschaftlichen Mitarbeiter:innen, Rechtsanwält:innen sowie an das nicht juristische Personal. Das attraktive Seminarangebot wird stetig ausgebaut und ist auf vier Säulen aufgebaut: Recht, Wirtschaft, Soft Skills, Business Development und Self-Management. In unseren (Online-)Seminaren, den Repetitorien von Kaiserseminare und Hemmer sowie den Klausurenkursen der Kaiserseminare vermitteln wir Ihnen u. a. Verhandlungskompetenzen, rhetorische Fähigkeiten und bereiten Sie optimal auf Ihr Examen vor.

Wodurch zeichnet sich Ihre Arbeitsatmosphäre aus? Mandantenorientiertes Rechtsmanagement fordert Spitzenleistung von jedem und jeder Einzelnen sowie Servicebereitschaft im Team. Kreativität und unternehmerischer Spirit sind nicht nur erlaubt, sondern explizit gewünscht. Ein sympathisch-kollegiales Umfeld wartet auf Sie. Partner:innen sind an den Meinungen und Ideen der Associates interessiert, dafür bieten wir interne Austauschplattformen an. Ergänzt wird der Austausch zwischen den Mitarbeiter:innen in Form von Social Events, z. B. Associatetreffen, Referendarlunch, Referendarclub-Event – dies stärkt das Arbeitsklima und den Zusammenhalt der Kanzlei.

Wie läuft das Bewerbungsverfahren in Ihrer Kanzlei ab? Der erste Eindruck zählt. Im ersten persönlichen Gespräch lernen Sie die Equity Partner:innen und das Team kennen. Damit Sie einen umfassenden Einblick in Ihr zukünftiges Arbeitsumfeld erlangen, folgen in der Regel weitere Gespräche mit Ihren zukünftigen Kolleginnen und Kollegen von dem jeweiligen Standort. Wir geben Ihnen die Möglichkeit, vor Ihrem Eintritt Ihren Arbeitsplatz kennenzulernen.

Sind Beruf und Familie wirklich vereinbar? Die Verbindung Ihres anspruchsvollen Berufs mit dem Privatleben ist Ihnen wichtig? Wir eröffnen Ihnen die Möglichkeit dazu. Üben Sie Ihren Beruf in Teilzeit aus – egal, ob längerfristig oder nur für eine bestimmte Zeit. Flexibilität ist für uns nicht nur ein Wort, sondern gelebte Praxis. Heuking Kühn Lüer Wojtek schätzt familiäre Verpflichtungen genauso wie berufliches Engagement. Auch von Vätern wird die Elternzeit gern genutzt.

Dr. Arietta von Stechow

Jahrgang 1986

Salaried Partnerin

Raum zur eigenen Entfaltung – Legal Tech bei Heuking

Seit 2019 bin ich bei Heuking und berate als Rechtsanwältin und Fachanwältin für Arbeitsrecht umfassend im Individual- und Kollektivarbeitsrecht. Dabei vertreten wir insbesondere Unternehmen und Führungskräfte sowohl in individuellen Projekten als auch in langjährigen Dauerberatungsbeziehungen. Die Arbeit bei Heuking ist vielfältig, sehr nah am Mandanten ausgerichtet und geprägt von einem engen Teamgefüge. In kürzester Zeit bin ich auch in Teilzeit Teil von Heuking geworden und habe meinen Platz gefunden.

Vom Finden eigener Interessensgebiete

Neben der Mandatsarbeit habe ich seit Beginn meiner Tätigkeit eigene Themen entwickelt und vorangetrieben. Ganz besonders habe ich mich immer für alternative Arbeitsformen und die Veränderungen im Arbeitsleben interessiert. Sowohl im Bereich der neuen Arbeitswelt (New Work) als auch mit Blick auf die allgemeine Digitalisierung der Rechtswelt zeigen sich viele spannende Themen. Bei Heuking steht es allen frei, ein individuelles Thema zu finden und sich dafür zu engagieren. So habe ich die Freiheit, mich zu „meinen" Themen zu belesen, Veranstaltungen zu besuchen und Netzwerke aufzubauen. Ich bin überzeugt, dass dieses zusätzliche Engagement meinen Arbeitsalltag nicht nur bereichert, sondern mir außerdem die Gelegenheit bietet, mich kanzleiweit zu vernetzen und mein Anwaltsprofil zu schärfen.

Der Digitalisierungsprozess

Mit Begeisterung beschäftige ich mich derzeit mit dem Thema Digitalisierung und Legal Tech. Nicht nur für die Mandatsarbeit, sondern auch mit Blick auf die eigene Arbeitsweise bieten die neuen Technologien unzählige Möglichkeiten. Am Anfang habe ich mit Interesse über die Legal-Tech-Szene gelesen und begonnen, mir einzelne Legal-Tech-Formate genauer anzusehen. Ich habe Kontakt zu Gründern aufgebaut, die im Bereich Legal Tech aktiv sind. Gerade im Arbeitsrecht gab es spannende erste Projekte und Ideen. Diese haben wir innerhalb unserer Praxisgruppe Arbeitsrecht mit Kolleg:innen besprochen und Vor- und Nachteile diskutiert. Was bringt uns die Digitalisierung? Was und wie genau könnten wir „das" konkret angehen? Was für Unterstützung benötigen wir? Die Gruppe der interessierten Kolleg:innen wuchs und unsere Ideen wurden konkreter. Die Wichtigkeit des Themas hat Heuking erkannt und sich mit Rahel Skau, Head of Legal Tech und Digitalisierung, eine echte Expertin an Bord geholt, um eine durchdachte und langfristig ausgerichtete Strategie zu entwickeln. Aus dem Kreis interessierter Kolleg:innen ist eine standortübergreifende Arbeitsgruppe im Arbeitsrecht erwachsen, die gemeinsam digitale Lösungen erarbeitet. Hierbei engagiere ich mich bei regelmäßigen Treffen, unterstütze die Arbeit durch die Konzeptionierung einzelner Digitalisierung-Projekte und bereite die rechtlichen Grundlagen für die digitalen Anwendungen vor. Diese Entwicklung ist für Heuking typisch und zeigt, wieviel Raum für Entwicklung dabei für jeden Einzelnen besteht. Eine erste Idee, ein erstes Treffen und mittlerweile ist das Thema von zentraler Bedeutung. Selbstverständlich gehört es auch dazu, intern Überzeugungsarbeit zu leisten und für das eigene Thema zu werben. Wichtig ist es, sich hiermit auseinanderzusetzen und sich weiter für seine Idee einzusetzen. Dies Engagement lohnt sich für mich sowohl persönlich als auch beruflich, da ich neben der Mandatsarbeit einen anderen Blick auf die Anwaltstätigkeit erhalte und interessante Menschen treffen kann.

Hogan Lovells International LLP

Standorte in Deutschland: Berlin, Düsseldorf, Frankfurt am Main, Hamburg, München

Standorte weltweit: über 45 Büros weltweit

Spezialisierungen: Wir beraten Unternehmen, Finanzinstitute und die öffentliche Hand auf allen Gebieten des nationalen und internationalen Wirtschaftsrechts.

Berufsträger:innen in Deutschland:
Anwältinnen und Anwälte: >360
davon Partnerinnen und Partner: 105

Berufsträger:innen weltweit: über 2.500 juristische Mitarbeiter:innen

Geplante Neueinstellungen in Deutschland 2022:
Berufseinsteiger:innen: 70–80
Volljurist:innen und Wirtschaftsjurist:innen: 20–25
Referendar:innen: 200
Wissenschaftliche Mitarbeiter:innen: 200
Praktikant:innen: 50

Klare Botschaften. Probleme erkennen und lösen, noch bevor sie zu solchen werden. Verständliche und praxisorientierte Rechtsberatung, die auf unsere Mandanten zugeschnitten ist. Wir unterstützen sie mit unserer Erfahrung aus der Beratung von Unternehmen, Finanzinstituten und der Öffentlichen Hand. Hogan Lovells sucht Jurist:innen, die sich neuen Herausforderungen mit Freude stellen. Persönlichkeiten mit Ecken und Kanten, die bereit sind, ihr volles Potenzial auszuschöpfen. Als Teil unseres Teams profitieren Sie von individuellen Trainings- und Entwicklungsmöglichkeiten und globalen Karrierechancen.

Hogan Lovells

Kennedydamm 24
40476 Düsseldorf
www.hoganlovells.com

Recruitment Team Germany
+49 211 1368-120
karriere@hoganlovells.de

Was zeichnet Ihre Unternehmenskultur aus? Es gibt eine Dynamik in unserer Kanzlei, die uns antreibt. Wir alle tragen dazu bei. Gemeinsam wachsen, einander helfen. Wir schreiben Teamgeist, Freiräume und Ambitionen groß. Uns verbindet der Wunsch, neue Herausforderungen mit Freude anzugehen, und der Wille, Probleme zu erkennen und zu lösen, noch bevor sie zu solchen werden. Wir sind fachlich oft gefordert. Und dennoch ist das gegenseitige Miteinander stets freundlich und kollegial. Beratung ist Teamsport und lebt von Persönlichkeiten. Daher legen wir viel Wert auf die Entwicklung individueller Stärken. Diese Vielfalt zeichnet uns aus.

Warum sollten Studierende/Absolvent:innen gerade bei Ihnen einsteigen? Wir legen viel Wert auf eine frühzeitige Nachwuchsgewinnung. Ganz gleich in welchem Abschnitt ihrer Karriere sich unsere Nachwuchskräfte momentan befinden, bei uns stehen Lernerfolg, Erlebnis und Gemeinschaft an oberster Stelle. Wir begleiten und unterstützen unsere Trainees intensiv auf ihrem Weg, damit sie ihr fachliches und persönliches Potenzial voll entfalten können. Durch die frühzeitige Nachwuchsgewinnung können wir unsere Neueinsteiger:innen von Beginn an optimal fördern und fit für den Berufseinstieg machen. Und das Ergebnis spricht für uns: Die Mehrheit unserer Berufsanfänger:innen hat vorher bereits auf Trainee-Ebene bei uns gearbeitet.

Welchen Menschentyp suchen Sie? Das Miteinander hat bei uns einen hohen Stellenwert. Das geht nur mit Persönlichkeiten, die partnerschaftlich handeln und andere unterstützen. Gemeinsam machen wir uns auf die Suche nach der besten Lösung – und werden stets fündig als Team. Vertrauen, Teamgeist und gegenseitige Wertschätzung ist uns wichtig. Alle Mitarbeiter:innen tragen ihren individuellen Teil zum gemeinsamen Erfolg bei – daher suchen wir Persönlichkeiten mit Ecken und Kanten und sind stolz auf die Unterschiede, die uns ausmachen.

Wie sieht Diversity bei Ihnen konkret aus? Unterschiedliche Sichtweisen schaffen bessere, innovative Lösungen – und die brauchen wir für unsere Mandanten und unser eigenes Unternehmen. Wir engagieren uns für ein integratives Arbeitsumfeld, in dem alle unsere Mitarbeitenden sie selbst sein können, sich respektiert fühlen und Wertschätzung erhalten. Unabhängig hinsichtlich ihres Alters, Geschlechts, ihrer sexuellen Orientierung, Religion, oder ihres kulturellen Hintergrunds. Wir legen Wert auf eine Kultur der Offenheit, in der wir allen Mitarbeitenden die Möglichkeit und nötige Unterstützung bieten, ihr Potenzial voll zu entfalten und sich wohl zu fühlen. In Deutschland waren 12 der 15 neu ernannten Counsel Frauen.

Wie sieht die Work-Life-Balance bei Ihnen aus? Wir pflegen eine kollegiale und offene Unternehmenskultur. Wir verstehen, dass eine gesunde Work-Life-Balance eine der Voraussetzungen für Erfolg ist. Wir bieten flexible Arbeitszeitmodelle wie die Teilzeitarbeit sowie Home-Office-Lösungen an. Darüber hinaus ermöglichen wir unseren Mitarbeitenden diverse Sport- und Freizeitangebote. Am Standort München gibt es außerdem eine Krippe und einen Kindergarten für Kinder unserer Mitarbeitenden.

Dr. Anne-Kathrin Lauer
Associate

Julian Urban
Associate

Wie kommt man zum Kartellrecht?

Anne und Julian sind seit 2019 Anwältin und Anwalt im Kartellrecht bei Hogan Lovells in Düsseldorf. Beide waren bereits vor ihrer anwaltlichen Tätigkeit als Referendar:innen beziehungsweise wissenschaftliche Mitarbeitende in diesem Bereich beschäftigt. Die beiden beantworten die wichtigsten Fragen zum Einstieg bei Hogan Lovells.

Einschlägige Vorkenntnisse, etwa aus dem Schwerpunktbereich, einer Tätigkeit am Lehrstuhl oder in einer Kanzlei, erleichtern den Berufseinstieg im Kartellrecht. Ein „Muss" sind sie jedoch nicht. Auch wer zuvor nie mit dem Kartellrecht in Berührung gekommen ist, sollte sich davon nicht abschrecken lassen. Es wartet ein spannendes, facettenreiches und dynamisches Rechtsgebiet. Denjenigen, die sich der Herausforderung stellen, wird das erforderliche Wissen ab dem ersten Tag „on-the-Job" vermittelt.

Womit beschäftigen sich Anwältinnen und Anwälte im Kartellrecht?

Das Besondere am Kartellrecht ist, dass es immer abwechslungsreich bleibt. Für Kartellrechtler:innen gibt es daher keine typische Woche. Während man an einem Tag noch Mandanten in Kartellverfahren wegen verbotener Preisabsprachen vor dem Bundeskartellamt oder der Europäischen Kommission vertritt, arbeitet man am nächsten Tag an komplexen internationalen Fusionskontrollverfahren. Die Beratung zum Marktmachtmissbrauch gehört daneben ebenso zur Tagesordnung wie die Arbeit an Schriftsätzen im Zusammenhang mit der gerichtlichen Durchsetzung von Kartellschadensersatzansprüchen.

Hogan Lovells bietet deutschlandweit an drei von vier Standorten das Rechtsgebiet Kartellrecht an. Gemeinsam mit dem deutschen Team in Brüssel arbeiten wir unter der Prämisse „one Germany" standortübergreifend eng zusammen. Regelmäßig bearbeiten wir Mandate auch interdisziplinär gemeinsam mit den Teams anderer Bereiche, etwa an der Schnittstelle zum Patentrecht oder wenn das Know-how der Prozessrechtler:innen im Kartellschadensersatz gefragt ist.

Als Berufseinsteiger:in ist man bei Hogan Lovells in allen Bereichen des Kartellrechts tätig. Dies ermöglicht, eine breite Expertise aufzubauen und die eigenen Stärken zu entwickeln. Die eigenverantwortliche Bearbeitung von Mandaten ist von Beginn an genauso selbstverständlich wie der direkte Kontakt mit Mandanten.

Welche Eigenschaften sind für diesen Bereich besonders vorteilhaft?

Für eine Tätigkeit im Kartellrecht ist ein Interesse an wirtschaftlichen Zusammenhängen und eine gute Portion Neugier, sich in immer neue Branchen und Märkte einzuarbeiten, eine entscheidende Voraussetzung. Insbesondere die Kommunikation mit internationalen Mandanten und in grenzüberschreitenden Teams macht außerdem fundierte Englischkenntnisse unerlässlich. Solides juristisches Handwerk und die Bereitschaft zum Teamwork sind für uns selbstverständlich und sollten dementsprechend auch nicht fehlen.

Kirkland & Ellis International LLP

Standort in Deutschland: München

Standorte weltweit: Austin, Bay Area (Palo Alto, San Fransisco), Boston, Brüssel, Chicago, Dallas, Hongkong, Houston, London, Los Angeles, New York, Paris, Peking, Shanghai, Washington D.C.

Spezialisierungen: Private Equity/M&A, Corporate, Capital Markets, Restructuring, Finance, Tax

Berufsträger:innen in Deutschland: ca. 40
davon mit LL.M.: 10
davon mit Promotion: 24

Berufsträger:innen weltweit: ca. 2.900

Geplante Neueinstellungen 2022: 6–8

Kirkland & Ellis gehört zu den weltweit führenden Wirtschaftskanzleien. In München beraten wir in den Bereichen Private Equity/M&A, Corporate, Capital Markets, Restructuring, Finance und Tax. Wir vereinen die Vorteile einer internationalen Großkanzlei mit denen eines hoch spezialisierten, eng verzahnten Teams mit rund 40 Anwältinnen und Anwälten. Uns ist es sehr wichtig, insbesondere junge Kolleginnen und Kollegen gezielt zu fördern und ihr Partnerpotenzial weiterzuentwickeln.

KIRKLAND & ELLIS INTERNATIONAL LLP

Maximilianstraße 11
80539 München
karriere.kirkland.com

Dr. Achim Herfs
Recruiting Partner
+49 89 2030-6000
karriere@kirkland.com

Wo liegen die Schwerpunkte unserer Arbeit? In unserem Münchner Büro konzentrieren wir uns auf Transaktionen in den Bereichen Private Equity/M&A, Capital Markets, Finance und Tax sowie auf komplexe Restrukturierungen. Bei den oft grenzübergreifenden Transaktionen arbeiten wir eng im Team mit den Kolleginnen und Kollegen aus Großbritannien, den USA und Asien zusammen. Unser Anspruch ist nicht nur, höchste juristische Qualität zu bieten, sondern mit unserer umfangreichen Erfahrung und einem kreativen juristischen Ansatz unsere Mandanten beim Erreichen ihrer Ziele zu unterstützen. Darauf liegt unser Fokus, und dafür engagieren wir uns.

Wie arbeiten wir? Wir arbeiten in einem überschaubaren Team in unserem Büro im Herzen von München und pflegen eine Kultur der offenen Türen und des kollegialen Miteinanders. Wir legen Wert auf flache Hierarchien und begegnen uns auf Augenhöhe. Alle Teammitglieder zeigen großes Engagement und ein hohes Maß an Eigenverantwortung. Du bist vom ersten Tag an Mitglied des Teams und arbeitest auch fachbereichsübergreifend an spannenden und abwechslungsreichen Mandaten mit.

Welche internationalen Einsatzmöglichkeiten gibt es? Durch unsere Secondments haben Associates die Möglichkeit, in einem unserer internationalen Büros zu arbeiten und dadurch Erfahrungen in neuen Jurisdiktionen zu sammeln. Auch Referendar:innen bieten wir die Möglichkeit, ihre Wahlstation im Ausland zu verbringen, nach erfolgreich absolvierter Anwaltsstation in München. Wir übernehmen dabei die gesamte Organisation und stellen sicher, dass Mentor:innen vor Ort die Referendar:innen begleiten. Außerdem können Referendar:innen an den Trainingsprogrammen der jeweiligen Standorte teilnehmen und werden intensiv in die Praxisgruppen eingebunden.

Welche Möglichkeiten zur Weiterqualifizierung bieten wir? Kirkland & Ellis fördert die Karriere mit einem maßgeschneiderten Mentoring- und Trainingsprogramm. Das Kirkland Institute bietet drei Module zur zielgerichteten Aus-und Weiterbildung: Vertiefung der Fachkompetenz, Entwicklung von fachübergreifender Kompetenz sowie Erweiterung persönlicher Fähigkeiten. Bereits bei der Einstellung unserer Associates achten wir darauf, dass sie das Potenzial mitbringen, nach rund sechs Jahren Partner:in zu werden.

Warum Du zu uns passt? Du bist bereit, Dich zu engagieren und Eigenverantwortung zu übernehmen. Du verfügst über sehr gute Englischkenntnisse und über exzellente Examina. Du bist ein Teamplayer und bringst darüber hinaus ein sehr gutes Verständnis für wirtschaftliche Zusammenhänge mit.

Stefan Neuhöfer

Jahrgang 1991

Referendar (Wahlstation)

Kirkland & Ellis

Hongkong und das Coronavirus

„Hongkong? Wirklich? Was ist mit den Protesten?" Dies waren wahrscheinlich die häufigsten Fragen, die mir meine Freunde stellten, als die Wahlstation näher rückte. Es kam allerdings ganz anders. Während meiner Zeit in der Sonderverwaltungszone stand die Welt vor ganz neuen Herausforderungen. Aber von Anfang an.

Mein Studium und Referendariat absolvierte ich in Bayreuth. Zwischendurch ging ich für den LL.M. nach Schottland. In Glasgow entwickelte ich ein großes Interesse am Bereich Finance. Schon zuvor war ich viel in aller Welt unterwegs gewesen. Und so dachte ich mir zu Beginn des Referendariats, es könnte doch spannend sein, Hongkong als weltweites Finanzzentrum neben London und New York kennenzulernen. Gleich zu Beginn des Referendariats lernte ich bei e-fellows.net „Perspektive Wirtschaftskanzlei" einige Kanzleien kennen und führte unter anderem ein interessantes Gespräch mit Kirkland & Ellis in München. So kam es, dass wir uns bereits 2018 auf die Wahlstation 2020 bei Kirkland in Hongkong im Bereich Restructuring einigten. Relativ zeitig nach der letzten schriftlichen Prüfung, bereits eine Woche nach der Klausur im Steuerrecht, begann ich meine Tätigkeit als Referendar bei Kirkland & Ellis in München und verbrachte dort einige Wochen, bis es dann am 18. Januar auf nach Hongkong ging.

Angekommen in Hongkong machte ich mich direkt auf, die Kolleg:innen im Restructuring-Team von Kirkland kennenzulernen. Mir fiel besonders der bunte Mix an Nationalitäten im etwa fünfzehnköpfigen Team auf. Die Kolleginnen und Kollegen haben Wurzeln in China, Australien, England, Kanada und den USA. Wahre Internationalität in der Großkanzlei! Mir hat das sehr gefallen, da die Lernkurve in kultureller und persönlicher Hinsicht naturgemäß bei einer solchen Vielzahl verschiedener Charaktere besonders steil ist.

Etwa eine Woche nach meiner Ankunft brach dann das Coronavirus aus. Die Folge war absoluter Stillstand in der ganzen Stadt. Alle öffentlichen Veranstaltungen wurden sofort abgesagt, die U-Bahn war von heute auf morgen völlig leer, ebenso Geschäfte und Straßen. Auch im Büro war nur noch eine Handvoll Kollegen. Der gesamte chinesische Markt brach völlig ein. Einerseits hatte das zur Folge, dass ich beim Sightseeing ungestört war und die großen Attraktionen exklusiv besuchen konnte. Andererseits war es ein etwas seltsames Gefühl, in einer sonst so turbulenten und vollen Stadt wie Hongkong plötzlich allein unterwegs zu sein. Die Unterstützung aus beiden Büros - München und Hongkong - war in dieser Zeit ganz hervorragend. Trotz des Coronavirus fiel auch Arbeit an. Für das Restructuring-Team führte das Virus nach einem kurzen Durchhänger sogar zu einer Vielzahl neuer Mandate. Die Arbeitsweise mit chinesischen Mandant:innen ist dezidiert anders als in Europa. Verhandlungen über WeChat stehen hier an der Tagesordnung. Auch die Beziehungspflege mit den Mandant:innen verläuft persönlicher. Persönliche Beziehungen spielen in diesem Teil der Welt eine noch viel größere Rolle als zu Hause in Europa.

Mein Fazit: Entgegen der ursprünglichen Vermutung stellten die Proteste während meiner Zeit in Hongkong kein großes Problem dar. Alles wurde durch das Coronavirus überlagert. Es war eine intensive Zeit, auf die ich uneingeschränkt positiv zurückschaue. Mein Tipp: Kümmert euch frühzeitig um die Auslandsstation und wählt eine Kanzlei, die euch bei den organisatorischen Angelegenheiten unterstützt.

PRIVATE EQUITY
M&A
CORPORATE
CAPITAL MARKETS
RESTRUCTURING
FINANCE
TAX
AUSTIN
BAY AREA
BEIJING
BOSTON
BRUSSELS
CHICAGO
DALLAS
HONG KONG
HOUSTON
LONDON
LOS ANGELES
MUNICH
NEW YORK
PARIS
SHANGHAI
WASHINGTON, D.C.
Bist Du Kirkland?
Bist Du Ellis?
Oder bist Du beides?
Wo willst Du zeigen, was in Dir steckt: in einer dynamischen Boutique oder in dem globalen Powerhouse einer amerikanischen Top-5-Wirtschaftskanzlei?
Bei uns in München bist Du Teil eines kleinen Teams mit hoch qualifizierten Anwälten, das auf Cross-Border-Transaktionen eng mit unseren Kollegen in den USA, Asien und Europa zusammenarbeitet.
Wenn Du also Obazda und Radi magst, aber auch ein Porterhouse Steak zu schätzen weißt, dann ist Kirkland & Ellis genau das Richtige für Dich: Weitere Infos zu uns findest Du auf
karriere.kirkland.com
Zeige Deine
K&Empetenz
www.karriere.kirkland.com
KIRKLAND & ELLIS

Great change is here.

Linklaters

Bist Du bereit?

Linklaters LLP

Standorte in Deutschland: Berlin, Düsseldorf, Frankfurt am Main, Hamburg, München

Standorte weltweit: Abu Dhabi, Amsterdam, Antwerpen, Bangkok, Brüssel, Dubai, Dublin, Hongkong, Lissabon, London, Luxemburg, Madrid, Mailand, Moskau, New York, Paris, Peking, Rom, São Paulo, Shanghai, Seoul, Singapur, Stockholm, Tokio, Warschau, Washington D.C.

Spezialisierungen: Arbeitsrecht, Aufsichtsrecht, Banking, Dispute Resolution, Energiewirtschaftsrecht, Gesellschaftsrecht/M&A, Gewerblicher Rechtsschutz, Immobilienwirtschaftsrecht, Investmentfonds, Kapitalmarktrecht, Kartellrecht & Investitionskontrolle, Öffentliches Wirtschaftsrecht, Restrukturierung & Insolvenz, Steuerrecht, Technologie, Medien & Telekommunikation

Berufsträger:innen in Deutschland: ca. 330

Berufsträger:innen weltweit: ca. 2.900

Geplante Neueinstellungen 2022:
Praktikant:innen: 140
Referendar:innen: 150
Anwält:innen: 60

Linklaters LLP ist eine international führende Wirtschaftskanzlei mit rund 5.000 Mitarbeiter:innen in 31 Büros weltweit. In Deutschland beraten wir mit unseren rund 330 Anwält:innen namhafte Unternehmen und Finanzinstitute zu komplexen Fragen im Wirtschafts-, Bank- und Steuerrecht. Gemeinsam leben wir eine Kultur des Miteinanders und der neuen Ideen. Als Teil unseres Teams erwarten Sie spannende Herausforderungen, hervorragende Entwicklungsperspektiven und Raum für individuelle Wege.

Linklaters

Taunusanlage 8
60329 Frankfurt am Main
www.linklaters.de
career.linklaters.de

Susanne Kiefer
Recruitment Germany
+49 69 71003-495
recruitment.germany@linklaters.com

Ihr Einstieg als Stipendiat:in: Mit dem Stipendienprogramm von Linklaters werden Sie Teil der Linklaters Talent Community, mit der wir engagierte Nachwuchsjurist:innen fördern und auf ihrem Weg zum Ziel begleiten wollen. Neben persönlichen Mentor:innen, die Sie bei Fragen zu Studium, Karriere und anderen Ihnen wichtigen Anliegen beraten, erhalten Sie regelmäßig Newsletter zu spannenden Themen sowie exklusive Einladungen zu Workshops, Infoveranstaltungen und Stipendiatentreffen. Mit einem Büchergutschein für Fachliteratur und der Möglichkeit, an einem Online-Repetitorium teilzunehmen, unterstützen wir Sie zusätzlich in der Vorbereitung auf das Erste Staatsexamen.

Ihr Einstieg als Praktikant:in: Wir möchten Ihnen frühzeitig die Möglichkeit geben, Einblicke in die Tätigkeit und Arbeitsatmosphäre einer internationalen Sozietät zu erhalten. Dafür haben wir für die Semesterferien unser sechswöchiges Praktikantenprogramm „Experience@Linklaters“ entwickelt. Neben der täglichen Arbeit in Ihrem Fachbereich bieten wir Ihnen die Möglichkeit, durch Vorträge, Workshops und Social-Skills-Trainings über den juristischen Tellerrand zu blicken und zu erfahren, wie wir in anderen Fachbereichen beraten. „Experience@Linklaters“ wird durch attraktive Rahmenveranstaltungen begleitet, und jedes Jahr können ehemalige Praktikant:innen an einem internationalen Praktikantenprogramm in London teilnehmen.

Ihr Einstieg als Referendar:in: Haben Sie bereits die erste große Etappe in Ihrer juristischen Ausbildung erreicht, bieten wir Ihnen mit unserem Referendarprogramm „Colleagues of Tomorrow“ eine exzellente Einstiegsmöglichkeit. Sie erwarten ähnlich anspruchsvolle Aufgaben wie die eines Associate, denn genau das bedeutet für uns Training-on-the-Job. Wichtigste Ansprechpartner:innen sind dabei neben den Leitpartner:innen die persönlichen Mentor:innen, erfahrene Associates, die Sie u. a. durch regelmäßiges Feedback unterstützen, die Arbeitswelt von Linklaters kennenzulernen sowie die täglichen Herausforderungen zu meistern. Während der gesamten Zeit haben Sie zusätzlich die Möglichkeit, an Fachvorträgen, Workshops und Networking-Veranstaltungen teilzunehmen. Darüber hinaus haben Referendar:innen die Chance, ihre Wahlstation in einem der internationalen Büros zu absolvieren.

Ihr Einstieg als Associate: Ihr Berufseinstieg ist der nächste große Schritt, vor dem Sie möglicherweise noch weitere interessante Erfahrungen im Rahmen eines LL.M.-Studiums oder einer Promotion gesammelt haben. Ein:e Leitpartner:in begleitet Sie dabei von Anfang an und fördert Ihre fachliche und persönliche Entwicklung. Unterstützt wird diese durch maßgeschneiderte Weiterentwicklungsangebote der Linklaters Law & Business School, bei denen wir Sie für Ihre aktuelle Karrierestufe fit machen und Sie auch auf zukünftige Positionen vorbereiten, ob als Associate, Managing Associate oder Partner:in. Rotationen und Secondments bieten Ihnen darüber hinaus die Chance, Einblicke in andere Beratungsfelder und andere nationale sowie internationale Linklaters-Büros zu gewinnen.

YourLink – das alternative Karrieremodell: YourLink richtet sich an ausgebildete Jurist:innen, die sich besser planbare Arbeitszeiten innerhalb des anspruchsvollen Arbeitsfelds einer Wirtschaftskanzlei wünschen – um Familie und Beruf besser miteinander zu verbinden, mehr Freizeit zu haben oder persönliche Herausforderungen meistern zu können. YourLink ermöglicht eine neue Form der Work-Life-Balance: Arbeit an den Mandaten einer Top-Kanzlei bei besser planbaren Arbeitszeiten.

Kristina Willmes

Jahrgang 1990

Associate

Teamplayer gesucht!

Der Schritt in die Großkanzlei

Seit Beginn meines Studiums trieb mich der Wunsch an, in einem internationalen Umfeld zu arbeiten. So ging ich zunächst für ein Auslandsjahr nach Südamerika und absolvierte später einen LL.M. in den USA. Meine zukünftige Tätigkeit sollte jedoch nicht nur international, sondern auch abwechslungsreich sein. Welchen Beruf ich mit diesen Vorstellungen am besten ergreifen sollte, war mir lange nicht klar. Auf Großkanzleien bin ich dann während meines Studiums ganz klassisch und langweilig im Rahmen einer Karrieremesse aufmerksam geworden. Nach einigen positiv verlaufenden Messegesprächen habe ich als wissenschaftliche Mitarbeiterin im Gesellschaftsrecht angefangen und war schnell begeistert. Teamarbeit statt Einzelkampf am Schreibtisch und Memos, Schriftsätze sowie die Vorbereitung notarieller Beurkundungen statt immer gleich aussehende Klausurskizzen. Wenig überraschend fand ich mich nicht nur im Referendariat in der Großkanzlei wieder, sondern kehrte schließlich auch als Anwältin dorthin zurück.

Der Sprung ins kalte Wasser

Obwohl ich die Tätigkeit in der Großkanzlei schon vor meinem Berufseinstieg kannte, kam ab dem ersten Tag als Anwältin doch unerwartet viel Neues hinzu. Insbesondere die organisatorischen Tätigkeiten wie Mandatsanlage und Abrechnung waren fordernd, kommen sie doch in der juristischen Ausbildung so gut wie nie vor. Die großartige Aufnahme ins Team machte mir den Einstieg jedoch leicht und die Arbeit gestaltete sich trotz mancher scheinbar unlösbaren Aufgabe als angenehm. Ich durfte mich vom ersten Tag an ausprobieren, konnte selbst Lösungen für den Mandanten erarbeiten und hatte dennoch nie das Gefühl, bei etwaigen Fragen oder Problemen allein gelassen zu werden.

Der alltägliche Trott?

Mein Arbeitsalltag hat sich seit dem Berufseinstieg nicht grundlegend geändert. Nachdem ich im ersten halben Jahr langsam Boden unter den Füßen gefunden hatte und erste Routinen in den Arbeitsabläufen entwickeln konnte, lerne ich nun jeden Tag etwas Neues dazu. So arbeite ich mit vielen Kolleg:innen aus anderen Fachbereichen und/oder anderen Ländern zusammen und muss als M&A-Anwältin stets den Überblick über die verschiedenen Facetten einer Transaktion behalten. Das ist nach wie vor herausfordernd, aber gleichzeitig sehr lehrreich und nie langweilig. Ich weiß morgens selten, was nachmittags passiert und sehe mich häufig mit einer Bandbreite verschiedenster Fragestellungen konfrontiert. Dabei werde ich nicht nur von tollen Kolleg:innen weltweit unterstützt, sondern kann mich darüber hinaus im Rahmen von internen Workshops und Seminaren weiterbilden und auf diese Weise auch neben der Mandatsarbeit viel dazulernen. Das Wichtigste für mich ist und bleibt jedoch der persönliche Austausch, sei es innerhalb der Kanzlei oder aber außerhalb mit den Mandanten und der Gegenseite: So erhält man immer wieder neue Impulse und bleibt gedanklich flexibel – die Grundvoraussetzung für jede individuelle Fortentwicklung!

Milbank LLP

Standorte in Deutschland:
Frankfurt am Main, München

Standorte weltweit: Hongkong, London, Los Angeles, New York, Peking, Singapur, São Paulo, Seoul, Tokio, Washington D.C.

Spezialisierungen: Bank- und Finanzrecht, Compliance, Gesellschaftsrecht/M&A, Kartellrecht, Private Equity, Steuerrecht, Restrukturierung

Berufsträger:innen in Deutschland: ca. 60

Berufsträger:innen weltweit: ca. 800

Geplante Neueinstellungen 2022:
10–12

Milbank LLP wurde 1866 als eine der ersten Wall-Street-Kanzleien in New York City gegründet und zählt heute zu den führenden international tätigen Wirtschaftskanzleien. Mit zwölf Standorten in Europa, den USA, Lateinamerika und Asien sind wir an den wichtigsten Finanz- und Wirtschaftszentren der Welt präsent. Wir haben den Anspruch, nur bestqualifizierte Anwält:innen einzustellen und ihnen als Associates außergewöhnliche Erfahrungen, erstklassige Aus- und Weiterbildungsmöglichkeiten und eine angenehme Atmosphäre zu bieten.

Milbank

Dr. Thomas Ingenhoven, LL.M.
Neue Mainzer Straße 74
60311 Frankfurt am Main
+49 69 71914-3436
tingenhoven@milbank.com

Dr. Norbert Rieger, LL.M.
Maximilianstraße 15
80539 München
+49 89 25559-3626
nrieger@milbank.com

www.milbank.com/karriere

Wodurch unterscheiden Sie sich von anderen Anwaltssozietäten? Natürlich ergibt sich im Vergleich mit vielen anderen Sozietäten ein grundlegender Unterschied bereits aus unserem Tätigkeitsfeld: Anders als sogenannte Full-Service-Kanzleien haben wir uns auf wirtschaftsrechtliche Transaktionen (M&A, Private Equity) und High-End-Beratung von Unternehmen in den Gebieten Gesellschafts-, Steuer-, Finanz- und Kartellrecht spezialisiert. Kennzeichnend für die Tätigkeit unserer Sozietät sind die enge Verzahnung und die integrierte Beratung in unseren Kernkompetenzen sowie die enge Vernetzung unserer Standorte weltweit. Daneben sind die bei uns tätigen Anwält:innen und Anwälte durchwegs hervorragend juristisch qualifiziert, hoch motiviert und kreativ. Sie arbeiten in kleinen Teams an spannenden Mandaten für entsprechend hochkarätige Mandanten – dies selbstverständlich bei entsprechender Vergütung. Zudem bieten wir unter anderem mit Milbank@Harvard ein einzigartiges Fortbildungsprogramm in Kooperation mit der Harvard University.

Wie viele Anwält:innen und Referendar:innen stellen Sie pro Jahr ein? In unseren deutschen Büros – Frankfurt am Main und München – stellen wir pro Jahr acht bis zehn Rechtsanwält:innen und ca. 22 Referendar:innen (im Rahmen einer regulären Station oder Nebentätigkeit) ein.

Kann man bei Ihnen auch schon während des Studiums Erfahrungen sammeln? Interessierte Studierende haben die Möglichkeit, uns während unseres Gruppenpraktikums „Summer@Milbank", das jedes Jahr im September an unseren Standorten in Frankfurt und München durchgeführt wird, kennenzulernen. Mit einer vielseitigen Kombination aus Praxisvorträgen und Einbindung in das Alltagsgeschäft geben wir Jurastudierenden damit bereits nach der Zwischenprüfung einen umfassenden Einblick. Ein intensives Programm bringt Themen aus unseren Fachbereichen Finanzrecht, M&A, Gesellschaftsrecht, Private Equity, Kartellrecht und Steuerrecht nahe. Zwei zuständige Mentor:innen pro Praktikant:in, die nach zwei Wochen wechseln, sorgen dafür, dass die Praktikant:innen persönlich und fachlich in unser Team eingebunden werden. Sie geben Einblick in ihre Arbeit, übertragen eigene Aufgaben und integrieren die Praktikant:innen in Meetings mit Kolleg:innen und Mandanten. Gemeinsame Veranstaltungen, u. a. auch ein Besuch im Unternehmen eines Mandanten, runden das Praktikum ab.

Wie läuft das Bewerbungsverfahren ab? Sie können sich bevorzugt per E-Mail mit einem Anschreiben, Ihrem Lebenslauf und Zeugniskopien direkt bei einem der beiden genannten Partner in Frankfurt am Main oder München bewerben.

Und wen laden Sie ein? Schauen Sie nur auf die Examensnoten, oder gibt es noch andere Kriterien, die Ihnen wichtig(er) sind? Wir legen allergrößten Wert darauf, dass Bewerber ihr juristisches Handwerkszeug beherrschen, und das wird nach unserer Erfahrung mit den Examensnoten in aller Regel zutreffend belegt. Deshalb sind zwei mit mindestens vollbefriedigend bestandene Examina für uns wichtig, ebenso wie möglichst Promotion und im Ausland erworbene Englischkenntnisse. Für deren Erwerb ist ein LL.M.-Studium eine hervorragende Gelegenheit. Darüber hinaus sollten Sie Spaß an der Arbeit mit wirtschaftlichen Sachverhalten haben und hierfür Verständnis und ein gutes Judiz mitbringen, am besten gepaart mit Humor und einer optimistischen Grundeinstellung.

Wie entscheiden Sie, welche Bewerber:innen zu Ihnen passen? Im Rahmen einer Gesprächsrunde, die durchaus mehr als einen halben Tag dauern kann, haben Sie - gleich ob Sie als Referendar:in oder Berufseinsteiger:in zu uns kommen möchten - Gelegenheit, möglichst viele Anwält:innen eines Büros und unsere Arbeit kennenzulernen. Am Ende dieses Tages sollten Sie ein Gefühl dafür entwickelt haben, ob die Chemie stimmt und Sie sich vorstellen können, künftig in unserem Team mitzuarbeiten. Und genauso entscheiden auch wir - und zwar alle Anwält:innen, die Sie im Laufe des Tages gesehen haben - anhand des vermuteten „Fit" ohne weitere formale Kriterien: Es passt, oder es passt nicht. So sollten auch Sie Ihre Entscheidung fällen.

Welche Tipps können Sie Nachwuchsjurist:innen für ihre Ausbildung geben? Natürlich stehen die Examensprüfungen immer im Vordergrund - bei hervorragenden Ergebnissen stehen Ihnen ja in der Regel alle Möglichkeiten offen. Mit einem guten Ersten Staatsexamen können Sie während des Referendariats schon Erfahrungen in renommierten Kanzleien sammeln, Referendarsstationen im Ausland absolvieren, nebenher promovieren und/oder ein LL.M.-Studium in Angriff nehmen.

Und welche Aus- und Weiterbildungsmöglichkeiten gibt es bei Ihnen? Unser Aus- und Weiterbildungsprogramm besteht aus verschiedenen Komponenten. Sein Herzstück ist sicherlich Milbank@Harvard, eine von der Harvard Business School und der Harvard Law School exklusiv für uns ausgearbeitete und gehaltene Fortbildungsveranstaltung zu wirtschaftlichen und unternehmerischen Themen. Diese findet in vier jeweils einwöchigen Veranstaltungsblocks auf dem Campus der Harvard University statt und wird von allen unseren Associates ab dem dritten Berufsjahr besucht. Darüber hinaus bieten wir - neben dem unseres Erachtens enorm wichtigen Training-on-the-Job - ein umfassendes Programm an maßgeschneiderten internen Aus- und Weiterbildungsveranstaltungen mit großer Praxisnähe an, das um den regelmäßigen Besuch externer Seminare ergänzt wird. Zu nennen sind hier zum einen unsere Ausbildungsserie „Die 20 Grundelemente", eine Präsentations- und Workshop-Reihe für unsere jüngeren Associates, bei der praxisnahe Themen erarbeitet werden, die man auf dem Weg zur Wirtschaftsanwältin oder zum Wirtschaftsanwalt beherrschen sollte. Zum anderen findet halbjährlich - meist am Starnberger See - unsere intern entwickelte Tax Academy statt, eine Blockveranstaltung, die allen unseren Associates sowie in der Regel auch unseren Referendar:innen einen auf die Bedürfnisse unserer Beratungspraxis zugeschnittenen Überblick zum Steuerrecht und ein Problembewusstsein in diesem wichtigen Rechtsgebiet vermittelt.

Noerr LLP

Standorte in Deutschland: Berlin, Düsseldorf, Dresden, Frankfurt am Main, Hamburg, München

Standorte weltweit: Alicante, Bratislava, Brüssel, Budapest, Bukarest, London, Moskau, New York, Prag, Warschau

Spezialisierungen: alle Bereiche des nationalen und internationalen Wirtschaftsrechts: Gesellschaftsrecht, M&A, Finanzierungen, Bank- und Kapitalmarktrecht, Private Equity/Venture Capital, Restrukturierungen, Insolvenzrecht, IP-, IT- und Medienrecht, Urheber- und Wettbewerbsrecht, Regulierte Industrien, Kartellrecht, Vergaberecht, Öffentliches Recht, Bau- und Immobilienrecht, Vertriebsrecht, Arbeitsrecht, Produkthaftungsrecht, Litigation, Dispute Resolution, Steuerrecht, Stiftungsrecht

Berufsträger:innen in Deutschland: 470 Professionals

Berufsträger:innen weltweit: 570 Professionals

Geplante Neueinstellungen 2022: 60–70

Wer seine Stärken aktiv einbringen und weiter entfalten kann, erlebt einen erfüllenden Arbeitsalltag. Das erfahren bei uns Mitarbeiter:innen aller Karrierestufen und Einsatzbereiche. Und das halten wir für einen unserer wichtigsten Erfolgsfaktoren. Wertvolle Wegbereiter sind eine breite Aufgabenlandschaft, abwechslungsreiche Einsatzbereiche, aber vor allem die Chance, sehr früh selbstverantwortlich zu arbeiten. Das ist unser Vertrauensvorschuss an Sie. Steigen Sie mit Noerr in die erste Liga der Kanzleien ein und lassen Sie sich durch unsere dynamische Entwicklung nicht nur anspornen – wirken Sie daran mit!

Noerr

Brienner Straße 28
80333 München
noerr.com/karriere

Julia Begander
HR
+49 89 28628-328
julia.begander@noerr.com

Was uns als Arbeitgeber auszeichnet: „Super Perspektiven und Weiterbildungsmöglichkeit". „Beim Thema Teilzeit herrscht Respekt und Verständnis für die persönliche Situation jedes Einzelnen". „Die Strategie trägt Früchte und die Entwicklung zur Spitzenkanzlei geht voran." (Quelle: *azur 100* 2019, Noerr belegt Platz 6.)

Kultur und Werte: Die Basis unseres beruflichen Miteinanders sind unsere Unternehmenswerte: Exzellenz, Vertrauen, Leidenschaft und Teamgeist. Wir haben mit diesem Wertekanon einen Kompass für unsere tägliche Arbeit entwickelt, der jeden Einzelnen von uns anleitet und unser Zusammenspiel besonders erfolgreich macht. Es erwarten Sie herausragende juristische Persönlichkeiten und eine Atmosphäre geprägt von hoher Kollegialität. Mehr in unserem Wertefilm unter noerr.com/karriere.

Entwicklung: Wir bieten alle Vorteile einer Full-Service-Kanzlei mit internationaler Ausrichtung und Präsenz. Entscheidungen über die Entwicklung der Kanzlei und damit Ihren Karrierepfad liegen allein in unseren Händen und werden nicht extern bestimmt. Da Noerr breit aufgestellt ist, können wir exzellenten Berater:innen realistische Partnerperspektiven bieten. Begleitend zum Training-on-the-Job werden Ihre fachlichen, sozialen wie auch unternehmerischen Kompetenzen mit dem umfangreichen Noerr Campus Weiterbildungsangebot sehr systematisch und doch individuell gefördert. Die Mitwirkung unserer Partner:innen ist dabei Garant für die Relevanz der Inhalte und die Nachhaltigkeit der Vermittlung.

Internationalität: Eigene Büros in elf Rechtsordnungen und die Zugehörigkeit zum Lex-Mundi-Netzwerk eröffnen Ihnen die Mitarbeit an internationalen Mandaten sowie einen fachlichen wie persönlichen Austausch mit ausländischen Kolleg:innen. Wir bieten Ihnen ein Secondment bei einer Lex-Mundi-Partnerkanzlei bzw. einem Unternehmen im Ausland an und ermöglichen Auslandsstationen auch für Referendar:innen und Praktikant:innen.

Work-Life-Balance: Wir unterstützen Ihren persönlichen Freiraum durch ein modernes Teilzeit- und Familienprogramm. Sie können zwischen verschiedenen Teilzeitmodellen wählen (aktuell sind über 30 Prozent der Beraterinnen in Teilzeit) und im Rahmen von „Noerr Family" Unterstützung in der Betreuung Ihres Nachwuchs oder pflegebedürftiger Angehöriger in Anspruch nehmen. Trotz Teilzeit können alle Karrieresteps vollzogen werden – in 2018 sind z. B. vier Frauen Equity Partner geworden, darunter zwei in Teilzeit. Urlaub muss auch tatsächlich genommen werden, und Wochenenden sind bei uns – von wenigen Ausnahmen abgesehen – tabu.

Wen wir suchen: Jurist:innen bei Noerr sind ambitioniert, denken eine Windung weiter und sehen auch die unternehmerische Herausforderung hinter den juristischen Fragen. Zur Spitze gehören wollen, Neugier auf Neues, Spaß an Herausforderungen, Aufgeschlossenheit und Teamfähigkeit – das alles beschreibt unsere Anwält:innen. Promotion und LL.M. sind willkommen, unentbehrlich sind belastbare Englischkenntnisse. Viele Associates waren zuvor als Praktikant:in oder Referendar:in bei Noerr – ein Beleg dafür, dass wir nicht nur die „Besten", sondern tatsächlich die „Richtigen" für uns gewinnen können.

Lernen Sie uns kennen! Nutzen Sie neben den Informationsmöglichkeiten auf unserer Homepage vor allem auch die Gelegenheit, uns bei unserer internen Veranstaltungsreihe Noerr Practice kennenzulernen. Termine unter noerr.com/karriere.

Dr. Natalie Daghles

Jahrgang 1980

Partnerin

Perfektes Teamplay mit Entwicklungsgarantie

Bye, bye Komfortzone

Als ich am Anfang meiner Karriere das erste Mal bei einer Telefonkonferenz mit mehr als 30 Teilnehmer:innen durch eine Tabelle in Vorbereitung des Vollzugs einer M&A-Transaktion führte, war Anspannung mein Begleiter. Etwas später war es ähnlich beim ersten Vortrag auf einer großen Fachtagung. Auch heute noch reizt mich an meiner Arbeit als M&A-Partnerin, dass ich immer wieder neu gefordert bin. Mittlerweise kann ich sagen, dass ich geübt darin bin, mich auch außerhalb meiner Komfortzone souverän zu fühlen. Die Arbeit an hochkomplexen Großprojekten in einem internationalen Umfeld bietet ein großes persönliches Entwicklungspotenzial. Wer also Spaß daran hat, sich selbst zu fordern und weiterzuentwickeln, wird sich gut aufgehoben fühlen auf dem internationalen Parkett.

Der perfekte Mix macht's!

Die Mandate international agierender Großkanzleien sind nichts für Einzelkämpfer:innen - hier ist Teamarbeit gefragt. Teams aus Berater:innen mit unterschiedlichem Erfahrungshorizont liefern dabei die besten Ergebnisse. Deshalb ist Diversity ein fundamentaler Bestandteil eines exzellenten Beratungsangebots. Die Vielfalt unserer Anwältinnen und Anwälte bereichert unsere Perspektive in der Mandatsbearbeitung und bringt uns so voran. Oft sind es auch gerade Berufseinsteiger:innen, die Althergebrachtes proaktiv hinterfragen und so dazu beitragen, dass wir uns ständig neu erfinden. Für mich ist es als Partnerin wichtig, dass Diversity kein Lippenbekenntnis bleibt. Deshalb bin ich ehrenamtlich engagiert im Vorstand der Initiative „Women into Leadership", einem Cross-Mentoring-Programm für weibliche Toptalente, dessen Mitglied auch Noerr geworden ist.

Vertraute Menschen als Topanwält:innen

Es kursiert noch immer das Bild der 24/7 arbeitenden, emotional abgestumpften und skrupellosen Transaktionsanwält:innen. Ich bin dieser Spezies glücklicherweise in den letzten 15 Jahren nur sehr vereinzelt begegnet. Nach meiner Erfahrung kann ich ein anderes Bild der Kolleginnen und Kollegen zeichnen: Hochengagierte, sehr intelligente und einsatzbereite Menschen, die ihre Familien, Sport, Kunst und Kultur lieben. Ein vertrautes Team ermöglicht es dabei, dass man sich aushilft und vertritt, wenn Privates gerade Priorität genießt. Die Arbeit macht so einfach Spaß! Natürlich schweißen auch die Arbeitsspitzen mit der Pizza am Abend im Büro oder dem Bier an der Hotelbar zusammen. Deshalb kann ich als Transaktionsanwältin und Mutter von zwei Kids allen engagierten Berufseinsteiger:innen nur dazu raten, einfach mal selbst einzutauchen in die Welt der Wirtschaftskanzlei.

SHEARMAN & STERLING

WHERE YOUR CAREER MATTERS!

www.germany.shearman.com

Shearman & Sterling LLP

Standorte in Deutschland:
Frankfurt am Main, München

Standorte weltweit: Abu Dhabi, Austin, Brüssel, Dallas, Dubai, Hongkong, Houston, London, Mailand, Menlo Park, New York, Paris, Riad, Peking, Rom, San Francisco, São Paulo, Seoul, Shanghai, Singapur, Tokio, Toronto, Washington D.C.

Spezialisierungen: Mergers & Acquisitions, Private Equity, Gesellschaftsrecht, Finanzierungen, Restrukturierungen, Aufsichtsrecht, Internationale Schiedsgerichtsbarkeit, Kartellrecht, Wettbewerbsrecht, Litigation, Compliance, Steuerrecht

Berufsträger:innen in Deutschland: ca. 35

Berufsträger:innen weltweit: ca. 850

Geplante Neueinstellungen 2022:
Berufseinsteiger:innen: ca. 3–5
Referendar:innen: ca. 10–12
Praktikant:innen: ca. 8–10
Wissenschaftliche Mitarbeiter:innen: 8–10

Wir sind eine internationale Wirtschaftskanzlei und betreuen unsere Mandanten weltweit bei Transaktionen und wirtschaftsrechtlichen Fragestellungen. Unsere Mandate setzen in Bezug auf Deal-Volumen und Komplexität seit jeher Standards. In Deutschland arbeiten ca. 35 deutsche und in anderen Rechtsordnungen qualifizierte Anwält:innen zusammen, um nationale wie internationale Unternehmen, Banken, Private-Equity-Investoren und andere Kunden umfassend zu beraten.

SHEARMAN & STERLING

Bockenheimer Landstraße 2–4
60306 Frankfurt am Main
www.shearman.com
www.germany.shearman.com

Human Resources Abteilung
+49 69 9711-1000
karriere@shearman.com

Wodurch zeichnet sich die Arbeitsatmosphäre in Ihrer Kanzlei aus? Auch wenn wir regelmäßig große, internationale Headline-Deals mitgestalten – Beratung ist für uns immer ein Geschäft von Mensch zu Mensch. Deshalb legen wir besonderen Wert auf eine kollegiale und professionelle Arbeitsatmosphäre sowie ein freundschaftliches Miteinander. Praxisübergreifende Teamarbeit wird bei uns großgeschrieben und auch gelebt. Gemeinsame wöchentlich stattfindende Drop-in-Lunches und monatliche Get-together sollen folglich nicht nur einen regelmäßigen fachlichen Austausch, sondern und insbesondere auch das persönliche Miteinander fördern.

Was bieten wir Associates? Als Associate arbeiten Sie unmittelbar an bedeutenden Transaktionen mit und entwickeln sich dabei zu einer echten Anwaltspersönlichkeit. Sie stehen vom ersten Tag an in Kontakt mit unseren Mandant:innen und arbeiten in einem hoch motivierten Team mit direkter Partneranbindung. Die Partner:innen sind zugleich auch Mentor:innen und begleiten aktiv Ihren Lernprozess. Die enge Einbindung unserer deutschen Praxis in unser globales Netzwerk bietet Ihnen die Gelegenheit, regelmäßig mit Kolleg:innen aus unseren internationalen Büros zusammenzuarbeiten. Auch Ihre Weiterbildung ist uns ein großes Anliegen. Unser international vernetztes Weiterbildungsprogramm „GROW@Shearman" umfasst neben der Ausbildung in rechtlichen Themen auch den regelmäßigen Austausch zu aktuellen wirtschaftlichen Themen und Transaktionen sowie die Vermittlung von Soft Skills. Neben den kanzleiseitig organisierten Fortbildungsveranstaltungen (die teilweise in London stattfinden) erhalten alle Associates zudem ein festgelegtes Budget zur freien Verfügung für externe Weiterbildungsangebote. Auch unterstützen wir Sie dabei, Praxiserfahrung im internationalen Ausland zu sammeln und bieten Ihnen die Möglichkeit der individuellen Rotation in eines unserer ausländischen Büros bzw. eines mehrmonatigen Secondments zu einem unserer Mandanten.

Was bieten wir Referendar:innen? Wir bieten Ihnen eine umfangreiche und praxisnahe Ausbildung in einem professionellen und sehr kollegialen Arbeitsumfeld. Ihre fachliche Ausbildung wird von zwei Mentor:innen begleitet (Partner:in und erfahrene Associates), die unter anderem Ihre unmittelbare Einbeziehung in unsere laufende Mandatsarbeit sicherstellen. Daneben unterstützen wir Sie in Ihrer Vorbereitung auf das Zweite Staatsexamen durch ein auf Ihre Bedürfnisse abgestimmtes Referendarprogramm. Unser Referendarprogramm beinhaltet die Teilnahme an Wochenendseminaren und Klausurenkursen der Anbieter Kaiserseminare/Hemmer. Zusätzlich bieten wir von Repetitor:innen durchgeführte Workshops zur Examensvorbereitung sowie einen Legal-English-Kurs an. Zusammen mit unseren Anwältinnen und Anwälten nehmen Sie an unserem umfangreichen Weiterbildungsprogramm teil. Nach Ihrer Anwaltsstation in Deutschland besteht die Möglichkeit, während Ihrer Wahlstation internationale Erfahrungen an einem unserer ausländischen Standorte zu sammeln. Unser Ziel ist es, Ihnen einen authentischen Einblick in die Arbeit von Wirtschaftsanwält:innen zu ermöglichen und wir sind stolz darauf, dass sich die meisten unserer Referendar:innen für einen Berufseinstieg bei uns entscheiden.

Was bieten wir Praktikant:innen? Studierende mit bestandener Zwischenprüfung haben die Möglichkeit, an unserem fünfwöchigen Praktikantenprogramm „Student meets Practice" im Sommer jeden Jahres teilzunehmen. Mehr Informationen und Erfahrungsberichte zu diesem Programm finden Sie unter www.studentmeetspractice.com. Zudem bieten wir ganzjährig die Möglichkeit an, für mindestens vier Wochen ein individuelles Praktikum bei uns zu absolvieren.

Emma Dragomirova

Transaktionssteuerrecht in der Praxis

Wenn ich Freund:innen und ehemaligen Kommiliton:innen erzähle, dass ich als Anwältin im Bereich Transaktionssteuerrecht tätig bin, werde ich häufig gefragt, welche Gründe mich dazu bewogen haben, mich beruflich auf dieses zu Unrecht oft als „trocken“ oder „schwer verständlich“ bezeichnete Rechtsgebiet zu spezialisieren. Mein Berufsalltag im Transaktionssteuerrecht ist jedoch keineswegs monoton und eintönig. Seitdem ich vor zwei Jahren begonnen habe, als Associate im Bereich Transaktionssteuerrecht zu arbeiten, werde ich jeden Tag vor neue fachliche Herausforderungen gestellt und mit neuen spannenden Fragen konfrontiert. Das Steuerrecht hat in der Praxis und besonders im Transaktionsbereich eine signifikante Bedeutung. Der steuerrechtliche Rechtsrahmen und dessen Bewertung sind entscheidend und wegweisend für den Ablauf, die Strukturierung und den Erfolg jeder Unternehmenstransaktion. Was meinen Arbeitsalltag kennzeichnet und was ich besonders schätze, ist die Vielseitigkeit meiner Tätigkeit. Als Anwältin im Transaktionssteuerrecht arbeite ich an der Schnittstelle zwischen klassischem Steuerrecht, Unternehmenssteuerrecht und Gesellschaftsrecht. Zu meiner Tätigkeit gehören aufgrund der engen Zusammenarbeit mit dem M&A-Bereich und anderen Jurisdiktionen auch das Transaktionsmanagement und die Koordination der verschiedenen Workstreams, was mir persönlich sehr gefällt und was ich als große Bereicherung erachte. Aus meiner persönlichen Erfahrung würde ich daher besonders Praktikant:innen und Rechtsreferendar:innen dazu ermutigen, durch das Absolvieren eines Praktikums oder einer Referendariatsstation praktische Einblicke auch in vermeintlich „exotische“ Rechtsgebiete zu erlangen.

Tobias Lämmle

Insights rund um das Referendariat – meine Tipps als Referendarbeauftragter

„Nach dem Examen ist vor dem Examen“ – solche Sprüche bekommt man oft zu hören, wenn das Erste Examen endlich gemeistert ist und der juristische Vorbereitungsdienst beginnt. Der Spruch mag zwar in der Theorie richtig sein, die Zeit bis zum Zweiten Examen ist jedoch eine völlig andere als die vor dem Ersten Examen. Statt einem festen Lernplan und dem Selbststudium bringen die Monate im Referendariat viele Praxiseindrücke mit sich. Ein Urteil schreiben hier, Sitzungsdienste bei der Staatsanwaltschaft da, und ehe man sichs versieht, ist da schon die Anwaltsstation. Sich hierfür eine geeignete Ausbildungsstelle zu suchen, ist mehr als nur zu empfehlen. Die meisten Jurist:innen wählen auch heute noch den klassischen Beruf des Anwalts. Daher wird diese Station viele von euch stärker beeinflussen als der Rest des Referendariats. Ich für meinen Teil konnte während der Anwaltsstation ein erstklassiges, engagiertes und freundliches Team kennenlernen, das mir die Praxis im M&A sehr gut nähergebracht hat. Die Anwaltsstation war eine sehr intensive und prägende Station in meiner Ausbildung, die meine Berufswahl wesentlich mitentschieden hat. Heute bin ich Teil dieses besagten Teams und sehr glücklich darüber. Ich empfehle allen, sich bereits im Vorfeld in Ruhe eine geeignete Ausbildungsstelle für die Anwaltsstation zu suchen, um nicht während des Referendariats in Stress zu geraten oder die gewünschte Stelle schon anderweitig besetzt zu sehen. Ich hatte das Glück, meine Anwaltsstation über ein Recruiting Event bereits vor dem Referendariat gefunden zu haben, obwohl diese noch ein knappes Jahr entfernt war. Seid mutig und bewerbt euch frühzeitig!

Sidley Austin (CE) LLP

Standort in Deutschland: München

Standorte weltweit: Boston, Brüssel, Century City, Chicago, Dallas, Genf, Hongkong, Houston, London, Los Angeles, New York, Peking, San Francisco, Shanghai, Silicon Valley, Singapur, Sydney, Tokio, Washington D.C.

Spezialisierungen: Private Equity/M&A, Corporate, Restructuring, Finance, Tax, Financial Regulations

Rechtsanwält:innen in Deutschland: ca. 30

Rechtsanwält:innen weltweit: über 2.000

Geplante Neueinstellungen 2022: ca. 2–4

2016 hat Sidley Austin, eine der führenden international wirtschaftsrechtlich beratenden Anwaltssozietäten, ein Büro in München eröffnet. Damit bietet Sidley in München die Möglichkeit für Jurist:innen, sich sowohl in einem boutique-ähnlichen Arbeitsumfeld wohlzufühlen und zeitgleich Teil eines weltweiten Karrierenetzwerks zu sein. Zudem zeichnet sich Sidley durch ein kleines, fachlich höchst kompetentes und dynamisches Team aus – mit sehr guten Aufstiegschancen und der Gelegenheit, ein Büro im Aufschwung aktiv mitzugestalten.

SIDLEY

Maximilianstraße 35
80539 München
www.sidley.com

Meltem Elâ Gürnaz
+49 89 2444-09100
munichrecruitment@sidley.com

Welche internationalen Einsatzmöglichkeiten bieten Sie? Als weltweit agierende Wirtschaftskanzlei mit Büros in den USA, Asien, Europa und Australien ist Sidleys Geschäft stark international ausgerichtet. Cross-Border-Transaktionen stehen an der Tagesordnung, d. h. wir arbeiten größtenteils mit internationalen Mandanten an grenzübergreifenden Projekten. Ab dem vierten Jahr bieten wir unseren Associates auch die Gelegenheit, ein Secondment in einem unserer internationalen Büros abzuleisten.

Im Rahmen der Wahlstation besteht für Referendar:innen die Möglichkeit, diese an einem unserer internationalen Standorte zu absolvieren, vorausgesetzt, man war bereits in der Anwaltsstation oder als wissenschaftliche:r Mitarbeiter:in bei uns tätig. Bei unseren internationalen Einsatzmöglichkeiten wird Associates und Referendar:innen zum einen die Möglichkeit geboten, in den lokalen Teams eingebunden über den Tellerrand hinauszuschauen und sich bei internationalen Transaktionen einzubringen, und zum anderen auch die Arbeitsweise und Kultur vor Ort kennenzulernen. Zudem bietet Sidley ein sehr attraktives Package an, welches neben der überdurchschnittlichen Vergütung für die Station auch den Flug sowie eine Unterkunft vor Ort inkludiert.

Was sind die Herausforderungen in diesem Beruf? Es liegt in der Natur des Transaktionsgeschäfts, dass sich meist kurzfristig entscheidet, wie viel Arbeit anfällt. Bei Cross-Border-Transaktionen muss man sich des Öfteren der Zeitverschiebung anpassen. Unsere Anwältinnen und Anwälte sind alle bereit, bei Bedarf die „Extra Mile" zu gehen, um die Transaktion damit erfolgreich über die Ziellinie zu bringen – auch wenn dies im Einzelfall bedeutet, dass sich die Arbeitszeit in den Abend oder in die Nacht verlagert. Als Ausgleich legen wir großen Wert darauf, dass unsere Associates während ruhigerer Phasen frühzeitig das Büro verlassen und morgens auch später zur Arbeit erscheinen können.

Was erwarten Sie in fachlicher und persönlicher Hinsicht? Wir erwarten von unseren Associates die Motivation, juristisch auf höchstem Niveau und in einem internationalen Umfeld arbeiten zu wollen. Dieser Ehrgeiz bildet sich bei Absolvent:innen durch herausragende Examina ab, auf welche wir bei der Einstellung achten. Neben der Papierform entscheidet letztlich aber die Persönlichkeit, da wir großen Wert darauf legen, dass die Atmosphäre stimmt und alle auf einer Wellenlänge liegen. Somit geht auch bei Spitzenbelastungen die positive Stimmung nicht verloren. Sidley sucht starke Persönlichkeiten, die zudem Interesse für wirtschaftliche Zusammenhänge im internationalen Kontext mitbringen und sich durch Teamfähigkeit, geistige Flexibilität und Kreativität auszeichnen.

Was sind drei Dinge, die Sie von Ihren Konkurrenten abheben? Unser Büro in Deutschland ist noch recht neu und der Großteil der Anwält:innen ist erst 2017 zu uns gestoßen, weshalb wir uns noch in einer Aufbau- und Wachstumsphase befinden. Die Stimmung ist vergleichbar mit einem neugegründeten, dynamischen Unternehmen im Silicon Valley. Es gibt keine festgefahrenen Strukturen, und jeder kann sich unabhängig von seiner Seniorität einbringen – die beste Idee zählt. Auch auf der Karriereleiter bietet unser kleines Büro Associates, die in nächster Zeit einsteigen, hervorragende Aufstiegschancen. Last but not least sind der Umgangston und der Dresscode sehr informell. Sidley zeichnet sich somit durch eine lockere, für die Großkanzleiwelt wohl einzigartige Unternehmenskultur aus.

Louise Freund

Jahrgang 1988

Associate – Finance

Die perfekte Balance

Während der letzten Jahre in verschiedenen internationalen Kanzleien sowohl in Frankreich als auch in Deutschland habe ich unterschiedlichste Kanzleikulturen, deren Büroalltag und Arbeitsweisen kennengelernt. Bei Sidley habe ich die Möglichkeit, mich mit den Themen zu befassen, die mir Spaß machen, bei unglaublich herausfordernden Mandaten und Transaktionen mitzuwirken, und das gemeinsam mit einem äußerst talentierten und motivierten Team. Zudem bietet mir meine Tätigkeit bei Sidley eine für mich perfekte Work-Life-Balance. So, wie sie mir keine andere Kanzlei zuvor bieten konnte.

High-End-Performance in einem dynamischen und freundlichen Arbeitsumfeld
Innerhalb der Sidley-Kultur wird großer Wert auf Qualität, Innovation und Vertrauen gelegt. Mit der Fokussierung auf die Praxisgruppen PE, M&A, Corporate, Restructuring und Tax am Münchner Standort kann die Kanzlei den gesamten Lebenszyklus einer Unternehmenstransaktion abdecken und so ihren Mandanten in jeder Phase einer solchen Transaktion mit High-End-Beratung zur Seite stehen. Gleichzeitig ist die Kultur im Münchner Büro außerordentlich unterstützend, kollegial und humorvoll: Die Associates sind immer bereit, sich Zeit zu nehmen, um Wissen oder Erfahrung weiterzugeben oder aber auch nach einer produktiven Woche am Freitagabend auf der Dachterrasse miteinander anzustoßen.

Unglaubliche Möglichkeiten für Associates, ihre Stärken zu entwickeln
Bei Sidley werden Associates ermutigt, das umfangreiche Angebot an Trainings- und Weiterbildungsmöglichkeiten, welches die Kanzlei anbietet bzw. fördert, zu nutzen. So wurde zum Beispiel kürzlich im Rahmen des „Sidley European Lawyers' Skills Development Programme" der dreiteilige Kurs „MBA Essentials for Lawyers" angeboten. Durch derartige Angebote bekommen wir Associates Gelegenheit, vertiefte Einblicke in die wirtschaftlichen Zusammenhänge zu bekommen, die für das Verständnis der unterschiedlichen Geschäftsmodelle, Branchen und Märkte wichtig sind, mit denen sich unsere Mandanten täglich auseinandersetzen. Dieses Verständnis ist für alle erfolgreichen Wirtschaftsanwält:innen (neben der juristischen Ausbildung) essenziell. Unabhängig von den konkreten Weiterbildungsmöglichkeiten haben unsere Referendar:innen und Associates stets Gelegenheit, sich mit Fragen an Associates mit größerer Berufserfahrung oder an die Partner:innen zu wenden. Bei Sidley stehen die Türen hierfür immer offen, was ein wesentliches Element der Sidley Team-Kultur ist.

Aufgeschlossenheit und Flexibilität für ein besseres, effizienteres Ergebnis
Einer der besonderen Vorteile von Sidley (der mir bereits am ersten Tag aufgefallen ist), ist die Flexibilität und das Vertrauen, das allen Mitarbeiter:innen entgegengebracht wird. Flexible Arbeitszeiten und Homeoffice waren bei Sidley auch schon vor Corona selbstverständlich. Karriere und Privatleben lassen sich so sehr gut unter einen Hut bringen. Als Associate in Teilzeit bin ich zudem besonders froh, dass ich meine beruflichen Ziele erreichen kann – nämlich auf High-End-Mandaten zu arbeiten und gleichzeitig genügend Zeit für meine Familie und Freund:innen zu haben.

SZA Schilling, Zutt & Anschütz Rechtsanwaltsgesellschaft mbH

Standorte in Deutschland:
Frankfurt am Main, Mannheim, München

Standorte weltweit: Brüssel

Spezialisierungen: Gesellschaftsrecht, M&A, Compliance, Prozessrecht, Kapitalmarktrecht, Steuerrecht, Kartellrecht, Arbeitsrecht, Gewerblicher Rechtsschutz, IT- und Datenschutzrecht, Private Clients, Öffentliches Recht, Banken- und Finanzrecht, Immobilienrecht, Restrukturierung, Insolvenzrecht, China Desk

Berufsträger:innen in Deutschland:
ca. 100

Berufsträger:innen weltweit: 5

Geplante Neueinstellungen 2022: 15–20

Seit Jahrzehnten gehören wir zu den angesehensten deutschen Wirtschaftssozietäten. Mit rund 100 Rechtsanwält:innen (davon 29 Partner:innen) beraten wir nationale und internationale Mandanten in allen wesentlichen Bereichen des Wirtschaftsrechts. Unser Name steht für höchstes fachliches und wissenschaftliches Renommee, Mut zu kreativem Denken, Unabhängigkeit und Individualität. Aus diesen Gründen vertrauen Dax 30-Gesellschaften, führende Industrie- und Handelsunternehmen, Finanzdienstleister, große Familienunternehmen und vermögende Privatpersonen seit Jahrzehnten auf unsere Beratung.

SZA
SCHILLING, ZUTT & ANSCHÜTZ

Otto-Beck-Straße 11
68165 Mannheim
www.sza.de

Dr. Christoph Nolden
Christoph.Nolden@sza.de
+49 69 9769601-535

Dr. Thomas Liebscher
Thomas.Liebscher@sza.de
+49 621 4257-219

Ihre berufliche Entwicklung bei Schilling, Zutt & Anschütz: Wir sind der Überzeugung, dass wir den hohen Ansprüchen unserer Mandanten am besten durch die Arbeit in kleinen, überschaubaren und effektiven Teams gerecht werden. Daher unterscheidet sich die berufliche Entwicklung bei uns von dem beruflichen Umfeld in vielen führenden Wirtschaftssozietäten. Wir streben ein zahlenmäßiges Verhältnis von Partner:innen zu angestellten Anwält:innen von nicht mehr als 1:2 an. Die unmittelbare Anbindung an eine Partnerin oder einen Partner bedeutet für Sie als Berufsanfänger:in einen hohen Lerneffekt. In unserem Team sind Sie mehr als ein Rädchen im Getriebe. Sie lernen schnell, das Ganze in den Blick zu nehmen, Verantwortung zu tragen und eigenverantwortlich zu arbeiten. Unser Ziel ist es, alle Bewerber:innen, die wir einstellen, an die Partnerschaft heranzuführen. Denn wir sind ehrgeizig und wollen wachsen. Mit Ihnen.

Ihre Ausbildung bei uns: Prägend für unsere traditionell ausgezeichnete Ausbildungskultur ist ein intensives Learning-on-the-Job. Sie werden von Anfang an in die Bearbeitung hoch anspruchsvoller Mandate eingebunden. Sie arbeiten intensiv mit einem oder mehreren Partner:innen zusammen und nehmen sofort an Mandantenbesprechungen, Vertragsverhandlungen, Gerichtsterminen u. ä. teil. Resonanz bekommen Sie bei uns täglich – in der Diskussion mit Kolleg:innen sowie bei der Besprechung Ihrer Arbeitsergebnisse. Abgerundet wird unser Ausbildungsangebot durch zahlreiche Luncheons und Workshops zu aktuellen juristischen Fragestellungen sowie zu Ihrer persönlichen Weiterentwicklung. Charakteristisch für unser Fortbildungsprogramm ist der starke Praxisbezug unserer Ausbildungsveranstaltungen.

Unsere Anforderungen: Sie verfügen über eine herausragende juristische Qualifikation und wollen sich stetig weiterentwickeln? Sie denken unternehmerisch im Interesse unserer Mandanten, haben dabei aber auch stets die weitere Entwicklung unserer Sozietät im Blick? Wenn Sie darüber hinaus über eine gute Kommunikationsfähigkeit auch auf Englisch verfügen und sich als Teamplayer bezeichnen würden, dann sind Sie bei uns genau richtig. Besonderen Wert legen wir auf einen kollegialen und professionellen Umgang sowie eine vertrauensvolle und offene Arbeitsatmosphäre.

Referendariat/Praktikum: Referendar:innen bieten wir die Möglichkeit, die Arbeit in unserer Sozietät im Rahmen einer Station oder einer Nebentätigkeit neben dem Referendariat oder der Promotion umfassend kennenzulernen. Dabei werden Sie von einem unserer Partner:innen als Mentor betreut. Im Zentrum unserer Referendarausbildung steht die Einbindung in konkrete Mandate. Wir achten ganz bewusst darauf, Ihnen möglichst viel Einblick in die Praxis zu bieten. Daneben steht Ihnen unser gesamtes Aus- und Fortbildungsprogramm offen. Für Student:innen bieten wir Praktika an. Schauen Sie einem unserer Anwält:innen direkt über die Schulter, und lernen Sie die vielseitige und herausfordernde Tätigkeit von Anwält:innen in unserer Sozietät unmittelbar kennen.

Maike Dickmann

Jahrgang 1992

Rechtsanwältin/ Associate

Die perfekte Mischung: Anwaltstätigkeit und wissenschaftliches Arbeiten

Maike Dickmann war zunächst wissenschaftliche Mitarbeiterin am Mannheimer Standort von SZA. Heute ist sie als Anwältin in der Litigation & Arbitration-Praxis im Münchener Büro tätig – promotionsbegleitend. Für sie war schon immer klar: Sie will sowohl praktisch tätig sein als auch wissenschaftlich arbeiten. Bei SZA ist das möglich, auch nach der Promotion.

Maßgeschneiderte Beratung

Mein Interesse an dem Bereich Litigation & Arbitration wurde erstmals im Referendariat geweckt und ist aufgrund seiner Vielseitigkeit ungebrochen. Denn die Arbeit in dem Bereich ist hochkomplex und abwechslungsreich. Sie erfordert in jeder Verfahrensphase vollste Konzentration und Hingabe. Bei SZA wurde ich von Anfang an als vollwertiges Teammitglied in alle Phasen eingebunden. Am Beginn steht die prozessorientierte Aufarbeitung der Sach- und Rechtslage sowie die Beweissammlung und -sicherung. Dabei beschränkt sich die Arbeit nicht nur auf die schlichte „Back-Office-Tätigkeit", sondern besteht insbesondere in der Eruierung des Sachverhalts in Gesprächen mit dem Mandant:innen, Zeug:innen und in der Zusammenarbeit mit Sachverständigen. Sodann folgt die Unterstützung und Vertretung der Mandant:innen bei außergerichtlichen Verhandlungen und Prozessen. Hierbei stellen sich häufig Rechtsfragen, die verschiedene Rechtsgebiete umspannen. Ich empfinde es als sehr bereichernd, durch die vielgestaltigen Mandate Einblicke in andere Rechtsbereiche zu erhalten und so meine fachlichen Kompetenzen zu erweitern. Hierbei profitiere ich davon, dass ich bei SZA als Full-Service-Kanzlei unmittelbar im Austausch mit fachlich hochversierten Expert:innen anderer Praxisbereiche stehe. Diese enge und vertrauensvolle Zusammenarbeit hilft mir dabei, wirtschaftsrechtliche Zusammenhänge und Fragestellungen immer besser zu verstehen.

Auch wenn mich die praktische Tätigkeit als Prozessanwältin von Anfang an begeisterte, schlägt mein Herz auch für die Wissenschaft. Bei SZA habe ich gelernt, dass dies kein Widerspruch sein muss. Im Gegenteil: Neben der praktischen anwaltlichen Tätigkeit auf höchstem Niveau wird ein starkes Engagement der Anwält:innen im Bereich der Wissenschaft ausdrücklich begrüßt.

Maßgeschneiderte Ausbildung

Zudem schätze ich an der Arbeit bei SZA, dass ich als Berufseinsteigerin direkt einem Partner zuarbeite und unmittelbar Verantwortung innerhalb des Mandats übernehmen kann. Das Feedback aus dem Team hilft mir, mich weiterzuentwickeln. Dabei habe ich das Gefühl, dass besonderer Wert auf die Unterstützung und Begleitung meines individuellen Entwicklungs- und Lebensweges gelegt wird. Besonders dankbar bin ich dafür, dass mir der aus persönlichen Gründen gewünschte Wechsel vom Mannheimer in das Münchener Büro ermöglicht wurde. Positiver Effekt meines Standortwechsels ist, dass ich den spannenden Expansionskurs des Münchener Büros hautnah begleiten kann, aber trotzdem noch im engen Kontakt mit den Mannheimer Kolleg:innen stehe. Die standort- und praxisübergreifende kollegiale Zusammenarbeit innerhalb der gesamten Kanzlei ist eine weitere Besonderheit der Sozietät und macht die Arbeit bei SZA für mich besonders bereichernd.

SZA Schilling, Zutt & Anschütz

TaylorWessing

Taylor Wessing Partnerschaftsgesellschaft mbB

Taylor Wessing Partnerschaftsgesellschaft mbB

Standorte in Deutschland: Berlin, Düsseldorf, Frankfurt am Main, Hamburg, München

Standorte weltweit: Amsterdam, Bratislava, Brünn, Brüssel, Budapest, Cambridge, Dubai, Eindhoven, Hongkong, Kiew, Klagenfurt, Liverpool, London, London TechFocus, New York, Paris, Peking, Prag, Seoul, Shanghai, Silicon Valley, Warschau, Wien

Tätigkeitsschwerpunkte: Bank- & Finanzrecht; Handels- & Vertriebsrecht; Copyright & Media Law; Gesellschaftsrecht/M&A & Kapitalmärkte; Disputes & Investigations; Umwelt, Planung & Regulierung; Patents Technology & Life Sciences; Private Equity; Immobilienrecht; Steuerrecht; Marken & Werbung; Competition, EU & Trade, Corporate Crime & Compliance; Datenschutz & Cybersicherheit; Employment, Pensions & Mobility; Informationstechnologie, Private Client; Projects, Energy & Infastructure; Restrukturierung & Insolvenzrecht; Venture Capital

Mitarbeiter:innen in Deutschland:
Anwält:innen: ca. 370

Mitarbeiter:innen weltweit:
Anwält:innen: >1.000
Partner:innen: >300

Geplante Neueinstellungen 2022:
Anwält:innen: ca. 50

Bei uns stehen Sie und Ihre Entwicklung im Mittelpunkt. Sie werden bei uns von Beginn an durch erfahrene Partner:innen, die Ihnen als Mentor:innen zur Seite stehen, begleitet. Wir bieten Ihnen eine Teilnahme an unserem Ausbildungsprogramm RISE sowie fachbereichsbezogene externe Weiterbildungsmöglichkeiten. Wir legen Wert auf eine offene Feedbackkultur. Deswegen erhalten Sie regelmäßig eine transparente und professionelle Rückmeldung zu Ihrer fachlichen und persönlichen Entwicklung.

TaylorWessing

Am Sandtorkai 41
20457 Hamburg
www.taylorwessing.com

Katharina Maus
Human Resources
+49 40 3680-30
karriere@taylorwessing.com

Was können Referendar:innen bei Ihnen erwarten? Als Referendar:in nehmen Sie an unserem „Talents for Future"-Programm teil. Das Programm beinhaltet die folgenden zehn Stationen:
Station 01 – Startgespräch: In einem Startgespräch stimmen Sie Ihr individuelles Ausbildungsprogramm mit Ihrem oder Ihrer Mentor:in ab. Station 02 – Training-on-the-Job: Bauen Sie Ihr juristisches Wissen sukzessive aus und werden Sie von uns gezielt in Ihrer Entwicklung begleitet. Station 03 – RISE Talents: Mit unseren Weiterbildungsangeboten geben wir Ihnen die Möglichkeit, Ihre Kompetenzen auszubauen. Station 04 – Nationale & Internationale Mandatsarbeit: Ihr:e Mentor:in nimmt sich Zeit, Ihnen die anwaltliche Prozess- oder Projektführung und mandatsbezogene Verhandlungstechnik anhand aktueller Mandate aufzuzeigen. Station 05 – Legal Presentation: Sie haben die Möglichkeit, einen Aktenvortrag oder eine Rechtspräsentation vorzustellen sowie ein professionelles Feedback zu erhalten. Station 06 – Practice Area Crossing: Bei uns können Sie unterschiedliche Praxisbereiche kennenlernen. Station 07 – Individuelles Feedback: Gern geben wir eine transparente und konstruktive Rückmeldung zu Ihren fachlichen Leistungen und Ihrem Auftreten als Nachwuchsjurist:in. Station 08 – Karrieregespräch: In einem Gespräch mit einem unserer HR-Ansprechpartner:innen zeigen wir Ihnen Ihre Karrieremöglichkeiten auf. Station 09 – Social Events & Networking: Wir freuen uns über Ihre Teilnahme an unseren Social Events und Networking-Veranstaltungen. Station 10 – Talent Alumni Network: Im Anschluss an Ihr Referendariat bieten wir Ihnen, mit der beiderseitigen Aussicht auf eine spätere Zusammenarbeit, die Aufnahme in unser „Talent Alumni Network" an.

Was sind Ihre Einstellungskriterien? Wir suchen für den Einstieg Volljurist:innen, die exzellente juristische Qualitäten mitbringen. Sie haben Ihre Fähigkeiten durch zwei Prädikatsexamina und idealerweise einen LL.M.-Abschluss oder eine Promotion unter Beweis gestellt. Sie verfügen über verhandlungssicheres Englisch sowie die Begeisterung für wirtschaftliche Fragestellungen. Zudem legen wir Wert auf echte Charaktere, Offenheit, Teamfähigkeit und eigenverantwortliches Arbeiten.

Welche Karrieremöglichkeiten bieten Sie? Sie starten bei uns direkt als Rechtsanwält:in mit erfahrenen Partner:innen als Mentor:innen an Ihrer Seite. Dabei arbeiten Sie von Beginn an in direktem Kontakt mit den Mandant:innen innerhalb eines Teams aus erfahrenen Anwält:innen. In den ersten drei Berufsjahren in unserer Kanzlei geben wir Ihnen den nötigen Raum für Ihre fachliche Orientierung und den Aufbau Ihres juristischen Know-hows. Ab dem vierten Berufsjahr durchlaufen Sie als Senior Associate unser einzigartiges Evaluierungsprogramm (EVA-Verfahren). Während dieses Verfahrens möchten wir gemeinsam mit Ihnen herausfinden, ob Sie eher der Typ „Unternehmer:in" oder der Typ „Expert:in" sind. Auch möchten wir Sie dabei unterstützen, Ihre persönliche „Nische" als Rechtsanwält:in zu finden. Mit dem Evaluierungsverfahren haben Sie die Chance, sich zum „Salary Partner:in Unternehmer:in" oder „Salary Partner:in Expert:in" bei Taylor Wessing weiterzuentwickeln. Im Rahmen des Entwicklungsverfahrens bietet sich die Option einer dauerhaften Anstellung als Salary Partner:in oder der Weg in die Equity-Partnerschaft.

Wie sind die Verdienstmöglichkeiten in Ihrem Unternehmen? Gehalt als Associate I/II: 100.000 Euro; Gehalt als Associate III: 110.000 Euro; Gehalt als Senior Associate I: 120.000 Euro; Gehalt als Senior Associate II: 125.000 Euro; Option auf einen Leistungsbonus in Höhe von bis zu 45.000 Euro ab dem ersten Berufsjahr.

Dr. Christian Werthmüller

Senior Associate

Abenteuer Immobilienrecht

Dezember 2017 – ich starte in mein erstes Jahr bei Taylor Wessing. Nach meinem Studium, Referendariat und abgeschlossener Doktorarbeit führte mich mein Weg ins Immobilienrecht nach Düsseldorf. Bis heute berate ich Unternehmen und Private Equity Investoren bei der Vertragsgestaltung und Abwicklung von Großbauprojekten. Am Immobilienrecht schätze ich vor allem die Praxisnähe: Man sieht, woran man arbeitet, und durch die Begehung der laufenden Projekte wird die Arbeit lebendig.

Von Beginn an wurde ich „ins kalte Wasser geworfen". So mussten bereits im ersten Monat fristwahrende Klagen eingereicht, Aufsätze geschrieben und Verträge ausgearbeitet werden. Dabei wurde ich jedoch nicht allein gelassen, bei Fragen stand mir stets mein Team zur Seite.

So ereignisreich wie mein Start verlief mein gesamtes erstes Jahr: Von verschiedenen Mandantenkontakten über die ersten Gerichtstermine bis hin zu eigenen kleinen Projekten wurde mir auf der Arbeitsebene alles geboten.

Austausch mit Kolleg:innen

Neben diesen spannenden beruflichen Perspektiven fand ich die verschiedenen Treffen und Austausche mit Kolleg:innen – sowohl in Deutschland als auch international – großartig. So ging es nach meinem Start im Dezember mit meinem Team z. B. gleich zur Weihnachtsfeier.

Insbesondere das Onboarding, ein Kick-off-Meeting aller Neueinsteiger:innen in Deutschland, ermöglichte mir eine schnelle Vernetzung. Zusammen mit meinem Team lernte ich Mandant:innen kennen und besuchte externe Veranstaltungen. Besonders sind mir die internen Schulungsveranstaltungen an anderen Standorten oder auch das PA-Treffen in Rom im Gedächtnis geblieben.

Der offene und konstruktive Umgang im Team hat sich in den bisherigen Jahren bestätigt: Ich habe tolle Erfahrungen mit meinen Kolleg:innen gesammelt, viel Neues gelernt und über den Tellerrand hinaus blicken können.

Auch wenn das viele von sich behaupten: Bei Taylor Wessing habe ich Teamspirit als gelebte Praxis erfahren.

White & Case LLP

Standorte in Deutschland: Berlin, Düsseldorf, Frankfurt am Main, Hamburg

Standorte weltweit: Abu Dhabi, Astana, Boston, Bratislava, Brüssel, Chicago, Doha, Dubai, Genf, Helsinki, Hongkong, Houston, Istanbul, Jakarta, Johannesburg, Kairo, London, Los Angeles, Madrid, Mailand, Maskat, Melbourne, Mexiko-Stadt, Miami, Moskau, New York, Paris, Peking, Prag, Riad, São Paulo, Shanghai, Seoul, Silicon Valley, Singapur, Stockholm, Sydney, Taschkent, Tokio, Warschau, Washington D.C.

Spezialisierungen: Wir beraten in allen Fragen des nationalen und internationalen Wirtschaftsrechts.

Berufsträger:innen in Deutschland: ca. 220

Geplante Neueinstellungen 2022: ca. 35–45

Als Mitarbeiter:in von White & Case öffnen sich Ihnen Türen zu einem globalen Netzwerk, in dem Sie internationale Erfahrungen und interkulturelle Kompetenzen sammeln und Ihre persönliche Karriere vorantreiben können – in welche Richtung Sie sich auch immer weiterentwickeln möchten.

WHITE & CASE

Bockenheimer Landstraße 20
60323 Frankfurt am Main
www.whitecase.com/karriere

Germany Legal Recruiting
+49 69 29994-0
germanylegalrecruiting@whitecase.com

Was zeichnet Ihre Unternehmenskultur aus? Als eine der größten Kanzleien in Deutschland sind wir Teil des weltweiten White & Case Netzwerks. Unsere internationale Präsenz ist nahezu einzigartig. Bei White & Case arbeiten Sie in einem der stärksten Kanzleinetzwerke über Länder und Kontinente hinweg: Moskau und London gehören dabei ebenso selbstverständlich dazu wie unsere Standorte in New York, Sydney oder Tokio. Was uns besonders macht, ist unsere Kanzleikultur: Wir fordern und fördern unsere Mitarbeiter:innen. Dazu zählen Offenheit und kollegiales Miteinander ebenso wie Freiraum für persönliche Stärken und individuelle Entfaltung. Wir stehen für Innovationsstärke: Mit Engagement, Kreativität und Persönlichkeit entwickeln unsere Associates und Partner:innen Ideen und innovative Lösungen für unsere Mandant:innen.

Was bieten Sie Referendar:innen und Praktikant:innen? Talentierte Nachwuchskräfte integrieren wir bereits in einer frühen Ausbildungsphase in unsere Mandatsarbeit und führen sie durch persönliches Mentoring an die Tätigkeiten von Wirtschaftsanwält:innen heran. Neben der praxisorientierten Ausbildung bieten wir in monatlichen Fortbildungsveranstaltungen Einblicke in die Arbeitsweisen verschiedener Rechtsbereiche. Referendar:innen unterstützen wir bei der examensrelevanten Vorbereitung durch maßgeschneiderte Angebote. Dazu gehören neben Inhouse-Kaiser-Repetitorien auch ein Online-Klausurenkurs in Kooperation mit Alpmann Schmidt. Ergänzt werden unsere fachlichen Angebote durch eine Reihe von Events und Netzwerkveranstaltungen. Die internationale Ausbildung fördern wir durch das „Referendar Mobility Program“, das die Möglichkeit bietet, die Wahlstation in einem unserer weltweiten Büros zu absolvieren. Für das Programm können sich alle unsere wissenschaftlichen Mitarbeiter:innen und Referendar:innen bewerben. Die Auswahl erfolgt nach Eignung und Leistung.

Wodurch zeichnet sich die Arbeitsatmosphäre bei Ihnen aus? Unsere Mitarbeiter:innen sind für uns Mitdenker:innen, Mitmacher:innen, Mitstreiter:innen. Uns ist es wichtig, dass unsere jungen Anwält:innen zu Anwaltspersönlichkeiten heranwachsen. Kennzeichnend für unsere Arbeitsatmosphäre ist, dass unsere Partner:innen stets ein offenes Ohr für ihre Mitarbeiter:innen und deren Anregungen haben – unsere flache Hierarchie erlaubt uns eine Politik der offenen Tür. Wir sind Teamplayer: Lösungen, die wir in einem offenen Dialog gemeinsam erarbeiten, setzen wir auch gemeinsam um.

Wen suchen Sie? Wir betreuen weltweit erstklassige und anspruchsvolle Mandate. Unsere Ansprechpartner:innen sind Führungspersönlichkeiten: Expert:innen in Unternehmen, Verwaltung und Justiz – auf europäischem und internationalem Top-Level. Der hohe Qualitätsstandard unserer Arbeit basiert auf dem Können unserer Mitarbeiter:innen. Deshalb sind gute Noten und exzellentes Englisch für uns wichtig. Eine Promotion, ein LL.M. und Auslandserfahrung unterstreichen zudem Ihre besondere Qualifikation. Als Mitarbeiter:in passen Sie zu uns, wenn Sie nicht nur fachlich überzeugen, sondern auch von Mensch zu Mensch. Als Anwält:in bei White & Case sind Sie Unternehmer:in, deshalb suchen wir Persönlichkeiten mit Unternehmergeist: Wir binden unsere Mitarbeiter:innen von Anfang an in große und spannende Mandate ein. Denn wir wollen, dass Sie mit uns etwas bewegen. Dazu brauchen wir kreative Köpfe mit Tatkraft, Verantwortungsgefühl und unternehmerischem Ehrgeiz. Kurzum: Wir suchen Mitarbeiter:innen, die mit fachlicher Exzellenz und Leidenschaft im Team große Dinge voranbringen.

Alexander Domenico Sansotta

Jahrgang 1993

Associate im Private Equity

Private Equity bei White & Case: spannende Transaktionen mit internationalem Bezug

Der Einstieg in die Großkanzlei

Mein Studium absolvierte ich in einer überschaubaren Universitätsstadt, wo Großkanzleien schon allein geografisch weit weg erschienen. Trotz oder gerade wegen mangelnder Berührungspunkte kursierten unter den Studierenden immer wieder spannende und klischeebehaftete Geschichten, was dort auf einen zukommen könnte. Schnell wurde mir klar, dass ich mir selber ein Bild von diesem „Mysterium" machen möchte, und so zog es mich nach Abschluss meines Studiums nach Frankfurt am Main. Dort erlangte ich erste Einblicke und sammelte ohne nennenswerte Vorkenntnisse wertvolle Erfahrungen in einer Corporate/M&A-Praxisgruppe einer britischen Großkanzlei. Die dort erlangten Kenntnisse erweiterte ich im Rahmen einer Anwalts- und Wahlstation im Kartellrechtsteam einer amerikanischen Großkanzlei. Aufgrund des positiven Eindrucks, den ich in dieser Zeit gewinnen konnte, war für mich klar, meinen Berufseinstieg in einer internationalen Großkanzleien realisieren zu wollen. White & Case bot dafür die perfekten Vorrausetzungen.

Private Equity – spannende internationale Arbeit mit vielen Facetten

Private Equity ist ein Begriff, mit dem man während des Studiums und des Referendariats grundsätzlich nicht in Berührung kommt. Meist können sich lediglich diejenigen, die ihren Schwerpunkt im Gesellschafts- und Unternehmensrecht absolviert haben, etwas darunter vorstellen. Vorkenntnisse oder Erfahrungen sind für einen Einstieg im Private Equity jedoch keinesfalls notwendig. Ist wirtschaftliches Interesse vorhanden, wird man die Materie so spannend finden, dass man sich blitzschnell eingearbeitet hat. In einfachen Worten lässt sich Private Equity wie folgt beschreiben: Private Equity ist ein Instrument der externen Eigenkapitalfinanzierung, durch welches sich Beteiligungsgesellschaften an nicht börsennotierten Unternehmen beteiligen. Private Equity hat verschiedene Unterformen (z. B. Venture Capital, Turnarounds oder Buyouts), welche jeweils mit spannenden Besonderheiten behaftet sind. Wir, das deutsche Private Equity Team von White & Case, fokussieren uns vor allem auf den Erwerb von Unternehmen durch einen Investor, die anschließend laufende Beratung des Investments (z. B. Erweiterung durch Zukauf weiterer Gesellschaften oder Einrichtung eines Management Beteiligungsprogramms) und die abschließende gewinnbringende Veräußerung der Beteiligung (z. B. durch Börsengang oder Weiterverkauf).

Ausprobieren, Mitmachen sowie Einblicke und Erfahrungen sammeln

Ich kann allen Nachwuchsjurist:innen, die mit dem Gedanken spielen, in einem internationalen Umfeld zu arbeiten und die gerne wirtschaftliche Fragestellungen bearbeiten möchten, nur dazu ermutigen, sich auszuprobieren. Nutzt die Chancen, die sich während des Studiums und Referendariats ergeben, und schaut euch unterschiedliche Praxisgruppen an. White & Case ist dafür eine hervorragende Wahl. Hier habt ihr die Möglichkeit, von Anfang an in die Arbeit des jeweiligen Teams eingebunden zu werden und bekommt so einen authentischen und umfassenden Einblick in die spannende Praxis einer internationalen Großkanzlei. Unsere Trainee-Programme sowie Networking Events bieten außerdem die Möglichkeit, sich intensiv und auf persönlicher Ebene auszutauschen, sodass garantiert keine Frage offenbleibt. Ich kann euch daher nur empfehlen: Bewerbt euch bei White & Case und geht mit uns erfolgreich den nächsten Schritt in eurer juristischen Laufbahn.

YPOG

Standorte in Deutschland: Berlin, Hamburg, Köln

Spezialisierungen: Steuern, Fonds, Transaktionen, Corporate, Litigation, IP/IT und notarielle Dienstleistungen

Berufsträger:innen in Deutschland: ca. 70

Geplante Neueinstellungen 2022: ca. 40

Willkommen in einer Kanzlei der nächsten Generation. Wir sind YPOG – Partners of Gamechangers. Ein familiäres Team, eine erstklassige Ausbildung und hervorragende berufliche Perspektiven. Auf das und vieles mehr kannst du dich bei uns freuen. Wir möchten, dass du dein besonderes Talent voll entfalten kannst. Deshalb unterstützen wir dich von Beginn an und in jeder Phase deiner Karriere. Unser Anspruch ist es, unseren Mitarbeiter:innen ein erfülltes und zu jedem Lebensmodell passendes Umfeld zu bieten – in beruflicher und in privater Hinsicht.

YPOG

Hardenbergstraße 27
10623 Berlin
www.ypog.law

Maja Gärtner
Head of People & Culture
+49 30 7675975-96
maja.gaertner@ypog.law

Warum es sich lohnt, bei YPOG einzusteigen: Damit du dein volles Talent entfalten kannst, binden wir dich vom ersten Tag an in die Mandatsarbeit ein. Auf jeder Etappe deiner Karriere wirst du von unseren Expert:innen gefördert. Dafür steht dir neben persönlichen Mentor:innen das gesamte Team zur Seite. Besonders wichtig ist uns, dass du nicht nur Teilaspekte eines Mandats bearbeitest, sondern das große Ganze zu verstehen lernst. Bei YPOG erhältst du nicht nur die Wertschätzung, die du verdienst, sondern auch ein Gehalt auf dem Niveau einer Großkanzlei. Und wenn du dich bei YPOG zur Partnerin oder zum Partner entwickeln möchtest, werden wir dich gern bei der Erreichung dieses Ziels unterstützen.

Warum die Arbeit bei YPOG Freude macht: Bei uns trifft die Expertise einer großen Wirtschaftskanzlei auf den Geist junger Gründer:innen. Erfolg heißt für uns, nicht nur individuell erstklassige Berater:innen zu sein, sondern vor allem auch ein starkes Team. Deshalb legen wir großen Wert auf eine wertschätzende und motivierende Unternehmenskultur sowie eine inspirierende und moderne Arbeitsatmosphäre, in der alle ihr Bestes geben können. Gemeinsam lösen wir komplexeste Fälle und schaffen für unsere Mandanten innovative und nachhaltige Lösungen. Weil wir stets fair und offen miteinander umgehen, brauchen wir keine Hierarchien.

Warum beste Beratung ein erfülltes Privatleben braucht: Die Arbeit an anspruchsvollen Mandaten ist in der Regel kein Nine-to-Five-Job. Dennoch kannst du dich darauf verlassen, dass wir dir ausreichend Freiraum für Familie und Freizeit einräumen. Wir möchten, dass du dich auch privat ganz nach deinen Vorstellungen verwirklichen und neue Inspiration schöpfen kannst. Unsere Überzeugung: Wer exzellent beraten will, muss nicht nur fachlich überzeugend, sondern ein wacher, zufriedener und ausgeglichener Mensch sein.

Warum wir uns auf dich freuen: Wir suchen nach klugen Köpfen, die uns auf persönlicher und fachlicher Ebene begeistern. Ebenso wichtig ist es uns, dass du dich in unserer Unternehmenskultur wiederfindest. Das heißt auch, dass wir unsere Erfolge am liebsten alle gemeinsam feiern. Ob per E-Mail, bei LinkedIn oder telefonisch: Sprich uns gern an! Wir freuen uns darauf, dich persönlich kennenzulernen.

Dr. Saskia Kleinpeter

Jahrgang 1990

Associate

Meine Entscheidung für eine Spezialkanzlei

Warum hast du dich für YPOG entschieden?
Neben fachlicher Spezialität und Exzellenz verkörpert YPOG für mich eine dynamische Einheit, die den Anspruch hat, mit dem Zeitgeist stetig zu wachsen und ihm sogar voraus zu sein. Dies gibt mir nicht nur die Möglichkeit, Teil dieser Entwicklung zu sein, sondern auch mein Arbeitsumfeld selbst mitzugestalten und mich persönlich zu entfalten.

Wie war der Einstieg als Associate?
Herzlich und schnell – trotz des Einstiegs während des Lockdowns habe ich mich von Anfang an aufgenommen und eingebunden gefühlt. Da ich bereits während des Referendariats im Team der Kanzlei war, habe ich mich trotz zahlreicher neuer Gesichter schnell wieder eingefunden und mich den spannenden Herausforderungen der neuen Rolle als Associate gewidmet. Gerade durch die standort- und teamübergreifende Arbeit bin ich in Kontakt zu vielen Kolleg:innen gekommen, die Ansprechpartner:innen für die verschiedensten Fragstellungen sind, wodurch ich mich rasch als Teil des Ganzen gefühlt habe.

Und wie ist es jetzt?
Inzwischen bin ich bereits seit einem Jahr Teil des YPOG-Teams und blicke auf eine enorme Lernkurve zurück. Diese resultiert einerseits aus einer strukturierten Ausbildung on-the-job und andererseits aus einem engen Mandantenkontakt sowie früher Einbindung in Projektverantwortlichkeit. In unserem immer größer werdenden Team wachsen wir stetig weiter zusammen, und nun ist es bereits an mir, die mir nachfolgenden Kolleg:innen beim Berufseinstieg zu begleiten und zu unterstützen.

Was macht für dich die Kanzleikultur aus?
Vor allem Spaß an der Arbeit, ein eng verbundenes Teamgefüge und ein Verständnis dafür, dass die unterschiedlichsten Meinungen gehört werden und zählen. So wird gewährleistet, dass die Kanzlei sich auch zukünftig von innen heraus so gut weiterentwickelt und sich ständig challengt. Diese intrinsische Motivation und immer neue Impulse auf allen Ebenen und von allen Mitarbeiter:innen schaffen eine Law Firm 2.0 – und auf Dauer ein zufriedenes Team.

Der LL.M.

Aktuelle Ausgabe: Der LL.M. 2021
ISBN (Print): 978-3-946706-72-4
ISBN (E-Book): 978-3-946706-73-1

Zielgruppe: Studierende, Doktorand:innen und Referendar:innen der Rechtswissenschaften
Inhalt: Ist der LL.M. die richtige Wahl? Das Buch hilft bei der Entscheidung und der Suche nach dem geeigneten LL.M.-Studium. Erfahrungsberichte und Praxistipps für die Bewerbung an Unis und für Stipendien helfen bei der Planung des Studiums. Namhafte Hochschulen und Kanzleien stellen ihre Angebote für Jurist:innen vor.
Nächster Erscheinungstermin: März 2022

Perspektive Unternehmensberatung

Aktuelle Ausgabe: Perspektive Unternehmensberatung 2022
ISBN (Print): 978-3-946706-75-5
ISBN (E-Book): 978-3-946706-76-2

Zielgruppe: Studierende aller Fachrichtungen
Inhalt: Das Expertenbuch liefert Antworten auf wichtige Fragen rund um den Beruf als Unternehmensberater:in. Wie gestaltet sich die Work-Life-Balance, welche Arten von Beratungen gibt es, und vor allem: Wie absolviert man Bewerbungsgespräche und Fallstudien erfolgreich? Studierende und Consultants berichten von ihren Erfahrungen, und Beratungen stellen sich als Arbeitgeber vor.
Nächster Erscheinungstermin: Oktober 2022

Traumjob IT

Aktuelle Ausgabe: Traumjob IT 2021
ISBN (Print): 978-3-946706-64-9
ISBN (E-Book): 978-3-946706-65-6

Zielgruppe: Informatiker:innen, Mathematiker:innen und IT-Affine
Inhalt: Das IT-Studium ist abgeschlossen, die Jobmöglichkeiten sind nahezu unbegrenzt, doch wie geht es jetzt weiter? Dieses Buch liefert praxisnahe Antworten: Informatiker:innen aus verschiedenen Branchen schildern ihren Arbeitsalltag und stellen Projekte vor, die für ihren Beruf typisch sind. Alumni von e-fellows.net berichten von ihrem beruflichen Werdegang, und Expert:innen geben Tipps zu Einstieg und Bewerbung.

Weiblich, erfolgreich, MINT

Aktuelle Ausgabe: Weiblich, erfolgreich, MINT 2021
ISBN (Print): 978-3-946706-68-7
ISBN (E-Book): 978-3-946706-69-4

Zielgruppe: Studentinnen und Absolventinnen von MINT-Fächern
Inhalt: Absolventinnen von MINT-Fächern werden in jeder Branche gesucht. Dieses Buch hilft bei der Entscheidung für den persönlichen Traumjob: Praktikerinnen aus verschiedenen Wirtschaftszweigen erklären, was ihre Branche speziell für Frauen zu bieten hat. Außerdem gibt es viele Tipps zu Einstieg, Bewerbung und Vereinbarkeit von Beruf und Familie sowie Erfahrungsberichte von e-fellows.net-Alumnae.

Startschuss Abi

Aktuelle Ausgabe: Startschuss Abi 2020/2021
ISBN (Print): 978-3-946706-59-5
ISBN (E-Book): 978-3-946706-60-1

Zielgruppe: Oberstufenschüler:innen und Abiturient:innen
Inhalt: Das Buch bietet Informationen zur Wahl des richtigen Studienfachs und der passenden Hochschule ebenso wie zu Studienfinanzierung, Praktika und Auslandsaufenthalten. Hochschulen, Unternehmen und Stipendiat:innen von e-fellows.net stellen wirtschaftswissenschaftliche, technische und juristische Studiengänge vor und informieren über Anforderungen, Bewerbungsprozedere und Studienaufbau.

Perspektive Trainee

Aktuelle Ausgabe: Perspektive Trainee 2018
ISBN (Print): 978-3-946706-13-7
ISBN (E-Book): 978-3-946706-14-4

Zielgruppe: Studierende aller Fachrichtungen
Inhalt: Das Buch liefert einen Überblick über Trainee-Programme als attraktive Alternative zum Direkteinstieg: Welche Programme gibt es, was sollten sie bieten, und welche Karriereperspektiven bestehen danach? Darüber hinaus geben (ehemalige) Trainees ihre persönlichen Eindrücke wieder, und Unternehmen präsentieren ihre Programme.